JN184257

青木紀元 著

祝詞全評釈

延喜式祝詞
中臣寿詞

右文書院

序

右文書院社長の三武義彦氏が千葉県佐原の我が家を最初に訪ねて来られたのは、平成三年二月六日であった。『祝詞全評釈』という本を書いてくれないかというお話であった。それは、私の最も尊敬する先輩鈴木太吉氏の紹介であった。私はそれまでに、祝詞の研究を多少はして来たが、部分的なもので、全体の注釈書を書こうなどという計画は全く持っていなかった。しかし、外ならぬ鈴木先輩の紹介とあっては、無碍に断ってしまうわけには行かない。その上、右文書院といえば、私が伊勢の学生時代に所属していた短歌雑誌の「五更」の発行所が当時同じ右文書院に置かれていたので、社主の名義が塚田氏から三武氏に変更になったとはいえ、青春時代の夢が次々と思い浮かんで来て、私にとっては非常に懐かしい書店名であった。思いあぐねた末、有力な協力者と共著ということを条件にして、三武氏の話に一応承知した。しかしながら、私のような無力な者が注文通りに協力者を得ることなど、実際には不可能であった。結局私は、祝詞を最初から勉強し直さねばならなくなった。文字通り八十の手習いという有様となった。しかしまたそれが、私の心身に緊張を与えてくれたと見えて、私はひどい老化を感ずることなくこの数年を過ごすことができた。そして今、八十四歳の平成十年三月末、曲りなりにも一通りの原稿を纏め上げることができた。三武氏が最初に来訪されてから、丸七年が経過した。その間、老人の仕事は遅延を重ねるばかりで、大変お待たせ申してしまった。まことに申し訳ない次第である。

先ず最初に〔本文校訂〕の仕事から入った。以前に九条家本延喜式祝詞を底本とした祝詞の校訂本を作成した経験があるので、この経験を生かして、今度は卜部兼永自筆本を底本とした校訂本を作成した。これは比較的楽に作り終えることができた。そしてこの本文に、自分がよいと考える傍訓を付けた。それには過去の種々の注釈書類や諸論考の訓の恩恵を蒙ったことは言うまでもないが、中でも祝詞の最古の傍訓である九条家本の古訓のうち採り得るものは採る方針を取った。そこに祝詞の古い訓み方の根拠とすべきものが存すると考えたからである。

次に、この本文・傍訓をもとにして、読み下しの〔訓読文〕を作成した。専門学者には訓読文など不要かも知れないが、一般の人々に不慣れな古い祝詞の文章に接してもらうのには、先ず訓読文が最も便利だからである。そして、上欄に訓読文を置き、下欄に〔口訳文〕を置いて、相対比しながら、古い祝詞の本文に即して緻密な現代語訳を読んで行くことができるようにすることを思い付いた。古典の原文の一語一語を洩らすことのないように細心の注意を払いながら、現代語に訳して行く仕事は、やっていて楽しいものである。これを祝詞でもやってみることにした。口訳文を読めば、古い祝詞の本文の持つ意義・雰囲気・思想等がおのずから分かるようなものを作りたいと志した。しかしながら実際にやってみると、祝詞の文章は普通の文章と違って、神前で朗読する鄭重を極めた古体の文章であるから、ずるずると継続する粘着性の強い文章で、そのまま口語に直訳すると、却って意味を把握し難くなることがしばしば起こる。そこを何とか意味が通ずるように工夫すると共に、原文の本義を失わないようにすることに努めた。そのため推敲を重ねたが、出来たものが所期の目的を達しているかどうかは心許無い。ともかくも自分の志した点を記しておくのみである。

次に、〔祝詞概説〕の原稿を書いた。祝詞の本義は、人が神に向かって誠意の限りを尽くして述べ上げる言葉であって、それは古代祝詞にしばしば現れる「称（たた）へ辞（ごと）竟（を）へ奉（まつ）る」という表現に簡潔に言い尽くされていると、私はかねて考えて来たので、その線に添って書いた。祝詞は祭儀の進行が最高潮に達したところで宣られるもので、そこに神人交流の深奥の境地が存するのであろう。祝詞の精神の究極の真髄は、そのような幽玄神秘の世界に存すると思われるが、それは単なる祝詞の一研究者に過ぎない私などには到底窺い知ることのできない形而上の問題に属するので、神に奉仕して劫を経られた方々に尊い体験を承りたいと思った。

祝詞は祭祀や儀式の際に読まれた文章であるから、基盤となる祭祀や儀式そのものについて知っておくことが肝要である。ところが、昔の祭祀や儀式の実際について知ることは、なかなか容易でない。私は今に至って自分の不勉強に気付いた。そこで、『延喜式』を始めとして、『貞観儀式』『江家次第』等の儀式書や、各神社の縁起書等の関係文献を、改めて読み直すことになった。これにはかなりの時間を要したが、新しく知ることも多く、大変楽しかった。これを要約して、祝詞各篇の 解説 の記事を書いた。年取っての勉強のし直しであるから、思わぬ文献の読み誤りがあることを恐れる。識者の御批正をお願い申し上げる。

最後に取りかかったのは 語釈 と 評 とである。私は国語学の専門家でない上に、この時点で多少息切れを意識するようになったので、正直言っていささか不満足なままに語釈を終えざるを得なかった。但し、できるだけ一般の人々にもよく分かって頂けるように、平易な言葉をもって簡明に説明することに力を注いだ。〔口訳文〕の根拠を示すと共に、長く続く祝詞の文章の語句の繋がり具合をはっきりさせて、原文の意味が明確になるように努めたつもりである。その後に付した 評 は、その祝詞の文章の巧拙の評価の外に、全文の構成の分析などについても説明した。

私は前著『祝詞古伝承の研究』の中で、大祓の成立には仏教特に中国から入った薬師信仰が関与しているという私見を発表した。この考えに理解を示された方が二人ある。一人は京都大学の仏教学者小林信彦氏である。氏はその著『バーイシャジヤグルと薬師』（平成六年四月二十一日、私家版）で、私の意見を取り上げて理解を示して下さった（バーイシャジヤグルとは薬師如来を意味するサンスクリット語）。これは私にとって大きな励ましとなった。小林氏は発表された多くの論文の抜刷を送って下さって、私の眼を開いて下さった。日本古代のことを調べるのには、日本在来のものだけを見ているのでは駄目で、外来のものとの交流に目を注がねばならないことをはっきりと教えられた。小林氏との交わりがあった後に今度は、日本古代文学研究の泰斗である西郷信綱氏から、右と同じ私見に対し温情ある理解を頂くことができた。

氏は、平凡社刊「月刊百科」の一九九五年五月号に発表の「古代的コスモスの一断面図・大祓の詞覚え書き③」の中で、私の所説を紹介された上で、「これまで自国一辺倒の狭い枠のなかに閉じこめられてきた大祓の詞を、文化史的な広い原野のなかに初めて投げこむに至った点こそ、まず以て評価さるべきである。」と述べられた。私としてはまことに汗顔の至りであるが、田舎の一老学徒に過ぎない私が、有力な理解者を得た喜びは大きい。仏教学者の小林氏と、日本文学者の西郷氏と両面から応援を得たことは、私の心に勇気を与えてくれた。自分が今すすめている祝詞の原稿では、自分の懐いている考えを、遠慮することなく書いてみようという気になったのである。もしその中の一片でも、祝詞研究の上で役に立つことがあるならば、この年まで生きて来た甲斐があったというものである。

本年の正月初めから、原稿の推敲と整理に入った。そして最終の読み直しの際に気付いたことを、〔追記〕として各項の後に挿入した。三月末に至って、最後に付ける予定の〔語釈索引〕を除き原稿は完了を見た。まだまだ筆を加えるべきことが多く、未練が残るが、自分の年齢と健康のことを考えると、この辺を限度にして原稿を提出してしまわないと、結局すべてが中途半端になって、肝心の責務を果たすことができなくなる恐れがある。それで思い切ってこのまま右文書院へ発送することにした。最初から満七年ぶりで、やっと三武社長との約束を果たすことができる。それは私にとって生涯最後の大きな喜びである。

末筆ながら、最初に話の糸口を付けて下さった鈴木太吉先輩と、七年間常にあたたかい激励を送って下さった三武社長に、心からの感謝を捧げ奉る。

平成十年三月末

青 木 紀 元

目次

各篇研究

祝詞概説

一　祝詞の語義

「祝詞」と書いて「ノリト」と読む。ノリト（祝詞）とは何かというと、現代通用の簡単な辞書では『岩波国語辞典』に、

神を祭り神に祈る時、（神主が神前で）申し述べる古体の文章。

と説明し、くわしい辞書では『日本国語大辞典』（小学館刊）に、次のように説明する。

神をまつり神を祈る時、神に向かって唱える古体の独特の文体を持ったことば。広く「祓（はら）え」に読むことばや寿詞（よごと）などを含めていう。現存する最古のものは「延喜式」巻八所収の二七編と、藤原頼長の日記「台記」所収の中臣寿詞（なかとみのよごと）一編で、普通これらをさしていう。しゅくし。のっと。のとごと。のと。ふとのりと。のりとごと。補注「のりと」の語形は、上代では「万葉集‐一七・四〇三一」の「中臣のふとのりとごと言ひ祓へ」のほかに例がなく、「祝詞」の訓である確証を得ない。中古・中世には「のと」「のっと」の形で現われる。「のり」は「宣（の）る」の連用形と見られるが、意味は「のろう」に関係づけられる。「と」は、所の意といい、また、「ことど」の「ど」と同じく、呪言の意とする説がある。

ノリトの一般的な意味は、これらの説明でおおよそ明らかである。ノリトとは要するに「神に向かって唱えることば」である。

古きに遡って、ノリトと訓まれる語が上代文献に見えるところを挙げると、次のとおりである。

古事記

（天の石屋戸の条）　天児屋命、布刀詔戸言（フトノリトゴト）禱白而、……

日本書紀

（神代上一書）　使ド天児屋命、掌二其解除之太諄辞（フトノリト）一而宣ㇾ之焉。……太諄辞、此云二布斗能理斗（フトノリト）一。

（天智九年三月壬午）　於二山御井傍一、敷二諸神座一、而班二幣帛一。中臣金連宣二祝詞（ノリト）一。

万葉集

（巻十七・四〇三一、造ㇾ酒歌一首・大伴家持）奈加等美乃　敷刀能里等其等（フトノリトゴト）　伊比波良倍　安賀布伊能知毛　多

我多米爾奈礼

神祇令

其祈年・月次祭者、百官集二神祇官一、中臣宣二祝詞（ノリト）一、忌部班二幣帛一。

右の『古事記』天の石屋戸の条の「詔戸」をノリトと訓むことは、同じ『古事記』の中で「詔」をノルと訓み「戸」をトと訓んでいる例が多いから、問題はない。『日本書紀』神代上の「太諄辞」には、訓注に「布斗能理斗」とある。天智紀及び『神祇令』の「祝詞」は、前掲の『日本国語大辞典』の補注に述べるように、「祝詞」をノリトと訓む確証は見えないとしても、後代の例から遡って、ノリトと訓むより外はあるまい。なお、「詔戸」の戸（ト）及び「能理斗」の斗（ト）は、上代特殊仮名遣いでは甲類のトの字であるのに対して、『万葉集』巻十七（巻末の歌）に見える「能里等」の等（ト）は、乙類のトの字である。それについて『日本古典文学大系7　万葉集四』（岩波書店刊）の頭注に、「ノリトのトは、ト甲類が例で斗・刀を用いるべきところ。能里等とあるのは、甲類乙類を誤った表記である。おそらく、巻末であるため、また、刀・斗などの文字の用例が少ないため、伝来の間に、普通使われる等に誤ったものであろう。」と述べられているところに従

いたい。

『延喜式』巻第八の祝詞の文中では、「祝詞」の語は次のとおりに表れる。

六月晦大祓

天津宮事以弖、大中臣……天津祝詞乃太祝詞事(アマツノリトノフトノリトゴト)乎宣礼。

鎮火祭

天下所寄奉志時尓、事寄奉志天都詞太詞事(アマツノリトノフトノリトゴト)乎以弖申久、……

天津祝詞能太祝詞事(アマツノリトノフトノリトゴト)以弖、称辞竟奉久止申。

道饗祭

神官、天津祝詞乃太祝詞事(アマツノリトノフトノリトゴト)乎以弖、称辞竟奉止申。

伊勢大神宮

六月月次祭

天照坐皇大神乃大前尓、申進留天津祝詞乃太祝詞(アマツノリトノフトノリト)乎、……

同神嘗祭

天照坐皇大神乃大前爾、申進留天津祝詞乃太祝詞(アマツノリトノフトノリト)乎、……

今年九月十七日朝日豊栄登爾、天津祝詞乃太祝詞辞(アマツノリトノフトノリトゴト)乎称申事乎、……

これらの例は、アマツノリトノフトノリトゴト或いはアマツノリトノフトノリトという非常に丁寧な表現になっていることが注意を引く。これらは、祝詞が通常の言葉とは異なり、天上から伝えられた尊い立派なものであるとする意識を表すが、祝詞の文中で祝詞自体をこのように神聖視するのは、むしろ当然の理と言ってよいであろう。

祝詞は今日でも各神社や種々の祭場において、神職等により神に向かって唱えられていて、一般の人々も折に触れては耳にし、あれは祝詞だと承知している。祝詞は昔から、「神に向かって唱えることば」をもって主流として来た。中には、転じて参集した人々に向かって宣り聞かせる形のもの（例えば祈年祭の祝詞や大祓の詞）もあるが、それは副次的な形式と考えるべきである。これについては後にも述べる。ともかくも、祝詞の意味は、上代から現代まで大きな変化がなく伝わって来たと見てよい。（なおこの項の末尾に附した〔追記〕を参照して頂きたい。）

祝詞の一般的な意味はそれとして、更に深く語源に遡ってノリトという語の意義を学問的に追究すると、どうなるか。古来の学者はノリトの語義の究明に力を注いで来たので、その大略を跡付けてみたい。

先ず、祝詞の学問的研究の最初を開いた賀茂真淵（一六九七―一七六九）の『延喜式祝詞解』に、

祝詞ハ、其祭神ノ徳ヲ賛称スルカ故ニ、神祇令ノ義解ニ、祝者賛辞也ト云リ。其語ハ、古事紀(ママ)上云、（ここに古事記・日本書紀・万葉集・大祓の詞の例を引用しているが省略）コレ等ニ依ニ、宣言(ノリゴト)ト云義ナリ。後世ノツトヽ云ハ、音便ノ略唱ナリ。

と述べている。ノリトはノリゴト（宣言）という義だというのである。これは非常に素直な解釈で、捻り回したような理屈に陥っていないところに好感が持てる。ノリトのノリが「宣り」であることは、先に挙げた『日本書紀』の「使下天児屋命、掌二其解除之太諄辞一而宣上之焉。」「中臣金連宣二祝詞一。」・『神祇令』の「中臣宣二祝詞一、忌部班二幣帛一。」・大祓の詞の「天津祝詞乃太祝詞事乎宣礼。」等の例によっても、容易に理解することができる。ところが、問題はトにある。『古事記』の「布刀詔戸(ト)言」の戸・『日本書紀』の「布斗能理斗(ト)」の斗は、既に述べたように、甲類のトの字である。これに対して、言(コト)のトは乙類であるから、ノリゴト甲がつづまってノリト乙になったとする説は、成立し難いものとなる。又、ノリトゴトという言葉を考えると、ノリトゴトとコトが二重になって変である。ノリトのトは、言(コト)から離れて考え

直す必要がある。

次に、賀茂真淵の最晩年の著『祝詞考』では、ノリトの語義について次のように説いている。

乃里刀其等ちふ言の意は、神祖高木神の、詔賜し御言を承て、児屋命の、天岩門の前にて、宣申すなれば、古事記に、詔戸言と書たり。然れば、乃里は、皇祖神の美古刀乃利也。戸は、仮字にて、賜と崇る辞なり。その多倍を約れば、弖となるを、刀に転しいふは、音便の常のみ。

右の説明は要するに、詔り賜べ言→ノリテゴト→ノリトゴトと変化して行ったのだという。これは今日の国語学の常識から見て、全く無理な話である。ノリトの語義の説明に、「神祖高木神の、詔賜し御言」を持ち出して来た神道論的な発想に、古語の学問的解明から外れたもとがある。最初の『延喜式祝詞解』の簡明素朴な「宣言」説の方が、却って心を引くものがある。

本居宣長（一七三〇―一八〇一）のノリトの語義についての説は、『古事記伝』及び『大祓詞後釈』に見える。『古事記伝　八之巻』においては、天の石屋戸の条の「布刀詔戸言」について、先ず万葉・書紀・大祓詞等の例を挙げた上で、次のように説明している。

名義は宣説言なるべし。能流は、必しも貴人の命ならでも、人に物を言聞するを云。（彼大祓詞に、大中臣に宣と云るが如し。その外にも例いとおほかり。）説は、書紀に太諄辞と書る諄字（説文に告暁之熟也といへり。）の意なり。久度久と云言も、此のりときごとの意に近し。俊頼哥に、はじめなき罪のつもりのかなしさをぬかのこゑ〴〵くどきつるかな。（師説に、高御産巣日命の詔賜し御言を承て、今児屋命の宣申すなれば、詔賜言なり、多弁を約れば弖なるを、刀と転し云りとあり。此説はいかゞ。凡て此段の事は、上に云る如く、彼神の命に依るに非ず。又仮令その命にもあれ、然らば高木神命以諄白とあるべきなり。他時の例みな然あり。たしかに彼神の命を承て宣処にも、其を詔戸言と云る例なし。）さて能理斗と常に云は、言を略けるなり。（祝詞字を書ことを、師は此言の本意に非ず、末なりと云れつれど、そは詔賜とこゝろえられたる故なり。此の事を、以神祝祝之とも書紀にあれば、彼字本意に叶はずとも云がたし。説文に、祝祭主レ贊レ神者などあるは、此の義にかなへり。さて能理斗を、能都斗又能斗などいふは訛なり。）

宣長の説明は懇切丁寧である。師真淵の「詔賜言」説についてもくわしく批判している。『大祓詞後釈　下巻』においては、「天津祝詞乃太祝詞事」の解釈の条で次のように述べる。

能理斗碁登（ノリトゴト）は、宣説言（ノリトキゴト）也。其由古事記伝に委（ク）云り。すべて能流（ノル）といふ言は、広くして、上へ申すにも、下へいひ聞すにも、つかふ言なるを、詔（ノ）字宣（ノ）字などは、上より下へいひきかす方につきて当たる物也。凡て皇国言と漢字と、全くは合（ハ）ざるを、かたへの合へるところにつきて、当たる多し。必詔宣などの字にのみ泥（ナツ）むべからず。万葉に、告（ノ）字をも謂（ノ）字をも、能流（ノル）に用ひ（ママ）たるを思ふべし。斗久（トク）も、同しことにて、上へ申すにも、下へいひきかすにも用ふる言也。是も説（ノ）字には泥むべからず。かくてのりとごとは、神に申す詞也。言を省きて能理登（ノリト）とのみもいふ。……

以下の所で、『祝詞考』の「詔賜言（ノリタベゴト）」説を一層詳細に批判して、「いと〳〵信（ウケ）がたし。」とまで言っているが、引用は省略する。宣長の説は、要するにノリトゴトは「宣説言（ノリトキゴト）」で、神に宣り説く言葉だということになる。しかし、果たしてノリトキゴトのキが脱落してノリトゴトになるのかどうか、その過程になお疑問が残る上に、上代特殊仮名遣いの点でも問題がある。というのは、説（ト）クは解（ト）クと同源の語で、そのトには、『古事記』歌謡や『万葉集』の仮名表記を見ると、乙類のトの等・登・刀の字が用いられている。いくつかの例を挙げる。

古事記

（八千矛神の歌謡）　多知賀遠母　伊麻陀登加（トカ）受弖　淤須比遠母　伊麻陀登加（トカ）泥婆

万葉集

（巻二十、四二九五）　比毛等伎（トキ）安気奈　多太奈良受等母

（巻十四、三五五一）　比毛登久（トク）毛能可　加奈思家乎於吉弖

（巻十七、三九四〇）　余呂豆代等　許己呂波刀気（トケ）氐

ところが、ノリトのトは前述のとおり、甲類の字であるべきであるから、この点で宣長の「宣説言（ノリトキゴト）」説は成立し難いも

のとなる。

宣長以後の説で注目されるものとしては、幕末の鈴木重胤（一八一二—一八六三）の『延喜式祝詞講義　壱之巻』に、

> 祝詞とは、皇御孫命を天降し奉給ふ時に、親神漏岐神漏美命の詔命以て、天下の大御政を知食し敷行ひ給はむ規則を授伝へ給へるを因拠と為て、今其事を物為給ふに就て、皇神等に白させ給ふ詞と云ふ義なる事は、祈年祭詞に、高天原爾神留坐皇親神漏伎命神漏彌命以天社国社登称辞竟奉と有て、其結文に、故皇吾親神漏伎命神漏美命登云々称辞竟奉久登宣と有にて所知たり。

と述べ、又、

> 倭祝詞とは、天皇祖神等の詔賜し御詔命を受賜り、即其を規則と為て祭にまれ政に有れ物為る由にて、其詞を差ては祝詞言とは称へり。

と述べているのは、語義の説明としては不明確であるが、どうやらノリトのノリの意味を、皇祖神の詔命を祭政の規則とするということに求めているようである。又、幕末から明治の敷田年治（一八一七—一九〇二）の『祝詞弁蒙』に、

> 天津祝詞乃太祝詞事は、……是は御卜言なり。……扨是を御卜言なりとは、いかなる故ぞといふに、何事にまれ、神の御心を問求るなれば、天津兆解乃、占兆解言と云義なり。占とは布刀磨爾の、布刀にて、其に関るものを、布刀玉串、布刀幣帛と云、兆は鹿骨にまれ、亀甲にまれ、灼て著れたる兆を云。……扨卜事を掌給ふ神名を、亀兆伝に、天津詔戸太詔戸命、と伝へ、……神名式に、大和国対馬嶋等に見えたる、大祝詞神社は、惣て御占神に坐るを併て、天津祝詞乃太祝詞事は、御占言なるを暁るべし。

と述べているのは、ノリトの語義を卜占に求める説で、従前の国学者の着眼とは異なった発想として注目される。しかしながら、重胤説にしても、年治説にしても、神道学者としてそれぞれに懐いた独自の哲学に引き付けて説いた傾向が強く、

今日の我々を納得させるに足る説得力に乏しいと言わざるを得ない。

ところが近代に至って、以上のような旧説を乗り越えて、全く新しい見解からノリトの語義を解こうとする努力がなされた。それは、ノリトのトを呪術を表す語として捉えることによって、問題の決着を計ろうとするものである。その発端は、「藝文」第九巻第一号（大正七年一月）に発表の井手淳二郎氏の論文「祝詞訓読考」にある。井手氏は、ノリトのトは屎戸・詛戸・置戸・事戸の戸（ト）と同じく、「古くは魔術と深い関係があつたやうに思はれる」ことを指摘され、「のりとの語は恐らく宣又は詔の字義よりも、もつと力強い直接的な祈請呪詛の詞若くは術といふ意味であらうと考へられる」と述べられた。

右の考え方を一層強化して、「となふ」「とこふ」や屎戸・事戸・千位置戸・詛戸の「ト」について検討し直した末、ノリトのトは呪術を示す語であることを強く主張されたのは、白石光邦氏の『祝詞の研究』（昭和十六年三月、至文堂刊）である。氏は同書の中で次のように述べる。

終りに当つて是れを要約すれば、「のり」は「体内深く潜んでゐる霊魂が強く呪力を伴つて口外に出で、対象に向つて働きかゝる」こと、即ち、「いのり」の前身をなす「のり」であり、「と」は「呪的効果」若しくは「呪術」を意味する言葉である。「となふ」「とこふ」よりすれば、「呪的効果」とする方が適切であり、「事戸」「置戸」の例よりすれば「呪術」の方が適切であるやうである。……

以上説述する如く、⑴祝詞の語義より考察し、⑵祝詞の語の文献に見ゆる最古のものを吟味し、⑶現存最古の祝詞（延喜式祝詞・中臣寿詞）の主要部分に照らす時、祝詞は呪言より発展せりとの結論を断定せざるを得ないのである。

かくして白石氏は、祝詞の原初的な本質を呪言という点に捉えられた。

白石氏と並んで、祝詞呪術説を強く主張されたのは金子武雄氏である。氏の『延喜式祝詞講』（昭和二十六年九月、武蔵野書院刊）において、「屎戸」「千位置戸」「事戸」「斎戸」の「戸」を呪術と解し、「のりと」の「と」も同様に呪術であるとして、次のように述べている。

> 「のりと」とは「宣と」であり、「天津祝詞乃太祝詞事乎宣礼」（六月晦大祓）とあるやうに、宣ることによつて行ふ呪術の義であらうと思ふのである。……かくて「のりと」は神に白すものであれ、天皇に奏すものであれ、宣ることによる呪術であり、宣ることによるいのりである。（論註篇、三五「屎戸・のりと・斎戸」考）

更に、「のりと」の本質に説き及んで、

> 「のりと」の本質は、その語義から出発して考へなければならないであらう。「のりと」の語義に関しては、古来幾多の見解があるのであるが、それが「宣呪」、即ち、「宣ることによる呪術」の義であらうといふことは、已に考へた通りである。さうしてそれに用ゐる「言」が「のりと（のりとごと）」である。……「のりと（のりとごと）」の原始的なものは、恐らく単純な呪文であつたであらう。しかしそれとても、その呪文の働きによつて何らかの呪力有るものを動かして、我が希求することを実現しようとしたものであらう。「呪力有るもの」（呪物）といふ考が、やがて精霊といふ考に、更に神といふ考に発展するにつれて、「のりと」へ、更には神にのる「のりと」へと発展したものであらう。（結語、二　延喜式祝詞の本質）

と述べる。金子氏の「宣呪」説は、白石氏の呪術説とおおむね同趣旨と受け取ることができる。これ以後、ノリトの語義を解くのに、呪術・呪言をもってすることが有力となった。例えば、『岩波古語辞典』は、「のりと（祝詞）」について、

> 《ノリは宣の意。トはコトド（絶妻之誓）のドと同じで呪言の意》神神の徳をほめたたえ、神に種種の物を奉り供えることを申し述べて、神のめぐみ（生活の安穏、多収穫、罪の祓）を得たい旨をねがう神聖な言葉。延喜式第八に収めてあるものなどが古い。

と説明して、ノリトのトを呪言と断定している。このようにして、「コトド」を夫婦の仲を絶つ呪言、「チクラノオキド」を多くの台の上に置く祓えの呪物、「トゴヒド」を人をのろうのに使う呪物また呪文、「ノリト」を神に宣る呪言というふうに、これらの「ト（ド）」を一律に呪術をもって解くならば、一応よく納得でき、切れ味のよさも感じられるが、半面これを全面的に信用してよいかという警戒心も同時に起こるのである。ちょっと話がうまくでき過ぎていないか。比較的新しい概念である呪術という語をもって、日本古代のいろいろな宗教現象を切り刻むことが、果たして妥当なのかどうか。ノリト呪言説に魅力を感じながらも、なおこれを不動の定説として推し得ないものが若干残っているというのが、現在の率直な気持である。

従って、『時代別国語大辞典 上代編』の「のりと（祝詞）」の項の〔考〕に、

ノリは宣ルの名詞形であろう。トは万葉では乙類の仮名で記されているが、記紀の例はともに甲類で、この方が古い形と考えられる。甲類のトは、コトトヲワタスのコトトやチクラオキト・トコヒドなどで同じく語尾にあらわれ、ものというような形式名詞かなどといわれるが、はっきりしない。ただノリトも含めていずれも神に捧げる呪術的なものなので、おそらくこれらに共通するトも同一の語であろうと思われる。

と述べているのは、最も穏当な説明というべきである。最初に引いた『日本国語大辞典』の「のりと（祝詞）」の項の補注では、

「と」は、所の意といい、また、「ことど」の「ど」と同じく、呪言の意とする説がある。

として、呪言説を一説として挙げるに止めている。呪言説を一層確乎たるものにするためには、更に精細な証拠を提出することが要求される。又、これとは全く発想を異にした新説が出現することも、同時に期待されるのである。

なお、ノリトのノリを「宣(の)る」の連用形であるとしても、その「宣る」については、『日本国語大辞典』の「のる

（宣・告）」の項に、「言う。述べる。告げる。宣言する。」の意とし、その補注に、

本来、単に口に出して言う意ではなく、呪力を持った発言、重要な意味を持った発言、ふつうは言ってはならないことを口にする意。

と述べてあるのが、要領を得た説明だと思う。

ノリトという語を表記するのに、古くから一般に漢字で「祝詞」と書くわけは、一見「祝」ははふり・神職の意で、はふりの唱える詞だから「祝詞」と書くというふうに解されやすいが、実はそうではなく、「祝」の字そのものに既にノリトの意味を持つからであろう。「祝」には、「神に告げる」「神に告げる言葉」の意味がある。『神祇令義解』に、

中臣宣二祝詞一。謂、宣者、布也。祝者賛辞也。言以二告レ神祝詞一、宣二聞百官一。故曰レ宣二祝詞一。

と見えるが、「祝者賛辞也」とは、祝の字は賛辞、即ち神を賛える言葉（即ちノリト）の意だと言っているのである。「祝詞」と書くのはめでたい、しかも書きやすい表記法であるから、広く一般に用いられるようになったのであろう。『日本書紀』神代上に「諄辞」と書いているのは、「諄」の字はねんごろに告げる意であって、ノリトは神に対してねんごろに申し上げる言葉であるから「諄辞」と書いたのであろう。

ノリトは、平安時代末期頃から促音便でノットと発音されるようになり、その促音の「ッ」を表記せずに「ノト」と記されるようにもなった。『観智院本類聚名義抄』（法上五五）に、祝詞ノトコト ハラヘリ（リは「（こと）の誤写であろう。）とある。また、『伊呂波字類抄』十巻本の第五能の部に、

祝ノット 祭主賛詞云々　詞神祇令云 ノトコト

と見える。中世以後は、ノリトと言うより、ノットという言い方のほうが一般に通用した。

〔追記〕

本稿では、人が神に向かって唱えることばをもって祝詞の主流として来たが、逆に神が人に向かって宣られることばを祝詞といった例も見えるので、そのことについても述べておく必要がある。『延喜式』巻第九神名上の京中坐神の左京二条坐神社に、「太詔戸命神（ふとのりとのみことのかみ）」があり、大和国添上郡に、「太祝詞神社（ふとのりとのかみのやしろ）」があり、巻第九神名下の対馬嶋上県郡に、「能理刀神社（のりとのかみのやしろ）」があり、同下県郡に「太祝詞神社（ふとのりとのかみのやしろ）」がある。これらの「太詔戸命神」や「太祝詞神」「能理刀神」が、ト占の神であることは、江戸時代末期の国学者伴信友（一七七三―一八四六）の『神名帳考』（『神道大系・古典註釈編・延喜式神名帳註釈』による）に、次のとおりの注記を施していることによって明らかである。

太詔戸命神

……○江次第云、御体御占、神祇官人、自朔日、籠本宮、迎太詔神。○古事談六云、亀甲御占仁波、春日南室町西角仁、御坐須流社平波、太詔戸明神止申。件社平、此占乃時波、奉念。今按、四時祭式、所謂卜庭神二社、此神社乎。

○釈日本紀云、亀兆伝云、凡述亀誓、皇親神魯岐・神魯美命、荒振神者掃々平石木草葉、断其語。云云、住天香山白真名鹿、吾将仕奉。我之肩骨内抜々出、火成、卜以問之。問給之時、已致火偽。太詔戸命進啓、白真名鹿者、可知上国之事。何知地下事。吾者能知上国・地下・天神・地祇。況復人情憤悒。但手足容貌、不同群神。……

能理刀神社

……○亀兆伝釈紀所引云、亀津比女命、今称天津詔戸太詔戸命也。

太祝詞神社（対馬）

……○臨時祭式云、卜部取三国卜術優長者。伊豆五人・壱岐五人・対馬十人。

これらの例で「太詔戸」「太祝詞」「能理刀」といっているのは、卜占に現れることばであって、それを司るのがフトノリトノ神・ノリトノ神ということになる。卜占には神の意思が表明される。すなわち卜占に現れるところは、神が人に向かって宣られることばであるということになる。この思想が平安時代に存在していたことは疑うべくもない。

次に、鎌倉時代の祝詞を集めた若狭彦神社所蔵の『詔戸次第』に、「返申事」（かへりまうしのこと）というものがあって、祭に際して神職が神前に詔戸を奏上した後に、今度は神が参列の人々に返答されることばを神職が神に代わって述べるという形を取った詔戸が二例掲げてある。これを「返り申し」といっている。左に例祭の詔戸の次にある「返申事」の前半を掲げておこう。

大明神ノ詔戸事ニ仰セ給フハ、令レ奉ラ給フ白妙ノ御幣、御供、御酒、依テレ数ニ浄流浄清ニ令二納受一セ給ヒ、留守所ノ御目代、乃至令二念願一給フ所望一々ニ叶厳ミ給ヒ、……

右の冒頭の「大明神ノ詔戸事」というのは、若狭彦大明神が仰せられるおことばの意で使っているのであって、下に続く「令レ奉ラ給フ白妙ノ御幣……」が、神のおことばの内容である。神が人々の申し上げる願い事を納受せられて、いつくしみ守られるという内容になっている。右の外に、国司新任の返り申しの詞も載っている。これらの例によって、人が神に奏上することばだけではなく、神が人に宣られることばをも詔戸（祝詞）といったことは確かである。

さてここに、「のりと」という語の本来の意義は、人が神に申し上げることばであったのか、それとも逆に、神が人に宣られることばであったのかという問題が起こる。既に述べたように、賀茂真淵の『祝詞考』では、「乃理刀其等ちふ言の意は、神祖高木神の、詔賜し御言を承て、児屋命の、天岩門の前にて、宣申すなれば、古事記に、詔戸言と書たり。然れば、乃里は、皇祖神の美古刀乃利也。」と言い、祝詞の本義を神のみことのりとした。敷田年治の『祝詞弁蒙』は、祝詞は「御卜言なり」と述べて、卜占に現れるしるしをもって「のりと」の本源とした。年治は、神名式の太詔戸命神や太祝詞神社のノリトに「のりと」の本義を求めようとしている。しかしながら古代の文献に、神が現れて人に言葉を宣る記事は、神功皇后紀に見えるところを初めとして所々に散見するが、それらの神のことばをもって「のりと」と称した例は見えない。これによって考えると、人が神に向かって申し上げることばが本来の「のりと」であって、後にその意味範囲が拡大され、神が人に宣られる神のことばをも「のりと」というようになったと理解される。本居宣長が、「のりとごとは、神に申す詞也。」と確言したのが妥当であると考える。「のりと」の語の意味拡大は、奈良時代から平安時代へと移り変わる社会の変化に伴ったものと推測するが、いかがであろうか。

二　祝詞の文献

古い祝詞を集めた文献には、言うまでもなく、『延喜式』巻第八があるが、それよりも更に古い祝詞の実例として、『古事記』上巻の出雲の国譲りの条の終末部分に見えるいわゆる鑽火詞がある。すなわち、

櫛八玉神化レ鵜、入二海底一、……鎌二海布之柄一、作二燧臼一、以二海蓴之柄一、作二燧杵一而、欑二出火一云、
是我所レ燧火者、於二高天原一者、神産巣日御祖命之、登陀流天之新巣之凝烟之、八拳垂摩弖焼挙、地下者、於二底津石根一焼凝而、栲縄之、千尋縄打莚、為レ釣海人之、口大之尾翼鱸、佐和佐和迩、控依騰而、打竹之、登遠々登遠々邇、献二天之真魚咋一也。

とある「是我所燧火者」以下の文章である。この文章は、一読して神に申し上げる言葉であることに疑いはない。これを、通説のように大国主神に申し上げる言葉と解するか、或いは大国主神から国譲りのしるしの儀礼として天つ神に御饗を奉る際の言葉と解するかは、問題の存するところであろうが、いずれにせよ神に申し上げる言葉であることに変わりはない。更にそのもとを考えれば、この文章は実際の祭祀・儀礼に用いられた言葉であって、『古事記』編纂の時資料として説話の中に取り入れたものに違いなく、それがそもそも何であったかを特定することは難しいとしても、古い祝詞の一実例であるという点において、高い価値を持つと言わねばならない。壮重で懇篤な言い回し、「於二高天原一者……地下者……」という対句の表現、「栲縄之千尋縄」という畳み掛ける表現、「佐和佐和邇・登遠々登遠々邇」という重ね言葉の形容文句

等、延喜式祝詞に多く見られる修辞が、ここに揃っていることは、注目しなければならない。（『梅沢伊勢三先生追悼記紀論集』中の拙稿「鑽火詞私見」参照。）

『延喜式』巻第八には、二十七編の祝詞を収める。これを延喜式祝詞という。『延喜式』は、延喜五年（九〇五）醍醐天皇の命により藤原時平・忠平等が編集した政務執行上の細則を規定した法典で、全五十巻。延長五年（九二七）に完成した。五十巻のうち、巻第一から巻第十までの十巻が神祇関係の規定で、全巻の五分の一を占め、しかも全巻の最初に置いてあるということは、当時の朝廷の政治の中で神祇祭祀がいかに重要な位置を占めていたかを物語っている。神祇十巻の内容は次の通りである。

巻第一　神祇一　四時祭上
巻第二　神祇二　四時祭下
巻第三　神祇三　臨時祭
巻第四　神祇四　伊勢大神宮
巻第五　神祇五　斎宮
巻第六　神祇六　斎院司
巻第七　神祇七　践祚大嘗祭
巻第八　神祇八　祝詞
巻第九　神祇九　神名上
巻第十　神祇十　神名下

祭儀で祝詞を読むことは、神祇祭祀の中心をなす重要要素で、みだりに変動などあってはならないという趣旨から、祝詞のことを巻第八にしっかりと規定したのである。

『延喜式』巻第八 神祇八 祝詞の冒頭に、次の二条の規定を掲げる。

凡祭祀祝詞者、御殿・御門等祭、斎部氏祝詞。以外諸祭、中臣氏祝詞。

凡四時諸祭、不云祝詞者、神部皆依常例宣之。其臨時祭祝詞、所司随事脩撰、前祭進官、経処分然後行之。

その一は、ここに集めた祭祀の祝詞のうち、大殿祭の祝詞と御門祭の祝詞とは斎部氏が読む祝詞であること、その外の祝詞は中臣氏が読む祝詞であることを規定して、祝詞は一般に中臣氏が司るのが例であるが、別に斎部氏がその職掌に基づいて司る祝詞のあることを明記した。外に、鎮火祭の祝詞や道饗祭の祝詞のように卜部の読む祝詞等もあるが、そこまでは記さなかった。その二は、四時恒例の諸祭で、ここに祝詞を掲げてない小さい祭の場合には、神祇官の神部が従前の例に依って既存の祝詞を宣ればよいこと、又臨時に祭を行う必要の生じた場合の祝詞については、神祇官の担当役人がその祭の趣旨に応じて祝詞を作成し、祭より前に太政官に奉って、その処置を受けた後にこれを読むようにすべきことを規定したもので、この巻に祝詞を掲げてない恒例・臨時の二つの場合について、それぞれに念を押すように述べてある。

右の二条の規定を置いた後に、二十七編の祝詞の全文を掲げる。その順序は、先ず毎年二月四日の祈年祭の祝詞に始まり、十二月吉日の「鎮御魂斎戸祭」の祝詞に至るまでの十五編が、祭の行われる月日の順に掲げられている。次に、伊勢大神宮の祝詞九編を掲げる。伊勢大神宮は特別扱いになっている。その順序は、二月祈年祭から九月神嘗祭まで月日の順に七編を掲げ、その後に臨時の「斎内親王奉入時」の祝詞及び「遷奉大神宮祝詞」の二編を置いてある。伊勢大神宮の祝詞の後には、朝廷の臨時の祭の祝詞三編を置いて終わる。すなわち、「遷却崇神」祭の祝詞・「遣唐使時奉幣」祭の祝詞・「出雲国造神賀詞」の三編である。出雲国造の神賀詞奏上のことは、神祇官の関わる重要な臨時の儀式であるから、その詞を祝詞の中に入れて掲げたのである。

以上二十七編の祝詞の読まれる祭は、いずれも朝廷の神祇官が関わる重要な祭儀であったから、『延喜式』巻第八に収めたのである。神祇官の関わらない地方の神社独自の祭や民間の祭の祝詞は、ここには収められていない。ここに収められた二十七編の祝詞の作成された年代は、各編まちまちである。それぞれの祝詞の読まれる祭の成立年代がまちまちである上に、その祭の祝詞として延喜式に載っているものも、祭の創始時に作られたものかどうか明確ではなく、たとえ創始時に作られたとしても、継承の間に大なり小なり変化している場合のあることが推測されるからである。祝詞の作成年代は、その文体や用語・表記等によっても、おおよその時代を推定し得る場合があるが、軽々に論ずることは避けねばならない。これら延喜式祝詞の各編の問題については、後の各編の解説の項で述べる。

『延喜式』には、巻第八の祝詞二十七編の外に、巻第十六陰陽寮の中に、儺の祭に陰陽師の読む祭文が載っている。この詞も、古い祝詞の一編として認めねばならないので、左に掲げて参考に供する。

今年今月、今日今時、時上直府、時上直事、時下直府、時下直事、及山川禁気、江河谿壑、二十四君、千二百官、兵馬九千万人已上音読。位置衆諸前後左右、各随其方、諦定位可候。大宮内爾神祇官宮主能、伊波比奉里敬奉留、天地能諸御神等波、平久於太比爾伊麻佐布倍志登申。事別氐詔久、穢悪伎疫鬼能所所村村爾蔵里隠布留乎波、千里之外、四方之堺、東方陸奥、西方遠値嘉、南方土佐、北方佐渡与里乎知能所乎、奈牟多知疫鬼之住加登定賜比行賜氐、五色宝物、海山能種種味物乎給氐、罷賜移賜布所所方方爾、急爾罷往登追給登詔爾、挟奸心氐留里加久良波、大儺公・小儺公、持五兵氐、追走刑殺物曽登聞食登詔。

（岩波書店刊『日本古典文学大系1　古事記・祝詞』の中に武田祐吉博士が収められた「儺祭詞」による。但し訓は少々改めた個所がある。）

儺の祭というのは、朝廷の年中行事の一つで、毎年十二月晦日の夜、疫鬼を追い払うために行われた追儺（ついな）（おにやらい）の儀式のことである。古く中国から入った祭で、陰陽寮の所管になっていた。巻第八の祝詞とは趣を異にする祭の祝詞の姿を、ここに見ることができる。

平安後期から中世にかけての諸種の文献に、祝詞が断片的に掲載されている場合がある。それらを収集すると、相当の数にのぼる。梅田義彦博士著『神道の思想 第三巻』（昭和四十九年九月、雄山閣刊）に収められた論文「祝詞概説」には、『拾芥抄』『執政所抄』『桂史抄』『皇大神宮年中行事』以下『台記』『小右記』『神宮雑例集』『朝野群載』『江家次第』『本朝世紀』等々の書から梅田博士が抜き出された祝詞七十余編が掲載されている。そこには、『延喜式』以後の祝詞、朝廷の祭祀とは違った民間の祭の祝詞、地方神社の祝詞等が見られ、祝詞の歴史を研究するために恰好の材料を提供してくれている。それらの中から、一例として最初の宮咩（みやのめ）の祭の祭文を掲げて、参考に供する。

〔拾芥抄〕宮咩祭文

維（コレ）永承某年歳次某月壬午、年ガ中ニ月遠択（ヱラ）ビ、月ガ中ニ日ヲ択（ビ）テ、日ガ中ニ時ヲ択（ビ）テ、掛畏（カケマクモカシコ）支宮咩（キミヤノメ）五柱・笠間ノ広前ニ、従四位上行官姓名、恐（カシコ）美恐（ミカシコ）見（ミ）モ申給（シハ）ク、絹ハ乍レ編（ナガラアミ）、綿ハ乍レ結（ユヒ）、進物（タテマツルモノ）ハ高杯（タカツキ）ガ弥高高（イヤタカダカ）ニ、飯（イヒ）ノ於毛利加（オモリカ）ニ、清酒（スミサケ）ノ早（スミヤカ）ニ、堅酒（カタサケ）ノ堅（カタラ）ニ、橘（タチバナ）ノ忽（タチマチ）ニ、餅（モチヒ）ノ持（モ）テ栄（ハエ）ニ、鯛（タヒ）ノ平（タヒラ）ニ、鱒（マス）ノ弥益益（イヤマスマス）ニ、鮰（コノシロ）ノ好（コノ）ミ好（コノミ）ニ、鮑（アハビ）ノ片思（カタオモヒ）、蠣（カキ）ノ掻寄（カキヨセ）テ、薺（ナヅナ）ノ庭佐良須（ニハサラズ）、厳（イカシ）ク聞（キコシメ）食シ受納（ウツナヒ）給（ヒ）テ、寿（イノチ）長ク身全（マタク）シテ、天地不祥（アメツチノサガナキコト）、内外（ウチト）ノ悪事（マガコト）、未（イマダ）レ萌（コヌサキ）以前ニ、兼（カネテ）ハ遠ク払ヒ退（ソ）ケ給（ヒ）テ、官爵（ツカサクラキママ）如レ意（ココロノ）ニ叶（カナハ）シメ給（ヒ）テ、万世（ヨロヅヨ）ニ子孫（ウミノコイヤサカ）繁昌ノ門（カド）ト有（ラ）シメ、夜守（ノ）リ日守（ノリ）ニ、常磐堅磐（トキハカキハ）ニ守リ幸（サキハ）ヘ給ヘト、恐（カシコ）ミ恐（カシコミモ）申ス。

宮咩の祭というのは、不吉を避け、延命長寿・子孫繁栄を祈って、通例正月と十二月の初午（はつうま）の日に、高御魂命・大宮津彦・大宮津姫・大御膳津命・大御膳津姫の宮咩五柱と、常陸国笠間の神の合わせて六柱の神を祭った祭で、朝廷の公的祭儀とは全く性格を異にした民間信仰的な祭である。右の祭文にも、やはり同様の色彩が濃厚に表れていて興味深い。

一つの神社で読まれる祝詞を、ある時期に一巻にまとめた文献の古いものとして、若狭彦神社（福井県小浜市遠敷鎮座）に秘蔵の『詔戸次第』がある。この文献は、鎌倉時代に若狭彦神社において読まれた祝詞九編が、後二条天皇の乾元二年（一三〇三）に収集・書写された一巻の巻子本である。「次第」とは順序とか手続とかの意で、どのような順序・手続で祭を執り行い、祝詞を奏上するかを書き記すという意味で、『詔戸次第』と名付けたものと考えられる。従って、北陸道の名神大社であった若狭彦神社の鎌倉時代の祝詞の実際を知り得るだけではなく、祭祀の実際についても知ることのできる文献として貴重である。ここに一例として、冒頭に掲げられた当社の例祭の祝詞を挙げて置く。

一　上下宮御祭詔戸

再拝ト申。維建長七年歳次乙卯、二月十日乙酉、賀遣満具モ賀多志遣那記若狭彦大明神ノ宇須ノ広前ニ、恒例ノ御祭ヲ依テ令ニ勤仕セ給上、令レ奉給白妙ノ御幣・御供・御酒・十列・東遊、依レ数浄流浄清令ニ納受セ給テ、御悦ノ盛ニハ、末（皇）等ノ御門宝位無レ動、大上天皇玉体安穏、自ニ博陸摂政ニ始テ、至ニ文武百官ニ、一々御願成就、円満守幸令レ奉給ヘ。当国ニハ大介・目・在庁官人・郡郷官々・万民百姓等、心中所願悉令ニ円満ニ給ヘ。惣ハ、天下泰平、国土豊饒、自ニ東作ノ始ニ至ニ西納ノ後ニ、風雨随レ時、社家繁昌ニ守幸令レ奉給ヘト、恐ミ恐モ申ス。

（『神道大系　神社編　若狭・越前・加賀・能登国』に収められた文による。原本に付された傍訓には仮名遣いの誤りが少なくないので、ここでは歴史的仮名遣いに改めて適宜付した。なお本文の当て字は、傍の（　）の中に正しい形を示した。）

なお『詔戸次第』の研究には、岡田莊司氏の「中世国衙祭祀と一宮・惣社――若狭彦神社「詔戸次第」を中心に――」（『神道及び神道史』第三〇号）があり、また青木紀元の「若狭彦神社秘蔵『詔戸次第』訓解」（『祝詞古伝承の研究』所収）がある。

伊勢神宮において読まれた祝詞を集めた古写本に、『年中行事詔刀文』（荒木田氏親家伝本）や『年中神事詔刀文』（荒木田氏経自筆本）があり、共に神宮文庫に蔵するが、前者は『神宮古典籍影印叢刊3 神宮儀式 中臣祓』に影印版で刊行されている（昭和五十五年二月、皇学館大学刊）。これによると、皇大神宮において（別宮を含め）正月から十二月に至るまでの種々の祭に読まれた祝詞が、四十五編集められている。これらによって、中世頃の神宮の祝詞の実際を知ることができる。『延喜式祝詞』の中には伊勢神宮関係の祝詞が九編含まれているが、それと『年中行事詔刀文』にある祝詞とを比較すると、語句に若干の相違点が認められて、伝統を守りながらも、時代に応じて多少の変化をしていることを、具体的に窺うことができる。ここには一例として、『年中行事詔刀文』の冒頭の元日の祝詞を引いて置く。

一　元日

度会ノ宇治ノ五十鈴河上ノ下津磐根ニ大宮柱太敷立テ、高天原ニ千木高知テ、皇御麻ノ命ノ称辞定奉ル掛畏キ天照坐ス皇太神ノ広前ニ、恐キ(ミ)恐モキ(ミ)申ク、常モ奉ル今年ノ正月ノ元日ノ白散ノ御饌并ニ御神酒御贄等ヲ、調奉状ヲ平久安ク聞食テ、朝廷宝ノ位無レ動ク、常石堅石ニ夜守日守ニ護幸奉給ヒ、阿礼坐ス皇子達ヲモ慈給ヒ、百官ニ、仕奉ル人等平ク安ク、天下四方国ノ人民ノ作食ル五穀豊饒ニ、恤幸給ト恐キ(ミ)恐モキ(ミ)申。

大阪の住吉大社には、『住吉大神宮祝詞』と題する古写本一冊を蔵する。古く同社の祭に読まれた祝詞六十八編を収め、少なくとも室町中期まで遡ることのできる貴重な本であるとされる。本書は、皇学館大学神道研究所において福井款彦氏編により「神道資料叢刊三」として刊行された（平成三年三月）。わが国の著名な古社である住吉大社において中世期に読まれた多数の祝詞の実際を、これによって知り得るのは幸いである。ここには冒頭の一編を掲げて、参考に供する。

元日祝詞

再拝。掛毛賢久御座給布宝乃御前并爾三所乃大明神乃宇豆乃広前毎爾、恐美恐美毛申給波久、依二恒例一天正月元日乃御供遠、色々爾儲備天奉レ仕給布。御意得乃盛仁請納知食給比天、悦乃上仁波、天皇我朝廷仁無レ驚久、夜乃護乃日乃護尓護利幸奉給天、如此二季乃節会乃節日毎仁波、並レ顔拝奉給布御奴等登、常磐堅磐仁夜乃護乃日乃護仁護幸奉給江登、恐美恐美毛申須。御手。

以上の外の神社においても、恐らくはその神社で読まれて来た祝詞を収集した文献が過去に存したことであろうし、又そのような文献を埋もれたまま現在も所蔵する所があるに違いないと思う。祝詞の歴史の研究のためには、これらの資料が各種類にわたって多数発掘されることが必要である。『延喜式祝詞』の研究のみに留まらず、この方面の努力も大いに期待される。

明治以後も、祝詞は祭に応じて作られ読まれて、今日に続いている。現代の諸種の祭の祝詞を集大成した書に、『現代諸祭祝詞大宝典』（昭和六十二年一月、国書刊行会刊）がある。また個人の作成した祝詞を集めたものに、『小註稲村真里祝詞集』（平成五年十二月、稲村真里祝詞集刊行会刊）がある。

三　祝詞の文章

祝詞は、厳粛な祭儀の場で読まれる文章であるから、読み誤りは決して許されない。主祭者は紙に書いてある祝詞の文章を見ながら、最も張り詰めた心で朗読して行くのである。そのために、祝詞の文章の表記に当たっては、見て読みやすいということが何よりの要件であった。古来祝詞の表記に、「祝詞宣命体」とか「宣命書き」とか呼ばれる表記法が用いられたのは、その故である。それは、日本語の語順に従って、体言や用言の語幹は漢字で大きく書き、用言の語尾や助詞などは万葉仮名で小さく書いて行く表記法である。『延喜式祝詞』から例を挙げると、

御年皇神等能前爾白久、皇神等能依左志奉牟奥津御年乎、手肱爾水沫画垂、向股爾泥画寄弖取作牟奥津御年乎、八束穂能伊加志穂尓皇神等能依左志奉者、……（祈年祭）

高天原爾神留坐皇親神漏岐・神漏美乃命以弖、八百万神等乎神集集賜比、神議議賜弖、我皇御孫之命波豊葦原乃水穂之国乎、安国止平久所知食止事依奉岐。（六月晦大祓）

宣命も、厳粛な儀式の場で紙に書いてある文章を見て朗読するものであるから、同じ表記法を取る。

天皇朝廷敷賜行賜幣留百官人等、四方食国乎治奉止任賜幣留国々宰等爾至麻弖爾、国法乎過犯事無久、明支浄支直支誠之心以而御称々而、緩怠事無久、務結而仕奉止詔大命乎、諸聞食止詔。（『続日本紀宣命』第一詔）

祝詞や宣命は、純国文体の文章である。「宣命書き」の表記法は、日本語の語順に従って書いてあるので、読み誤りが

少ない。体言や用言の語幹を大字で書き、用言の語尾や助詞を小字で書く方法は、日本語の性質に合致しているので、目で見て甚だ判読しやすいのである。仮名が発明されず、表記には漢字しかなかった時代に、祭祀儀礼の文章である祝詞・宣命を書き表すのには、これが最も適した方法であったことが理解できる。『日本書紀』のような純粋の漢文体でもなく、『古事記』のような変則漢文でもなく、『万葉集』のような用字法でもなく、「宣命書き」を用いることを最初に考え付いた人の深い心遣いに感服せざるを得ない。

祝詞の表記に「宣命書き」を用いた最初は、いつの時代に遡るのか、必ずしも明確ではないが、ともかくそれ以来、祝詞を書くには、古来の「宣命書き」を守り続けて、今日に至っている。「宣命書き」の小字の部分を仮名に置き換えれば、漢字・仮名交じりの普通の日本の表記法に移行するわけであるが、祝詞では、この便利な漢字・仮名交じり文を用いることを今日でも避けるのは何故か。それは、一言にして言えば、神事は古体を尊重するからである。祝詞の用語は、現代のものを用いず、できるだけ古代の言葉遣いを用いるのも、やはりこの道理に基づく。『延喜式祝詞』において既にそうである。その時代には用いられなくなったような古語が、祝詞の中に保存されているのを見る。貴重な遺産と言うべきである。

祝詞は又、人間が神に向かって誠意の限りを尽くして祈願し、又感謝申し上げる言葉であるから、その文章はあくまでも懇切丁寧であることが肝要である。それは同時に、祭の場に集まった参列者の耳に入って、人々の心に感動を呼び起こすものでもある。そのために、祝詞の文章には独特の修辞法が生まれることになった。その一つは、対語・対句の修辞である。分かりやすくするために、例を漢字・仮名交じり文で掲げる。

大野の原に生ふる物は、甘菜・辛菜、青海(あをみ)の原に住む物は、鰭(はた)の広物・鰭の狭物(さもの)、奥(おき)つ藻葉(もは)・辺つ藻葉に至るまでに、御服(みそ)は明妙(あかるたへ)・照妙(てるたへ)・和妙(にきたへ)・荒妙(あらたへ)に称(たた)へ辞竟(ことを)へ奉(まつ)らむ。（祈年祭）

此の敷き坐す大宮地は、底つ磐根の極み、下つ綱根、はふ虫の禍無く、高天の原は、青雲の靄く極み、天の血垂、飛ぶ鳥の禍無く、掘り竪てたる柱・桁・梁・戸・牖の錯ひ動き鳴る事無く、引き結べる葛目の緩ひ、取り葺ける草の噪き無く、……（大殿祭）

対語・対句の例は枚挙に暇がない。又、列挙・反復の修辞法がある。

科戸の風の天の八重雲を吹き放つ事の如く、朝の御霧・夕べの御霧を朝風・夕風の吹き掃ふ事の如く、大津辺に居る大船を、舳解き放ち艫解き放ちて、大海原に押し放つ事の如く、彼方の繁木が本を、焼き鎌の敏鎌以ちて打ち掃ふ事の如く、遺る罪は在らじと、……瀬織津比咩と云ふ神、大海原に持ち出でなむ。かく持ち出で往なば、荒塩の塩の八百道の八塩道の塩の八百会に坐す速開都咩と云ふ神、持ちかか呑みてむ。かくかか呑みてば、気吹戸に坐す気吹戸主と云ふ神、根の国・底の国に気吹き放ちてむ。かく気吹き放ちてば、根の国・底の国に坐す速佐須良比咩と云ふ神、持ちさすらひ失ひてむ。かく失ひてば、……（六月晦大祓）

進る幣帛は、明妙・照妙・和妙・荒妙に備へ奉りて、見明す物と鏡、翫ぶ物と玉、射放つ物と弓矢、打ち断つ物と太刀、馳せ出づる物と御馬、御酒は瓱のへ高知り、瓱の腹満て双べて、米にも穎にも、山に住む物は毛の和物・毛の荒物、大野の原に生ふる物は甘菜・辛菜、青海の原に住む物は鰭の広物・鰭の狭物、奥つ海菜・辺つ海菜に至るまでに、横山の如く八物に置き足らはして、奉るうづの幣帛を、……（遷却崇神）

祝詞の中の名文と言われる個所は、これらの修辞が絡み合って、畳み掛けるようにして律動的に進展して行く。これは、祝詞の朗誦性と表裏一体のものである。誠意を尽くして唱えられる祝詞の声は、神に届くと共に、聞く人の耳に荘重に又快適に響いて、祭の雰囲気をいやが上にも盛り上げる。祝詞の朗誦性に伴って発達した独自の修辞法は、日本の最も古い文学修辞の一つとして注目する必要がある。

祝詞の中には、「称へ辞竟へ奉る」という文句が多く現れる。例えば、

天つ社・国つ社と称へ辞竟へ奉る皇神等の前に白さく、今年の二月に御年初め賜はむとして、皇御孫の命のうづの幣帛を、朝日の豊逆登りに、称へ辞竟へ奉らくと宣りたまふ。（祈年祭）

広瀬の川合に称へ辞竟へ奉る皇神の御名を白さく、御膳持ちする若宇加の売の命と御名は白して、此の皇神の前に辞竟へ奉らく、皇御孫の命のうづの幣帛を捧げ持たしめて、王　臣　等を使として、称へ辞竟へ奉らくを、神主・祝部等諸聞き食へよと宣りたまふ。（広瀬大忌祭）

右の外、例は非常に多い。「称へ辞竟へ奉る」は、いわば祝詞の慣用句のように使用されている。「称へ辞竟へ奉る」を省略して、「辞竟へ奉る」と言うこともしばしばある。神を称賛する言葉のすべてを述べ尽くしてお祭り申し上げる、あらゆる賛辞の限りを尽くしてお供え物をするなどという意味で、神を祭る場合や神前に供え物を捧げる場合、又神の御名を申し上げる場合にも、「称へ辞竟へ奉る」と言っている。神をほめたたえる賛辞の限りを尽くした文章こそ、外ならぬ祝詞である。前にも挙げたが、『神祇令義解』に「祝者賛辞也」とあるのは、祝詞は神を賛える辞だというのである。人間が誠意の限りを尽くして懇切丁寧に神に申し上げる賛辞―祝詞が、目に見えぬ神に通じ、神を動かす。ここに祝詞の本質が存する。

古代に「言霊」という語があり、『万葉集』に三例見えている。

（巻五、八九四）神代より　言ひ伝て来らく　そらみつ　倭の国は　皇神の　いつくしき国　言霊の　幸はふ国と
語り継ぎ　言ひ継がひけり　今の世の　人もことごと　目の前に　見たり知りたり……（山上憶良、
好去好来の歌）

（巻十一、二五〇六）事霊の八十の衢に夕占問ふ占正に告る妹はあひ寄らむ　（柿本朝臣人麻呂之歌集）

（巻十三、三二五四）志貴島の倭の国は事霊のたすくる国ぞ真幸（まさき）くありこそ　（柿本朝臣人麻呂之歌集）

この「言霊」というものの古代社会における実体が、いかなるものであったかについては、例が少ないため具体的に明確でない嫌いがある。右の『万葉集』の三例のうちの二例の表記は「事霊」となっているが、「言霊」と同語と認められる。「言霊」という表現から見て、少なくとも古代人が言葉に霊力があるものと信じていたことは疑う余地がない。「そらみつ倭の国は……言霊の幸はふ国」「志貴島の倭の国は事霊のたすくる国」とあるからには、日本の国は言葉の霊力が人に幸いを与え、又援助を加える国であると信じられていたに違いない。一方、人間が神の前において誠意の限りを尽くして祝詞を申し上げて祈る時、それが神に通じ、神を動かして、幸いを授けられると信ずるのも、祝詞の言葉に霊力があると信ずるからに外ならない。祝詞は言霊の働きによると殊更に言い立てた古記録は見えないにしても、祝詞と言霊とが密接な関係にあることは、当然認めねばならない。その言葉の霊力を、呪力という語に置き替えることができるとすれば、ノリトのトを呪力・呪言の意に解する説（前述）の可能性が思い返される。その説の可否は当面別としても、祝詞が言葉の霊力により人の心が神に通ずるものであることは、既に明らかであると思う。

祝詞の文章には、神に向かって奏上する形の奏上体の祝詞と、祭場に参集した人々に向かって宣り聞かせる形の宣読体の祝詞との二種の文体があることが認められる。祝詞の主旨からすれば、神に奏上するのが本来の形であろう。祭は人間が神に祈るのが本旨である。宣読体の祝詞は、祭が儀式としての形態を整え、参集した人々に朗々たる声調で厳かに宣り聞かせて、祭の雰囲気に浸らせると共に、その祭の趣旨を納得させるようになった時に出来た文体ではないだろうか。従って、奏上体が第一次の祝詞、宣読体が第二次の祝詞としてよいと思う。

祈年祭（月次祭同様）の祝詞は、最初に、

集（うごな）はり侍（はべ）る神主・祝部（はふりべ）等諸（もろもろ）聞き食（たま）へよと宣（の）りたまふ。

とあって、宣読体の祝詞になっている。途中の一節を例に掲げると、

> 大御巫の辞竟へ奉る皇神等の前に白さく、神魂・高御魂・生魂・足魂・玉留魂・大宮乃売・大御膳都神・辞代主と御名は白して、辞竟へ奉らくは、皇御孫の命の御世を手長の御世と、堅磐に常磐に斎ひ奉り、茂し御世に幸はへ奉るが故に、皇吾が睦神漏伎の命・神漏弥の命と、皇御孫の命のうづの幣帛を称へ辞竟へ奉らくと宣りたまふ。

右の「大御巫の辞竟へ奉る皇神等の前に白さく」の結びは、当然文末に「皇御孫の命のうづの幣帛を称へ辞竟へ奉らくと白す」とあるべきで、これが大御巫のお祭りする皇神等に申し上げる言葉の内容であるが、それが転じて、このように皇神等に申し上げることを、参集した者どもに宣り聞かせるという形に変わっているのである。それを丁寧に述べれば、「称へ辞竟へ奉らくと白すことを、諸聞き食へよと宣りたまふ」とあるべきところを、簡略化して、「称へ辞竟へ奉らくと宣りたまふ」と述べたのである。これを見ても、祈年祭（月次祭）の祝詞の基本の形は、神に申し上げる奏上体であったことが明らかである。それを人々に宣り聞かせる宣読体に転化させたのである。その転化の時期は、祈年祭（月次祭）が朝廷の重要な儀礼としての威儀を整えた時点であったと推測することができる。神に申し上げるという本来の要素の上に、人々に宣り聞かせるという新しい要素が大きく附加されて来たからである。他の宣読体の祝詞についても、同様の推移を考えることができる。ただ大祓の詞については、人々に宣り聞かせることが主体となっているから、或いは初めから宣読体であったかとも考えられるが、更に踏み込んで探究すれば、これももとはやはり神に罪の祓除を祈る奏上体であったかと考える余地は残っているように思う。

四　祝詞研究略史

祝詞の研究は、これまで専ら『延喜式祝詞』が研究の対象となって来た。それだけ『延喜式祝詞』が祝詞の古典として尊重されて来たわけである。そして、古写本に傍訓を附加する作業を一応別にして考えれば、『延喜式祝詞』二十七編のうち、最も早くから研究されたのは、大祓の詞であった。それは、大祓の詞が「中臣祓(なかとみはらへ)」の詞として特別に尊重されたのによる。大祓の詞は、もともと朝廷の儀式である六月・十二月の晦日の大祓に、中臣が参集した人々に向かって宣読する詞であって、公的な性格を持つものであるが、それが次第に私的・個人的に罪や穢れ・災い等を祓い清める詞としても用いられるようになり、平安時代には「中臣祓」の名で盛んに行われることとなった。平安末期の永久四年(一一一六)に三善為康の撰した『朝野群載』に収められた「中臣祭文」を見ると、人々に宣り聞かせる詞であった大祓の詞の末尾の部分が、

自二今日一以後、遺罪止云罪、咎止（云）咎八不レ有止、祓給比清女給事遠、祓戸乃八百万乃御神達波、佐乎志加乃御耳遠振立天、聞食世止申。

と、祓戸の神々に申し上げる詞に変更されている。個人として私的に神に祈って、罪穢れを清めて下さいとお願いするのである。このように、大祓の詞から性格を変更した中臣祓の詞は、爾来神道の経典として神道家の間で非常に尊重されるようになり、その立場からこの詞の教理を説くことが始められた。その早いものは、両部神道の立場から説かれた『中臣祓訓解』や『中臣祓注抄』である。平安時代末から鎌倉時代初めの頃に成立したものと推定されている。

中世、伊勢神宮の祠官の間で発達した伊勢神道においても、京の卜部家の人々の卜部神道においても、中臣祓は非常に尊重され、それぞれに中臣祓を経典として書写したり、その教義を論述したりした書を多数残している。これらは、神道思想史研究の上からは、いずれも意義深い文献であるが、当面の国語国文学的研究とは方面を異にするので、ここでは説明を省略したい。近世に入ってからも、神道家たちの中臣祓論述書は多い。伊勢の度会延佳（一六一五―一六九〇）の『中臣祓瑞穂鈔』、吉川神道の吉川惟足（一六一六―一六九四）の『中臣祓御講談聞書』、垂加神道の山崎闇斎（一六一八―一六八二）の『風水草』等が著名である。以上の諸書については、『大祓詞註釈大成』三冊（昭和十六年六月、内外書籍刊）に集大成されているので、容易に見ることができる。

さて、中臣祓という神道の経典の立場から離れて、『延喜式祝詞』そのものを日本の古典として、古言・古意・古道探求の立場から研究するようになるのには、近世の国学者を俟たねばならなかった。そしてその最初の学問的業績を打ち立てたのは、賀茂真淵（一六九七―一七六九）であった。真淵は初め主君田安宗武の命を受けて、『延喜式祝詞』の注釈書『延喜式祝詞解』五冊を書いた。延享三年（一七四六）、真淵五十歳の時である。『延喜式祝詞』全巻に注解を施したのは、本書をもって最初とする。何分にも最初の書であるだけに、不備な点を免れないが、同時に深入りし過ぎて曲解に陥るという弊がなく、素直な解釈態度が見られて、教えられるところが少なくない。この書は版行されることなく、伝写されて近代に至った。その後二十二年を経て、明和五年（一七六八）、真淵七十二歳の年に成ったのが、『祝詞考』三冊である。死去の前年の著で、真淵最晩年の著作としても意義が深い。前著『延喜式祝詞解』を根本的に改訂し、真淵生涯の古典学の蘊蓄を傾けて、この書は書かれている。本書は、その後の祝詞研究の基礎となった。勿論当時の学説であるから、延約説・五音相通説による語源の説明や、考え過ぎての無理な附会の解釈がないわけではないが、真淵独特の鋭い学問的ひらめきを感じさせるところがあって、その価値は永く失せるものではない。本書は寛政十二年（一八〇〇）に門人の荒木田久老（一七四六―一八〇四）によって版行されて、世に広まった。

真淵を師と仰ぐ本居宣長(一七三〇—一八〇一)は、祝詞関係の注釈書としては、『出雲国造神寿後釈』一冊(又は二冊)と『大祓詞後釈』二冊とを著した。前者は延喜式祝詞の中の出雲国造神賀詞の注釈で、寛政四年(一七九二)宣長六十三歳の年成り、後者は六月晦大祓(大祓の詞)の注釈で、寛政七年(一七九五)六十六歳の年成った。版行されたのは、両書共に寛政八年(一七九六)である。「後釈」と名づけたのは、師の『祝詞考』の「後の釈」という意味で称したもので、両書とも、本文の各段を掲げた次に、先ず『祝詞考』の説を逐一載せ、その後にこれを批判し訂正する宣長自身の説を詳細に述べている。大祓詞と出雲国造神賀詞とは、『延喜式祝詞』中の二大雄編であるが、その精密な研究・注解は、宣長の両書をもって頂点に達したということができる。中臣祓の中世的・神秘的な解釈から、大祓詞の近代的・学問的な究明へと完全に転換させたのは、宣長の功績であった。なお、『大祓詞後釈』の附録として書かれている「つけそへぶみ」には、大祓詞以外の祈年祭から遣唐使時奉幣に至るまでの祝詞各編の語句等について、宣長が考え付いた点を書き記してあって、ここにも参考となる事柄が多い。

宣長の門人の藤井高尚(一七六四—一八四〇)は、『大祓詞後々釈』一冊を著して、若干の自説を附加した。

その後も国学者の祝詞研究書は少なくないが、中でも特記すべきは、鈴木重胤(一八一二—一八六三)の『延喜式祝詞講義』十五巻である。幕末の嘉永四年(一八五一)に成った。博引旁証、詳細を極めた大著で、後代に影響を及ぼすところも大きい。しかしながら、平田篤胤(一七七六—一八四三)の没後の門人であった重胤は、熱烈な神道家であったために、独断に陥る点を免れない嫌いのあったことが、評者により指摘されている。但し、重胤が祝詞研究史の上に留めた足跡は消え失せるものでないことは確かである。

安政五年(一八五八)には、平田篤胤の養子の平田鉄胤(一七九九—一八八〇)が『祝詞正訓』一冊を著した。延喜式祝詞及び中臣寿詞の傍訓付き本文のテキストとして便利な書であったため、その後広く使用されることになった。

明治時代に入っても、国学者の流れを汲む祝詞注釈書がいくつか出ている。久保季茲著『祝詞略解』(明治十六年刊)・大久保初雄著『祝詞式講義』(明治二十七年刊)・敷田年治著『祝詞弁蒙』(明治二十八年刊)その他である。それらのうち、年治の書は、創見に富み特色があるとされている。

大正・昭和期には、国語国文学や民族学等新しい学問が大いに発展し、祝詞の研究も様相を一新するに至った。それらについては、次に主な著書の目録を掲げて参考に供するに留め、筆者の勝手な評言は差し控えることにしたい。

注釈書

次田　潤『祝詞新講』昭和二年七月、明治書院
御巫清勇『祝詞式新釈』昭和二年十月、右文書院
同　『祝詞宣命新釈』昭和十四年四月、右文書院
金子武雄『延喜式祝詞講』昭和二十六年九月、武蔵野書院
山田孝雄『出雲国造神賀詞義解』昭和三十五年五月、出雲大社教教務本庁

研究書

武田祐吉『神と神を祭る者との文学』大正十三年五月、古今書院
同　『国文学研究神祇文学篇』昭和十二年一月、大岡山書店
折口信夫『古代研究国文学篇』昭和四年四月、大岡山書店
同　『古代研究民俗学篇二』昭和五年六月、大岡山書店
徳田　浄『原始国文学考』昭和五年九月、目黒書店(『上代文学新考』昭和五十五年三月、教育出版センター)

千田　憲『岩波講座日本文学・延喜式祝詞要論』昭和七年五月、岩波書店
白石光邦『祝詞の研究』昭和十六年三月、至文堂
倉野憲司『日本文学史第三巻　大和時代(下)』昭和十八年二月、三省堂
三宅　清『祝詞宣命研究』昭和五十年十二月、著者蔵版
重松信弘『古代思想の研究』昭和五十三年四月、皇学館大学出版部
岩井良雄『祝詞宣命語法考』昭和五十六年四月、笠間書院
青木紀元『祝詞古伝承の研究』昭和六十年七月、国書刊行会
西牟田崇生『祝詞概説』昭和六十二年二月、国書刊行会

本文校訂

武田祐吉『日本古典文学大系1　祝詞』昭和三十三年六月、岩波書店
青木紀元『祝詞』昭和五十年十一月、桜楓社
同　『神道大系　古典註釈編六　祝詞宣命注釈「校訂祝詞」』昭和五十三年八月、神道大系編纂会
金子善光『校訂延喜式祝詞』昭和五十二年十二月、東京工業大学工学部附属工業高等学校研究報告八

索　引

金子善光『延喜式祝詞索引―語句編―』昭和五十六年十二月、東京工業大学工学部附属工業高等学校研究報告十二
沖森卓也『東京国立博物館蔵本延喜式祝詞総索引』平成七年一月、汲古書院

五　延喜式祝詞の諸本

以下、本書が祝詞本文の校訂に用いた諸本を中心に、『延喜式祝詞』の諸本について解説する。

現存する『延喜式祝詞』の諸本中最古のものは、『九条家本延喜式巻第八』である。『九条家本延喜式』は、『延喜式』五十巻のうち、巻第一・二・四・六・七（二本）・八・九・十・十一・十二・十三・十五・十六・二十・二十一・二十二・二十六・二十七・二十八・二十九・三十・三十一・三十二・三十六・三十八・三十九・四十二の計二十七巻を現存する。巻子本で、現在東京国立博物館に蔵され、国の重要文化財に指定されている。巻第八の書写年代は明らかでなく、諸説があるが、一応平安時代末期頃としておくのが穏当のようである。各祝詞の本文の傍には、古体の片仮名をもって傍訓が施されており、その当時の訓み方を示す貴重な資料を提供してくれている。（この傍訓をもって、『延喜式祝詞』研究の嚆矢と理解することができる。これらの傍訓には、仮名遣いの混乱はほとんど見られず、わずかに「十市」に「トホチ」と附訓するもの一個所（祈年祭）、「初穂」に「ハツヲ」と附訓するもの一個所（龍田風神祭）、「荷前」に「ハツヲ」と附訓するもの三個所（祈年祭・春日祭・六月月次）があるだけに止まる。これは結局ホとヲとの間の混乱であるが、「塩」に「シホ」、「棹」に「サヲ」などと正しく書かれている場合も多い。このように、仮名遣いの混乱が非常に少ないという事実は、九条家本延喜式祝詞の傍訓の古さを物語るに十分である。（外に、「イカシ」を古体の片仮名で「イハシ」と読まれる字で書いてある場合があるが、このハは誤写に入れるべきであろうか。）このように、『九条家本延喜式祝詞』は非常に貴重な価値を持つ古写本であるが、残念なことに巻首を始めその他にも破損個所が多い。又、祝詞の大字の部分は厳格な楷書で書写されているが、小字の部分は、祈年祭の祝詞の途中から古い本の通りに書写せず、平安時代の通用体で書くようになっていると見受けられ、上代特殊仮名遣いに反する個所が存する（平安時代に入って作られた祝詞は仕方がないが）という難点も指摘される。これらの点を考慮して、今回の校訂においては底本として使用せず、校合本の一として用いることにした。

本書の祝詞本文は、『卜部兼永自筆本』を底本として校訂した。漢字表記については、新字を用いた。（ただし兼永自筆を尊重し、略字体（尓〔爾〕・迩〔邇〕・祢〔禰〕・祷〔禱〕・欤〔歟〕など）で書かれているものは、極力そのまま表示した。）この本は袋綴冊子本で、現在、国学院大学図書館に蔵する。巻末に、

大永三年四月三日書写訖
正三位卜部朝臣兼永
印

と奥書がある。その後に別筆で、

右平野三位兼永卿筆也
加修補訖
弘化四丁未歳十一月五日
従三位侍従卜（花押）

と記すのは、後世補修した折の識語である。卜部兼永（一四六七—一五三六）は、神道学者として著名な卜部（吉田）兼倶の二男で、平野社家の卜部兼緒の後を嗣ぎ、神道古典の研究に大きな功績を残した。兼永自筆本の『古事記』は、卜部系古事記諸本

の祖本として尊重されている。祝詞の場合も同様で、この『兼永自筆本延喜式巻八』は、卜部家の祝詞伝本中の古い証本として貴重な位置にある。兼永がこの巻を書写した大永三年（一五二三）に、彼は五十七歳であった。その後彼は、天文元年（一五三二）に延喜式巻九を、翌天文二年（一五三三）に同巻十を書写している。この祝詞の巻の書写は頗る丁寧慎重で、小字の部分も元のままにゆるがせにせず書写したものと見受けられる。本文の傍には多くの片仮名の訓が施されているが、九条家本の傍訓とは系統を異にする。卜部家の家学として承け継がれて行く間に、漸次増加して行った訓と認められる。但し、九条家本の傍訓に比して、仮名遣いの混乱が多くなっているのは、時代の推移を物語るものである。（これらの傍訓附加の作業も延喜式祝詞の研究に外ならない。）

次に、本書は校合本の一として、『卜部兼右自筆本』を用いた。この本も袋綴冊子本で、現在国学院大学図書館に蔵する。巻末に、

天文十一年二月廿日以両本見合之書写了（花押）

と奥書がある。その後に別筆で、

此一冊唯神院兼右御真筆也
殊被加家点者也　輙不許他見
敢莫出間外矣
元文二年丁巳仲夏日曜
従三位侍従卜部兼雄

と、江戸時代中期の卜部（吉田）兼雄の添書がある。卜部（吉田）兼右（一五一六―一五七三）は、兼倶の三男清原宣賢の二男で、兼倶の孫卜部（吉田）兼満の後を嗣ぎ、やはり神道古典の研究に力を尽くした。兼右の書写した日本書紀は、善本として知られ

る。延喜式巻八を書写した天文十一年(一五四二)に、兼右は二十七歳であった。彼は巻八の外に、巻九・巻十をも書写している。『兼右自筆本延喜式祝詞』の本文は、兼永自筆本とは別系統のものであることは、両者を比較することによって明らかである。この本の奥書に、「以㆓両本㆒見㆓合之㆒書写了」とある通り、本文校訂の態度を取っているのは、特筆すべきである。本文の横に所々「イ」として異本との校合を加えているのは、その表れと見られる。小字の部分は、九条家本と兼永自筆本との中間的性格を持っているようである。傍訓は、兼永自筆本よりも更に増加している。傍訓を右傍の外に左傍にも附してあるのは、異本にある別訓を示したものである。九条家本・兼永自筆本の誤謬が、この本では正しく書かれている場合がある。この本は、校合本として欠くことのできない一善本である。

『延喜式祝詞』の諸本の調査・研究を続けて来られた金子善光氏による(同氏著「校訂延喜式祝詞」東京工業大学工学部附属工業高等学校研究報告八)と、祝詞の古写本には、以上の三本の外に次のような諸本が存するが、ここでは説明を省略して名だけを列挙する。

天理図書館所蔵本　二本
内閣文庫所蔵本　二本
彰考館文庫所蔵本　二本
宮内庁書陵部所蔵本　三本
尊経閣文庫所蔵本　二本
国学院大学図書館所蔵本(兼永自筆本・兼右自筆本とは別)　一本
東京大学史料編纂所所蔵本　一本
無窮会図書館所蔵本　一本

京都大学附属図書館所蔵本　二本
静嘉堂文庫所蔵本　一本
神宮文庫所蔵本　二本
金刀比羅宮図書館所蔵本　一本
愛知県刈谷市立図書館所蔵本　一本
大阪府立中之島図書館所蔵本　一本
慶応義塾大学所蔵本　一本
島原公民館（松平文庫）所蔵本　一本
三条家本　一本
　その他

右の中には、版本から書写した本もいくつか含まれている。

『延喜式』は、江戸時代に入り版本として何度か出版された。正保四年版・慶安元年版・明暦三年版・寛文七年版・元禄十一年版・享保八年版・寛政七年版・文化三年版・文政十一年版（雲州版）等がある。皇典講究所校訂の『校訂延喜式』や吉川弘文館発行の『新訂増補国史大系　延喜式』は、享保八年版本を底本としている。版本の巻第八祝詞は、卜部系の本を承けて版行したものであるが、過誤の増した本であることは、一見して明らかである。昔の祝詞研究は、版本に基づいて行われた。本書では、明暦三年版本及び享保八年版本を校合に用いた。享保版本は明暦版本の重版であるが、版行に当たり若干の補訂・改刻を加えている。本書では、両本の区別を示す必要のある場合に限りそれぞれの名称を記し、両本同一の場合はただ「版」の略号で示した。

六　中臣寿詞の諸本

『延喜式祝詞』に附して「中臣寿詞」（なかとみのよごと）を研究することは、江戸時代から行われた。幕末の鈴木重胤に、『中臣寿詞講義』二巻がある。天保十五年（一八四四）に成り、嘉永五年（一八五二）に訂正浄書した。

「中臣寿詞」というのは、天皇の践祚大嘗祭の時に中臣氏が天皇の御世の長久を寿いで奏上した詞である。『神祇令』に、「凡践祚之日、中臣奏二天神之寿詞一、忌部上二神璽之鏡剣一。」と規定してあるように、「天つ神の寿詞」というのが本来正式の名称であるが、中臣氏が奏上するところから、一般に「中臣の寿詞」と呼ばれるようになった。『延喜式』巻第七　践祚大嘗祭の辰日の条にも、「中臣……跪奏二天神之寿詞一、忌部奏（奉か）二神璽之鏡剣一。」と記してある。寿詞奏上の儀式等の説明は、後の各篇研究の解説の項に譲って、ここでは「中臣寿詞」の諸本につき概説しておく。

「中臣寿詞」の文献としては、平安時代末期の藤原頼長の『台記別記』に収められた近衛天皇の康治元年（一一四二）の大嘗祭に大中臣朝臣清親が奏上した寿詞が従来主として用いられて来た。この『台記別記』所載の「中臣寿詞」を世に広く紹介したのは、本居宣長の『玉かつま』である。『玉かつま 一の巻』の冒頭の章は、「中臣寿詞」と題して、「中臣寿詞」につき平明な説明を施してある。めでたい「中臣寿詞」をもって、『玉かつま』の巻頭を飾ろうとした宣長の意図を見ることができる。初めに、

大嘗会の中臣寿詞（ナカトミノヨゴト）といふ文あり。宇治ノ左大臣頼長公の台記の、康治元年の大嘗会ノ別記に載せられたり。其文、

として、寿詞の全文を傍訓付きで掲げ、その後に、

此文、ふるくめでたき事多きを、世にしれる人まれなる故に、今写し出せり。ところ〳〵文字の誤リおほかるを、今は三四本を合せ見て、たがひによきあしき中に、よしとおぼしきをえらびてしるしつ。されど猶誤リと見ゆる所々なきにあらず。なほ善本(ヨキマキ)をえて正すべき也。さて今古言を考へて、訓をも加(クハ)へたるついでに、いさゝかことの意をもとくべし。

と述べて、文中問題となる個所につき説明を加えている。「中臣寿詞」は、重要な文章であるにもかかわらず、毎年使うものでないためか、早くから乱れが生じたらしく、正確な意味を取り難い個所が少なくない。従って宣長の説明も、文字の校訂に関する意見が多くなっている。これ以後、「中臣寿詞」といえば、『玉かつま』所載の文が主に用いられて来た。鈴木重胤の『中臣寿詞講義』も、寿詞の本文は『玉かつま』本によっている。平田鉄胤の『祝詞正訓』の中臣寿詞も同様である。本書も、『玉かつま』本を校訂の底本として用いることにした。

ところが、宣長より前に既に壺井義知(よしちか)(一六五七―一七三五)が「中臣寿詞」を研究して、その校訂本を作っている。義知は宣長(一七三〇―一八〇一)より七十三年の先輩である。義知の作った「中臣寿詞」の校訂本は、神宮文庫に伝わっている。それは『神階記』と合本になっており、旧林崎文庫本で、村井敬義奉納本の一と認められる。内題に、

台別記康治元十一月大嘗会記之中

中臣寿記

とあり、奥書に、

右中臣寿詞文、在二台記之中一。而有二或異字或脱字一。今以レ朱補レ之者、皆愚案也。強不レ可レ証レ之。云レ尒。

壺井義知　㊞

とある。署名の下に「判」と記しているところを見ると、この本は義知の自筆ではなく、転写本と考えるのが穏当であろう。しかしながら、原本を忠実に書写したものと見えて、奥書に「今以㆑朱補㆑之」とある通り、本文の各所に朱で書いた個所が交じっている。そこは義知の私案の部分である。訓や返り点等も朱で書いてある。『玉かつま』本の欠を補訂するに十分であるので、本書では校合本の一として用いた。なお、神宮文庫には、この壺井義知本を文久元年(一八六一)に御巫清直(一八一二—一八九四)が忠実に書写し、『宮主口伝』をもって校異を加えた本が蔵されている。その奥書に、

右、由貴祭参籠之間、林崎文庫蔵本書写了。

文久元年辛酉六月十五日

御巫内人石部清直

と記している。

以上の外に、『史料大観 第一巻下』(明治三十一年、哲学書院刊)に収める『台記別記』の「中臣寿詞」がある。明治の活字本であるが、数本をもって校合しており、『玉かつま』本・壺井義知本とは異なるので、参考となる。よって本書では、この本も校合本の一として用いた。

さて、『台記別記』所載の「中臣寿詞」とは全く系統を異にする本が、西田長男博士著『神道史の研究第二』(昭和三十二年、理想社刊)により公にされたのは、「中臣寿詞」研究の上で画期的な出来事であった。それは、『台記別記』の「中臣寿詞」が奏上された近衛天皇の康治元年(一一四二)よりも三十四年前(天皇では二代前)の鳥羽天皇の天仁元年(一一〇八)の大嘗祭に奏上された寿詞である。西田博士は同書の中の論文「中臣寿詞考」において、荒木田守晨(もりとき)(一四六六—一五一六)自写の「中臣寿詞」を新しく紹介し、これについて論述されると共に、その原本の写真を同書の巻頭に公表された。それは、もと伊勢の藤波家旧蔵の巻子本で、その巻初に、

寿詞文

と題し、巻末に、

私記　寿詞、奏者祭主。以二素紙一書也。於二大極殿一読□也。従二公家一不レ被レ書二下之一。伊忠卿之御本於被レ下書レ之。

守晨之

と記す。右の奥書の中の「伊忠卿」とは、西田博士によれば、守晨の当時の神宮祭主大中臣朝臣伊忠である。荒木田守晨は内宮の一の祢宜にまでなった人で、俳諧連歌で著名な荒木田守武の兄に当たる。中世期伊勢において神道古典の研究に力を尽くした人で、その自写本は神宮文庫その他に多く残っており、後世の研究者に恩恵を及ぼすところ多大である。右の「中臣寿詞」は、熱心な守晨が祭主伊忠から寿詞の文を特別に借り受けて、書写したものであった。本文中に、「天仁元年」の年号と「中臣祭□正四位上行神祇大副大中臣親定」の名が見えて、この寿詞が鳥羽天皇の天仁元年（一一〇八）の大嘗祭に、大中臣朝臣親定が奏上したものであることが明らかである。その本文は、『台記別記』の寿詞の本文よりも古く、相異なった個所があって、「中臣寿詞」研究のためには欠くことのできない貴重な資料である。本文の所々に附された古訓も重要である。ただ紙の破損個所がかなりあることを遺憾とする。本書は、この守晨自写本を校合本に取り入れて、『台記別記』系「中臣寿詞」の欠を補うのに役立てた。

本文校訂

凡例

○本項に掲げる延喜式巻第八祝詞の本文校訂には、次の諸本を用いた。又その校異は、上欄に略号（――以下の一字）を用いて注記した。

底　本

卜部兼永自筆本（国学院大学図書館所蔵）――兼

校合本

九条家本（大正十五年稲荷神社発行の複製本による。）――九

卜部兼右自筆本（国学院大学図書館所蔵）――右

版本（明暦三年版本・享保八年版本。両者の間に相違のある場合に限りその別を示す。）――版

祝詞考（版本）――考

大祓詞後釈・出雲国造神寿後釈（版本）――後

祝詞正訓（版本）――正

※考及び後釈は必要な場合に限り掲げた。

○本文に附した傍訓及び句読点は、著者が諸書の恩恵を受けて加えたものである。なお、九条家本・卜部兼永自筆本・卜部兼右自筆本に施されている古訓のうち必要と認めたものを、下欄に注記して、研究者の参考に供した。

○延喜式祝詞の附録文献として中臣寿詞を掲げたが、その本文校訂には次の諸本を用いた。

底　本

玉かつま本（版本）――玉

校合本

壺井義知本（神宮文庫所蔵）――壺

史料大観本――史

荒木田守晨本（西田長男博士著『神道史の研究第二』所載の写真による。）――守

○中臣寿詞の本文に附した傍訓・句読点及び上欄・下欄の注記については、延喜式祝詞の場合に準ずる。

○以上の諸本については、「祝詞概説」の項に記した解説を参照して頂きたい。

〈注〉貴重な所蔵本の使用を許可された国学院大学図書館に対し厚く御礼申し上げます。

延喜式巻第八　神祇八

祝詞

凡祭祀祝詞者、御殿・御門等祭、斎部氏祝詞。以外諸祭、中臣氏祝詞。

凡四時諸祭、不云祝詞者、神部皆依常例宣之。其臨時祭祝詞、所司随事脩撰、前祭進官、経処分然後行之。

祈年祭（トシゴヒノマツリ）

集侍（ウゴナハリハベル）一神主（カムヌシ）・祝部等（ハフリベラ）二、諸（モロモロ）聞食（キキタマヘヨ）三登（ト）宣（ノリタマフ）四。神主（カムヌシ）・祝部等共（ハフリベラトモニ）

称レ唯（マヲセヲヲト）。余（ホカノ）宣[1]（ノリタマフモ）准レ此（ナラヘコレニ）。

高天原仁[2]（タカマノハラニ）神留（カムヅマリ）五坐（マス）皇睦神漏伎命（スメムツカムロキノミコト）・神漏弥命（カムロミノミコト）以（モチテ）、天社（アマツヤシロ）・国

社（クニツヤシロ）登（ト）称（タタヘ）六辞竟奉（ゴトヲヘマツル）皇神等（スメガミタチ）能前尓（ノマヘニ）白（マヲサク）久、今年（コトシノ）二月（キサラギ）七尓御年（ミトシ）初将レ（ハジメム）

賜（タマハ）登（ト）為而（シテ）、皇御孫命（スメミマノミコト）八宇豆（ウヅ）能幣帛（ノミテグラ）乎（ヲ）、朝日（アサヒ）能豊逆登（ノトヨサカノボリ）尓（ニ）、称（タタヘ）

辞竟奉（ゴトヲヘマツラ）久登[3]（クト）宣（ノリタマフ）。

御年（ミトシノ）皇神等（スメガミタチ）能前（ノマヘ）尓白（ニマヲサク）久、皇神等（スメガミタチ）能依（ノヨ）左志奉（サシマツラ）牟奥津御年（ムオキツミトシ）乎[4]（ヲ）、手（タナ）九

肱（ヒヂ）尓水沫（ニミナワ）画垂（カキタレ）、向股（ムカハギ）一〇尓泥（ニヒヂ）一一画寄（カキヨセ）弖取作（テトリツクラ）牟奥津御年（ムオキツミトシ）乎（ヲ）、八束穂（ヤツカホ）能（ノ）

伊加[5]志穂（イカシホ）尓皇神等（ニスメガミタチ）能依（ノヨ）左[6]志奉（サシマツラ）者（バ）、初穂（ハツホ）乎波（ヲバ）千穎（チカビ）一二・八百穎（ヤホカビ）尓奉（ニタテマツリ）

1宣ー九、なし。
2仁ー右・版「尓」。
3登ー版「豆」。
4乎ー兼、なし。朱にて小さく補入。
5志ー九、小字に書く。
6志ー九「之」。

一　ウゴナハリハベルー兼「ウコナハリハムヘル」。
二　ハフリベラー九・右「ハフリヘラ」。
三　キキタマヘヨー九「ータマヘヨ」。兼・右「キヽタマヘ」。
四　ノリタマフー九「ーマフ」。兼「ノタマウ」。
五　カムヅマリー兼「ートマリ」。右「トヽマリ」。
六　タタヘゴトー九・兼「タヽヘコト」。
七　キサラギー九・兼「キサラキ」。
八　スメミマー九・右「スメミマコ」。兼「スメミー」。
九　タナヒヂー兼・右「テノヒチ」。
一〇　ムカハギー九・兼「ムカハキ」。
一一　ヒヂー九「ヒー」。兼・右「ヒチリコ」。
一二　チカビー九「チカヒ」。兼「ーカヒ」。

置弖、[一三][7]瓺閉高知、[8]瓺腹満双弖、汁尓母穎尓母称辞竟奉牟。大野原尓生物者甘菜・辛菜、[一四]青海原住物者鰭能広物・鰭能狭物、[一五]奥津藻[9]葉・辺津藻[10]葉尓至弖尓、[一六]御服者明妙・照妙・和妙・荒妙尓称辞竟奉牟。御年皇神能前尓、白馬・白猪・白鶏、種々色物乎備奉[11]弖、皇御孫命能宇豆[12]乃[一七]幣帛乎称辞竟奉久登宣。

大御巫能辞竟奉皇神等能前尓白久、[一八]神魂・高御魂・生魂・足魂・[一九]玉留魂・大宮乃売・大御膳都神・[二〇]辞代主登御名者白而、辞竟奉者、皇御孫命御世乎手長御世登、[二一]堅磐尓[二二]常磐尓斎比奉、[二三]茂御世尓幸[13]閉奉故、皇吾睦神漏伎命・神漏弥命登、皇御孫命能宇豆[14]乃幣帛乎称辞竟奉[15]久登宣。

[二四]座摩乃御巫乃[16]辞竟奉皇神等能前尓白久、生井・[二五]栄井・津

7瓺—右「甕」。
8瓺—右「甕」。
9葉—版「菜」。
10葉—版「菜」。
11弖—右「天」。
12乃—九・兼・版、大字。右、小字。
13閉—九・兼・右・版、大字に書く。
14乃—九・兼・右・版、大字に書く。
15久登—九「登久」。
16辞—版「称辞」。

一三 ミカノヘ—九「ミカノヘ」。兼「ミ—ヘ」。
一四 アヲミノハラ—九「アヲミノ—」。
一五 オキツモハ—九「オイツモハ」。
一六 ミソ—九・兼「ミソ」。
一七 ミテグラ—九「オホムテクラ」。兼「ミテクラ」。
一八 ムスヒ—九・兼「ムスヒ」。
一九 タマツメムスヒ—九「タマルムスヒ」。兼「タマル—」。
二〇 コトシロヌシ—九・兼「コトシロヌシ」。
二一 カキハ—九「カチハ」。兼「カキハ」。
二二 トキハ—九・兼「トキハ」。
二三 イカシミヨ—兼「イハキミヨ」。右「イハイミヨ」。
二四 ヰカスリ—兼・右「ヰカスリ」。
二五 サクヰ—九・兼「サクヰ」。

長井・阿須波・婆比支登御名者白弖、辞竟奉者、皇神能
敷坐下都磐根尓宮柱太知立、高天原尓千木高知弖、皇御孫
命乃瑞能御舎乎仕奉弖、天御蔭・日御蔭登隠坐弖、四方
国乎安国登平久知食故、皇御孫命能宇豆[17]乃幣帛乎称辞
竟奉久登宣。
御門[18]能御巫[19]能[20]辞竟奉皇神等能前尓[21]白久、櫛磐間門命・豊
磐間門命登御名者白弖、辞竟奉者、四方能御門尓湯都磐
村能如[22]塞坐弖、朝者御門開奉、夕者御門閉奉弖、
疎夫留物能自レ下往者、下乎守、自レ上往者、上乎守、夜能
守・日能守尓守奉故、[23]皇御孫命能宇豆[24]乃幣帛乎称辞竟
奉久登宣。
生嶋能御巫能辞竟奉皇神等能前尓白久、生国・足国登御

17 乃―九・右、小字。兼・版、大字。
18 能―右「乃」。
19 能―右「乃」。
20 辞―版「称辞。」
21 白―兼「皇」。
22 塞―兼「寒」。
23 皇御―右、この間に○を付し、左傍に「御嶋能イナ」と書く。
24 乃―九・右、小字。兼・版、大字。

二六 ミアラカ―九・兼「ミアラカ」。
二七 カクレマシ―九・右「カクレマシ」。兼「―レマシ」。
二八 ミカムナギ―九「―カムナキ」。右「ミカンナキ」。
二九 フサガリマシ―九・兼「フサカリマシ」。
三〇 タテマツリ―九・右「タテマツリ」。兼「タマツリ」。
三一 ウトブル―九「ウ―ル」。右「ウトフル」。兼「ウツムル」。

名者白弖、辞竟奉者、皇神能敷坐嶋能八十嶋者、谷蟆能[三二]
[三三]狭度極、塩沫能留限、狭国者広久、峻[三四]国者平久、嶋
能八十嶋堕[25][三五]事无[26]、皇神等能依志奉[27]故、皇御孫命能宇豆乃[28]
幣帛乎称辞竟奉久登宣。
[三六]辞別、伊勢尓坐天照[29]大御神能[30]大前尓白久、皇神能見霽[三七]志坐四
方国者、天能壁立極、国能退立[三八]限、青雲能靄[三九]極、白雲能[31]堕坐[四〇]
向伏限、青海原[四一]者棹[四二][32]柁不レ干、舟[四三][33]艫能至留極、大海尓舟
[四四]満都都気弖、自レ陸[34]往道者、荷緒縛堅弖、磐根・木根履佐[35]久
弥弖、馬爪至留限、長道[36]无レ間久立[四五]都都気弖、狭国者
広久、峻国者平久、遠国者八十綱打[37]挂弖引寄如レ事、
[38]皇大御神能寄奉波、荷前[四六]者[39]皇大御神能[40]大前尓、如ニ横山一打
積置弖、残乎波平聞看[四七]。又、皇御孫命御世乎、手長[四八]

25 堕—版「墜」。
26 无—版「無」。
27 志—九・兼・右、大字。版「左志」(小字)。
28 乃—九・兼・右、小字。版、大字。
29 大—兼・右・版「太」。
30 大—兼・右・版「太」。
31 堕—版「墜」。
32 柁—兼・右・版「枚」。九は破損。
33 艫—兼「臚」。九・右・版「艫」。
34 者—兼、なし。九・右・版「者」。
35 久—九、小字。兼・右・版、大字。
36 无—版「無」。
37 挂—版「掛」。
38 大—九・兼・右「大」。版「太」。
39 大—九・兼・右「大」。版「太」。
40 大—九・兼「大」。右・版「太」。

三二 タニグク—九「タニカコ」。兼・右「タニカニ」。
三三 サワタルキハミ—九・兼「サワタルカキリ」。
三四 サガシキ—九・兼「サカシキ」。
三五 オツル—九「オトロフル」。兼「オトリフル」。右「ヲトロフル」。
三六 コトワキテ—九「コトワイテ」。
三七 ミハルカシ—九・兼「ミハルカシ」。
三八 ソキタツ—九・兼「ソキタツ」。
三九 タナビク—九・兼「タナヒク」。
四〇 オリヰムカブス—九「オリヰムカフス」。
四一 アヲミノハラ—兼「アヲミ—」。
四二 サヲカヂ—九「サヲカチ」。兼「サホカチ」。
四三 フナノヘ—九・兼「フナノヘ」。
四四 ミテ—九「ミチ」。兼「ミテ」。
四五 タテ—九「—チ」。右「タテ」。
四六 ノサキ—九・兼「ハツヲ」。右「ハツホ」。
四七 キコシメサム—九「キコシメシ」。兼「キコシメサム」。
四八 タナガ—九「タナカ」。兼「ター」。

御世登、堅磐尓常磐尓斎比奉、茂[四九]御世尓幸閉奉故、皇吾
睦神漏伎・神漏弥命登、[五〇]宇事物[五一]頚根衝抜弖、皇御孫命能
宇豆[41]乃幣帛乎称辞竟奉久[42]登宣。
御県尓坐皇神等[43]前尓白[44]久、高市・葛木・[五二]十市・志貴・
山辺・曽布[45]登御名者白弖、此六御県尓生出甘菜・辛菜
乎[五三][46]持参来弖、皇御孫命[47]能長御膳[48]能遠御膳[49]登聞食故、皇御孫
命[50]能宇豆[51]乃幣帛乎称辞竟奉久[52]登宣。
山口坐皇神等[53]能前尓白久、飛鳥・[五四]石寸・[五五]忍坂・[五六]長谷・畝
火・耳[54]无[55]登御名者白弖、遠山・近山尓生立留大木・小木乎、
本末打切弖、持参来弖、皇御[56]孫命[57]能瑞[58]能[五七]御舎仕奉弖、天
御蔭・日御蔭[59]登隠坐弖、四方国乎安国[60]登平久知食須[61]我故、
皇御孫命[62]能宇豆[63]乃幣帛乎称辞竟奉久[64]登宣。

四九　イカシ—九・兼・右「イハシ」。
五〇　ウジモノ—九「ウトフルモノ」。兼「ウツムルモノ」。右「ウトムルモノ」。
五一　ウナネ—九・兼・右「ウナネ」。
五二　トヲチ—九・右「トホチ」。兼「トヲチ」。
五三　モチマヰキ—九「モテマヰリ」。兼「モチマイリ」。
五四　イハレ—九「イハレ」。兼・右「イハネ」。
五五　オサカ—九「オムサカ」。兼・右「オサカ」。
五六　ハツセ—九・兼・右「ハセ」。
五七　ミアラカ—九「—アラカ」。兼「ミアラカ」。

41 乃—九「能」（小字）。兼・右「乃」（小字）。版「乃」（大字）。
42 登—九「止」。兼・右・版「登」。
43 等前—九・右、この間に「乃」（小字）あり。兼・版、なし。
44 久—版、なし。
45 登—九「止」。
46 参—兼、本文になく、左傍に補入。
47 能—右「乃」。
48 能—九・右「乃」。
49 登—九・右「乃」。兼「能」。版「登」。
50 能—九・右「乃」。
51 乃—九・兼・版、大字。右、小字。
52 登—九「止」。
53 能—九・右「乃」。
54 无—版「無」。
55 登—九「止」。
56 孫—九、なし。
57 能—九・右「乃」。
58 能—九・右「乃」。
59 登—九「止」。
60 登—九「止」。
61 我—九「可」。
62 能—九・右「乃」。
63 乃—九・右、小字。兼・版、大字。
64 登—九「止」。

五八 水分(ミクマリニ)坐皇神等能(マススメガミタチノ)[65]前尓白(マヘニマヲサク)久、吉野(ヨシノ)・宇陀(ウダ)・都祁(ツゲ)・葛木(カヅラキ)[66]登御(トミ)
名者白(ナハマヲシテ)弖、辞竟奉(コトヲヘマツラク)者、皇神等能寄志奉(スメガミタチノヨサシマツラム)牟奥都御年(オキツミトシヲ)[67]乎、八束(ヤツカ)
穂(ホ)[68]能伊加志穂(ノイカシホ)尓寄志奉(ニヨサシマツラバ)者、皇神等(スメガミタチニ)尓 五九 初穂(ハツホ)波穎(ハカビ)[69]尓[70]毛汁(モシル)[71]尓母、[72]瓱(ミカノ)
閉高知(ヘタカシリ)、[73]瓱腹満双(ミカノハラミテナラベテ)弖、称辞竟奉(タタヘゴトヲヘマツリテ)弖、遺(ノコリヲバ)乎波皇御孫命(スメミマノミコトノ)[74]能
六〇 朝御食(アサミケ)・夕御食(ユフミケノ)[75]能加牟加比(カムカヒニ)[76]尓、長御食(ナガミケノ)[77]能遠御食(トホミケト)[78]登、赤丹穂(アカニノホニ)尓
聞食故(キコシメスガユヱニ)、皇御孫命(スメミマノミコトノ)[79]能宇豆(ウヅ)[80]乃幣帛(ノミテグラヲ)称辞竟奉(タタヘゴトヲヘマツラク)久[81]登、諸(モロモロ)
聞食(キキタマヘヨトノリタマフ)[82]宣。
六一 辞別(コトワキテ)、忌部(イムベノ)[83]能弱肩(ヨワカタニ)尓太多須支(フトダスキ)取[84]挂(トリカケテ)弖、持由麻波利(モチユマハリ)仕奉(ツカヘマツレル)礼留幣(ミテ)
帛(グラヲ)乎、神主(カムヌシ)・祝部等(ハフリベラ)受賜(ウケタマハリテ)弖、事不レ過(コトアヤマタズ)[85]捧持奉(ササゲモチテタテマツレ)[86]登宣(トノリタマフ)。

65 能—九・右「乃」。
66 登—九「止」。
67 乎—九「牟」。兼・右・版「乎」。
68 能—九・右「乃」。
69 尓毛汁—兼、本文になく右傍に補入。
70 毛—九・兼・右・版「毛」。正「母」。
71 母—九・右「毛」。兼・版「母」。
72 瓱—右「甕」。
73 瓱—右「甕」。
74 能—九「乃」。
75 能—九「乃」。
76 尓—九、大字。
77 能—九「乃」。
78 登—九「止」。
79 能—九・右「乃」。
80 乃—九・右、小字。兼・版、大字。
81 登—九「止」。
82 食宣—版、この間に小字の「登」を入る。
83 能—九・右「乃」。
84 挂—兼「桂」。九・右「挂」。版「掛」。
85 持奉—九、なし。
86 登—九「止」。

五八 ミクマリ—兼・右「ミコマリ」。
五九 ハツホ—九・兼「ハツホ」。
六〇 アサミケ—九「アサノーケ」。兼「アサーケ」。
六一 コトワキテ—兼「コトハケ」。右「コトワイ」。

春日祭

天皇我大命尓坐世、恐岐鹿嶋坐健御賀豆智命・香取坐伊
波比主命・枚岡坐天之子八根命・比売神、四柱[1]能皇神
等[2]能広前[3]仁白久、[4]大神等[5]能乞賜[6]比能任[一]尓、春日[7]能三笠山[8]能
下津石根尓宮柱広知立、高天原尓千木高知弖、天乃御蔭・
日乃御蔭[9]止定奉弖、貢[10]流神宝者、御鏡・御横刀[二]・御弓[三]・
御桙・御馬尓備奉[11]理、御服[四]波明多閉・照多閉・[12]和多閉・
荒多閉尓仕奉弖、四方国[13]能献礼留御調[14]能荷前[五]取並弖、青[六]
海原乃物者波多[15]能広物・波多[16]能狭物・奥藻菜[七]・辺藻菜、
山野物者甘菜・辛菜尓至麻弖、御酒[八]者甕上高知、甕腹満

1 能—九「乃」。
2 能—九・右「乃」。
3 仁—九・右「尓」。
4 大—版「太」。
5 能—九・右「乃」。
6 能—九「乃」。
7 能—九・右「乃」。
8 能—九・右「乃」。
9 止—右「登」。
10 流—九「留」。
11 理—九・右「利」。
12 和—兼「知」、左傍に朱にて「和」と書く。
13 能—九「乃」。
14 能—九・右「乃」。
15 能—九・兼・右・版、大字。
16 能—九・兼・右・版、大字。

一 マニマ—九・兼「マヽ」。
二 ハカシ—九・兼・右「ハカシ」。
三 トラシ—九・兼・右「タラシ」。
四 ミソ—九・右「ミソ」。兼「一ソ」。
五 ノサキ—九・兼・右「ハツヲ」。
六 アヲミ—九「アヲミ」。
七 モハ—九・兼「モハ」。
八 ミキ—九「ミワ」。兼・右「ミキ」。

並弖、雑物乎如二横山一積置弖、神主尓[17]其官位[18]姓名乎定弖、献[19]流宇豆乃[20]大幣帛乎、安幣帛乃足幣[21]帛[22]登平久安久聞[九][23]看[24]登、[25]皇大御神等乎称辞竟奉[26]久登白。如此仕奉尓依弖、今母去前[一〇][27]母、天皇我朝[28]庭乎平久安久、足[一一]御世乃茂[一二]御世尓斎奉利、常石尓堅石尓福[一三][29]閉奉利、預而仕奉[30]流処々・[31]家々王[一四]等・卿等乎[32]母平久、天皇我朝[33]庭尓伊[34]加志[35]夜久波叡[36]能如久仕奉利、佐加叡志米賜[37]登、称辞竟奉良久[38]登白。大原野・[39]平岡[40]祭祝詞准レ此。

17 其―九・版「某」。兼・右「其」。
18 姓―九「如」。
19 流―九・右「留」。
20 大―九「太」。
21 帛―兼、本文になく右傍に補入。
22 登―九「止」。
23 看―兼「者」。九・右「看」。版「食者」。
24 登―九「止」。
25 大―版「太」。
26 登―九「止」。
27 母―九・右「毛」。
28 庭―九・右・版「廷」。
29 閉―九・兼・右・版、大字。正、小字。
30 流―九・右「留」。
31 々―兼、なし。九・右「々」。版「家」。
32 母―九・右「毛」。
33 庭―版「廷」。
34 加―九、小字。
35 久―九、小字。
36 能―九・右「乃」。
37 登―九「止」。
38 登―九「止」。
39 平―版「枚」。
40 祭―九・兼「登」。右「祭」。版「等」。

九 キコシメセ―九・兼「キコシメセ」。
一〇 ユクサキ―九「ユクサキ」。兼、右傍ニ「イニシヘ」左傍ニ「ユクサキ」。
一一 タラシ―九・兼「タル」。
一二 イカシ―九・兼・右「イハシ」。
一三 サキハヘ―九「サイハヘ」。兼「サキイ(或)ハヘ」。右「サキハヘ」。
一四 オホキミタチマヘツキミタチ―九「オホキミタチマウチキムタチ」。

広瀬大忌祭(ヒロセノオホイミノマツリ)

広瀬[1]能川合(ヒロセノカハヒ)尓称[2]辞竟奉流(タタヘゴトヲヘマツル)皇神[3]能御名(スメガミノミナ)乎白(マヲサク)久、御膳持須留若宇(オホミケモチスルワカウ)[一]加[4]能売[5]能命(カノメノミコト)[二][6]登御名者白(ミナハマヲシテ)弖、此皇神(コノスメガミノ)[7]前尓辞竟奉(マヘニコトヲヘマツラク)久、皇御孫(スメミマノ)命[8]能宇豆[9]能幣帛(ミコトノウヅノミテグラ)乎[10]令捧持(ササゲモタシメ)弖、王臣(オホキミタチマヘツキミタチ)[三]等乎[11]為使(ツカヒト)弖、称辞竟奉(タタヘゴトヲヘマツラク)久乎、神主(カムヌシ)・祝部(ハフリベ)等諸聞食(モロモロキキタマヘヨ)[四][12]登宣(ノリタマフ)。

奉[13]流宇豆[14]能幣帛(タテマツルウヅノミテグラ)者、御服(ミソ)[五]明妙(アカルタヘ)・照妙(テルタヘ)・和妙(ニキタヘ)・荒妙(アラタヘ)、五色物(イツイロノモノ)、楯(タテ)・戈(ホコ)、御馬(ミウマ)、御酒(ミキ)[六]者[15]瓱[16]能閉高知(ミカノヘタカシリ)、[17]瓱[18]能腹満双(ミカノハラミテナラベ)弖、和稲(ニキシネ)・荒稲(アラシネ)尓、山尓住物(ヤマニスムモノ)者毛[19]能和支物(ケノニコキモノ)[七]・毛[20]能荒支物(ケノアラキモノ)、大野[21]能(オホノノ)原尓生物(ハラニオフルモノ)者甘菜(アマナ)・辛菜(カラナ)、青海原尓住物(アヲミノハラニスムモノ)者鰭[22]能広支物(ハタノヒロキモノ)・鰭[23]能狭(ハタノサ)[八]支物(キモノ)、奥津藻[24]葉(オキツモハ)・辺津藻[25]葉(ヘツモハ)尓至(イタルマデ)万弖、置足(オキタラハシ)[九]弖奉(タテマツラク)久[26]登、

1 能―九・右「乃」。
2 流―九・右「留」。
3 能―九・右「乃」。
4 能―九・右「乃」。
5 能―九・右「乃」。
6 登―九「乃」。
7 前―版「御前」。
8 能―九・右「乃」。
9 能―九・右「乃」。
10 令―九「命」。
11 為使弖―兼、本文になく右傍に補入。
12 登―九「止」。
13 流―九・右「留」。
14 能―九・右「乃」(小字)。版「乃」(大字)。
15 瓱―右「甕」。
16 能―九・右「乃」。
17 瓱―右「甕」。
18 能―九・右「乃」。
19 能―九・右「乃」。
20 能―九・右「乃」。
21 能―九・右「乃」。
22 能―九・右「乃」。
23 能―九・右「乃」。
24 葉―兼「菜」。九・右「葉」。版「菜」。
25 葉―版「菜」。
26 登―九「止」。

一 オホミケモチ―九「オホミケモチ」。兼・右「ミケモチ」。
二 メ―九・兼・右「ヒメ」。
三 オホキミタチマヘツキミタチ―九「オホキムタチマチキムタチ」。
四 タマヘヨ―九・右「タマヘヨ」。兼「タマヘ」。
五 ミソ―九「ミソ」。
六 ミキ―九「ミワ」。兼・右「ミキ」。
七 ニコキ―九「ニコキ」。兼「ニコー」。
八 サキ―兼「セハ」。右「サイ」。
九 タラハシ―九・兼・右「タラハシ」。

皇神前尓白賜部[27]止宣。
如此奉宇豆[28]乃幣帛乎、安幣帛[29]能足幣帛[30]止、皇神御心平
久安[31]久聞食弖、皇御孫命[32]能長御膳[33]能遠御膳[34]止赤丹[35]能穂尓聞
食、皇神[36]能御刀代乎始弖、親王等・王[37]等・臣等、天
下公民[38]能取作奥津御歳者、手肱尓水沫画垂、向[39]股尓[40]泥
画寄弖取将レ作奥都御歳乎、八束穂尓皇神[41]能成幸賜者、
初穂者汁尓[42]母頴尓[43]母、千稲・[44]八百稲尓引居弖、如二横山一打積
置弖、秋祭尓奉[45]牟登、皇神前尓白賜[46]登宣。
倭国[47]能六御県[48]能山口尓坐皇神等前尓[49]母、皇御孫命[50]能宇
豆[51]能幣帛乎、明妙・照妙・和妙・荒妙、五色物、楯・戈[52]
至万弖奉。如此奉者、皇神等乃敷坐[53]山々乃自レ口、狭久
那多利尓下賜水乎、甘水[54]登受而、天下[55]乃公民乃取作礼

27 止—兼、後の加筆の如し。九、なし。
28 乃—兼・右、小字。兼・版「止」。
29 能—九・右「乃」。
30 止—右「登」。
31 久—九、なし。兼・右・版「久」。
32 能—九・右「乃」。
33 能—九・右「乃」。
34 止—九・右・版「乃」。兼「能」。
35 能—九・右「乃」。
36 能—九・右「乃」。
37 等—版、なし。
38 能—九・右「乃」。
39 股—九「般」。
40 泥—九「涅」。
41 能—九・右「乃」。
42 母—九・右「毛」。
43 母—九・右「毛」。
44 百—九・兼・右・版「十」。考「千」。
45 登—九「止」。
46 登—九「止」。
47 能—九・右「乃」。
48 能—九・右・版「乃」。
49 母—九・右「毛」。
50 能—九・右「乃」。
51 能—九・右・版「乃」(小字)。
52 戈至—右、この間に「尓イ止」あり。
53 坐山—版、この間に「須」(小字)

一〇 メシ—兼・右「ーシ」。
一一 ミトシロ—兼・右「ミトシロ」。
一二 オホミタカラ—九「オホムタカラ」。兼「オホタカラ」。
一三 ムカハギ—九・兼・右「ムカハキ」。
一四 ヒヂ—九・兼「ヒチリコ」。
一五 チシネヤホシネ—九「チチカラヤホチカラ」。兼「チツカヤンツカ」。
一六 イツ—九「イツヽノ」。右「イツヽ」。
一七 オホミタカラ—九・右「オホムタカラ」。

留奥都御歳乎、悪風・荒水尓不二相賜一、汝命乃成幸波閉
賜者、初穂者汁尓[56]母穎尓[57]母、[58]甕乃閉高知、[59]甕腹満双弖、如二
横山一[60]打積置弖奉牟[61]登、王等・臣等・百一八官人等、
倭国乃六御県[62]能刀祢、男女尓至万弖、今年某月某
日、諸参[63]出来弖、皇神前尓宇一九事物頚根二〇築抜弖、朝日乃豊[64]
逆登[65]尓称辞竟奉久乎、神主・祝部等諸聞食止宣。

を入る。
54 登—九「止」。
55 公—兼「尓」。
56 母—九・右「毛」。
57 母—九・右「毛」。
58 甕—右「甕」。
59 甕—右「甕」。
60 積—九・兼・右「満」。版「積」。
61 登—九「止」。
62 能—九・右「乃」。
63 出—九、なし。
64 逆—版「栄」。
65 登—九「祭」。

一八　モモノツカサ—九「モモチノツカサ」。
一九　ウジモノ—九「ウトムルモノ」。兼「ウツムル—」。右「ウツムルモノ」。
二〇　ウナネ—九・兼・右「ウナネ」。

龍田風神祭

龍田尓称[1]辞竟奉皇神乃前尓白久、志貴嶋尓大八嶋国知[一]志[2]皇御孫命乃、遠御膳乃長御膳止、赤丹乃穂尓聞食須五[二]穀物乎始弖、天下乃公[3]民乃作物乎、草乃片葉[三]尓至万弖不レ成、一年二年尓不レ在、歳真尼[4]久傷[四]故尓、百[5]能物知人等乃卜事尓出牟神乃御心者、此神[6]止白止負賜支。此乎物知人等乃卜事乎[7]以弖卜[8]止母、出留神乃御心[9]母[10]无止白[五]止聞看弖、皇御孫命詔久、神等乎波天社・国社止忘事無久、遺[11][六]事無[12]久、称辞竟奉止思志行[七]波須乎、誰[八]神曽、天下乃公[13]民乃作[九]作物乎、不レ成傷神等波。我御心曽止悟[14][一〇]奉礼止、

一　シラシ—九「シロシメシ」。兼・右「シラシ」。
二　タナツモノ—九・兼・右「タナツモノ」。
三　カキハ—九・兼・右「カキハ」。
四　ヤブル—九・兼「ヤフル」。
五　キコシメシ—兼・右「キコシメシ」。
六　ノコル—兼・右「ノコル」。
七　オコナハスヲ—兼「オコナハシメタマフヲ」。
八　イヅレノ—兼・右「イツレ」。
九　ツクル—兼・右「—ル」。
一〇　サトシ—兼・右「サトシ」。

1 尓称—右、この間に「坐」を入る。
2 志—九・兼・右・版、大字。考、小字。
3 公—兼「尓」。
4 久—九・兼・右・版、小字。考、大字。
5 能—九・右「乃」。
6 止—右「登」。
7 乎以—右、この間に○を付し、左傍に「出牟イナ」と書く。
8 母—九・右「毛」。
9 母—九・右「毛」。
10 无—版「無」。
11 遺事無久—右、本文になく右傍に補入。
12 無—九「无」。
13 公—兼「尓」。
14 悟奉礼止—兼、本文になく右傍に補入。

宇気比賜支。[15]是以、皇御孫命大御夢尓悟奉久、天下
乃[16]公民乃作作物乎、悪風・荒水尓相都都、不レ成傷
波、我御名者天乃御柱乃命・国乃御柱[17]能命[18]止、御名者悟
奉弖、吾前尓奉牟幣帛者、御服者明妙・照妙・和妙・
荒妙、[19]五色乃物、楯・戈、御馬尓[一一]御鞍具弖、品々乃幣帛備
弖、吾宮者朝日乃日向処、夕日乃[一二]日隠処乃、龍田[20]能立野[21]乃
小野尓、吾宮波定奉弖、吾前乎称辞竟奉者、天下[22]乃公民
乃作作物者、[一三]五穀乎始弖、草[23]能片葉尓至万弖、成幸[24]閉
奉牟止、悟奉支。是以、皇神乃辞教悟[一四]奉処[25]仁、宮柱
定奉弖、此[26]能皇神[27]能前[28]乎称辞竟奉[29]尓、皇御孫命乃宇豆[30]乃
幣帛[31]令捧持弖、王臣等乎為レ使弖、称辞竟奉
久止、皇神乃前尓白賜事乎、神主・祝部等諸[一五]聞食[32]止

15 是以（以下「公民乃」まで）—九、本文になく右傍に補入。
16 公—兼「尓」。
17 能—九・版「乃」。
18 止—九、大字。
19 五—九「吾」。
20 能—九「乃」。
21 乃—九、破損。兼・右・版「尓」。考「乃」。
22 公—兼「尓」。
23 能—九・版「乃」。
24 閉—九・兼・右・版、大字。考、小字。
25 仁—九「尓」。
26 能—九・版「乃」。
27 能—九「乃」。
28 乎—版「尓」。
29 尓—考「止」。
30 乃—九・兼・右、小字。版、大字。
31 帛令—考、この間に「乎」（小字）を入る。
32 止—兼、なし。九・右・版「止」。

一一 ミオソヒ—九「オホオソヒ」。兼「オホムオソヒ」。右「オホンオソヒ」。考「ミクラ」。
一二 ヒガクル—考「ヒカゲル」。
一三 タナツモノ—九「タナツ」。兼・右「タナツモノ」。
一四 マツリシ—九「マツル」。兼「—リシ。」右「タテマツリシ」。
一五 キキタマヘヨ—兼「キヽタウヘ」。右「キヽタマヘヨ」。考「キコシメセ」。

宣。
奉宇豆[33]乃幣帛者、比古神尓御服明妙・照妙・和妙・荒
妙、五色物、楯・戈、御馬尓[一六]御鞍具弖、品品[34]能幣帛献、
比売神尓御服備、金[一七][35]能麻笥・金[36]能[37]棩[一八]・金[38]能桛[一九]、明妙・照
妙・和妙・荒妙、五色[39]能物、[40]御馬尓御鞍具弖、雑幣帛
奉弖、[二〇]御酒者[41]瓱[42]能閉高知、[43]瓱腹満双弖、和稲[二二]・荒稲尓、
山尓住[44]物者毛[45]能和物[二一]・[46]毛乃[47]荒物、[48]大野原生物者甘菜・辛
菜、青海原[二三][49]仁住物者鰭[50]能広物・鰭[51]能狭物、奥都[52]藻菜・辺都
[53]藻菜尓至万弖尓、如横山打積置弖、奉此宇豆乃幣帛乎、
安幣帛[54]能足幣帛止、皇神[55]能御心尓平久聞食弖、天下[56]能[57]公
民[58]能作作物乎、悪風・[59]荒水尓不相賜[二四]、皇神乃成幸[60]閉
賜者、初穂者[二五][61]瓱[62]能閉高知、[63]瓱腹満双弖、汁尓[64]母穎尓[65]母、

33 乃―版、大字。
34 能―九・版「乃」。
35 能―九「乃」。
36 能―九「乃」。
37 棩金能―九、本文になく右傍に補入。
38 能―九「乃」。
39 能―九・右「乃」。
40 馬―九「金」。
41 瓱―右「甕」。
42 能―九「乃」。
43 瓱―右「甕」。
44 物―九、なし。
45 能―九・版「乃」。
46 毛―九「己」。
47 物大―兼、なし。右、本文になく右傍に補入。
48 野―九、なし。
49 仁―九・右・版「尓」。
50 能―九・右「乃」。
51 能―九・右「乃」。
52 菜―右「葉」。
53 菜―右「葉」。
54 能―九「乃」。
55 能―九「乃」。
56 能―九・右「乃」。
57 公―兼「尓」。
58 能―九「乃」。
59 荒―兼「芒」。
60 閉―九・兼・右・版、大字。
61 瓱―右「甕」。
62 能―九・右「乃」。
63 瓱―右「甕」。
64 母―九「毛」。
65 母―九「毛」。

一六　ミオソヒ―兼「オホムオホヒ」。右「オホンオソヒ」。
一七　クガネ―九「コカネ」。
一八　タタリ―九・兼・右「タヽリ」。
一九　カセ―九「カセ」。兼・右「カセヒ」。
二〇　ミキ―九「―ワ」。兼・右「ミキ」。
二一　ニキシネ―九「ニコキ―」。兼「ニコキイネ」。
二二　ニコモノ―兼「ニコキ―」。
二三　アヲミ―兼「アヲミ」。
二四　アハセ―九・右「アハセ」。兼「―セ」。
二五　ハツホ―九「ハツヲ」。右「ハツホヲ」。

二六八百稲(ヤホシネ)・二七千稲(チシネ)66尓引居置(ヒキスエオキテ)弖、秋祭(アキノマツリニ)尓奉(タテマツラ)牟止(ムト)、王卿(オホキミタチマヘツキミ)
等(タチ)・百官(モモノツカサノ)67能人等(ヒトドモ)、倭国(ヤマトノクニノ)六県(ムツノアガタノ)二八68能刀祢(トネ)、男女(ヲトコヲミナニ)尓至(イタル)万弖(マデ)
尓、今年(コトシノ)四月(ウヅキ)二九七月(フミヅキニ)者(ハ)云(イフ)69二今年(コトシノ)七月(フミヅキト)一。諸(モロモロ)参集(マヰウゴナハリテ)弖、皇神(スメガミノ)70能前(マヘ)
尓三〇宇事物(ウジモノ)頚根(ウナネ)三一築抜(ツキヌキテ)弖、今日(ケフノ)71能朝日(アサヒノ)72能豊73逆登(トヨサカノボリニ)尓、称辞(タタヘゴトヲ)竟奉(ヘマツル)74流
皇御孫命(スメミマノミコトノ)乃宇豆(ウヅノ)75能幣帛(ミテグラヲ)乎、神主(カムヌシ)・祝部等(ハフリベラ)被(リ)レ賜(タマハテ)三二弖、惰事(オコタルコト)三三
76無奉(ナクタテマツレ)礼77登宣(トノリタマフ)三四命(オホミコトヲ)乎、諸(モロモロ)聞食(キキタマヘヨ)三五止宣(トノリタマフ)。

66 尓—兼、本文になく右傍に補入。
67 能—九「乃」。
68 能—九「乃」。
69 云—九「六」。
70 能—九・右「乃」。
71 能—九「乃」。
72 能—九・右「乃」。
73 逆—版「栄」。
74 流—九「留」。
75 能—九・右「乃」(小字)。版「乃」(大字)。
76 無—右「无」。
77 登—九「止」。

二六 ヤホシネ—九「ヤホチカラ」。兼「ヤホツカ」。
二七 チシネ—兼「チツカ」。
二八 アガタ—兼・右「ミアカタ」。
二九 ウヅキ—九「ウツキ」。
三〇 ウジモノ—九「ウトフル—」。兼「ウツムル—」。
三一 ウナネ—九・兼「ウナネ」。
三二 タマハリ—兼・右「ウケタマハリ」。
三三 オコタル—九・兼・右「オコタル」。
三四 ノリタマフオホミコト—兼「ノタフコト」。右「ノタマフコト」。
三五 キキタマヘヨ—兼・右「キキタマヘヨ」。

平野祭

天皇我御命尓坐世[1]、今木与利仕奉来[一]流[2]皇[3]大[4]御神能[5]広前尓白給久、皇大[6]御神乃乞志給[二]能[7]麻[8]尓麻[9]尓、此所能[10]底津石根尓宮柱広敷立[11]、高天乃原尓[12]千木高知弖、天能[13]御蔭・日能[14]御蔭登[15]定奉弖、神主尓神祇某官位姓名定弖、進流[16]神財波、御弓[三]・御太[17]刀[四]・御鏡・鈴・衣笠・御馬乎引並弖・御衣[五]波明多閇・照[18]多閇・和多閇・荒多閇尓備奉利弖、四方国能[19]進礼流[20]御調能[21]荷前[六]乎取並弖、御酒[七]波瓱[22]戸高知、瓱[23]腹満並弖、山野能[24]物波甘菜・辛菜[25]、青海原能[26]物波波多能[27]広物・波多能[28]狭物、奥[29]毛波・辺津毛波尓至麻[30]弖、雑物乎如横山置高成弖、

一 キタレル—九「キタレル」。兼「キター」。
二 コハシ—九・兼「コハー」。右「コハシ」。
三 ミトラシ—兼「オタラシ」。右「オンタラシ」。
四 ミハカシ—兼「オハカシ」。右「オシハカシ」。
五 ミソ—兼・右「ミソ」。
六 ノサキ—兼・右「ハツホ」。
七 ミキ—兼・右「ミキ」。

1 世—版、なし。
2 流—九「留」。
3 皇—九、なし。
4 大—九・兼・右・版「太」。考「大」。
5 能—九・右「乃」。
6 大—九・兼・右・版「太」。考「大」。
7 能—九・右・版「乃」。
8 麻尓麻尓—版「任尓」。
9 麻尓—右、左傍に丶丶を付し、「イ无可也」と記す。
10 能—九・右「乃」。
11 立、—右・版、この間に「弖」（小字）を入る。
12 尓—兼「乃」。
13 能—九・右「乃」。
14 能—九・右「乃」。
15 登—九「止」。
16 流—九「留」。
17 太—九「大」。
18 照多閇—版、なし。
19 能—九「乃」。
20 流—九「留」。
21 能—九・右「乃」。
22 瓱—右「甕」。
23 瓱—右「甕」。
24 能—九・右「乃」。
25 菜青—九、なし。
26 能—九・右・版「乃」。
27 能—版、小字。

献(タテマツル)³¹流宇豆³²能大幣帛(ウヅノオホミテグラ)乎、平(タヒラケク)久所聞(キコシメシテ)弖、天皇(スメラガミヨヲ)我御世乎堅石(カキハ)[八]尓常(トキ)[九]

石尓斎(ハニイハヒマツリ)奉利、伊賀³³志御世(イカシミヨニサキハヘマツリテ)尓幸閉奉弖、万世(ヨロヅヨニオハシマサシメ)[一〇]尓御坐令在米、

³⁴給³⁵登、称辞竟奉(タタヘゴトヲヘマツラクトマヲス)久³⁶登申。

又申(マタマヲサク)久、³⁷参集(マヰウゴナハリテツカヘマツル)弖仕奉³⁸流親王(ミコタチ)[一一]等・王(オホキミタチ)[一二]等・臣(マヘツキミタチ)[一三]等・百(モモノ)

官人(ツカサノヒトドモヲモ)等³⁹乎⁴⁰母、夜守(ヨノマモリ)・日守(ヒノマモリ)尓守給(マモリタマヒテ)弖、天皇朝⁴¹庭(スメラガミカドニ)尓伊夜高(イヤタカニ)尓

伊夜広(イヤヒロニ)尓、伊賀志夜具波江如(イカシヤクハエノゴトク)久立栄(タチサカエ)⁴²之米(シメ)、令仕奉給(シメツカヘマツラタマヘ)⁴³登、

称辞竟奉(タタヘゴトヲヘマツラクトマヲス)久止申。

八　カキハ—兼・右「カキハ」。
九　トキハ—兼・右「トキハ」。
一〇　オハシマサシメ—九・兼・右「オハシマサシメ」。
一一　ミコタチ—兼・右「ミコタチ」。
一二　オホキミタチ—兼「オホキムタチ」。
一三　マヘツキミタチ—兼「マフチキムタチ」。

28 能—版、小字。
29 奥毛—兼、この間に○を付し右傍に「津欹」と書く。版、「都」（大字）を入る。
30 麻—版、小字。
31 流—九、「留」。
32 能—九・右・版「乃」。
33 志—版、大字。
34 給登—兼、本文になく左傍に補入す。
35 登—九・右「止」。
36 登—九「止」。
37 集—九「集」。
38 流—九「留」。兼・右・版、なし。
39 等—九、なし。
40 母—九「毛」。
41 庭—版「廷」。
42 之米—九「弖女」。
43 登—九・右「止」。

1 開—九・右・享保版「開」（関の異体字）。兼・明暦版「開」。
2 開—九・右・享保版「開」。兼・明暦版「開」。
3 能—九・右「乃」。
4 之—九、なし。
5 供—九「仕」。
6 流—九「留」。
7 能—九・右「乃」。
8 能—九・右「乃」。
9 能—九「乃」。
10 能—九・右「乃」。
11 能—九「乃」。
12 能—九「乃」。
13 其—九・右・版「某」
14 流—九「留」。
15 太—九・右「大」。兼・版「太」。
16 尓—九、なし。
17 能—九・版「乃」。
18 能—九・版「乃」。
19 瓱—右「甕」。
20 閉—九「門」（小字）。
21 瓱—右「甕」。
22 能—九「乃」。
23 乃—九、なし。
24 息—版「奥」。
25 毛—兼、なし。
26 尓—兼・版、なし。
27 天—九「弖」。

一 久度古[1]開

天皇我御命尓坐世、久度・古[2]開二所[3]能宮尓[4]之弖[5]供奉来[6]流皇御神[7]能広前尓白給久、皇御神[8]能乞比給万比之任尓、此所[9]能底津石根尓宮柱広敷立、高天[10]能原仁千木高知弖、天[11]能御蔭・日[12]能御蔭止定奉弖、神主[13]其官位姓名定弖、進[14]流神財波、御弓・御[15]太刀・御鏡・鈴・衣笠・御馬乎引並弖、御衣波明多閉・照多閉・和多閉・荒多閉[16]尓備奉弖、四方国[17]能進礼留御調[18]能荷前乎取並弖、御酒波[19]瓱乃[20]閉高知、[21]瓱[22]能腹満並弖、山野物波甘菜・辛菜、青海原乃物波鰭乃広物・鰭[23]乃狭物、[24]息都毛波・辺都[25]毛波[26]尓至末[27]天、雑物乎如二横山一置高成

一 クドフルアキ—兼「クトフルアキ」。右「クトフルセキ」。
二 オホミコト—兼「オホムミコト」。
三 ツカヘマツリキタレル—兼「ツカムマツリキタ—」。右「ツカンマツリキタル」。
四 ミトラシ—兼・右「ミタラシ」。
五 ミハカシ—兼・右「ミハカシ」。
六 ミソ—兼・右「ミソ」。
七 ノサキ—兼・右「ハツホ」。
八 ミキ—兼・右「ミキ」。
九 オキツ—兼・右「オキツ」。

弖、献[28]流宇豆[29]能大幣帛乎、平久所聞[一〇]弖、天皇我御世乎堅
石尓常石尓斎奉利、伊賀志御世尓幸閉奉弖、万世尓御[一一]
[30]令[31]坐米給[32]登、称辞竟奉久[33]登申。
又申久、参集弖仕奉親王等・[34]王等・臣等・百
官人等乎毛、夜守・日守尓守給弖、天皇我朝[35]庭尓[36]弥高[一二]尓
弥広[一三][37]仁、伊賀志夜具波江[38]能如久立栄[39]之米、令仕奉給[40]登、
称辞竟奉良久[41]登[42]申。

28 流—九「留」。
29 能—九「乃」（小字）。版「乃」（大字）。
30 令—九「命」。
31 米—九「女」。
32 登—九「止」。
33 登—九「止」。
34 王等—兼・右、なし。
35 庭—版「廷」。
36 弥高尓—右、本文になく右傍に補入。
37 仁—九「尓」。
38 能—九「乃」。
39 之米—九・右「之女」。版「氐」。
40 登—九「止」。
41 登—九「止」。
42 申—版「宣」。

一〇 キコシメシ—兼・右「キコシメシ」。
一一 オハシマサシメ—兼「ヲハシマサシメ」。右「オハシマサシメ」。
一二 イヤタカ—右「イヤタカ」。
一三 イヤヒロ—右「イヤヒロ」。

六月月次　十二月准此。

集[一]侍神主・祝部等、諸聞食[二][1]登宣。
高天原[2]仁神留坐皇睦神漏伎命・神漏弥命以、天社・[3]国社[4]登称辞竟奉皇神等前尓白久、今年[5]能六月月次幣帛、
十二月者、云今年十二月月次幣帛。明妙・照妙・和妙・荒妙備奉弖、朝日[6]能豊栄登尓、皇御孫命[7]能宇[8]豆乃幣帛乎、称辞竟奉久[9]登宣。
大御巫[10]能辞竟奉皇神等[11]能前尓白久、[12]神魂[三]・高御魂・生魂・足魂[四]・玉留魂・大宮売[五]・御膳都神・[六]辞代主[13]登御名者白弖、辞竟奉者、皇御孫命[14]能御世乎手長御世[15]登、堅磐尓常磐尓

1 登—九「止」。
2 仁—九・右・版「尓」。
3 国社—九、なし。
4 登—九「止」。
5 能—九・右・版「乃」。
6 能—九・右・版「乃」。
7 能—九「乃」。
8 乃—版、大字。
9 登—九「止」。
10 能—九「乃」。
11 能—九「乃」。
12 神魂—版、この間に「御」を入る。
13 登—九「止」。
14 能—九・版「乃」。
15 登—九「止」。

一 ウゴナハリハベル—九「ウコナハリハヘル」。兼「ウコナハリハムヘル」。右「ウコナハリハンヘル」。
二 キキタマヘヨ—兼「—キタマヘヨ」。右「キヽタマヘヨ」。
三 ムスヒ—兼・右「ムスヒ」。
四 タマツメムスヒ—兼・右「タマルムスヒ」。
五 ミケツカミ—兼・右「ミケツカミ」。
六 コトシロヌシ—九・右「コトシロヌシ」。

斎比奉、茂御世尓幸閉奉故、皇吾睦神漏伎命・神漏弥命[16]登、皇御孫命[17]能宇豆乃幣帛乎称辞竟奉久[18]登宣。座摩[19]能御巫　辞竟奉皇神等[20]能前尓白久、生井・栄井・津長井・阿須波・婆比伎[21]登御名者白弖、辞竟奉者、[22]皇神[23]能敷坐下都磐根尓宮柱太知立、高天原[24]仁千木高知弖、皇御孫命瑞乃御舎仕奉弖、天御蔭・日御蔭[25]登隠坐弖、四方国乎安国[26]登平久知食須故、皇御孫命[27]能宇豆乃幣帛乎称辞竟奉久[28]登宣。

御門[29]能御巫[30]能辞竟奉皇神等[31]能前尓白久、櫛磐間門命・豊磐間門命[32]登御名者白弖、辞竟奉者、四方[33]能御門尓湯都磐村[34]能如久塞坐弖、朝者御門開奉、夕者御門閉奉弖、疎布留物[35]能自下往者、下乎守、自上往者、[36]上乎守、夜

16 登—九「止」。
17 能—九・版「乃」。
18 登—九「止」。
19 能—九・版「乃」。
20 能—九・版「乃」。
21 登—九「止」。
22 者、—九、この間に「皇白弖辞竟奉者」あり。
23 能—九・右「乃」。
24 仁—九・右・版「尓」。
25 登—九「止」。
26 登—九「止」。
27 能—九・版「乃」。
28 登—九「止」。
29 能—九・右・版「乃」。
30 能—九・右「乃」。
31 能—九「乃」。
32 登—九「止」。
33 能—九「乃」。
34 能—九「乃」。
35 能—九・版「乃」。
36 上—九「止」。

七 イカシ—九・兼・右「イハシ」。
八 ヰカスリ—兼・右「ヰカスリ」。
九 サクヰ—兼・右「サク—」。
一〇 ユツイハムラ—兼「ユツウイハムラ」。右「ユツイハムラ」。
一一 フサガリマシ—兼「フサカマシ」。右「フサカリマシ」。
一二 タテ—兼・右「タテ」。
一三 ウトブル—兼・右「ウト—」。

乃守（ノマモリ）・日（ヒ）[37]能守（ノマモリ）乎（ニ）守奉（マモリマツル）故（ガユエニ）、皇御孫命（スメミマノミコト）[38]能宇豆乃幣帛（ノウヅノミテグラ）乎（ヲ）称辞（タタヘゴト）竟奉（ヲヘマツラ）[39]久登宣（クトノリタマフ）。

生嶋（イクシマ）[40]能御巫（ノミカムナギ）[41]能辞竟奉（ノコトヲヘマツル）皇神等（スメガミタチ）[42]能前（ノマヘ）尓白（ニマヲサク）久、生国（イククニ）・足国（タルクニ）[43]登御（トミ）名者白（ナハマヲシ）弖（テ）、辞竟奉（コトヲヘマツラク）者（ハ）、皇神（スメガミ）[44]能敷坐嶋（ノシキマスシマ）[45]能八十嶋（ノヤソシマ）者（ハ）、谷蟆（タニグク）一四 [46]能狭（ノサ）一五度極（ワタルキハミ）、塩沫（シホナワ）乃留（ノトドマル）限（カギリ）、[47]狭国（サキクニ）者（ハ）広（ヒロ）久（ク）、嶮（サガシキ）国（クニ）者（ハ）平（タヒラケ）久（ク）、嶋（シマ）[48]能八（ノヤ）十嶋（ソシマ）一六堕（オツル）事（コト）[49]无（ナ）久（ク）、皇神等（スメガミタチ）[50]寄志奉（ノヨサシマツル）故（ガユエニ）、皇御孫命（スメミマノミコト）乃宇豆乃幣帛（ノウヅノミテグラ）乎（ヲ）称辞（タタヘゴト）竟奉（ヲヘマツラ）久（ク）[51]登宣（トノリタマフ）。

辞別（コトワキテ）、伊勢（イセ）尓坐（ニマス）天照（アマテラス）[52]大御神（オホミカミ）[53]能[54]大前（ノオホマヘ）尓白（ニマヲサク）久、皇神（スメガミ）[55]能見霽（ノミハルカ）一七[56]志坐（シマス）四方国（ヨモノクニ）者（ハ）、天（アメ）[57]能壁立極（ノカキタツキハミ）、国（クニ）[58]能退立限（ノソキタツカギリ）一八、青雲（アヲクモ）[59]能靄（ノタナビク）一九極（キハミ）、白雲（シラクモ）[60]能向伏限（ムカブスカギリ）、青海原（アヲミノハラ）者（ハ）棹[61]柁（サヲカヂ）二〇不（ホサ）レ干（ズ）、舟艫（フナノヘ）二一[62]能至[63]留極（ノイタリトドマルキハミ）、大海原（オホミノハラ）尓（ニ）舟満（フネミテ）二二都[64]都気（ツヅケ）弖（テ）、自（ヨリ）レ陸（クガ）往道（ユクミチ）者（ハ）、荷緒（ニノヲ）結堅（ユヒカタメ）弖（テ）、磐根（イハネ）・木根（キネ）履（フミ）佐久弥（サクミ）弖（テ）、馬爪（ウマノツメノ）至留限（イタリトドマルカギリ）、長道（ナガチ）[65]无（ナ）レ間（マク）久（ク）、立都都気（タテツヅケ）二三弖（テ）、狭（サキ）

37能―九・版「乃」。
38能―九・版「乃」。
39登―九「止」。
40能―九・右・版「乃」。
41能―九「乃」。
42能―九・版「乃」。
43登―九「止」。
44能―九・版「乃」。
45能―九・版「乃」。
46能―九「乃」。兼「仁」。右・版「能」。
47限、―版、この間に「利」（小字）を入る。
48能―九・右・版「乃」。
49无―版「無」。
50志―九・兼・右・版、大字。
51登―九「止」。
52大―九・兼・右・版「太」。
53能―九・右・版「乃」。
54大―九・兼・右・版「太」。
55能―九・版「乃」。
56志―九、なし。
57能―九・版「乃」。
58能―九・版「乃」。
59能―九「乃」。
60能―九・版「乃」。
61柁―九・兼・右・版「枚」。
62能―九・版「乃」。
63留―九・兼・右・

一四 タニグク―兼・右「―カコ」。
一五 サワタルキハミ―兼・右「サワタルカキリ」。
一六 オツル―兼・右「オトロフル」。
一七 ハルカシ―九「ハルシ」。兼「ハルカシ」。
一八 ソキ―九・兼「ソキ」。
一九 タナビク―九・兼「タナヒク」。
二〇 サヲカヂ―九・兼「サヲカチ」。
二一 ヘ―九・兼「へ」。
二二 ミテ―兼・右「ミテ」。
二三 タテ―兼・右「―テ」。

国者広久、峻 国者平 久、遠 国者八十綱[66]打挂弖引寄 如レ
事、[67]皇大御神 [68]寄[69]志奉良[70]波、[二四]荷前者[71]皇大御神[72]能前尓、如二横山一
打積置弖、残 乎波平 [二五]聞看。又、皇御孫命 御世乎、[73]手長
御世[74]登、堅磐尓常磐尓斎比奉、[二六]茂 御世尓幸 [75]閉奉 故、皇吾
睦神漏伎命・神漏弥命[76]登、[二七][77]鵜自物[二八]頸根衝抜弖、皇御孫命
[78]能宇豆[79]乃幣帛乎称 辞竟奉 [80]久登宣。
御県 尓坐皇神等[81]能前尓白 久、高市・葛木・十市・志貴・
山辺・曽布[82]登御名者白 弖、[83]此六 [二九]御県 尓生出 甘菜・辛菜
乎[三〇]持参来弖、皇御孫命[84]能長御膳[85]能遠御膳[86]登聞 食 故、皇御
孫命[87]能宇豆[88]乃[三一]幣帛乎称 辞竟奉 [89]久登宣。
山[90]能口 坐皇神等[91]能前尓白 久、飛鳥・[92][三二]石寸・[三三]忍坂・[三四]長谷・畝
火・[93]耳无[94]登御名者白 弖、遠山・近山尓生立[95]流大木・小木乎、

版、小字。
64 都—九、なし。
65 无—版「無」。
66 挂—版「掛」。
67 大—版「太」。
68 神寄—右、この間に「能前」を入れ／にて消す。
69 志—九・兼・右・版、大字。
70 波—九「八」。
71 大—版「太」。
72 能—九・版「乃」。
73 手—九・兼・右・版、なし。
74 登—九「止」。
75 閉—九・兼・右・版、大字。
76 登—九「止」。
77 自—右、左傍に「白イ」と書く。
78 能—九・版「乃」。
79 乃—版、大字。
80 登—九「止」。
81 能—九・版「乃」。
82 登—九「止」。
83 此六—九、「柴」と一字に書き、上欄に「二字歟」と注す。
84 能—九・版「乃」。
85 能—九・版「乃」。
86 登—九「止」。
87 能—九「乃」。
88 乃—版、大字。
89 登—九「止」。
90 能—九「乃」。
91 能—九・版「乃」。

二四 ノサキ—九「ハツヲ」。兼・右「ハツホ」。
二五 キコシメサム—兼・右「キコシメシ」。
二六 イカシ—九・兼・右「イハシ」。
二七 ウジモノ—九「ウトフルモノ」。兼「ウツムル—」。
二八 ウナネツキヌキ—九「ウナネツキヌキ」。兼「ウナネツキ—」。
二九 ミアガタ—九「ミヤカタ」。右「ミアカタ」。
三〇 マヰ—九「マヰリ」。
三一 ミテグラ—九「オホムー」。
三二 イハレ—九「イハレ」。兼「イハネ」。
三三 オサカ—九・右「オサカ」。
三四 ハツセ—九・兼・右「ハセ」。

本末打切弖、持参来弖、皇御孫命[96]能瑞[97]能御舎仕奉弖、天
御蔭・日御蔭[98]登隠[三五]坐弖、四方国乎安国[99]登平久知食須我故、皇
御孫命乃宇豆乃幣帛乎称辞竟奉[100]久登宣。
[三六]水分坐皇神等[101]能前尓白久、吉野・宇陀・都祁・葛木[102]登御
名者白弖、辞竟奉者、皇神等依志奉[103]牟奥都御年乎、八
束穂[104]能伊加志穂尓依志奉者、皇神等尓初穂[三七]者穎尓[105]母汁尓[106]母、
𤭖閉高知、𤭖腹満双弖、称辞竟奉弖、遺[107]乎波皇御孫
命[108]能朝[三八]御食・夕御食[109]能加牟加比[110]尓、長御食[111]能遠御食[112]登、赤[三九]
丹穂尓聞食故、皇御孫命[113]能宇豆乃幣[114]帛乎称辞竟奉[115]久登、
諸[四〇]聞食止宣。
辞別、忌部[116]能弱肩尓[117]太襷取[118]挂[119]弖、持由麻波利仕奉礼留幣帛
乎、神主・祝部等受賜弖、事不レ過捧持奉[120]登宣。

92 寸—九・兼・右・版「寸」。
93 无—版「無」。
94 登—九「止」。
95 流—九「留」。
96 能—九・版「乃」。
97 能—九・右・版「乃」。
98 登—九「止」。
99 登—九「止」。
100 登—九「止」。
101 能—九・右・版「乃」。
102 登—九「止」。
103 牟—版、なし。
104 能—九・版「乃」。
105 母—九「毛」。
106 母—九「毛」。
107 乎—九「牟」（小字）。
108 能—九・右・版「乃」。
109 能—九・版「乃」。
110 尓—九、大字。
111 能—九・版「乃」。
112 登—九「止」。
113 能—九・版「乃」。
114 帛—九「名」。
115 登—九「止」。
116 能—九・版「乃」。
117 太—九・兼「大」。
118 挂—版「掛」。
119 弖—右「天」。
120 登—九「止」。

三五 カクレマシ—九「カクレマシ」。
三六 ミクマリ—九「ミコロリ」。兼・右「ミコマリ」。
三七 ハツホ—九・兼・右「ハツホ」。
三八 アサミケ—九・右「アサノミケ」。兼「アサミケ」。
三九 アカニノホ—兼・右「アカニノホ」。
四〇 キキタマヘヨ—兼・右「キキタマヘ」。

大殿祭（オホトノホカヒ）

1 企—兼「仚」。
2 釼—九「鈿」。版「釰」。
3 天—九「弖」。
4 止—九「上」。
5 鸕—右・版「鵤」。
6 我—版、小字。
7 能—九・版「乃」。
8 嗣—九「副」。
9 能—九・版「乃」。
10 気—九、なし。
11 止—九「上」。右「登」。
12 木能—版、この間に「根」を入る。
13 能—九・版「乃」。
14 能—九「乃」。
15 岐—九「伎」。
16 志—九「之」。
17 登—九「止」。
18 能—九・版「乃」。
19 能—九・版「乃」。
20 小—九「山」。
21 能—九「乃」。
22 弖—九「天」。版、なし。
23 採—版「操」。

高天原尓神留坐須皇親神魯企[1]・神魯美之命以弖、皇御孫之命乎天津高御座[一]尓坐弖[二]、天津璽[三]乃[2]釼[四]・鏡乎捧持賜[3]天、言[五]寿古語、云許[4]止保企。言寿詞、如今寿[5]鸕之詞。宣志久、[六]皇[6]我宇都御子皇御孫之命、此[7]能天津高御座尓坐弖、天津日[8]嗣乎[七]万千秋[9]能長秋尓、大八洲豊葦原瑞穂之国乎安国止平[10]気久所知食止[11]、古語、云志呂志女須。言寄奉賜比弖、以天津御量[八]弖、事問之磐根・木[12][13]能立知・草[14]能可[15]岐葉乎毛言止弖、天降利賜比[16]志食国[九]天下[17]登、天津日嗣所知食須皇御孫之命[18]能御殿[一〇]乎、今奥山[19]能大[一一]峡・[20]小峡尓立留木乎、斎部[21]能斎斧乎以[22]弖伐[23]採弖、本末乎波山神

一　タカミクラ—九「タカミクラ」。
二　マセ—九・兼・右「マシ」。
三　シルシ—九・兼・右「シルシ」。
四　ツルギ—兼「タ—」。右「タチ」。
五　コトホキ—九「コトホキ」。兼「コトキ」。
六　スメアガ—兼・右「スメラカ」。
七　ヨロヅチアキ—九「ヨロッチ—」。兼「ヨロツチアキ」。
八　ミハカリ—九「ミオキテ」。兼・右「—ハカリ」。
九　ヲスクニ—九「クチシロシメス」。兼「クニシロシメス」。
一〇　オホトノ—九・右「オホトノ」。
一一　オホカヒヲカヒ—九「—ヲ—ヲ」。兼「オホクキコクキ」、右、右傍に「オホクキコクキ」、左傍に「—サキ—サキ」。

尒祭弖、中[一一]間乎持出来弖、斎鉏乎以24弖斎柱立25弖、皇御孫之命乃天之御翳[一三]・日之御翳止造奉仕26礼流瑞27之御殿[一四] 古語、云二阿良可一。汝[一五]屋船命尒、天津奇護[一六]言乎 古語、云二久須志伊波比28許29登一。以30弖、言寿[一七]鎮白久、此31能敷坐大宮地、32底津磐33根能極美、下津綱根[一八]、古語、番34縄之類謂二之綱根一。波府虫35能禍36无久、高天原波、青雲37能靄久極美、天38能血垂[一九]、飛鳥39能禍40无久、41堀42堅[二〇]多留柱・桁・梁[二一]・戸・牖43能錯[二二]比 古語、云二伎加比一。動鳴事44无久、引結幣45魯葛目能緩比、取葺46計魯草[二三]乃噪[二四]47岐 古語、云二48蘇蘇49伎一。50无久、御床都比51能佐夜伎、夜女[二五]52能伊須須53支、伊豆都志54伎事55無久、平56気久安久奉レ護留神御名乎白久、屋船久久遅命 是木霊也。屋船豊宇気姫命57登、是稲霊也。俗詞、宇賀能美多麻。今世産屋[二六]以二辟木[二七]・束稲一置二於戸辺一、58乃以レ米散二屋中一之類也。御名乎波奉レ称[二八]利弖、皇御

24 弖—版、なし。
25 弖—右「天」。
26 流—九「留」。
27 御—九、なし。
28 許—九「己」。
29 登—九「止」。
30 弖—九「天」。
31 能—九・右「乃」。
32 地、—考、この間に「波」（小字）を入る。
33 能—九・版「乃」。
34 縄—九・兼・右「鼠」。版「縄」。
35 能—九・右「乃」。
36 无—版「無」。
37 能—九・版「乃」。
38 能—九・版「乃」。
39 能—九・版「乃」。
40 无—版「無」。
41 堀—九・兼・右・版「堀」。
42 堅—九・版「堅」。兼・右「竪」。
43 能—九・版「乃」。
44 无—版「無」。
45 能—九「乃」。
46 魯—九「留」。
47 岐—九「伎」。
48 蘇—九「蕕」。
49 伎—版「岐」。
50 无—版「無」。
51 能—九「乃」。
52 能—九・右「乃」。
53 支—九・右・版「伎」。
54 伎—九「支」。
55 無—右「无」。

一一 ナカノマ—兼「ナカ—ヒタ」。右「ナカヒタ」。
一三 ミカゲ—九・右「ミカケ」。
一四 ミアラカ—九「ミアラカ」。兼「—アラカ」。
一五 ナムチ—九「ナムチ」。右「ナンチ」。
一六 クスシイハヒゴト—九・兼「クスシイハヒコト」。
一七 コトホキ—九「コトホキ」。
一八 ツナネ—九・兼「ツナネ」。
一九 チダリ—兼・右「チタリ」。
二〇 ホリタテ—九・右「ホリタテ」。
二一 ウツハリ—兼「ユツハリ」。右「ウツハリ」。
二二 キカヒ—九・兼「キカヒ」。
二三 カヤ—九・兼「カヤ」。
二四 ソソキ—九・右「ソヽキ」。
二五 ヨメ—兼・右「ヨメ」。
二六 ウブヤ—兼・右「ウフヤ」。
二七 サキキ—兼・右「サイ—」。
二八 タタヘ—九・兼「タヽヘ」。

孫命59能御世乎、堅磐常磐尓奉レ護利、二九五十橿御世60能足良志61御
世尓、三〇田永62能御世止奉レ福三一尓依弖、斎玉作等我持斎波利、持
浄63麻波利、造仕礼留瑞三二八尺瓊64能御三三65吹支乃五百都御統三四66能67玉
尓、明三五和幣古語、云二尓伎弖一。曜和幣乎附気弖、斎部宿祢某我
弱肩尓太襁取懸弖、言寿伎鎮奉68事能、漏落武事乎波、神直日
命・大直日命聞直志見直69志弖、平70良気久安71良気久所知食72登白。
詞別73白久、大宮売命74登御名乎申事波、皇御孫命乃同
殿75能裏三六尓塞三七坐弖、参入罷出人76能選比所知77志、神等78能伊須呂許
比阿礼比坐乎、言三八直79志和80志古語、云二夜波81志一。坐弖、皇御孫命
朝乃御膳・夕82能御膳供奉83流比礼懸伴緒・84襁85懸伴緒
乎、手86躓三九・足躓古語、云二麻我比一。不レ令レ為弖、親王・諸
王・諸臣・百官人等乎、己四〇87乖々不レ令レ在、88四一耶意・

56気—九、なし。
57登—九「止」。
58乃—九「弖」。
59能—九・版「乃」。
60能—九・右・版「乃」。
61志—九「之」。
62能—九「乃」。
63麻—九「万」。
64能—九「乃」。
65吹—九「次」。
66能—九・版「乃」。
67玉—兼「王」。九・右・版「玉」。
68能—九「乃」。
69志—九「之」。
70良気—九、なし。
71良気—九、なし。
72登—九「止」。
73白—兼「日」。九・右・版「白」。
74登—九「止」。
75能—九「乃」。
76能—九「乃」。
77志—九「之」。
78能—九「乃」。
79志—九「之」。
80志—九「之」。
81志—九「之」。
82能—九・版「乃」。
83流—九「留」。
84襁懸伴緒—右、なし。
85懸—九、なし。
86躓—兼「躦」。
87々—九、なし。
88耶—右・版「邪」。

二九　イカシ—九・右「イカシ」。兼「イソカシ」。
三〇　タナガ—兼・右「タナカ」。
三一　サキハヘ—九「サキハヘ」。
三二　ヤサカニ—九「—タマ」。兼「ヤサカニ」。
三三　ミフキ—兼・右「ミフキ」。
三四　ミスマル—兼「ミスハル」。右「ミスマル」。
三五　ニキテ—九・兼「タヘ」。右「ニキテ」。
三六　ウチ—九・右「ウチ」。
三七　フサガリ—兼・右「フサカリ」。
三八　コトナホシ—兼・右「コトナヲシ」。
三九　マガヒ—九・兼「ツマツキ」。
四〇　ムキムキ—九「ソムキー」。兼「ーキーキ」。右「ソムキ〳〵」。
四一　アシキココロ—九「アシキコヽロ」。兼「アシキー」。

穢心[89]无久、宮[90]進米進[四二]、宮勤勤[91]之米弖、咎過在乎波、
見直[92]志聞直坐弖、平[93]良気久安[94]良気久令仕奉坐尓依[95]弖、大宮
売命止御名乎称辞竟奉久[96]登白。

89 无—版「無」。
90 進米進—九「進々米」。右「進進米」。
91 米—九「女」。
92 志—九「之」。
93 良気—九、なし。
94 良気—九、なし。
95 弖—九「止」。
96 登—九「止」。

四二 ススメ—九「ススメニ」。右「スヽメ」。

御門祭

櫛磐牖・豊磐牖命[1]登御名乎申事波、四方内外御門尓、如二湯津磐村一久塞坐弖、四方・四角与利疎備荒備来[2]武天能麻我都比[3]登[4]云神能[5]言武悪事尓、古語、[6]云二[7]麻我許登一。相麻自許利、相[8]口会[9]賜事无[10]久、自レ上往波上護利、自レ下往波下護利、待防掃[11]却、言排坐弖、朝波開レ門、夕波閉レ門弖、参入罷出人名乎[12]問所知[13]志、咎過在乎波、神直備大直備尓見直聞直坐弖、平[14]良気久[15]安良気久令レ奉レ仕賜故尓、豊磐牖命・櫛磐牖命[16]登御名乎称辞竟奉久[17]登白。

1 登—九「止」。
2 能—九「乃」。
3 登—九「止」。
4 云—版、小字。
5 能—九・右・版「乃」。
6 云—兼・右・版、なし。九「云」。
7 麻我—九「万可」。
8 口—九、小字。
9 会—右、左傍に「食イ」と注す。
10 无—版「無」。
11 却—兼「刧」。
12 問—兼「門」。九・右・版「問」。
13 志—九「之」。
14 良気—九、なし。
15 安良気久—兼、なし。九「安久」。右・版「安良気久」。
16 登—九「止」。
17 登—九・右「止」。

一 ヨモ—九「ヨツノヒラ」。兼「—ヒラ」。
二 ヨスミ—九「ヨツノスミ」。右「ヨツスミ」。
三 マガコト—九「アシキコト」。兼「マカコト」。
四 アヘ—兼・右「—ハセ」。
五 ハラヒヤリ—右「ハラヒカハシ」。
六 イヒソケ—兼「—オシ」。右「コトヲシ」。
七 トヒシラシ—九「トヒ—」。兼「—シロシメ—」。右「—シロシメシ」。

六月晦大祓　十二月准レ此。

集侍[一]親王・諸王・諸臣・百官人等、諸聞食[二]

止宣。

天皇朝庭[1]尓仕奉留比礼挂伴男[三]・手繦挂伴男・靫負伴

男・釼[2]佩伴[四]男、伴男能[3]八十伴男乎始弖、官官尓仕奉

留人等能[4]過犯家[5]牟雑々罪乎、今年六月晦之大祓尓、

祓給比清給事乎、諸聞食[五]止宣。

高天原[6]尓神留坐皇親神漏岐[7]・神漏美乃命以弖、八百万

神等乎神集[六]集[8]賜比、神議議賜弖、我[9]皇御孫之命波豊葦

原乃水穂之国乎、安国止平久所知[10]食止、事依奉岐[11]。如此

1 庭―版「廷」。
2 釼―版「劔」。
3 能―九・右「乃」。
4 能―九・版「乃」。
5 家―九・右「計」。
6 原―九「皇」。
7 岐―九「伎」。
8 集―兼、なし。
9 我―兼・版は右傍に、右は左傍に、「師不読」と注す。
10 所知―兼・右・版「知所」。九「所知」。
11 岐―九「伎」。

一 ウゴナハリハベル―九「ウコナハリハヘル」。兼「ウコマリハヘル」。右「ウコナリハンヘル」。
二 キキタマヘヨ―九・兼「キヽタマヘヨ」。
三 トモノヲ―九「トモノヲ」。兼「―ヲ」。
四 タチハク―九・兼「タチハク」。
五 キキタマヘヨ―九・右「キキタマヘヨ」。
六 ツドヘ―兼・右「ツトヘ」。

依[12]志奉[13]志国中尓、荒振神等乎波神問[14]志[15]尓[16]問[17]志賜、神掃掃
賜比弖、語問[18]志磐根・樹立[七]・草之垣葉[八]乎毛語止弖、天之磐座[九]
放、天之八重雲乎伊[19]頭乃[一〇]千別尓[20]千別弖、天降依左[21]志奉支。
如此[22]久依左[23]志奉[24]志四方之国中[25]登、大倭日高見之国乎安国[26]止
定奉弖、下津磐根尓宮柱[27]太敷立、高天原尓千木高知弖、皇[一一]
御孫之命乃美頭乃御舎仕奉弖、天之御蔭・日之御蔭止隠
坐弖、安国止平[28]気久所知食武国中尓、成出武天之益人等我
過犯[29]家[30]牟雑々罪事波、天津罪止畔放・溝埋・樋放・頻
蒔・串刺・生剝[一二]・逆剝・屎戸[一三]、許[31]々[32]太久乃罪乎天津罪止法
別[33]気弖、国津罪[34]止生膚断[一四]・死膚断・白人・胡久美・己母
犯罪・己子犯罪・母与レ子犯罪・子与レ母犯罪・畜
犯罪・昆虫乃災・高津神乃災・高津鳥災・畜仆[35]志蠱物為

12 志—九「之」。
13 志—九「之」。
14 志—九「之」。
15 尓—九、なし。
16 問志—九、本文になく、右に補入。
17 志—兼、本文になく、右に補入。
18 志—九「之」。
19 頭—九「豆」。右、左傍に「豆イ」と注す。
20 千別弖—兼、なし。
21 志—九「之」。
22 久—九「尓」。
23 志—九「之」。
24 志—九「之」。
25 登—九・右「尓」。
26 止—右、なし。
27 太—九・兼「大」。
28 気—九、なし。
29 家—九「計」。右「気」。
30 牟—九「武」。
31 々—兼、なし。
32 太—版「大」。
33 気—九、なし。
34 止—兼・版「止八」。右「止波」。
35 志—九「之」。
36 太—版「大」。
37 宮—九「官」。
38 大中臣—兼・版は右傍に、右は左傍に、「師不読」と注す。

七 コノタチ—兼・右「コノタチ」。
八 カキハ—兼・右「カキハ」。
九 イハクラ—兼・右「イハクラ」。
一〇 チワキ—兼「チワケ」。右「チワキ」。
一一 スメミマ—兼・右「スヘミマコ」。
一二 イキハギ—兼・右「イケハキ」。後「イキハギ」。
一三 クソト—兼・右「クソト」。後「クソヘ」。
一四 イキハダタチ—兼「イキノハタヽチ」。

罪、許々[36]太久乃罪出武。如此出波、天津[37]宮事以弖、[38]大中臣
[一五]天津金木乎本打切、末打断弖、千座置座尓置足波[39]志弖、天
津菅[40]曽乎本苅断、末苅切弖、八針尓取辟弖、天津祝詞乃太祝
詞事乎宣礼。如此[41]久乃良波、天津神波天磐門乎[一六]押披弖、天之
八重雲乎伊頭乃千別尓千別弖、所聞食武。国津神波高山之
末・短山末尓上坐弖、高山之[42]伊恵理・短山之[43]伊恵理乎[一七]撥
別弖、所聞食武。如此所聞食弖波、[44]皇御孫之命乃[45]朝庭乎始
弖、天下四方国尓波、罪止云布罪波不在止、科戸之風乃天之
八重雲乎吹放事之如久、朝之御霧・夕之[一八]御霧乎朝風・夕
風乃吹掃事之如、大津辺尓居大船乎、舳解放艫解放弖、
大海原尓押放事之如久、彼方之[一九]繁木本乎、焼鎌乃敏鎌以弖
打掃事之如久、遺罪波不在止、祓給比[二〇]清給事乎、高山・[46]

39 志―九「之」。
40 曽―九・兼・右・版、小字。
41 乃良―九・兼・右・版、小字。
42 恵―版「穂」。
43 恵―版「穂」。
44 皇―右、「皇」以下十八字に（ ）を施し、左傍に「此分私不読」と注す。
45 庭―版「廷」。
46 山・―兼、この間の右傍に「末可在之」と注す。版、「末」を入る。
47 理―九・右「利」。
48 太―九「大」。
49 川―右「津」。版、なし。
50 能―九「乃」。
51 坐瀬―版、この間に「須」を入る。
52 開―兼「聞」。九・右・版「開」。
53 都咩―考・後、この間に「比」を入る。
54 可可―版「哥」と書く。
55 牟―九「武」。
56 可可―版「哥」。
57 神、―版、この間に「尓」（小字）を入る。
58 根―兼・右、「根

一五 アマツカナギ―兼「アマツカナキ」。
一六 オシヒラキ―兼「ヲシヒライ」。右「オシヒライ」。
一七 カキ―兼「カキ」。
一八 ミキリ―兼「ミキリ」。
一九 シゲキガ―兼「―カ」。
二〇 キヨメタマフ―兼「キヨメマツル」。右、右傍に「キヨメマツル」。

短山之末与理47、佐久48那太理尓落多支川49速川能50瀬坐51瀬織津比咩止云神、大海原尓持出奈武。如此持出往波、荒塩之塩乃八百道乃八塩道之塩乃八百会尓座須52速開53都咩止云神、54持可可呑55弖牟。如此久56可可呑弖波、気吹戸坐須気吹戸主止云神、57根国・58底之国尓59気吹放弖牟60。如此久気吹放弖波、根国・底之国尓坐速佐須良比咩61止云神、持佐須良比失62弖牟63。如此久失弖波、64天皇我朝廷尓仕65奉留官66官人等乎始弖、天下四方尓波、自今日始弖、罪止云67布68罪波不在止、高天原尓耳振立聞物止、馬牽立弖、今年六月晦日夕日之降乃大祓尓、祓給比清給事乎、諸聞食止宣。

四国69卜部等、大川道70尓持退出弖、祓却止宣。

国底之国尓」に（）を施して、兼は上欄に「件五字師不読」と、右は左傍に「五字師不読」と注す。版も「根国底之国」の左傍に〇〇を施し、右傍に「件五字師不読」と注す。

59 尓—版、なし。

60 牟—九「武」。

61 登—九「止」。

62 比失—右、この間に〇を付し、右傍に「咩」と書く。

63 牟—九「武」。

64 天—右、上に（）を施し、右傍に「私不読如左読之」、左傍に「遺罪波不在止祓給清奉良久止申」と注す。

65 庭—版「廷」。

66 官人—兼、右傍に「私不読」と注す。

67 布—九、なし。

68 罪—兼、この上欄に「私ニハ遺罪ハ不在止祓給清奉良久止申」と注す。

69 四国—版、この間に「毛」（小字）を入る。

70 道—右、左傍に「辺欤」と注す。

二一　サクナダリ—兼・右「—タニ」。

二二　ハヤアキツメ—兼・右「ハヤアキツヒメ」。

二三　クタチ—右「クタリ」。

二四　ヨクニ—兼「—モ—」。右「ヨモ—」。

東[一]文忌寸[二]部献横刀[三]時呪（ヤマトノフミノイミキベノタテマツルタチヲトキノシユ）

西[四]文部准此。（カフチノフミベモナラヘコレニ）

一　ヤマト—兼・右「ヤマト」。
二　イミキ—右「イミキ」。
三　タチ—兼・右「タチ」。
四　カフチ—兼・右「カウチ」。

（この詞は中国語音で唱えるものであるから、訓を付けないでおく。）

謹請。皇天上帝、三極大君、日月星[1]辰、八方諸神、司命司[2]籍、左東王父、右西王母、五方五帝、四時四気。捧以禄人、請除禍災。捧以金刀、請延帝祚。呪曰[3]、東至扶桑[4]、西至虞淵[5]、南至炎光、北至溺[6]水、千城百国、精治万歳、万歳[7]万歳。

1星—九「皇」。
2命司—兼、本文になく左傍に補入。
3曰—九・兼「日」。
4桑—兼「乗」
5淵—九「潤」。右、左傍に「閏イ」と注す。
6溺—版「弱」。
7万歳万歳—九「ゝゝゝゝ」。右「ゝゝゝ」、下の「ゝゝ」の左傍に「此二字イナ」と注す。

鎮火祭（ヒシヅメノマツリ）

高天原尓神留坐皇親神漏義・神漏美[1]能命持弖、皇御孫命波豊葦原[2]能水穂国乎安国止平久所知食止、天下所寄奉[3]志時[4]尓、事寄奉志天都詞[一]太詞事乎以弖申久、神伊佐奈伎・伊佐奈美[5]能命、[二]妹[6]妋二柱[三]嫁継給弖、国[7]能八十国・嶋[8]能八十嶋乎生給比、八百万神等乎生給比弖、麻奈[四]弟子尓[9]火結神生給弖、美保止被レ焼弖、[五]石隠坐弖、夜七[10]日・昼七日、吾乎奈見給比曽、吾奈妋乃命止申給比支。此七日尓波不レ足弖、隠坐事[11]奇止弖[六]見所行須時、火乎生給弖、御保止乎[七]所レ焼坐支。如是時尓、吾名妋[12]能命[13]能、吾乎見給[14]布奈止申

1 能—九「乃」。
2 能—九・版「乃」。
3 志—九「之」。
4 尓—版（享保）、右傍に「能イ」と注す。
5 能—九・版「乃」。
6 妋—版「背」。
7 能—九「乃」。
8 能—九「乃」。
9 火—九「大」。
10 日—考・後「夜」。
11 奇—右「寄」。
12 能—九・版「乃」。
13 能—九「乃」。
14 布—版、小字。

一 ノリトノフトノリト—九「—トノフトノト」。兼「ノトフトノト」。
二 イモセ—兼・右「イモセ」。
三 トツギ—九「トツ—」。兼「トツキ」。
四 オトゴ—九・兼「オトコ」。
五 イハガクリ—兼・右「イハカクレ」。
六 ミソナハス—九「ミムトオモホス」。兼「ミソナハ—」。
七 ヤカレ—九・右「ヤカレ」。兼「—レ」。

乎(ヲ)、吾乎見阿波多志給比津止(アヲミアハタシタマヒツト)申給弖(マヲシタマヒテ)、吾名妖[15]能命(アガナセノミコト)波(ハ)上津国(ウハツクニ)乎(ヲ)所知食[16]倍[17]志(シロシメスベシ)、吾波下津国乎(アハシタツクニヲ)所知牟止(シラサムト)申弖(マヲシテ)、石隠給弖(イハガクリタマヒテ)、与(ヨ)[八]美津[18]枚坂尓至(ミツヒラサカニイタリ)坐弖(マシテ)、所思食久(オモホシメサク)[九]、吾名[19]妖命(アガナセノミコト)[20]能所知食(ノシロシメス)[一〇]上津国尓(ウハツクニニ)、心悪子乎生置弖来奴止宣弖(ココロアシキ[一一]コヲウミオキテキヌトノリタマヒテ)、返坐弖(カヘリマシテ)、更生子(サラニウメルコ)、水(ミツノ)神(カミ)・匏(ヒサコ)・川菜(カハナ)・埴山姫(ハニヤマヒメ)、四種物乎生給弖(ヨクサノモノヲウミタマヒテ)、此[21]能心悪子[22]能(コノココロアシキコノ)心荒比[23]留波(ココロアラビルハ)、[24]水(ミツ)・匏(ヒサコ)・埴山姫(ハニヤマヒメ)・川菜乎持弖鎮奉礼止(カハナヲモチテシヅメマツレト)、事教(コトヲシヘ)悟給支(サトシタマヒキ)。依レ此弖(ヨリコレニテ)、称辞竟奉者(タタヘゴトヲヘマツラクハ)、皇御孫[25]能朝[26]庭尓御心(スメミマノミカドニミココロ)一速比給波[27]志止為弖(イチ[一二]ハヤビタマハジトシテ)、進物波(タテマツルモノハ)、明妙(アカルタヘ)・照妙(テルタヘ)・[28]和妙(ニキタヘ)・荒妙(アラタヘ)、五色物乎備奉弖(イツイロノモノヲソナヘマツリテ)、青海原尓住物者(アヲミノハラ[一三]ニスムモノハ)、鰭広物(ハタノヒロモノ)・鰭狭物(ハタノサモノ)、奥津海菜(オキツモハ)・辺津海菜尓至万弖尓(ヘツモハニイタルマデニ)、御酒者(ミキハ)[29]瓺辺高知(ミカノヘタカシリ)、[30]瓺腹満(ミカノハラミテ)双弖(ナラベテ)、和稲(ニキシネ[一四])・[31]荒稲尓至万弖尓(アラシネニイタルマデニ)、如二横山一置高成弖(ゴトクヨコヤマノオキタカナシテ)、天津祝(アマツノリ)詞[32]能[33]太祝[34]詞事以弖(トノフトノリトゴトモチテ)、称[35]辞竟奉久止申(タタヘゴトヲヘマツラクトマヲス)。

15 能―九・右「乃」。
16 倍―九「保」。
17 志―九「之」。
18 枚―兼「牧」。九・右・版「枚」。
19 妖―兼「狭」。
20 能―九「乃」。
21 能―九「乃」。
22 能―九・版「乃」。
23 留―右、左傍に「曽イ」と注す。版（明暦）「曽」。版（享保）「曽(留イ)」。
24 水・―版、この間に「神」を入る。
25 能―九・右「乃」。
26 庭―版「廷」。
27 志―九「之」。
28 妙―九、なし。
29 瓺―右「甕」。
30 瓺―右「甕」。
31 稲―兼、「和」と書き、消して右傍に「稲」と書く。
32 能―九・右「乃」。
33 太―九・兼「大」。右・版「太」。
34 詞―九、なし。
35 辞―兼、なし。九・右・版「辞」。

八 ヨミツヒラサカ―兼「ヨミツヒラサカ」。
九 オモホシメサク―九・兼「オモホシメサク」。
一〇 シロシメス―九・右「シロシメス」。
一一 アシキ―九「アシ―」。兼「サカナキ」。
一二 イチハヤビ―九「イチハヤ―」。兼・右「イチハヤヒ」。
一三 アヲミノハラ―兼・右「アヲミハラ」。
一四 ニキシネ―九「ニコキ―」。兼「ニコシネ」。

道饗祭

高天之原尓事始弖、皇御孫之命止称辞竟奉大八衢[一]尓湯津[二]磐村之如久塞坐皇神等之前尓申久、八衢比古・八衢比売・久那斗止御名者申弖、辞竟奉久波、根国・底国与[1]里麁[三]備疎備来物尓、相率[四]相口会事無[2]弖、下[五]行者下乎守[3]理、上往者上乎守[4]理、夜之守・日之守尓守奉、斎奉礼止、進幣帛者、明妙・照妙・和妙・荒妙備奉、御酒者[5]瓺辺高知、[6]瓺腹満双弖、汁尓[7]母穎尓[8]母、山野尓住物者毛[9]能和物・毛[10]能荒物、青海原尓住物者鰭乃広物・鰭狭物、奥津海菜・辺津海菜尓至万弖尓、横山之如久置[六]所足弖、進宇豆[11]之幣帛乎、

1 里—九「利」。
2 無—九「无」。
3 理—九・右「利」。
4 理—九・右「利」。
5 瓺—右「甕」。
6 瓺—右「甕」。
7 母—九「毛」。
8 母—九「毛」。
9 能—九「乃」。
10 能—九「乃」。
11 之—版「乃」（大字）。

一 オホヤチマタ—九・兼「オホヤチマタ」。
二 ユツイハムラ—兼・右「ユツイハムラ」。
三 アラビウトビクル—九「アラ—ウトヒキタラム」。兼「アラヒウトヒ—」。
四 アヒシタガヒ—九「—シタカヒ」。右「アヒシタカヒ」。
五 シタヨリユカバ—九「シタヨリユカハ」。兼・右「シタヨリ—」。
六 オキタラハシ—兼「ヲキタラハシ」。右「オキタラハシ」。

平[12]気久聞食弖、八衢尓湯[13]津磐村之如久塞坐弖、皇御孫命乎堅磐尓常磐尓斎奉[七]、茂[八]御世尓幸閉奉給止申。又、親王[14]等・[15]王等・臣等・百官人等、天下公民尓至万弖尓、平久斎[九]給部止、神官、天津祝詞乃[16]太祝詞事乎以弖、称辞竟奉止申。

12 気―九、なし。
13 津―兼、なし。
14 等―右、本文になく、左傍に「等イナ」と補入す。版、なし。
15 王等―兼、なし。
16 太―九・兼「大」。右・版「太」。

七 イハヒマツリ―兼・右「イハヒマツリ」。
八 イカシ―九・兼・右「イカシ」。
九 イハヒ―兼・右「イハヒ」。

大嘗祭（オホニヘノマツリ）

集侍[一]神主・祝部[二]等、諸聞食[三][1]登宣。

高天原尓神留坐皇睦神漏伎・神漏弥命以、[2]天社・国社[3]登敷坐留皇神等前尓白久、今年十一月中卯日尓、天都御食[4]能長御食[5]能遠御食[6]登、皇御孫命[7]能大嘗[四]聞食牟為故[五]尓、皇神等相宇豆[8]乃比奉弖、堅磐尓常磐尓斎比奉利、茂[六]御世尓幸閉奉牟[9]尓依[10]弖[11]志、[12]千秋・[13]五百秋尓平久安久聞食弖、豊明[七]尓明坐牟皇御孫命[14]能宇豆[15]能幣帛乎、明妙・照妙・和妙・荒妙尓備奉弖、朝日豊栄[16]登尓称辞竟奉久乎、諸聞食[17]登宣。

1 登―九「止」。
2 以、―右、この間に「天」（小字）を入る。
3 登―九「止」。
4 能―九・版「乃」。
5 能―九・右「乃」。
6 登―九・右「止」。
7 能―九・右・版「乃」。
8 乃―九、小字。
9 尓―版「止」。
10 弖志―版「志氐」。
11 志―九「之」。
12 秋―九「秌」。
13 百―兼、本文になく右傍に補入。
14 能―九・右「乃」。
15 能―九・右・版「乃」。
16 登―九「祭」。
17 登―九「止」。

一 ウゴナハリハベル―九「ウコナハリハムヘル」。兼「ウコナハリハヘル」。
二 ハフリベ―九・右「ハフリヘ」。
三 キキタマヘヨ―九「―タマヘヨ」。
四 オホニヘ―兼「オホムヘ」。右「オホンヘ」。
五 タメノユヱニ―九「タメノユ―」。兼「タメ―」。
六 イカシ―兼・右「イハシ」。
七 トヨノアカリ―九「トヨノアカリ」。

18 能―九・右「乃」。
19 挂―版「掛」。
20 登―九「止」。

事別（コトワキテ）、忌部（イムベ）能（ノ）[18]弱肩（ヨワカタ）尓（ニ）太襁（フトダスキ）[八]取挂（トリカケ）[19]弖（テ）、持（モチ）由麻波利（ユマハリ）仕奉（ツカヘマツ）礼（レ）留（ル）幣帛（ミテグラ）乎（ヲ）、神主（カムヌシ）・祝部（ハフリベ）等（ラ）請（ウケタマハリ）[九]弖（テ）、事（コト）不（ズ）レ落（オチ）捧持（ササゲモチ）弖（テ）奉（タテマツレ）[20]登（ト）宣（ノリタマフ）。

八 フトダスキ―九「フトタスキ」。
九 ウケタマハリテ―九・右「ウケタ―」。

[一]鎮(シヅムル)二御魂(ミタマヲ)斎戸(イハヒベニ)一祭(マツリ)

中宮(キサキノミヤ)・春[1]宮斎戸祭亦同(ミコノミヤノイハヒベノマツリモマタオナジ)。

高天之原(タカマノハラニ)尓神留(カムヅマリ)坐(マ)須(ス)皇親神漏[2]岐(スメムツカムロキ)・神漏美[3]能命(カムロミノミコトヲ)乎以(モチ)[4]弖(テ)、[5]皇孫(スメミマ)之命(ノミコトハ)波豊葦原(トヨアシハラノ)[6]能水穂国(ミヅホノクニヲ)乎安国(ヤスクニト)止定(サダメ)奉(マツリ)弖(テ)、下津磐根(シタツイハネニ)尓宮柱(ミヤバシラ)太敷立(フトシキタテ)、高天之原(タカマノハラニ)尓千木(チギ)高知(タカシリ)弖(テ)、天之御蔭(アメノミカゲ)・日之御蔭(ヒノミカゲト)止称(タタヘ)辞竟[7]奉(ゴトヲヘマツリ)弖(テ)、奉(タテマツル)御衣(ミ[二]ソハ)波上[8]下(カミシモ[三])備(ソナヘ)奉(マツリ)弖(テ)、宇豆幣帛(ウヅノミテグラハ)波明(アカル)妙(タヘ)・照妙(テルタヘ)・和妙(ニキタヘ)・荒妙(アラタヘ)、五色物(イツイロノモノ)、御酒(ミキ[四]ハ)波[9]瓺(ミカノ)辺(ヘ)高知(タカシリ)、[10]瓺(ミカノ)腹満(ハラミテ)双(ナラベ)弖(テ)、山野物(ヤマノノモノハ)波甘菜(アマナ)・辛菜(カラナ)、青海原物(アヲミノハラノモノハ)波鰭広物(ハタノヒロモノ)・鰭狭物(ハタノサモノ)、奥津海菜(オキツモハ)・辺津海菜(ヘツモハニ)尓至(イタル)万弖尓(マデニ)、雑物(クサグサノモノヲ)乎如二横山一(ゴトクヨコヤマノ)置(オキ)高成(タカナシ)[11]弖(テ)、献(タテマツル)留宇豆幣帛(ウヅノミテグラヲ)乎、安幣帛(ヤスミテグラノ)[12]能足幣帛(タルミテグラニ)[13]尓平(タヒラケ)久聞(キコシメシ)食弖(テ)、

1宮—（以下六字）九、なし。
2岐—版「伎」。
3能—九・右「乃」。
4弖—九、なし。
5皇孫—考、この間に「御」を入る。
6能—九・右「乃」。
7奉—九・兼・右、なし。版「奉」。
8下—兼、本文になく右傍に補入。
9瓺—右「甕」。
10瓺—右「甕」。
11弖—九「乎」。
12能—九「乃」。
13尓—考「止」。

一　シヅムル—兼「オホムタマフリノ」。右「オホンタマフリ」。
二　ミソ—兼・右「ミソ」。
三　カミシモ—九・兼・右「カミシモ」。
四　ミキ—九「ミワ」。

14庭—版「廷」。
15幸奉—版、この間に「閉」（小字）を入る。
16某—兼「其」。九・右・版「某」。

皇良我朝庭[14]乎常磐尓堅磐尓斎奉、茂[五]御世尓幸[15]奉給弖、自此十二月始、来十二月尓至万弖尓、平久御坐所[六]令[七]御坐給止、今年十二月某[16]日、斎比鎮奉止申。

五　イカシ—兼・右「イハシ」。
六　オハシマシドコロ—兼「ヲハシマシトコロ」。右「オハシマシトコロ」。
七　オハシマサシメ—兼「ヲハシマサシメ」。右「ヲワシマサシメ」。

伊勢大神宮[1]

二月祈年、六月・十二月月次祭

天皇我御命以弖、度会乃宇治乃五十鈴川上乃下津石根尓称
辞竟奉流[2]皇大[3]神能[4]大[5]前尓申久、常毛進流[6]二月祈年月次祭、
唯以二六月月次之辞一相換。大幣帛乎、某官位姓名乎為レ使
天、令二捧持一弖進給布御命乎、申給久止申。

1大―右・版「太」。
2流―九「留」。
3大―版「太」。
4能―九「乃」。
5大―版「太」。
6流―九「留」。

一　キサラギノトシゴヒ―九「キサラキノトシコヒ」。右「キサラキトシコヒ」。
二　ミナヅキシハスノ―九・右「ミナツキシハスノ」。
三　イスズノ―九「イスヽノ」。
四　タテマツル―九「タ―」。右「タテマツル」。
五　オホミコト―九・右「オホムコト」。

豊受宮

天皇我御命以弖、度会乃山田原乃下津石根尓称辞竟奉[1]流豊受皇神[2]尓申久、常毛進[3]流二月祈年月次祭、唯以二六月月次之辞一相換。大幣帛乎、某官位姓名乎為レ使[4]天、令二捧持一弖進給布御命乎、申給久止申。

一 タテマツル—右「タテ—」。

1 流—九「留」。
2 神尓—九、この間に「前」を入る。右、右傍に「前」を補入。
3 流—九「留る」。
4 天—九「弖」。

四月神衣[一]祭　九月准レ此。

度会乃宇治五十鈴川上尓大宮柱太敷立[1]天、高天原[2]尓千木高知[3]天、称辞竟奉留[二]天照坐[4]皇大神乃[5]大前尓申久、服[三]織・麻[四]続乃人等乃常[6]毛奉仕留和妙・荒妙乃[五]織乃[六]御衣乎進事乎、申給止申。荒祭宮尓毛如[七]是申[7]天進止宣。祢宜・内人称レ唯。[8]

一　カムミソ—九「カムミソ」。右「カンミソ」。
二　アマテラシマス—兼・右「アマテラシマス」。
三　ハトリ—九・兼・右「ハトリ」。
四　ヲミ—右「ヲミ」。
五　オリ—九「オリ」。
六　オホミソ—九「オホムソ」。
七　カク—兼・右「カク」。

1天—九「弖」。
2尓—九、なし。
3天—九「弖」。
4大—九・兼・右・版「太」。
5大—版「太」。
6毛—兼「无」。
7天—九「弖」。
8唯。—兼、この下に「祭六」（大字）と書いて消す。

1六—兼、本文になく右傍に補入。
2祭—兼、本文になく右傍に補入。
3天—九「弖」。
4比—版（明暦）「千」。版（享保）「千ヒイ」。
5天—九、なし。
6大—兼・右・版「太」。九「大」。
7大—版「太」。
8命—右、左傍に「舎イ」と注す。
9御—兼、本文になく右傍に補入。
10倍—兼「位」。
11乃—版「能」。
12天—九「弖」。
13寄—（以下十三字）九・兼・右・版、なし。後出の「同神嘗祭」により補入。
14乃—版「能」。
15横—九・兼・右・版「海」。
16天—九「弖」。

[1]六月 月次[2]祭 十二月准レ此。

度会乃宇治五十鈴乃川上尓大宮柱 太敷立[3]天、高天原尓[4]比木高知[5]天、称 辞竟奉留天照 坐皇[6]大神乃[7]大前尓、申 進 留天津祝詞乃太祝詞乎、神主部・物忌等、諸 聞食 止宣。称宜・内人等共 称レ唯。

天皇我御命[8] 尓坐、[9]御寿 乎手長乃御寿 止、湯津如二磐村一常磐堅磐尓、伊賀志御世尓幸[10]倍給比、阿礼坐皇子等乎毛恵給比、百官 人等・天下四方国[11]乃百 姓 尓至[12]万天長 平久、作食 留五 穀 乎毛豊 尓令レ栄 給比、護 恵比幸 給止、三 郡・国々・処々 尓[13]寄奉礼留神戸人等乃常毛進 留御調 糸、由貴[14]乃御酒・御贄乎、如二[15]横山一置足成[16]天、大中臣太玉

一 アマテラシ—兼・右「アマテラシ」。
二 オホミイノチ—九「—イノチ」。兼「オイ—」。右「オイノチ」。
三 ツクリタマフル—兼「ツクリタフル」。右「ツクリタツル」。
四 イツツノタナツモノ—九「イツヽ—」。兼「—タナツモノ」。
五 ミキミニヘ—兼・右「ミキオニヘ」。
六 タラハシ—九・兼・右「タラハシ」。
七 フトタマグシ—九・右「フトタマクシ」。

串尓(グシニ)隠侍(カクレハベリ)[八][17]天(テ)、今年六月十七日乃朝日乃豊栄(コトシノミナヅキノトヲカアマリナヌカノアサヒノトヨサカ)[18]登尓(ノボリニ)称(タタヘ)

申事乎(マヲスコトヲ)[19]、神主部(カムヌシベ)・物忌等(モノイミラ)、諸聞食(モロモロキキタマヘ)止宣(ヨトノリタマフ)。　神主部共(カムヌシベトモニ)称レ唯(マヲセヲト)。

荒祭宮(アラマツリノミヤ)・月読宮(ツキヨミノミヤ)[九]尓毛如是久(ニモカク)申進(マヲシタテマツレ)止宣(トノリタマフ)。　神主部(カムヌシベ)亦称レ唯(マタマヲセヲト)。

17天—九「弖」。
18登—九「祭」。
19事—右、なし。

八　カクレハベリ—九「カクレハヘ—」。兼「—レハ—」。右「カクレハヘリ」。

九　ツキヨミ—兼・右「ツキヨミ」。

九月神嘗祭[一]

皇御孫御命以、伊勢[1]能度会五十鈴河上尓称辞竟奉[2]流天照坐皇[3]大神[4]能[5]大前尓申給久、常毛進[6]流九月之神嘗[7]能大幣帛乎、某官某位[8]某王・中臣某官某位[9]某官某位[10]某姓名乎為使[11]弖、忌部弱肩尓太襷取懸、持斎[二]波[12]理令捧持弖、進給布御命乎、申給久止申。

1 能—九「乃」。
2 流—九「留」。
3 大—版「太」。
4 能—九・右「乃」。
5 大—兼・右・版「太」。九「大」。
6 流—九「留」。
7 能—九・版「乃」。
8 某—九、なし。
9 某—兼「其」。
10 某—兼「其」。
11 弖—右「天」。
12 理—九・右「利」。

一 カムニヘ—兼・右「—ニヘ」。
二 、モチユマハリ—兼「モチイ—」。右「モチイマ—」。

豊受宮同祭

天皇我御命以弖、度会[1]能山田原尓称辞竟[2]奉[3]流皇神前尓申給久、常毛進留九月之神嘗[4]能[5]大幣帛乎、某官某位[6]某王・中臣某官[7]某位[8]某姓名乎[9]為レ使弖、忌部弱肩尓[10]太襁取懸、[11]持斎波[12]理令二捧持一弖、進給布御命乎、申給久止申。

1能—九・右「乃」。
2竟奉—兼、この間に「流」（小字）を入る。
3流—九「留」。
4能—九「乃」。
5大—九・兼・右「太」。版「大」。
6某—兼「其」。
7某—兼「其」。
8某—兼「其」。
9為—九、なし。
10太—九「大」。
11持—版、この上に「取」（大字）を入る。
12理—九・右「利」。

同神嘗祭

度会乃宇治[1]乃五十鈴乃川上尓大宮柱[2]太敷立[3]天、高天原尓[4]比木
高知[5]天、称辞竟奉留天照一坐皇[6]大神乃[7]大前尓、申進留天
津祝詞乃太祝詞[8]乎、神主部・物忌等、諸聞食止宣。[9]祢
宜・内人等共称レ唯。

天皇我御命尓坐、御寿二乎手長乃御寿止、湯津如二磐村一
常磐堅磐尓、伊賀志御世尓幸倍給比、阿礼坐皇子三等乎毛恵
給比、百官人等・天下四方国乃百姓尓至[10]万天、長平
久護恵[11]比幸[12]給止、三郡・国国・処処四寄奉礼留神戸人
等[13]乃常毛進留由紀[14]能御酒・御贄、懸五税千六税余五百税乎、
如二横山一久置七足成[15]天、大中臣[16]太[17]玉串尓隠侍[18]天、今年九月

1乃—版「能」。
2太—九「大」。
3天—九・版「弖」。
4比—版「千」。
5天—九「弖」。
6大—兼・右・版「太」。九「大」。
7大—版「太」。
8乎—九「牟」。
9祢—兼「尓」。
10天—九「弖」。
11比—版「美」。
12幸給—版、この間に「比」(小字)を入る。
13乃—版「能」。
14能—九「乃」。
15天—九「弖」。
16太—兼「大」。右、左傍に「大イ」と注す。
17玉—兼「王」。
18天—九「弖」。

一 テラシマス—兼「テラシース」。右「—ラシ—ス」。
二 オホミイノチ—兼「ヲ—イ—」。右「オ—イ—」。
三 ミコ—兼・右「ミコ」。
四 ヨセ—兼「—サシ」。右「ヨサシ」。
五 カケチカラ—兼・右「カケチカラ」。
六 チヂカラ—兼・右「チヽカラ」。
七 タラハシ—兼・右「タラハシ」。

十七日朝日豊栄登[19]尓、天津祝詞乃[20]太祝詞辞乎称[八]申事

乎、神主部・物忌等、諸聞食止宣。 祢宜・内人等称レ唯。

荒祭宮・月読宮尓毛如此久申進止宣。 神主部共称レ唯。

八　タタヘ―兼・右「タヽヘ」。

19 登―九「祭」。
20 太―兼「大」。

斎[一]内親王奉[二]入時

進(二)神嘗幣(一)詞申畢、次即申云、辞別弖申給[1]久、
今進[2]流斎[3]内親王波、依(二)恒例(一)弖、三年斎[4]比清麻波理弖、
御杖代止定弖進給事波、皇御孫之尊乎天[三]地日月止共尓
堅磐尓、平[5]気久安久[四]御座[6]坐[7]志米武止、御杖代止進給布御
命乎、大中臣[8]茂[五]桙中取持弖、恐美恐美毛申[9]給久止申。

1久—右「久久」。
2流—九「留」。
3内—九、なし。
4年斎—九、この間に「波」（小字）を入る。
5気—九、なし。
6坐—九、なし。兼、本文になく、右傍に補入。
7志米武—九「之女牟」。
8臣茂—右、この間の左傍に「トィナ」と書く。
9給—九、なし。

一　イツキノヒメミコ—兼・右「イツキノミコ」。
二　タテマツリイル—兼「—ルヽ」。右「イレタテマツル」。
三　アメツチ—九・兼・右「アメツチ」。
四　オハシマサ—兼「ヲハシマサ」。右「オハシマサ」。
五　イカシ—九・兼・右「イハシ」。

遷(ウツシ)二奉(マツル)[1]大神宮(オホカミノミヤヲ)一祝詞(ノリト)　豊受宮(トヨウケノミヤモ)准(ナラヘ)レ此(コレニ)。

皇御孫(スメミマノ)[2]能御命(オホミコトヲ)乎以(モチテ)[3]弖、[4]皇大御神(スメオホミカミノ)[5]能[6]大前(オホマヘニ)尓申給(マヲシタマハク)久、常(ツネノ)[7]乃例(タメシニ)[一]尓依(ヨリテ)弖、廿年(ハタトセニ)[二]尓一遍(ヒトタビ)[三]比、大宮(オホミヤ)新(アラタニ)仕奉(ツカヘマツリテ)弖、雑(クサグサノ)御装束物(ミヨソヒノモノ)五十四種(イソクサアマリヨクサ)[四]、神宝(カムダカラ)廿一種(ハタクサアマリヒトクサヲ)[五]乎儲備(マケソナヘテ)[8]天、祓清(ハラヘキヨメ)売持忌(モチユマハリテ)波理弖、預供奉(アヅカリツカヘマツル)[六]辨官(オホトモヒ)[七]某位(ソレノクラヰ)[9]某姓名(ソレノカバネナヲ)乎差使(サシツカハシテ)弖、進給状(タテマツリタマフサマヲ)乎、申給(マヲシタマハク)久止申(トマヲス)。

1大—版「太」。
2能—九「乃」。
3弖—兼・右、なし。
4大—版「太」。
5能—九・右「乃」。
6大—九・兼・右・版「太」。
7乃—兼・右「川」。
8天—九「弖」。
9某—兼「其」。

一　タメシ—右「アト」。
二　ハタトセ—兼・右「ハタトセ」。
三　ヒトタビ—兼・右「ヒトタヒ」。
四　イソクサアマリヨクサ—兼「イソサアマリヨククサ」。右「イソサアマリヨクサ」。
五　ハタクサアマリヒトクサ—兼・右「ハタクサアマリヒトクサ」。
六　アヅカリ—九・右「アツカリ」。
七　オホトモヒ—兼・右「オホトモヒ」。

[一]遷却[二][1]崇神

高天之原尓神留坐[2]弖、事[3]始給[4]志神漏[5]岐・神漏美[6]能命以弖、
天之[三]高市尓八百万神等乎神[四]集集給比、神議議給弖、我
皇御孫之尊波豊葦原[7]能水穂之国乎安国止平[8]気久所知食止、天
之[五]磐座放弖、天之八重雲乎伊頭之千別支尓千別弖、天降[六]所寄
奉[9]志時尓、誰[七]神乎先[10]遣[11]波、水穂国[12]能荒振神等乎神攘々
平[13]気武止、神議議給時尓、諸神等皆量申久、天[八]穂
日之命乎遣而平[14]気武止申支。是以天降遣時尓、此神
波返言不レ申[15]支。次遣[16]志健[九]三熊之命毛、随二父事一弖、
返言不レ申。又遣[17]志天[一〇]若彦毛、返言不レ申弖、高津鳥

1崇—兼・右・版「祟」。
2弖—右「天」。
3始—九「如」。
4志—九「之」。
5岐—兼、小字。版「伎」。
6能—九「乃」。
7能—九・右「乃」。
8気—九、なし。
9志—九「之」。
10遣—右「進」遣イ。
11波—版「波志」。
12能—九「乃」。
13気—九「介」。
14気武—九「介牟」。
15支—版「氐」。
16志—九「之」。
17志—九「之」。

一 ウツシヤル—兼・右「—ク」。
二 タタリガミ—兼・右「—ル—」。
三 タケチ—兼・右「タケチ」。
四 ツドヘ—兼・右「ツトヘ」。
五 イハクラ—兼・右「—クラ」。
六 ヨサシ—兼・右「ヨサシ」。
七 イヅレ—九・兼・右「イツレ」。
八 アメノホヒ—九「アメ—」。兼「アマホヒ」。右「アマノホヒ」。
九 タケミクマ—九「タケ—」。兼・右「タケミクマ」。
一〇 アメワカヒコ—九「アメワカ—」。兼・右「アメワカヒコ」。

殃（ワザハヒ）尓依（ヨリ）弖（テ）、立処（タチドコロ）[18]尓身亡（ミウセ）支（キ）。是以（ココヲモチテ）[19]天津神（アマツカミ）[20]能御言以（ミコトモチ）弖（テ）、更（サラニ）

量給（ハカリタマヒ）弖（テ）、経津主命（フツヌシノミコト）[一一]・健雷命（タケミカヅチノミコト）[一二]二柱（フタハシラ）神等（カミタチ）乎天降（アマクダシ）[21]給比弖（タマヒテ）、

荒振神等（アラブルカミタチ）乎神攘々（カムハラヒハラヒ）給比（タマヒ）、神和和（カムヤハシヤハシ）[一三]給弖（タマヒテ）、語問（コトトヒ）[22]志磐根（シイハネ）・樹（コノ）

立（タチ）・草之片葉（クサノカキハ）[一四]毛語止（モコトヤメ）[23]弖（テ）、皇御孫之尊（スメミマノミコト）乎天降（アマクダシ）所寄奉（ヨサシマツリ）支（キ）。如（カ）

此久（ク）天降（アマクダシ）所寄奉（ヨサシマツリ）[24]志四方之国中（ヨモノクニナカ）止（ト）、大倭（オホヤマト）日高見之国（ヒダカミノクニ）乎（ヲ）安国（ヤスクニ）

止定奉（トサダメマツリ）弖（テ）、下津磐根（シタツイハネ）尓宮柱（ミヤバシラ）[25]太敷立（フトシキタテ）、高天之原（タカマノハラ）尓千木高知（チギタカシリ）

弖（テ）、天之御蔭（アメノミカゲ）・日之御蔭（ヒノミカゲ）止仕奉（トツカヘマツリ）弖（テ）、安国（ヤスクニ）止平（トタヒラ）[26]気久（ケク）、所知食（シロシメサ）[27]武（ム）

皇御孫之尊（スメミマノミコト）[28]能天御舎（ノアメノミアラカ）[一五]之内（ノウチ）[29]尓坐（ニマ）須皇神等（ススメガミタチ）波（ハ）、荒（ア）[30]備（ラビ）[一六]給比（タマヒ）健[31]備（タケビ）[一七]

給（タマフ）[32]事（コト）[33]无（ナク）[34]志弖（シテ）、高天之原（タカマノハラ）尓始（ニハジメ）[35]志事（シコト）乎神奈我良毛（ヲカムナガラモ）所知食（シロシメシ）[36]弖（テ）、神直（カムナホ）

日（ビ）・大直日（オホナホビ）尓直（ニナホ）[37]志給比弖（シタマヒテ）、自（ヨリ）二此地（コノトコロ）一波（ハ）、四方（ヨモ）乎見霽（ヲミハルカス）[一八]山川（ヤマカハ）[38]能（ノ）

清地（キヨキトコロ）尓遷出坐（ニウツリイデマシ）弖（テ）、吾地（ワガトコロ）止宇須波伎坐（トウスハキマ）世止（セト）、進（タテマツル）幣帛（ミテグラ）者（ハ）、

明妙（アカルタヘ）・照妙（テルタヘ）・和妙（ニキタヘ）・荒妙（アラタヘ）尓備（ニソナヘ）奉（マツリ）弖（テ）、見明（ミアカス）[一九]物（モノ）止鏡（トカガミ）、翫（モテアソブ）

18 尓―九・兼・右・版「弖」。
19 天―九、なし。
20 能―九・右「乃」。
21 降給―九、この間に「ム」を入る。右、この間に○を付し、左傍に「降イ」と書く。
22 志―九「之」。
23 止―版、小字。
24 志―九「之」。
25 太―九「大」。
26 気―九、なし。
27 武―九「牟」。
28 能―九・右「乃」。
29 尓―兼「矢」。版「仁」。
30 備―九・兼・右・版、大字。
31 備―九・兼・右・版、大字。
32 給事―兼・右・版、この間に「比健給」を入る。
33 无―版「無」。
34 志―九「之」。
35 志―九「之」。
36 弖―九、なし。
37 志―九「之」。
38 能―九「乃」。

一一 フツヌシ―九「ツネツヌシ」。兼・右「フツヌシ」。
一二 タケミカヅチ―兼「タケ―」。右「タケミカツチ」。
一三 ヤハシ―兼「ニコメ」。右「ニコメニ」。
一四 カキハ―九・兼・右「カキハ」。
一五 ミアラカ―兼・右「ミアラカ」。
一六 アラビ―右「アラヒ」。
一七 タケビ―兼・右「タケヒ」。
一八 ミハルカス―兼「ミハルカス」。右「ミハルカシ」。
一九 アカス―兼・右「―ス」。

39太―九「大」。
40瓱―右「甕」。
41瓱―右「甕」。
42能―九・右・版「乃」。
43能―九・右「乃」。
44至万弖尓―兼、なし。
45能―九・版「乃」。
46祟―版「崇」。
47備―九・兼・右・版、大字。
48无―版「無」。

物止玉、射放物止弓矢、打断物止39太刀、馳出物止御馬、御
酒者40瓱戸高知、41瓱腹満双弖、米尓毛穎尓毛、山住物者毛42能
和物・毛43能荒物、大野原尓生[二〇]物者甘菜・辛菜、青海原尓住
物者鰭広物・鰭狭物、奥津海菜・辺津海菜尓44至万弖尓、横
山之如久八物尓[二一]置所足弖、奉留宇豆之幣帛乎、皇神等乃御
心毛明尓、安幣帛45能足幣帛止平久聞食弖、46祟給比健47備
給事无48之弖、山川乃広久清地尓遷出坐弖、神奈我良[二二]鎮坐
世止、称辞竟奉止申。

二〇 オフル―兼・右「オフル」。
二一 オキタラハシ―兼「ヲキタラハシ」。右「オキタラハシ」。
二二 シヅマリ―兼・右「―マリ」。

遣二唐使一時奉レ幣

皇御孫尊[1]能御命以弖、住吉尓辞竟奉留皇神等[2]前尓申賜久、大唐[一]尓使遣佐牟止為尓、依二船居[二]无[3]一弖、播磨国与理[4]船乗止為弖、使者遣[5]佐牟止所念行[三]間尓、皇神命以弖、船居波吾作[6]牟止教悟給比支。教悟給比那我良、船居作給部礼波、悦[四]己備[7]嘉[8]志美、礼代乃幣帛乎官位姓名尓令二[9]捧賈一弖進奉[五]久止申。

1 能―九・右・版「乃」。
2 等前―版、この間に「乃」（小字）を入る。
3 无―版「無」。
4 理―九「利」。
5 佐―九「左」。
6 作―版「佐」。
7 備―九「比」。
8 志―九「之」。
9 捧―兼「奉」。その左傍に「捧」と書く。

一 モロコシ―兼・右「モロコシ」。
二 フナヰ―兼「フナヰ」。右「フナイ」。
三 オモホシメスマ―兼・右「オホスマ」。
四 ウレシミ―兼「ヨシ―」。右「ヨシミ」。
五 タテマツラク―兼・右「タテマツラ―」。

出雲国造[一]神賀詞[二][1]

八[三]十日日波在止毛、今日[2]能生日[3]能足日[4]尓、出雲国[5]々造姓名、恐美恐美毛申賜久、[6]挂[7]麻久毛[8]恐[9]支明御神止大八嶋国所知食須天皇命[四][10]乃、手[五]長[11]能大御世止斎[六][12]止若後斎時者、加㆓後字㆒。為弖、出雲国乃青垣山内尓、下津石根尓宮柱太[13]知立[14]、高天原尓千木高知坐須伊射那伎[15]能日真名子[七]、加夫呂伎熊野大神、櫛御気野命[八]、国作坐[16]志大穴持命、二柱神乎始[17]天、百八十[九]六社坐皇神等乎、某甲我弱肩尓[18]太襷[19][20]挂[21]天、伊[一〇]都幣[一一][22]能緒結、天乃美賀[23]秘冠[一二]利[24]天、伊豆[25]能真屋尓[26]麁草乎伊豆[27]能席[28]登苅敷[29]支天、伊都閉黒益之[一四]、天[30]能瓱和尓斎[31]許母利弖、志都宮

1 詞—兼・右・版、この下に「出雲国造者穂日命之後也」と注す。
2 能—九「乃」。
3 能—九「乃」。
4 尓—版、なし。
5 国々—九・右、この間に「乃」を入る。
6 挂—右・版「掛」。
7 麻—九「万」。
8 恐—版「畏」。
9 支—版「岐」。
10 乃、—考・後、この間に「大御世乎」を入る。
11 能—九「乃」。
12 止—兼・右「上」。
13 知—版「敷」。
14 立、—版、この間に「氏」（小字）を入る。
15 能—九・右・版「乃」。
16 志—九「之」。
17 天—九「弖」。
18 太—九・兼「大」。
19 襷挂—版、この間に「取」を入る。
20 挂—版「掛」。
21 天—九「弖」。
22 能—九・右「乃」。
23 秘—後、「気」の誤りとす。
24 天—九「弖」。
25 能—九・右「乃」。
26 麁—兼「僉」。左

一 ミヤツコ—兼・右「ミヤツコ」。
二 カムヨゴト—兼・右「カムホキノ—」。
三 ヤソカヒ—九・兼・右「ヤソカヒ」。
四 スメラミコト—九「スメラミコト」。兼「アメスヘミコト」。右「アメスメラミコト」。
五 タナガ—九「タ—」。兼・右「タナカ」。
六 イハフ—九「イム」。兼・右「イハヒ」。
七 ヒマナゴ—兼・右「ヒマナシ」。
八 オホアナモチ—九「—ア—」。兼・右「オホアナムチ」。
九 モモヤソアマリムヤシロ—兼・右「モモチアマリヤソチアマリムヤシロ」。
一〇 カケテ—九・兼・右「トリカケテ」。
一一 イツミテグラ—九「ウツミテクラ」。兼・右「イツミテクラ」。
一二 ミカヒ—九・兼・右「ミカシヒ」。
一三 アラクサ—九・兼「アシクサ」。
一四 クロマシ—九・右「クラマシ」。兼「クラマ—」。

尓[32]忌静[33]米仕奉[34]弖、朝日[35]能豊栄[36]登尓、伊波比乃返事[37]能神賀[一五]
吉詞奏賜波久[38]登奏。
高天[39]能神王[一六]高御魂・[40]神魂命[41]能、皇御孫命尓天下大八
嶋国乎事避奉之時、出雲臣等我遠[42]神天穂比命乎、国体見[一七]
尓遣時尓、天[43]能八重雲乎押別[44]弖、天翔[一八]国翔弖、天下乎
見廻弖、返事申給久、豊葦原[45]能水穂国波、昼波如二五月蝿一[一九]
水沸支、夜波如二火瓫一[二〇]光[二一]神在利、石根・木立・青水沫毛事問[46]天、
荒国在[47]祁利。然毛[48]鎮平[49]天、皇御孫命尓安国止平久所
知坐之[50]米牟止申弖、己命児天[51]夷鳥命[二二]尓、布都怒志[二三]命
乎副[52]天、天降遣[53]天、荒布留神等乎撥[54]平気、国作[55]之大神乎
毛媚鎮[二四][56]天、大八嶋国現事[二五]・顕事[二六]令二事避一支。乃大穴
持命乃申給久、皇御孫命乃静坐牟大倭国申[57]天、

傍に「本ノマヽ」と注す。
27 能―九・右「乃」。
28 登―九「止」。
29 支天―九「弖」。
30 能―九・右「乃」。
31 母―九「毛」。兼「女」。右・版「母」。
32 忌―兼、左傍に「本ノマヽ」と注す。版「志」。
33 米―九「女」。
34 弖―右「天」。
35 能―九・右「乃」。
36 登―兼「祭」。左傍に「本如ク」と注す。右傍には「登」と書く。
37 能―九「乃」。
38 登―九・右「止」。
39 能―九・右「乃」。
40 神魂―九、なし。右、左傍に「以下二字イ无」と注す。
41 能―九・右「乃」。
42 神―考「神祖」。後「祖」。
43 能―九・右「乃」。
44 弖―右「天」。
45 能―九・右・版「乃」。
46 天―九「弖」。
47 祁―九・版、なし。
48 鎮平―兼、この間に重ねて「鎮」あり。右、「〻」あり、左傍に「イ

一五 カムホキノヨゴト―九「カムホメ―コトハ」。兼「―ホキノヨキコトハ」。右「―ホキヨキコトハ」。
一六 カムミオヤ―九「―ノミオヤ」。兼・右「―ミオヤ」。
一七 ミセ―九・兼・右「ミセ―」。
一八 アマガケリ―兼「―サク」。右、右に「―サク」、左に「―カケリ」。
一九 サバヘナス―九「サミタレノ―」。兼「サハヘノコト」。右「サハヘノコトク」。
二〇 ホベナス―九「―ホトキノ―」。兼「ホノヘノコト」。右「ホノヘノコトク」。
二一 ヒカル―兼・右「カヽヤク」。
二二 アメノヒナドリ―九「アマヒコトリ」。兼・右「アマヒラトリ」。
二三 フツヌシ―兼・右「フトヌシ」。
二四 コビ―九・兼・右「コハヒ」。
二五 ウツシゴト―九・兼・右「アラヒトコト」。
二六 アラハゴト―九・右「アキラメコト」。兼「アキアメコト」。

己命和魂[27]乎八[28][58]咫鏡尓取託[59]天、倭大物主櫛瓺玉[60]命[61]登
名乎称[29][62]天、大御和乃神奈備[30]尓坐、己命乃御子阿遅須伎高[31]
孫根乃命乃御魂乎葛木乃鴨[63]能神奈備尓[64]坐、事代主命[65]能御魂
乎宇奈提尓坐、賀夜奈流美命[66]能御魂乎飛鳥乃神奈備尓[67]坐天、
皇孫命[68]能近守神[69]登貢置[70]天、八百丹[32]杵築[33]宮尓静坐支。
是尓親[34]神魯伎・[71]神魯美[72]乃命宣久、汝天穂比命波、[73]天皇
命[74]能手長大御世乎、堅石[35]尓常石尓伊波比奉、伊賀志乃御世
尓佐伎波閉奉[75]登、仰賜[76]志次乃随尓、供斎[36]若後斎時者、加二
後字一。仕奉[77]弖、朝日[78]能豊栄登尓、神乃礼[37][79]白・臣[80]能礼[81]白[82]登、
御祷[83]能神宝献良久[84]登奏。
白玉[85]能大御白髪坐、赤玉[86]能御阿加良毗坐、青玉[87]能水江玉[88]能行[38]
相尓、明御神[89]登大八嶋国所知食天皇命[90]能手長大御世乎、御[39]

二七 ニキミタマ―九「コニタマ」。兼・右「ニコタマ」。
二八 ヤタノカガミ―九・兼・右「ヤタカヽミ」。
二九 タタヘ―九「マツリ」。兼・右「ナツケ」。
三〇 カムナビ―兼・右「カムナヒ」。
三一 タカヒコネ―九・兼・右「タカヒコネ」。
三二 ヤホニ―九「ヤホー」。兼・右「ヤホニ」。
三三 キツキ―九「コツキ」。兼「キネツキ」。右「キツキ」。
三四 ムツ―九・兼・右「ムツマシキ」。
三五 カキハ―九「カキハ」。
三六 イハヒ―九・兼「イミ」。右「イコヘイミ」。
三七 ヰヤシロ―兼「ヰヤヨリ」。右「イヤヨリ」。
三八 ユキアヒ―兼・右「ユキアヒ」。
三九 ミハカシ―兼・右「ミハカシ」。

无」と注す。
49 天―九「弖」。
50 米―九「女」。
51 天夷―九、この間に「ゝ」あり。
52 天―九「弖」。
53 天―九「弖」。
54 気―九「介」。
55 之―版、大字。
56 天―九「弖」。
57 天―九「弖」。
58 咫―九・右「尺」。
59 天―九「弖」。
60 玉―兼「王」。
61 登―九・右「止」。
62 天―九「弖」。
63 能―九「乃」。
64 坐、―版、この間に「須」（小字）を入る。
65 能―九「乃」。
66 能―九「乃」。
67 天―九「弖」。
68 能―九「乃」。
69 登―九「止」。
70 天―九「弖」。
71 魯―兼、なし。
72 乃―版、なし。
73 天―（以下四字）兼、本文になく、左傍に補入。
74 能―九「乃」。
75 登―九「止」。
76 志―九「之」。
77 弖―九「之」。
78 能―九・版「乃」。
79 白―九「白」（小字）。兼・右

「自」(小字)。版「自利」(小字)。
80 能—九「乃」。
81 白—九・兼・右・版「自」(小字)。
82 登—九「止」。
83 能—九・版「乃」。
84 登—九「止」。
85 能—九「乃」。
86 能—九「乃」。
87 能—九・右「乃」。
88 能—九・右・版「乃」。
89 登—九「止」。
90 能—九「乃」。
91 広—兼・右「廣」。
92 米—九「女」。
93 能—九「乃」。
94 能—九「乃」。
95 之—九・兼・右・版「立」(大字)。後、「志」(小字)の誤りとす。
96 流—九「留」。
97 耳—版、この上に「事波」を入る。
98 能—九「乃」。
99 太—兼・右「大」。
100 鵠—版「鵠」。
101 能—九・版「乃」。
102 能—九「乃」。
103 登—九「止」。
104 能—九「乃」。
105 石川度—九・兼・右・版「古川席」。
106 能—九「乃」。
107 石川度—九・兼・右・版「古川席」。

横刀《ハカシ》[91]広《ヒロラ》尓《ニ》[四〇]誅堅《ウチカタ》[92]米《メ》、白御馬《シロミウマ》[93]能《ノ》前足爪《マヘアシノツメ》・後足爪踏立《シリアシノツメフミタツル》事波《コトハ》、大《オホ》
宮《ミヤ》[94]能《ノ》内外御門《ウチトノミカドノ》柱《ハシラ》乎《ヲ》、上津石根《ウハツイハネ》尓《ニ》踏堅米《フミカタメ》、下津石根《シタツイハネ》尓《ニ》踏凝《フミコラ》[95]之《シ》、
[四一]振立《フリタツ》[96]流《ル》[97]耳《ミミ》[98]能《ノ》弥高《イヤタカ》尓《ニ》、天下《アメノシタ》乎《ヲ》所知食《シロシメ》左牟《サム》事志《コトノシルシノ》[99][四二]太米《タメ》、[四三]白[100]鵠《シラトリ》[101]能《ノ》
[四四]生御調《イキミツキ》[102]能《ノ》玩物《モテアソビモノ》[103]登《ト》、[四五]倭文《シツ》[104]能《ノ》大御心《オホミココロ》毛《モ》[四六]多親《タシ》尓《ニ》、彼方《カノモノ》[105][四七]石川度《イシカハノワタリ》・
此方《コノモノ》[106]能《ノ》[107]石川度《イシカハノワタリ》尓《ニ》生立《オヒタテル》若水《ワカミ》[四八]沼間《ヌマ》[108]能《ノ》、弥若叡《イヤワカエ》尓《ニ》御若叡坐《ミワカエマシ》、
須《ス》[109]須《ス》伎《キ》[四九]振遠《フルヲ》[110]止美《トミ》乃《ノ》水《ミヅ》乃《ノ》、[111]弥《イヤ》[112]乎《ヲ》知《チ》尓《ニ》[五〇]御《ミ》[113]袁知坐《ヲチマシ》、麻蘇比《マソビ》[114]能《ノ》大御鏡《オホミカガミ》
乃面《ノオモテ》乎《ヲ》意志波留《オシハル》[115]加志《カシ》[116]天《テ》見《ミ》行事《ソナハスコト》[117]能《ノ》己[118]登久《ゴトク》、明《アキツ》御神《ミカミ》[119]能《ノ》大八嶋国《オホヤシマグニ》
乎《ヲ》、天地日月《アメツチヒツキ》[120]等共《トトモ》尓《ニ》、安《ヤスラケ》久《ク》平《タヒラケ》久《ク》[五一]知行牟《シロシメサム》事《コト》[121]能《ノ》志《シルシノ》[122]太米《タメ》止《ト》、
御禱神宝《ミホキノカムダカラ》乎《ヲ》擎持《ササゲモチ》弖《テ》、神《カミノ》礼[123]白《ヰヤシロ》・臣《オミノ》礼[124][125]白《ヰヤシロト》、[126]恐《カシコ》[127]弥《ミ》恐《カシコ》[128]弥《ミ》毛《モ》天《アマ》[129]津《ツ》
[五二]次《ツギテ》[130]能《ノ》神賀《カムホキノ》[五三]吉詞《ヨゴト》白《マヲシ》賜《タマハ》久《ク》[131]登《ト》奏《マヲス》。[132]

四〇 ウチカタメ—九「ウチ—」。兼・右「ウチカタ—」。
四一 フリタツル—九・兼「フリタツ—」。右「フリタツル」。
四二 タメ—右「タメ」。
四三 シラトリ—九・兼・右「シラトリ」。
四四 イキミツキ—兼・右「ナマミツキ」。
四五 シツ—九・兼「シツ」。右「シツリ」。
四六 タシ—兼・右「タシ」。
四七 イシカハノワタリ—兼・右「フルカハセキ」。
四八 ヌマ—兼・右「ヌマ」。
四九 フルヲトミ—九「フリサケ—ウル—」。兼・右「フリサケ—ウルハシ」。
五〇 ミヲチマシ—九「—ウヘ—」。兼・右「ミウヘシリマス」。
五一 シロシメサム—兼「シロシメサ—」。右「シロシメサン」。
五二 ツギテ—九・兼・右「ツイテ」。
五三 カムホキノヨゴト—九「—ホメノ—コトハ」。兼「カムホキノキコトハ」。右「カンホキノヨキコトハ」。

108 能―九・右「乃」。
109 須―兼、本文になく右傍に補入。
110 止―九・兼・右・版、小字。後、大字。
111 弥―版「祢」。
112 乎―九・兼・右・版、小字。後、大字。
113 袁―九・兼・右・版「表」。後「袁」。
114 能―九・版「乃」。
115 加―兼・版、なし。九・右「加」。
116 天―九「弖」。
117 能―九「乃」。
118 登―九「止」。
119 能―九・右「乃」。
120 等―九・兼・右・版、大字。考・後、小字。
121 能―九「乃」。
122 太―兼・右「大」。
123 白―九「自」(大字)。兼・右「自」(小字)。版「自利」(小字)。
124 白―九「自」(大字)。兼・右・版「自」(小字)。
125 白、―版、この間に「登」(小字)を入る。
126 恐弥―九、なし。
127 弥―右「美」。
128 弥―九・右「美」。
129 津―版、大字。
130 能―九「乃」。
131 登―九「止」。
132 奏。―右、この下に「須」(小字)あり。

（附）中臣寿詞[1]

[一]現御神[2]止大八嶋国所知食須大倭　根子[二]天皇我御前仁、天　神乃
[三]寿詞遠称　辞[3]定　奉良久[4]止申須。
高天原仁神留　坐須皇親神漏岐・神漏美乃命　遠持天、八百万
乃神等[5]遠集倍賜　天、　皇孫　尊　波高天原仁事始　天、　豊葦原乃瑞
穂乃国遠安国止平[6]介久所知食天、　天都日嗣乃天都高御座仁[四]御
坐天、　天都[五]御膳[7]乃長御膳乃遠御膳[8]止、　千秋乃五百秋仁瑞穂遠
平　介久安　介久由庭仁所知食止事依志奉　弖、　天降　坐[9]之後仁、
中臣乃遠都[10]祖天　児屋根[11]命、　皇御孫尊　乃御前仁奉レ仕　弖、　天
[六]忍雲根神遠天乃二上仁奉レ上　弖、　神漏岐・神漏美命　乃[12]前[13]仁受

1 中臣寿詞―守「寿詞文」。
2 止―壺「与」。
3 定―玉・壺・史・守「定」。
4 止―史「遠」。
5 遠集―守、この間に「神」を入る。
6 介―壺・史、なし。
7 乃―玉・壺・史「遠」。守「於」。玉は「乃」かとす。
8 止―史「遠」。
9 之―玉・史・守、大字。壺、小字。
10 祖―守「神」。
11 命―史「尊」。
12 前―守、この上に「御」を入る。
13 仁―玉「二」。
14 弖―玉・壺・史「仁」。守「尓」。
15 部―玉「了」「仁」かとす。壺「部」。史「申」。守「於」。
16 遠―玉・壺・史「遠」。守「夜」。
17 立―玉「加立」。壺「主」。史・守「立」。
18 遠里―玉「遠里」、「世止」かとす。壺・史「遠里」。守「せ利」。
19 天―守、この上に「皇御孫尊□」を入る。

一　アキツミカミ―玉「アキツミカミ」。守「アラミカミ」。壺「アラミ―」。
二　スメラ―玉「スメラ」。壺「スヘラミコト」。守「スヘラキ」。
三　ヨゴト―玉「ヨゴト」。壺「ヨコト」。
四　オハシマシテ―玉「マシく テ」。壺「ヲハシマシ―」。
五　ミケ―玉・壺「ミケ」。守「ミカシハテ」。
六　オシクモネ―玉「オシクモネ」。守「ヲシクモネ」。

給波里申[14]弖、皇御孫尊乃[七]御膳都水波、宇都志国乃[八]水[15]部、
天都水[16]遠[17][九]立奉牟止申[18]遠里、事教給志仁依弖、天忍雲根神
天乃浮雲仁乗弖、天乃二上仁上坐弖、神漏岐・神漏美命乃
前仁申世波、[19]天乃玉櫛遠事依奉弖、[20]此玉櫛遠刺立弖、自二夕
日一至二朝日照一万弖、天都[一〇]詔[21]戸乃太詔刀言遠以弖告礼。如此告
波、麻知[22]波[一一]弱[23]韮仁由都[一二]五百篁生出牟。自二其下一天乃八井出
牟。此遠持[24]天天都水止所聞食止事[25]依奉支。如此依奉志任[一三]
任仁、所聞食[26]須由庭乃瑞穂遠、[27]四国卜部等、[一四]太兆[28]仁卜事遠
持弖、奉[29]仕[30]留悠紀仁近江国野洲[31]郡、主基仁丹波国氷上
[32]郡遠斎定弖、[一五]物部乃人等、[一六]酒造児・酒波・粉走・灰焼・
[一七]薪採・[一八]相[33]作・[一九]稲実公等、[二〇]大嘗会乃[二一]斎場仁持斎波利参来弖、
今年十一月中都卯日仁、由志理伊都志理持、恐[34]美[35]恐美[36]母

20 此—史、なし。
21 戸—壺「部」。守「刀」。
22 波—玉・壺・守、大字。史、小字。
23 韮—玉、「蒜」の誤りかとす。
24 天—史「弖」。
25 依—玉・壺・史、なし。玉「依」脱かとす。守「依」。
26 須—玉、なし。壺・史・守「須」。
27 四国—壺、この間に「毛」(小字)を入る。守、「方乃」を入る。
28 仁—玉「乃」の誤りかとす。壺・史・守「仁」。
29 仕—壺・史・守、なし。
30 留—玉「弖」かとす。壺・史「留」。守、なし。
31 郡—玉・史、なし。壺「郡遠」。守「郡」。
32 郡—玉、なし。壺・史・守「郡」。
33 作—玉・壺・史「候」。玉「作」かとす。守「作」。
34 美—守「利」(小字)。
35 恐美母—守「弥也」。
36 母—壺・史「毛」。

七 ミケツミヅ—玉「ミケツミヅ」。壺「ミケツ—」。守「ミカシハツ—」。
八 モヒトリベ—玉「ミヅニ」。壺「モトリヘ」。
九 タテマツラム—玉「クハヘテタテマツラム」。壺「ツカサトリ—」。守「タテーシ—」。
一〇 ノリト—玉「ノリト」。壺「ノトヘ」。守「ノト」。
一一 ワカミラ—玉「ワカヒル」。壺「ヨハミラ」。守「—ニラ」。
一二 イホタカムラ—玉「—タカムラ」。壺「イヲタカムラ」。守「イホノタカムラ」。
一三 マニマニ—玉「マニマニ」。壺「ヨサシノマヽ—」。
一四 フトマニ—玉・壺「フトマニ」。守「サマ〳〵」。
一五 モノノフ—玉「モノヽフ」。
一六 サカツコ—玉・壺「サカツコ」。守「—リコ」。
一七 カマギコリ—玉「カマギコリ」。守「キコリ」。
一八 アヒヅクリ—玉「アヒヅクリ」。壺「—ツトヘ」。守「アヒツクリ」。
一九 イナミノキミ—玉・壺「イナミノキミ」。守「イナミノ—」。
二〇 オホニヘノマツリ—玉「オホニヘノミヤ」。守「ヲホナメアヒ」。
二一 ユニハ—玉「ユニハ」。壺「ニハ」。守「イハヒ—」。

37清麻波利仁奉レ仕利、月内仁日時遠撰定弖、献留悠紀・
主基乃黒木・白木乃大御酒遠、大倭根子天皇38我天都御膳乃長
御膳39乃遠御膳止、汁仁毛実仁毛赤丹乃穂[二二]仁40毛所聞食弖、豊明
仁明御坐弖、41天都社・国都社止称辞定奉留皇神等母、
千秋・五百秋乃相嘗仁[二三]、相宇豆乃42比奉43利、44堅磐常45磐仁斎奉
利弖、伊賀志御世仁栄志女奉46利、自二康治元年一始弖、与二
天地47日月一共照志明良志48御坐事仁、本末不レ傾茂槍[二四]乃中
執持弖奉レ仕留中臣祭主、正四位上行神祇大
副大中臣朝臣清親、寿詞遠称辞定奉49良久止申。
又申久、天皇朝廷仁奉レ仕留親王50・51諸王・諸臣[二五]・百
官人等・天下四52方国乃百姓、諸諸集[二六]侍53利54弖、見食倍[二七]、
尊[二八]食倍、歓55食倍、聞食倍、天皇56朝庭[二九]仁茂世[三〇]仁、八桑枝乃57如

37清—壺・史「由」。守「青」。
38我—史「乃」。
39乃—壺・史「遠」。守、なし。
40毛—玉、衍とす。壺・史・守「毛」。
41天都社・国都社止—玉・壺「天都神乃寿詞遠」。史「天都神乃寿詞遠」。守「天津社国津社」。
42比—玉・守、小字。壺・史、大字。
43利—史、なし。
44磐—壺・史「盤」。
45磐—壺・史「盤」。
46利—史、大字。
47日月—玉・壺・史「月日」。守「日月」。
48御—壺、この上に「女」（小字）を入る。
49良—玉・史・守、なし。壺「良」。
50王—玉、この間に「等」を入る。
51諸王—玉「王等」。壺・史・守「諸王」。
52方国—壺、この間に「津」（小字）を入る。
53利—玉・史、なし。壺・守「利」。

二二　アカニノホ—玉「アカニノホ」。壺「アカニ—ホ」。
二三　アヒニヘ—玉「アヒニヘ」。守「アイナメ」。
二四　イカシホコ—玉・壺「イカシホコ」。
二五　マヘツキミタチ—玉「オミタチ」。守「—ノシン」。
二六　ウゴナハリハベリ—玉「ウゴナハリハヘリ」。壺「—ヘ—」。守「ヲコナハ—」。
二七　ミタマヘ—玉「ミタベ」。壺「ミタマヘ」。守「ミシロシメシ玉へ」。
二八　タフトビタマヘ—玉「タフトミタベ」。壺「タトミタマ—」。守「タウトミ—」。
二九　ミカド—玉「ミカド」。壺「ユニハ」。
三〇　イカシヨ—玉「イカシヨ」。壺「イカシ—」。

久(ク)立(タチ)栄(サカエ)奉(マツ)レ仕(ツカヘ)留(ル)倍(ベ)支(キ)祷(ホキ)[58]事(コト)[59]乎(ヲ)、[60][61]恐(カシコ)美(ミ)恐(カシコ)美(ミ)毛(モ)申(マヲシ)給(タマ)波(ハ)久(ク)止(ト)申(マヲス)。

54 弖—守、なし。
55 歓食—壺、この間に「比」(小字)を入る。
56 朝—玉・壺「明」。玉、「朝」の誤りとす。史・守「朝」。
57 如久—玉・壺・史、なし。守「如久」。
58 事—玉・壺・史、なし。守「事」。壺、別に「称辞」と書く。
59 乎—壺・史、なし。守「於」。
60 恐—玉、この上に「所聞食止」を入る。壺・史「竟奉良久登」を入る。
61 恐美恐美毛—壺「恐美」。史「恐美毛」。守「恐美恐美毛」。

各篇研究

凡例

○本項においては、延喜式祝詞二十七篇及び中臣寿詞につき、各篇毎に［解説］〔訓読文〕〔口訳文〕［語釈］［評］の欄を設けて、着実にまた平明に祝詞の研究を進めて行くことを旨とした。

○［解説］では、当該祝詞の読まれる祭祀の概要を中心に解説を施し、日本古代の朝廷や神社における祭儀の実際が理解できるように計った。

○各祝詞の〔訓読文〕と〔口訳文〕とを、上欄・下欄に対照的に配置して、祝詞の古い文章に即した正確な意味が容易に把握できるように努めた。

○［語釈］は、古代祝詞の語句に対する学問的追究を目標としたが、同時に一般の人々にとっても古語理解の資となるように心がけた。

○［評］は、主としてその祝詞の全文の構成・特色等について評言を加えると共に、説き残した事項についての補足説明にも用いた。

延喜式巻第八　神祇八

解説

延喜式巻第八は、祭祀の祝詞を収めた巻であるが、先ず巻頭に前文として、祝詞に関する簡単な規定二条を掲げてある。

〔訓読文〕

祝詞

凡そ祭祀の祝詞は、御殿・御門等の祭は、斎部氏の祝詞。以外の諸の祭は、中臣氏の祝詞。

凡そ四時の諸の祭に、祝詞を云はざるは、神部皆常の例に依りて宣れ。其れ臨時の祭の祝詞は、所司事の随に脩撰し、祭に前だちて官に進り、処分を経て然る後に行へ。

〔口訳文〕

祝詞

一、祭儀に読む祝詞は、御殿祭・御門祭等の祭は、斎部氏の祝詞である。その外のいろいろの祭は、中臣氏の祝詞である。

二、春夏秋冬の四季のいろいろの祭について、この巻に祝詞を掲げてないものは、神部（神祇官に所属した部民で、定員は三十人、神祇官の雑務に従事した）がすべていつものならわしに従って読め。また臨時に執り行う祭の祝詞は、神祇官の役人がその祭の趣旨に従って文章を作り、その祭に先立って太政官に上進し、太政官の処置を受けた後にこれを実施するようにせよ。

祈年祭

解説

「祈年祭」は「としごひのまつり」と訓み、また音で「きねんさい」という。「とし」という語には、古くから時間の単位の十二か月の意と、穀物、中でも最も大切な稲、また稲のみのりのことをいう意と、二通りの意味がある。穀物は一年に一回みのるものであることから、そうなったことは理解できるが、究極の原義は年であるか穀物であるかはにわかに決し難い。『万葉集』巻十八に見える大伴家持の歌に、

　我が欲りし雨は降り来ぬかくしあらば言挙げせずとも登思（とし）は栄えむ（四一二四）

とあるこの「登思（とし）」（年）は、稲のみのりのことである。祈年祭の祝詞自身の中でも、穀物の神のことを「御年皇神（みとしのすめがみ）」といい、稲のことを「奥津御年（おきつみとし）」といっている。そもそも漢字の「年」の字も、本字は「秊」と書かれ、もとはみのる・みのり・穀物の意であった。『説文解字』に、「秊、穀孰也。从禾千声。春秋伝曰、大有年。」と見える。「こひ（こふ）」は、祈って求める・願い求める意である。漢字の「祈」の字も、神に願って福を求める意である。「としごひ」という語は、『観智院本名義抄』に「祈年トシコヒ」と見える。結局「としごひ」とは、穀物特に稲の豊かなみのりを神に祈り求める意である。「祈年」という用法は中国では『毛詩』を始めとして多く見えており、わが国の「祈年」という漢字表記も、中国の用法を借りて「としごひ」の語を書き表したものと認められる。

『養老令』の神祇令に、

　仲春　祈年祭

として、祈年祭は仲春二月に行うものであることが規定されている。その「祈年祭」についての『令義解』の説明に、

　謂、祈猶禱也。欲令歳災不作、時令順度、即於神祇官祭之。故曰祈年。

と述べられている。仲春二月は農事始めの時である。この時に当たり、その年に災害がなく季節が順調に進んで、穀物が豊かにみのることを神に祈る。これはまさに農耕の予祝祭である。従って、祈年祭の基礎は日本古代の農耕民の民族的な農耕儀礼にあり、それが発展・昇格して朝廷の重要祭儀に位置づけられるに至ったものと考えることができる。しかも、その祝詞の内容を見ると、祈年祭は穀物の豊穣を祈るだけではなく、天皇の御代の繁栄と国土の平安を祈る要素が多分に含まれており、そこに単なる農耕の予祝祭に留まらない当時の朝廷の祭儀の趣旨を知ることができる。

祈年祭の国史における初見は、『続日本紀』文武天皇の慶雲

三年(七〇六)二月庚子(二十六日)に、

是日、甲斐・信濃・越中・但馬・土左等国一十九社、始入二祈年幣帛例一。其神名具二神祇官記一。

と記すものであるが、この記事によると、祈年祭はこれより以前から行われており、この時に至って甲斐・信濃・越中・但馬・土左等周辺の国々の十九社にまで祈年祭の班幣が及んだことが知られる。右の記事より先の大宝二年(七〇二)二月庚戌(十三日)に、

是日、為二大幣一、馳駅追二諸国国造等一入レ京。

と見えるものも、祈年祭の班幣をさすものかと推定されている(岩波書店刊『新日本古典文学大系・続日本紀一』補注三三五頁)。祈年祭は恐らく、朝廷の神祇祭祀の制度が画期的に整備されたと思われる天武天皇朝にその創始があり、その規定が浄御原令の中に設けられて、大宝令・養老令と受け継がれて行ったものと考えられる。勿論その間祈年の班幣は実施されて、祈年の幣帛を受ける神社の数が漸次増加して行ったことは、右の続紀慶雲三年の記事によって明らかである。祈年の班幣というのは、祈年祭に当たって、朝廷から諸社諸神に対して幣帛が班たれることで、『養老令』の神祇令に、

其祈年、月次祭者、百官集二神祇官一、中臣宣二祝詞一、忌部班二幣帛一。

と規定されている。(月次祭にも同様の班幣が行われた。)なお、ついでに言えば、『日本書紀』天智天皇九年(六七〇)三月壬午(九日)に、

於二山御井傍一、敷二諸神座一、而班二幣帛一、中臣金連宣二祝詞一。

と見えるのは、祈年祭の班幣でないとするのが穏当であろう。

祈年祭が朝廷の重要な祭儀の一つであったことは、『類聚三代格』巻第一に載せる寛平五年(八九三)三月二日付の太政官符「応下殊加二検察一敬中祀四箇祭上事」に、

右検二案内一、二月祈年、六月・十二月月次、十一月新嘗祭等者、国家之大事也。……

と述べていることによって明らかである。『延喜式』巻第一四時祭上では、

凡践祚大嘗祭為二大祀一。祈年・月次・神嘗・新嘗・賀茂等祭為二中祀一。……

と記されていて、別格の践祚大嘗祭(大祀)に次いで重要な中祀の一つとして位置づけられている。

祈年祭の祭日については、『養老令』神祇令では「仲春祈年祭」というだけで、何日というきまりは見えないが、『貞観儀式』巻第一では、

二月四日祈年祭儀

とあり、『延喜式』四時祭上には、

凡祈年祭二月四日、……

とあって、平安時代には二月四日と定まっている。いつ二月四日に定められたのか明らかでない。

『延喜式』四時祭上によると、祈年祭において幣帛を奉られる神の数は、総計三千一百三十二座で、そのうち大社は四百九十二座、小社は二千六百四十座である。これらの数は、『延喜式』神名上・下に掲げる国中の天神地祇の総数三千一百三十二座（大四百九十二座、小二千六百四十座）とぴったり一致する。すなわち、国中のすべての神々は、祈年祭に朝廷によって祭られる対象となっているのであって、そこに祈年祭の持つ国家的規模と、その国政の中に占める重要な位置とを見ることができる。右の総数三千一百三十二座は、更に次のように別れる。

㈠　神祇官の祭る神　七百三十七座

　1　幣を案上に奉る神（大社）　三百四座

　2　幣を案上に奉らない神（小社）　四百三十三座

㈡　国司の祭る神　二千三百九十五座

　1　大社　一百八十八座

　2　小社　二千二百七座

右の座数は、時代と共に増加してここに至ったのであって、先に引用した寛平五年三月二日の太政官符の中では、「預此祭神、京畿外国、大小通計、五百五十八社。」（この数は神祇官の祭る神をさすのであろう）と見えるものが、『延喜式』に至ると、右の座数に増えているのである。

祈年祭の祭儀の次第については、『貞観儀式』巻第一及び『延喜式』四時祭上にくわしく記されている。今、『延喜式』によって神祇官における祈年祭の式次第の大要を述べると、次の通りである。祭の日の平明、幣を神祇官の斎院の案上及び案下の薦の上に置く。神祇の官人・大臣・群官・諸社の祝部等が順次斎院に入る。それぞれ庁前の座に就くと、中臣が進んで座に就き、祝詞を宣る。すなわちこの祈年祭の祝詞である。祝詞の一段が終わる毎に、祝部等は称唯（「をを」と声を発して答えること）する。祝詞を宣り終わって中臣が退出すると、大臣以下諸司は拍手両段する。その後、神祇伯の命によって、忌部が御巫及び諸社の祝部に順次幣帛を頒つ。但し伊勢大神宮の幣帛は、別の案に置いて、使を遣わして進上することになっている。幣帛を頒ち終わると、諸司は退出する。その幣帛の品目は、案上と案下とで差があるが、絁（あらぎぬ）・木綿・麻等々数が多く、ここでは一々挙げることを省略する。

地方の神社のうちの主立った少数は神祇官の幣帛（官幣）を受けるが、その他の大多数は国司の幣帛（国幣）を受けた。国司の行う祈年祭は、神祇官と同じ二月四日に各国庁において、国守以下が参集して、神祇官に准じて祭儀を行い、幣を班った。これは、各国々が中央朝廷の委任を受けて、国政の一環として行うわけで、祭の趣旨は中央の場合と全く同じである。その幣帛の品目は、大社は座毎に糸三両・綿三両、小社は糸二両・綿二両と定められていた。

以上の通り、祈年祭の祭儀は幣帛を班つことが中心であった。幣帛を受けて祭られる神々は国中に散在していて、神祇官においてこれらの神々を直接祭るのではないからである。直接祭るのは、官幣や国幣を頂いて帰った各社の神主・祝部等である。従って祈年祭の祝詞は、神に向かって奏上する祝詞の形を取らず、祭場に参集した神主・祝部等に対して、幣帛の趣旨を宣り聞かせる宣読体の祝詞となっている。そこに祈年祭の祝詞の一つの特色がある。

祈年祭（月次祭・新嘗祭を含めて）は比較的早くから実施に非礼・怠慢が生じていたらしい。先に引用した寛平五年三月二日の太政官符の下文には、

而敬惟疎簡、礼非㆓如在㆒。毎㆑至㆓祭日㆒、姦濫雲集、至㆑献㆓幣帛㆒、老少挐攫、徒有㆓陳設之営㆒、曽無㆓供神之実㆒。禰宜・祝部、……無㆑致㆓其敬㆒、或雇㆓出身代㆒、不㆓自参進㆒、或雖㆓躬受取㆒、無㆑心㆓奠祭㆒。頑愚之輩、狎㆓瀆神禁㆒、神霊之祟、職此之由。……

と、その非礼・怠慢の実情を述べ挙げている。よってこの太政官符は、

自㆑今以後、京内諸社、所㆑帯諸司、殊加㆓検察㆒、畿内外国、当国官長、相共監臨、祭祀之日、必致㆓斎敬㆒。若祭事不㆑慎、監察有㆑怠者、官司処㆓之重責㆒、神主・祢宜・祝部等、科㆑祓解㆑職、一如㆓貞観十年六月廿八日格㆒、曽不㆓寛宥㆒。

と厳しく誡めているのである。同種の太政官符は他にも少なからず見える。かくて祈年祭は漸次衰退の度を加え、応仁の乱後は全く廃絶するに至った。

〔訓読文〕

祈年祭(としごひのまつり)

集(うごな)はり侍(はべ)る神主(かむぬし)・祝部(はふりべ)等(ら)、諸(もろもろ)聞き食(たま)へよと宣(の)りたまふ。　神主(かむぬし)・祝部(はふりべ)等(ら)共(とも)に唯(をを)と称(まを)せ。余(ほか)の宣(の)りたまふも此(これ)に准(なら)へ。

高天(たかま)の原(はら)に神留(かむづま)り坐(ま)す皇睦(すめむつ)神漏伎(かむろき)の命(みこと)・神(かむ)

〔口訳文〕

祈年祭

この場に集まり控えている神主（神に仕える人々の長の者）及び祝部（神主の下にあって神に仕える人々）ら、皆の者ら、よく拝聴せよと宣り聞かせる。ここで神主・祝部らは、一緒に「をを」（承知しましたという声）と唱えよ。ここ以外の「宣」とある個所でも、これに準じて「をを」と唱えよ。

高天の原（神々の住まわれる天上の世界）に神として鎮まっておら

漏弥の命以ちて、天つ社・国つ社と称へ辞竟へ奉る皇神等の前に白さく、今年の二月に御年初め賜はむとして、皇御孫の命のうづの幣帛を、朝日の豊逆登りに、称へ辞竟へ奉らくと宣りたまふ。

御年の皇神等の前に白さく、皇神等の依さし奉らむ奥つ御年を、手肱に水沫画き垂れ、向股に泥画き寄せて取り作らむ奥つ御年を、八束穂のいかし穂に皇神等の依さし奉らば、初穂をば千穎・八百穎に奉り置きて、瓺のへ高知り、瓺の腹満て双べて、汁にも穎にも称へ辞竟へ奉らむ。大野の原に生ふる物は甘菜・辛菜、青海の原に住む物は鰭の広物・鰭の狭物、奥つ藻菜・辺つ藻菜に至るまでに、御服は明妙・照妙・和妙・荒妙に称へ辞竟へ奉らむ。御年の皇神の前に、白

れる貴く又むつまじい皇祖の男神様・女神様のお言葉によって、天つ社（天上の神々を祭る社）・国つ社（地上の神々を祭る社）として、賛辞の限りを尽くしてお祭り申し上げている貴い神様方の前に申し上げますことには、「今年の二月に、天皇様が御耕作を開始なさろうとするに当たって、貴い神の御子孫である天皇様が神々に奉られる尊貴な奉献の品々を、朝の太陽が豊かに栄え登る時に、賛辞を尽くして捧げ奉ることでございます」と申し上げることを、皆の者に宣り聞かせる。

御年の皇神（穀物のみのりをつかさどられる貴い神様）たちの前に申し上げますことには、「神様方が天皇様にお授け申し上げる究極の穀物である稲――それは、農民等が手の肱から水の泡をぽとぽとと垂れ、向こうずねに泥をいっぱいくっつけて作る稲を、長く成長した立派な稲穂として、神様方が天皇様にお授け申し上げますならば、その最初に収穫した稲を穂の着いたままどっさりと沢山神様の前に奉り置き、又酒に醸して、大きな瓶の口に溢れる程に高々と盛り上げ、瓶の腹の中にいっぱい満たして、いくつも並べて、このようにお酒としても又稲穂のままでも、称え詞を尽くして奉献申し上げましょう。又、大きい野原に生えている野菜類では、甘い菜・辛い菜の類、青い海原に住んでいる魚類では、ひれの広い大きい魚・ひれの狭い小さい魚、それに沖の海藻・岸辺の海藻の類に至るまで奉献申し上げ、更に神様のお着物としては、明るい色彩の織物・光沢のある織物・柔らかい織物・ごわごわした織物と、種々様々に、称え詞を尽くして奉献申し上げましょう。なお、御年の皇神様の前には、外の社とは別に白い色の

き馬・白き猪・白き鶏、種々の色の物を備へ奉りて、皇御孫の命のうづの幣帛を称へ辞竟へ奉らくと宣りたまふ。

大御巫の辞竟へ奉る皇神等の前に白さく、神魂・高御魂・生魂・足魂・玉留魂・大宮乃売・大御膳都神・辞代主と御名は白して、辞竟へ奉らくは、皇御孫の命の御世を手長の御世と、堅磐に常磐に斎ひ奉り、茂し御世に幸はへ奉るが故に、皇吾が睦神漏伎の命・神漏弥の命と、皇御孫の命のうづの幣帛を称へ辞竟へ奉らくと宣りたまふ。

座摩の御巫の辞竟へ奉る皇神等の前に白さく、生井・栄井・津長井・阿須波・婆比支と御名は白して、辞竟へ奉らくは、皇神の敷き坐す下つ磐根に宮柱太知り立て、高天の原に千木高知りて、皇御孫の命の瑞の御

馬・白い色の猪・白い色の鶏を加えて、いろいろの種類の物を整え申し上げて、天皇様の尊貴な奉献の品々を、賛辞を尽くして捧げ奉ることでございます」と申し上げることを、皆の者に宣り聞かせる。

大御巫（神祇官の八神にお仕えする未婚の巫女）がお祭り申し上げる貴い神様方の前に申し上げますことには、「神魂の神様・高御魂の神様・生魂の神様・足魂の神様・玉留魂の神様・大宮乃売の神様・御膳都の神様・辞代主の神様というように、神様方のお名前を申し上げて、称え詞を尽くしてお祭り申し上げますことは、天皇様の御治世を、いつまでも長く続く御世として、堅固な永遠に変わらない岩のようにお守り申し上げ、繁栄した御世として幸いをお与え申し上げられますが故に、貴い吾が睦まじい皇祖の男神様・女神様として、天皇様の尊貴な奉献の品を捧げて、称え詞を尽くしてお祭り申し上げることでございます」と申し上げることを、皆の者に宣り聞かせる。

座摩の御巫（皇居の土地を守護する神にお仕えする未婚の巫女）がお祭り申し上げる貴い神様方の前に申し上げますことには、「生井の神様・栄井の神様・津長井の神様・阿須波の神様・婆比支の神様というように、神様方のお名前を申し上げて、称え詞を尽くしてお祭り申し上げますことは、貴い神様方が治めていらっしゃる地面の下の大きな岩の上に宮殿の柱を太く立て、高天の原に向かって千木を高く聳やかして、天皇様の生気に満ちた御殿をお造り申し上げて、そこを天を

舎を仕へ奉りて、天の御蔭・日の御蔭と隠れ坐して、四方の国を安国と平らけく知ろし食すが故に、皇御孫の命のうづの幣帛を称へ辞竟へ奉らくと宣りたまふ。

御門の御巫の辞竟へ奉る皇神等の前に白さく、櫛磐間門命・豊磐間門命と御名は白して、辞竟へ奉らくは、四方の御門にゆつ磐村の如く塞がり坐して、朝には御門を開き奉り、夕べには御門を閉て奉りて、疎ぶる物の下より往かば、下を守り、上より往かば、上を守り、夜の守り・日の守りに守り奉るが故に、皇御孫の命のうづの幣帛を称へ辞竟へ奉らくと宣りたまふ。

生嶋の御巫の辞竟へ奉る皇神等の前に白さく、生国・足国と御名は白して、辞竟へ奉らくは、皇神の敷き坐す嶋の八十嶋は、谷

覆う陰また日光を覆う陰となる立派な御殿として、天皇様がお住まいになって、四方の国々を安泰な国として平穏に御統治になりますが故に、天皇様の尊貴な奉献の品を捧げて、称え詞を尽くしてお祭り申し上げることでございます」と申し上げることを、皆の者に宣り聞かせる。

御門の御巫（皇居の御門を守護する神にお仕えする未婚の巫女）のお祭り申し上げる貴い神様方の前に申し上げますことには、「櫛磐間門命様・豊磐間門命様というように、神様のお名前を申し上げて、称え詞を尽くしてお祭り申し上げますことは、四方の御門に神聖な岩石の群れのように塞がっておいでになって、朝には御門をお開き申し上げ、夕方には御門をお閉め申し上げて、疎ましい振舞いをする魔物が、下から行けば下を守り、上から行けば上を守り、夜の守り・昼の守りとして天皇様をお守り申し上げますが故に、天皇様の尊貴な奉献の品を捧げて、称え詞を尽くしてお祭り申し上げることでございます」と申し上げることを、皆の者に宣り聞かせる。

生島の御巫（日本の国土を守護する神にお仕えする未婚の巫女）がお祭り申し上げる貴い神様方の前に申し上げますことには、「生国の神様・足国の神様というように、神様のお名前を申し上げて、称え詞を尽くしてお祭り申し上げますことは、貴い神様方が治めていらっし

蟆のさ度る極み、塩沫の留まる限り、狭き国は広く、峻しき国は平らけく、嶋の八十嶋堕つる事無く、皇神等の依さし奉るが故に、皇御孫の命のうづの幣帛を称へ辞竟へ奉らくと宣りたまふ。

辞別きて、伊勢に坐す天照大御神の大前に白さく、皇神の見霽かし坐す四方の国は、天の壁立つ極み、国の退き立つ限り、青雲の靄く極み、白雲の堕り坐向伏す限り、青海の原は棹柁干さず、舟の艫の至り留まる極み、大海に舟満てつづけて、陸より往く道は、荷の緒縛ひ堅めて、磐根・木根履みさくみて、馬の爪の至り留まる限り、長道間無く立てつづけて、狭き国は広く、峻しき国は平らけく、遠き国は八十綱打ち挂けて引き寄する事の如く、皇大御神の寄さし

やる数多くの島々は、谷の蛙がぴょんぴょん跳び渡って行く地の果てまでも、又海水の泡が流れて行って留まる海の果てまでも、狭い国は広くあるようにし、けわしい国は平らかであるようにして、多くの島々をどの一つも漏れ落ちることがなく、神様方が天皇様にお授けなさいますが故に、天皇様の尊貴な奉献の品を捧げて、称え詞を尽くしてお祭り申し上げることでございます」と申し上げることを、皆の者に宣り聞かせる。

言葉を改めて、伊勢においでになる天照大御神様の御前に申し上げますことには、「大御神様が遥かに見渡される四方の国は、天が一面にぐるっとかき廻らして立っている極限の所まで、又地が遠く離れてずっと向こうまで続いている限界の所まで、又青い雲が空高くたなびいているその果てまで、又白い雲が下に降りて遥かかなたに横たわっている際限の所まで、遥かに遠い四方の国から貢ぎ物を献上して来て、その様子は、青海原においては棹や櫂を乾かすひまもないぐらいに絶えず船を進め、船のへさきが行き留まる極みの所までびっしりと絶え間なく船を満たし続けて、一方陸地を通って行く道においては、貢ぎ物の荷物をしばる紐をしっかりと堅く結んで、大きな岩や地面に根を張った大きな木をどんどん踏み分けて行って、馬の足の爪の行き留まる限りの所まで、長い道のりを間断なく馬を立て続けて、このようにして貢ぎ物を献上して来て、更に狭い国は広くあるようにし、けわしい国は平らかであるようにし、遠い国は沢山の綱を掛けて引っぱり寄せるようにしてこちらへ従えて、大御神様が天皇様に国々をお授け申

奉らば、荷前は皇大御神の大前に、横山の如く打ち積み置きて、残りをば平らけく聞こし看さむ。又、皇御孫の命の御世を、手長の御世と、堅磐に常磐に斎ひ奉り、茂し御世に幸はへ奉るが故に、皇吾が睦神漏伎・神漏弥の命と、うじ物頚根衝き抜きて、皇御孫の命のうづの幣帛を称へ辞竟へ奉らくと宣りたまふ。

御県に坐す皇神等の前に白さく、高市・葛木・十市・志貴・山辺・曽布と御名は白して、此の六つの御県に生ひ出づる甘菜・辛菜を持ち参来て、皇御孫の命の長御膳の遠御膳と聞こし食すが故に、皇御孫の命のうづの幣帛を称へ辞竟へ奉らくと宣りたまふ。

山の口に坐す皇神等の前に白さく、飛鳥・石寸・忍坂・長谷・畝火・耳无と御名は白

し上げなさいますれば、毎年諸国から献る貢ぎ物の初物をば、大御神様の御前に、まるで横に伏した山のようにどっさりと積んで置いて奉献し、その残りをば天皇様が安らかにお召し上がりになることでございましょう。又、大御神様が天皇様の御治世を、いつまでも長く続く御世として、堅固な永遠に変わらない岩のようにお守り申し上げ、繁栄した御世として幸いをお与え申し上げられますが故に、貴い吾が睦まじい皇祖の大御神様として、まるで鵜のように首のねっこを深々と垂れて礼拝して、天皇様の尊貴な奉献の品を、賛辞を尽くして捧げ奉ることでございます」と申し上げることを、皆の者に宣り聞かせる。

御県（朝廷直轄の御料地）においでになる貴い神様方の前に申し上げますことには、「高市の御県の神様・葛木の御県の神様・十市の御県の神様・志貴の御県の神様・山辺の御県の神様・曽布の御県の神様というように、神様のお名前を申し上げてお祭り申し上げますことは、この六つの御料地に生育する甘い菜・辛い菜を宮中へ持参して来て、それを天皇様の長く遠い将来までものお食料として召し上がられますが故に、天皇様の尊貴な奉献の品を捧げて、称え詞を尽くしてお祭り申し上げることでございます」と申し上げることを、皆の者に宣り聞かせる。

山の口（宮殿の建築用材を出す山の口）においでになる貴い神様方の前に申し上げますことには、「飛鳥の山の口の神様・石村の山の口の神様・忍坂の山の口の神様・長谷の山の口の神様・畝火の山の口の

して、遠山・近山に生ひ立てる大木・小木を、本末打ち切りて、持ち参来て、皇御孫の命の瑞の御舎仕へ奉りて、天の御蔭・日の御蔭と隠れ坐して、四方の国を安国と平らけく知ろし食すが故に、皇御孫の命のうづの幣帛を称へ辞竟へ奉らくと宣りたまふ。

水分に坐す皇神等の前に白さく、吉野・宇陀・都祁・葛木と御名は白して、辞竟へ奉らくは、皇神等の寄さし奉らむ奥つ御年を、八束穂のいかし穂に寄さし奉らば、皇神等に初穂は穎にも汁にも、瓱のへ高知り、瓱の腹満て双べて、称へ辞竟へ奉りて、遺りをば皇御孫の命の朝御食・夕御食のかむかひに、長御食の遠御食と、赤丹の穂に聞こし食すが故に、皇御孫の命のうづの幣帛を称へ辞竟へ奉らくと、諸聞き食へよと宣り

神様・耳成の山の口の神様というように、神様のお名前を申し上げてお祭り申し上げますことは、遠くの山や近くの山に生え立っている大きい木や小さい木を、その根もとと先端とを打ち切って、宮中へ持参して来て、天皇様の生気に満ちた御殿をお造り申し上げて、そこを天を覆う陰また日光を覆う陰となる立派な御殿として、天皇様がお住まいになって、四方の国を安泰な国として平穏にお治めになりますが故に、天皇様の尊貴な奉献の品を捧げて、称え詞を尽くしてお祭り申し上げることでございます」と申し上げることを、皆の者に宣り聞かせる。

水分（水を麓の農地へ分配する山の分水の所）においでになる貴い神様方の前に申し上げますことには、「吉野の水分の神様・宇陀の水分の神様・都祁の水分の神様・葛木の水分の神様というように、神様のお名前を申し上げてお祭り申し上げますことは、貴い神様方が天皇様にお授け申し上げられる究極の穀物である稲を、長く成長した立派な稲穂としてお授け申し上げますならば、神様方に、その最初に収穫した稲を、穂のついたままでも、又酒に醸しても奉って、大きな瓶の口に溢れる程に高々と盛り上げ、瓶の腹の中にいっぱいに満たして、いくつも並べて、称え詞を尽くして奉献申し上げて、その残りをば、天皇様の朝・夕に召し上がられる神聖な御食膳に、いつまでも長く遠い将来まで続くお食事として、お顔色も赤々と照り輝く程に召し上がられますが故に、天皇様の尊貴な奉献の品を、賛辞を尽くして捧げ奉ることでございます」と申し上げることを、皆の者ら、よく拝聴せよと宣り聞かせる。

たまふ。辞別きて、忌部の弱肩に太だすき取り挂けて、持ちゆまはり仕へ奉れる幣帛を、神主・祝部等受け賜はりて、事過たず捧げ持ちて奉れと宣りたまふ。

言葉を改めて、忌部（中臣と並んで朝廷の祭祀にたずさわった氏族）のか弱い肩に立派な襷をきりりと掛けて、心身を清めて整え申し上げた神様への奉献の品々を、ここに参集する神主・祝部らは有難く頂戴して、過ちをすることなく大事に捧げ持ち帰って、それぞれの神様に奉献申し上げよと宣り聞かせる。

語釈

○集はり侍る　『九条家本延喜式巻第八』（祝詞）―以下九条家本と呼ぶ―のこの部分は朽損しているので、祈年祭の祝詞とほとんど同文の六月月次の祝詞の当該個所を見ると、「集侍」の古訓に「ウコナハリハヘル」とある。これに従って、「うごなはりはべる」と訓む。「うごなはる」とは寄り集まる意。ウゴナハルのウゴは、ウゴク・ウゴメクのウゴと同根の語と認められる。「はべる」は伺候する意。

○神主・祝部等　「神主」は神に仕える人々の長。「祝部等」は、九条家本の古訓に「ハフリヘラ」とあるのに従って、「はふりべら」と訓む。「はふり」とは、神主の下にあって直接神事に当たる職の者。「祝」という漢字に神職の意味がある。「部」とは古く朝廷に奉仕した職業集団の称で、「祝部」とはもともと神職の集団を意味する。

○聞き食へよと宣りたまふ　九条家本の古訓に、「――タマヘヨ――マフ」とある。六月晦大祓の祝詞の同様の個所の古訓には、「キヽタマヘヨトノタマフ」とある。ノタマフはノリタマフの転語であるから、ここでは時代の古い丁寧な表現の方を尊重して、「ききたまへよとのりたまふ」と訓んだ。「聞き食へよ」の「食へ」は、尊敬を表す補助動詞（四段活用）ではなく、謙譲を表す補助動詞（下二段活用）で、「食へよ」で一語である。「聞き食へよ」とは、聞かせていただけ・拝聴せよの意味となる。この語は、飲食物をもらう・いただくの意味に多く用いられた動詞「たまふ」（下二段活用）から発するもので、「食」の漢字で表記された。それが「聞く」「見る」「思ふ」等につく謙譲の補助動詞となって、聞かせていただく・拝見する・存ずる等の意味を表すようになった。『続日本紀宣命』にも「聞食」（ききたまへよ）の例が多く見られる。「聞こし食す」「知ろし食す」という場合にも「食」の字が使われるが、その時は「安国止平久所知食」(六月晦大祓)・「所聞食武」(同)のように尊敬の意味を表す「所」の字を上に付けて、「知ろし食す」「聞こし食す」であることを示していることがしばしばある(但し「所」を付けない場合も少なくないが)。次に、「宣」を単に「のる」といわずに、「のりたまふ」といったことは、『続日本紀宣命』に、「宣比之」(十三詔)・「宣夫」(二十五詔)・「宣布」(十六詔)・「勅倍止」(二十五詔)などと表記してあることによっても明らかである。このように「宣る」に尊敬の「たまふ」を付けて読むことは、天皇の詔命を神主・祝部等に宣り聞かせるという意識から、一々「たまふ」を付けたものと理解することができる。

○**唯と称せ**　承知しましたということを示す「をを」という声を発せよというのである。漢字の「唯」は、はいと応諾する返事の声を表す。唯と称えるのを、熟語で「称唯」というわけであるが、これを古来「シヨウヰ」といわずに、逆に「ヰシヨウ」という習慣になっている。これは、「譲位」と似た音であるのを避けたためであるという。その下の「余の宣りたまふも此に准へ」というのは、以下の文章の中に「……と宣りたまふ」と出て来る個所も、ここと同じように神主・祝部等は共に「をを」と称えよというのである。

○**高天の原**　神々の住んでおられる天上の世界。日本神話の聖地で、「葦原の中つ国」(現実の人間の世界)・「黄泉の国」(死者の世界)と相対する。

○**神留り坐す**　神として留まっておられるの意。『万葉集』巻五の山上憶良の「好去好来の歌」(八九四)に、「海原の　辺にも沖にも　神豆麻利　うしはきいます　諸の　大御神等」と見え、「かむづまり」と訓むべきことが知られる。

○**皇睦**　「皇」は名詞の上に付けて、それが非常に尊貴であることを示す接頭語。神や天皇、特に天皇に関することを表す場合が多いので、「皇」の漢字が用いられた。「睦」はむつまじい・親しいの意。「皇睦」は下の「神漏伎の命・神漏弥の命」を形容している。

○**神漏伎の命・神漏弥の命**　皇祖の男神様・皇祖の女神様の意。「ろ」は連体助詞。「き」は男性を表し、「み」は女性を表す語で、イザナキ・イザナミのキ・ミに同じ。二つの「命」は神名の下に付けた尊称である。ここは「神漏伎の命・神漏弥の命の命以ちて」を要約した形で、一番下の「命」は御言で、お言葉・ご命令の意。「命以ちて」とは、お言葉によって・ご命令での意となる。

○**天つ社・国つ社**　天つ神(天上の神)を祭る社・国つ神(地上の神)を祭る社。「つ」は連体助詞で「の」に同じ。

○**称へ辞竟へ奉る**　「称へ辞」は、ほめたたえる言葉・賛辞。「竟へ」(終止形「竟ふ」)は、すべてをなしとげる・極め尽くす意。「称辞竟へ奉る」という文句は、賛辞の限りを尽くして神様をお祭り申し上げる・同様にして神様に奉献の品を捧げ奉るという場合に用いられ、古い祝詞の中にしばしば現れる慣用句となっている。祝詞とは一口にいえば、神前に「称へ辞竟へ奉る」言葉と称してよい程である。

○**皇神等**　「皇」は前にあった「皇睦」の「皇」と同じで、非常に尊貴であることを示す接頭語。従って「皇神」は、天皇の神とか皇室の神とかいうのみに限定されない。「等」は複数を表す接尾語であるが、「たち」を用いるのは古代には神・天皇・高貴な人の場合に限られ、尊敬の意味がこめられていた。同じく複数を示す接尾語でも、「ども」「ら」とは異なる点である。

○**白さく**　「白す」のク語法。申し上げることにはの意。「白」の漢字は、上に向かって申し述べる意味を持つ。

○**二月**　九条家本の古訓に「キサラキ」とある。

○**御年**　解説の項で述べたように、「年」は穀物特に稲、また稲のみのりを意味する語であるが、この場合はその耕作を意味している。「御年初め賜はむとして」とは、天皇がその年の稲の耕作を始めなさろうとしての意。「御年」と「御」が付いているのは、国家・国民にとって非常に重要な稲であるので、上に敬語を冠して尊重したのである。後に「御年の皇神」と見える。

○**皇御孫の命**　皇祖の神の尊い御子孫の意で、天皇をいう。「命」は下に付けた尊称。古い祝詞ではこの名称で天皇をさすことが非常に多い。九条家本の古訓には「スメミマコノ――」とあるので、「スメミマゴノミコト」というのがもとの形かと思われるが、一般には「スメミマノミコト」という称え方が普通となっている。

○**うづ**　珍貴な・高貴な・尊厳なことを表す語。『日本書紀』神代上に「珍、此云二于図一。」という訓注が見える。

○**幣帛**　神に奉献する品物の総称。「幣」の字も「帛」の字もきぬの意で、神に捧げる物としてきぬを奉ることが代表的であったため、「幣帛」の二字をもって種々の捧げ物を総称するようになった。「みてぐら」という日本語の語源は、「御手座」とも「満座」とも「御幣座」ともされるが、明確にはされていない。

○**朝日の豊逆登りに**　朝の太陽が豊かに栄え登る時にの意。「さか」に「逆」の字を用いてあるが、これはサカの音を表すための当て字として用いたもので、「逆」の意味には関係はない。むしろ「栄」と書くのが当たっている。六月月次の祝詞の該当個所には、「豊栄登尓」と書いている。

○**称へ辞竟へ奉らくと宣りたまふ**　ここは丁寧にいうと、「称へ辞竟へ奉らくと白すことを、諸聞き食へよと宣りたまふ」とあるべきところを、間を省いて簡略化した形になっている。上に「皇神等の前に白さく」とあるので、その結びとして当然「と白す」とあるべきで、そのことを参集した神主・祝部等諸が「聞き食へよと宣りたまふ」ということになる。この段以下、次々と神々に申し上げる言葉が続くが、最後の水分の神に白す段の末尾には、「諸聞き食へよと宣りたまふ」とあることによって、このことは明らかである。このように簡略化しても、祝詞の文章として意味が通ずるので、繁雑さを避けて簡略化したものと理解することができる。

○**御年の皇神等**　この「御年」は、前に述べたように、穀物特に稲を尊んだ言い方である。稲のみのりをつかさどる尊い神々を、「御年の皇神等」という。「等」とあるから複数で、各地に鎮座する御年の皇神等を含むが、それが具体的にどこどこの社をさすかは明らかでない。

○**依さし奉らむ**　「依さす」は「依す」に尊敬の意を表す助動詞「す」（四段活用）の付いた形で、お寄せになる・お授けになる・御委任になるの意。御年の皇神等が天皇に稲のみのりをお授けになるのは秋のことであるから、未来形にして「依さし奉らむ」と表現した。

○**奥つ御年**　オキとオクとは同根の語で、「奥」をオキと訓むことは『古事記』『万葉集』等に例が多い。「奥つ御年」とは稲のことをさすが、稲は時期的に遅くみのる穀物であるから「奥つ御年」と称するようになったと解する説が有力である。しかし、稲には早稲（『万葉集』東歌に「葛飾早稲」）もあれば晩稲（『和名抄』稲穀類に「晩稲比禰」）もあるのだから、一概に時期が遅いときめつけてしまうわけにはいかない。この「奥」を、深奥・究極の意味に取ることはできないであろうか。稲は古くから日本人にとって最も大切な穀物・重要な食物として尊重され、「御年」とも呼ばれた程であるから、これを深奥の穀物・究極の食物として、「奥つ御年」（「つ」は連体助詞で「の」の意）といったと解してみるのも一案ではないかと考える。よって私は、ここに「奥つ御年」に「究極の穀物である稲」という口訳を付けてみた。

○**手肱**　手の肱。「な」は連体助詞で、「の」に同じ。

○**水沫**　水の泡。「な」は連体助詞で、「の」に同じ。

○**画き垂れ**　「画き」は接頭語。「画」の字は音を表しただけの当て字で、画く意味はない。ぽとぽと垂れる。

○**向股**　九条家本の古訓もト部兼永本の古訓も共に「ムカハキ」とあるのに従って、「むかはぎ」と訓んだ。一般には「むかもも」と訓んで、両股の意に解するが、「むかはぎ」と訓むと、むこうずねの意となる。漢字の「股」には、また・ももの意の外に、すね・はぎの意があるので、「はぎ」に「股」の字を用いたとしても誤りではない。下の「泥画き寄せ」には、むしろ「むかはぎ」の方が適当ではないか。『古事記』上巻に、「堅庭者、於向股踏那豆美」とある「向股」は、古来「むかもも」と訓み慣わして来たが、これも再検討の必要があるように思う。

○**泥画き寄せて**　「ひぢ」はどろ。どろをいっぱいくっ付けて。

○**取り作らむ奥つ御年を**　この句は、前の「皇神等の依さし奉らむ奥つ御年を」と併列する文構成となっている。奥つ御年を苦労しながら取り作るのは、いうまでもなく農民等。

○**八束穂**　「束」は古代の長さの単位で、一握り指四本分の幅をいう。「八束」はその長さが多いことで、「八束穂」とは八束もある長く成長した稲穂。
○**いかし穂**　「いかし」は、勢いの盛んなさま・繁栄しているさま・繁茂しているさま・いかめしいさまを表す語。「いかし穂」とはよく茂った立派な稲穂をいう。「八束穂のいかし穂」の「の」は、いわゆる同格を表す「の」の用法。
○**初穂**　その年初めて実った稲穂。
○**千穎・八百穎**　「穎」は稲穂のこと。カビと濁るのがよい。『和名抄』稲穀具に、「穎…訓加尾。…穂也。」とある。後にカヒと清音となり、カイと発音されるようにもなった。「千穎・八百穎」とは沢山の稲穂の意。
○**瓱のへ高知り、瓱の腹満て双べて**　「瓱」は酒を入れる大きなかめ。「へ」は上の意。「高知り」は高く立派に作り構える意に用いた語。祝詞には「知る」は、後に見える「下つ磐根に宮柱太知り立て、高天の原に千木高知りて」のように、独得の使い方で多く見えている。「瓱のへ高知り」とは、酒を瓱の口に溢れるぐらいにいっぱい盛ることをいう。「瓱の腹」は瓱の真中の丸くふくれた部分をさす。「瓱の腹満て双べて」とは、瓱の腹の中に酒をいっぱいに満たして、それをいくつも並べ置くことをいっている。
○**汁にも穎にも**　「汁」とは酒をさしている。「穎」は右に述べたように稲穂。稲を酒としても、また穂のままでも神前に奉るというのである。
○**大野の原に生ふる物は**　この句は下の「青海の原に住む物」と対句表現になっている。よって、九条家本の古訓に「大野原」「青海原」とあるのに従って訓んだ。
○**甘菜・辛菜**　味の甘い菜・味の辛い菜。野菜を味によって二種類に分類している。
○**鰭の広物・鰭の狭物**　「鰭」は魚のひれ。『万葉集』巻十九に、「取らさむ鮎のしが波多は」（四一九一）と見える。ひれの広い魚とは大きい魚、ひれの狭い魚とは小さい魚である。魚をひれによって二つに分類したのは特色がある。『古事記』上巻にも二個所に「鰭広物・鰭狭物」と出ている。
○**奥つ藻葉・辺つ藻葉**　海の沖に生えている海藻と、海辺に生えている海藻。海に関するものを、奥（沖）と辺（海辺）とに二分類することは、古代文献に例が多い。
○**御服**　九条家本の古訓に「ミソ」とある。「そ」は着物の意。繊維を意味する古語の「そ」と同根の語であろう。ここの「御服」は神様の着られるお着物。
○**明妙・照妙・和妙・荒妙**　「妙」は布類の総称。それを四種類に分類している。「明妙」は明るい色彩の美しい織物。「照妙」は照り輝く光沢をもつ美しい織物。「和妙」は織り目のこまかいやわらかい布。「和」は古くはニギと濁らない。「荒妙」は織り目の荒いごわごわした布。物を「和」と「荒」とに二分することは、「和稲・荒稲」「和魂・荒魂」などにも見られる。

○**御年の皇神**　前には「御年の皇神等の前に」（複数）とあったのに対して、ここでは文を改めて「御年の皇神の前に」と述べているが、両者は全く別ものというわけではない。御年の皇神等の中の代表格の一つの「御年の皇神」の前には、特に「白き馬・白き猪・白き鶏」を加えて奉るのである。『延喜式』四時祭上の祈年祭の幣帛の条にも、「御歳社、加白馬・白猪・白鶏各一。」と記している。これは秋に奉りましょうというのではなく、祈年祭に当たって奉られるのである。そして、「白馬・白猪・白鶏各一」とあるから、一社であることが知られる。この御歳社は、どこの社とも明記されていないので、その所在を知り難い。賀茂真淵の『延喜式祝詞解』及び『祝詞考』は、大和国高市郡の御歳神社であるとし、本居宣長の『大祓詞後釈、つけそへぶみ』は、大和国葛上郡の葛木御歳神社であるとするが、共に確証はない。なお『古事記』上巻に見える須佐之男命の子孫の系譜では、須佐之男命の子の大年神の子に御年神が置かれている。

○**白き馬・白き猪・白き鶏**　御年の皇神に対して特に「白き馬・白き猪・白き鶏」を奉ることについて、斎部広成は『古語拾遺』に次のような縁起説話を記している。

一いは、昔在神代に、大地主神、田を営る日に、牛の宍を以て田人に食はしめき。……御歳神怒を発して、蝗を以て其の田に放ちき。苗の葉忽に枯れ損はれて篠竹に似たり。是に、大地主神、……其の由を占ひ求めしむるに、「御歳神祟を為す。白猪・白馬・白鶏を献りて、其の怒を解くべし」とまをしき。教に依りて謝み奉る。御歳神答へ曰ししく、「実に吾が意ぞ。……」仍りて、其の教に従ひしかば、苗の葉復茂りて、年穀豊稔なり。是、今の神祇官、白猪・白馬・白鶏を以て、御歳神を祭る縁なり。

この伝承は『古事記』『日本書紀』に見えない。『古語拾遺』が特にこれを記したわけは、神祇祭祀の幣帛を整えることが斎部氏の家職で、御年の神に奉る白猪・白馬・白鶏の調整についても関わっていたからであろう。このように白色の動物を神に奉るという特殊習俗に、外来の宗教儀礼がどのように関与しているかは興味深い問題で、今後の研究が待たれる。

○**種々の色の物**　「色」は種類の意。

○**うづの幣帛を称へ辞竟へ奉らくと宣りたまふ**　ここは、前に述べたように、「うづの幣帛を称へ辞竟へ奉らくと白すことを、諸聞き食へよと宣りたまふ」を簡略化した形である。以下の各段の末尾も同様である。

○**大御巫**　九条家本のこの個所は朽損しているので、その古訓は不明であるが、後の「御門能御巫」の所に「カムナキ」とあるので、ここは「おほみかむなぎ」と訓んだことが分かる。「巫」は、神に仕え、歌舞を奏し、また神降ろしをしたりなどした未婚の女性をいう。カムナギとは神和ギで、神の心を和める意であろう。神祇官には、ここの宮中八神殿を祭る「大御巫」の外に、次の「座摩の御巫」「御門の御巫」「生嶋の御

「巫」の各御巫がいた。中でも八神殿を祭る御巫は特に重要であったので、「大御巫」と呼ばれた。『延喜式』臨時祭に、

凡御巫・御門巫・生嶋巫各一人。其中宮・東宮唯有二御巫各一人一。取庶女堪レ事充之。但考選准二散事宮人一。

凡座摩巫、取二都下国造童女七歳已上者一充之。若及二嫁時一、申二弁官一充替。

とあって、各御巫の定員は一人ずつであったことが知られる。

○**辞竟へ奉る**　これは「称へ辞竟へ奉る」の「称へ」を省略して、同じ意味を持たせたのである。「称へ辞竟へ奉る」がしばしば出て来るので、繁雑さを避け変化を持たせるための手法である。ここは、お祭り申し上げるの意。

○**神魂・高御魂・生魂・足魂・玉留魂**　九条家本では「神魂」の「魂」に「ムスヒ」と古訓が付いている。「神魂」以下の八神は、神祇官西院（斎院）の八神殿に祭られていた神々で、大御巫がこれを祭った。『延喜式』巻第九神名上の「宮中神卅六座」の中の「神祇官西院坐御巫等祭神廿三座並大。月次、新嘗。」の最初に、

御巫祭神八座並大。月次、新嘗。中宮・東宮御巫亦同。
神産日神　高御産日神
玉積産日神　生産日神
足産日神　大宮売神
御食津神　事代主神

と見える。「むすひ」とは万物を生成・増殖する不思議な霊力を意味する古語である。ムスはムスコ（息子）・ムスメ（娘）・草ムス・苔ムス等のムスに同じで、ヒは霊を意味する。ムスヒと清んで訓むのがよく、ムスビと濁るのは後世の音変化による。このムスヒの霊力を分化させて、幾柱かの神を立てた。『古事記』では「高御産巣日神・神産巣日神」、『日本書紀』では「高皇産霊尊・神皇産霊尊」としているが、宮中八神ではその外に「生魂・足魂・玉留魂」の三神を加えた。「神魂」の「神」は神聖な意、「高御魂」の「高御」は高く尊い意、「生魂」の「生」は生き生きしている意、「足魂」の「足」は満ち足りている意で、それぞれ上に冠した美称の接頭語である。「玉留魂」は、右に掲げた『延喜式』神名上の御巫祭神八座に「玉積産日神」と表記していることによって分かるように、「たまつめむすひ」と訓むのがよい（九条家本の古訓に「タマルムスヒ」とあるのは誤り）。ツメはトメ（留）の変化した音で、遊離しようとする人の霊魂を結び留める霊力を持つムスヒの神ということになる。これは当然鎮魂祭に関係が深い。

○**大宮乃売**　「売」は女の意で、大宮（皇居）の中の平安を守る女神。

○**大御膳都神**　「大御膳」は天皇のお食事。天皇の食膳を守る神。

○**辞代主**　『古事記』には大国主神の子に「事代主神」、『日本書紀』にも同じく「事代主神」が見える。ここの「辞代主」は、言を知る（言葉をつかさどる）神という意味で、宣命・詔勅等、

天皇の重大な発言を守護する神として八神の中に祭られたものと考える。

○**辞竟へ奉らくは**　賛辞を尽くしてお祭り申し上げますことには、の意。その結びは下文の「皇御孫の命のうづの幣帛を称へ辞竟へ奉らく……」になって、文脈がよく通る。本文に「辞竟奉者」とあるので、「辞竟へ奉らば」（お祭り申し上げますならば）と訓むこともできるが、それではお祭り申し上げることが仮定の言い方になって、神に向かって申し上げる言葉としては礼を失することになるのではないかと思われる。それと、最後の水分の神に申し上げる段では、「……と白して辞竟へ奉らば、……八束穂のいかし穂に寄さし奉らば、……」となって、近い所に「奉らば」が重なるので、拙い構文となる。よって、この段及び次々の段の当該個所を、「辞竟へ奉らくは」と訓むことにした。

○**御世**　御治世。

○**手長**　「た」は接頭語で、「手」は音を表すための当て字。長く続く大御世。

○**堅磐に常磐に**　「堅磐」は九条家本の古訓に、「カチハ」とある。カタ（堅）イハ（磐）がつづまって「カチハ」となるのは道理に叶っており、実際に古くは「カチハ」と言った時期があったに違いない。普通「カキハ」と言うのは、並んで唱える「トキハ」に引かれて「カキハ」というようになったのである。祝詞の成句としては、「カキハにトキハに」の方が調子がよい

ので、その点を考慮して、ここでは「カキハ」の訓を採った。「常磐」はトコ（常）イハ（磐）のつづまった語で、永遠に変わらない岩。「堅磐に常磐に」は、堅い永遠に変わらない岩のようにいついつまでも変わらずにの意。

○**斎ひ奉り**　「斎ふ」は神祭りに関する語で、古代の文献に多く表れるが、この場合は神が人間の幸せを守る意味に使われている。「奉る」は、神が天皇に対して、お守り申し上げるという用い方である。

○**茂し御世**　繁栄した御世の意。「いかし」は、前の「いかし穂」の「いかし」に同じ。「茂」の字を用いたのは、「いかし」に繁茂している意味があるからである。

○**幸はへ奉る**　「幸はふ」（下二段活用）は、幸いあらしめる意。「奉る」は、神が天皇に対して、幸いをお与え申し上げるという使い方である。

○**皇吾が睦神漏伎の命・神漏弥の命**　前にあった「皇睦神漏伎の命・神漏弥の命」の「皇」と「睦」との間に「吾が」が入った形である。従って、「皇」は「吾が」にかかるのではなく、下の「神漏伎の命・神漏弥の命」にかかる。

○**座摩の御巫**　九条家本では「座摩」の部分が朽損しているので、その古訓が分からないが、『九条家本延喜式巻第九』（神名上）の「座摩巫祭神」には、「ヰカスリノカンナキノマツルカミ」と訓が施してあって、「座摩」を「ゐかすり」と訓んだことが分かる。ヰカは「居処」の意で居所のこと、スリは「知

り」（つかさどる・支配するの意）の音の変化した形と認められる。すなわち「座摩の神」とは、皇居の土地を守護する神である。下の「生井・栄井・津長井・阿須波・婆比支」の五神をさす。『延喜式』巻第九神名上の「宮中神卅六座」の中の「神祇官西院坐御巫等祭神廿三座」の第二に、

座摩巫祭神五座 並大。月次、新嘗。
生井神　福井神
綱長井神　波比祇神
阿須波神

が掲げられている。なお『九条家本延喜式巻第九』の座摩巫祭神五座の頭注及び次の御門巫祭神八座・生嶋巫祭神二座の各頭注に、「北舎」と記されていて、これらの神々が神祇官西院の北舎に祭られていたことが知られる。

○**生井・栄井・津長井**　三神は井の神である。井とは、広く泉・流水・掘り井戸など、水を汲み取る所をいう。「生井」は、生き生きしたいつまでも枯れることのない井。「栄井」は、いつまでも栄える豊かな井。『延喜式』神名上の「福井」という表記によると、人間に幸福を与える井の意となる。「津長井」は、神名式の「綱長井」という表記によると、つるべの綱の長い井の意で、このことをもって井の立派さを讃える名としたのである。皇居の土地を守護する座摩の五神のうちの三神までが、生活用水を供給する井の神であることは、古代生活に井をいかに大切にしたかを証するもので、見逃すことはできない。

○**阿須波・婆比支**　『古事記』上巻の大年神の子孫の系譜の中に、「次庭津日神。次阿須波神。此神名以レ音。次波比岐神。此神名以レ音。」と見える。庭津日神（庭の神霊を意味する）に続いて出ているところを見ると、「阿須波神・波比岐神」もこれに類する神かという推測ができる。現に『万葉集』巻二十の防人の歌に、

庭中の阿須波の神に小柴さし吾は斎はむ帰り来までに
（四三五〇）

と「庭中の阿須波の神」が詠まれている。このように、皇居の土地の守護神としても祭られていたし、防人に出た東国庶民の庭中にも祭られていたところを見ると、古代人の生活に密着した古い基盤を持つ神であったことが知られる。しかしながら、その実体は明らかにし難い。アスハ・ハヒキの語義について、古来諸説があるが、十分納得できるものを見ない。今後の解明が待たれる。（後の〔追記〕参照。）

○**敷き坐す**　「敷く」は、あたり一面を治める・領有する意。

○**下つ磐根に宮柱太知り立て**　地面の下の大きな岩の上に宮殿の柱をどっしりと太く立ての意。「磐根」は、根が生えたようにしっかりと大地に食い込んだ大きな岩。

○**高天の原に千木高知りて**　天空に向かって宮殿の千木を高々とそびやかしての意。「千木」は、屋根の両端の材木が棟で交叉して、棟より高く突き出た部分をいう。『古事記』上巻に「氷椽」「氷木」と見えるヒギは、このチギと同じである。後に見える伊勢大神宮の祝詞では、「千木」と「比木」と両方使っ

ている。チもヒも霊を意味する古語である。古代には、霊威の表象としてチギ（ヒギ）を屋上にそびやかし、その家の尊厳を誇示したものと考えられる。「下つ磐根に宮柱太知り立て、高天の原に千木高知りて」という表現（その同類の表現も含めて）は、神殿や宮殿の立派さを表す慣用句として古代文献にしばしば現れる。

○**瑞の御舎**　九条家本の古訓に「ミツーミアラカ」とある。「瑞」は、みずみずしい・生命力に満ちている意。「御舎」は「御在処」で、御殿の意。

○**仕へ奉りて**　お仕え申し上げての意であるが、この場合は御殿をお造り申し上げての意となる。

○**天の御蔭・日の御蔭**　天に対して覆いの陰となっているもの、太陽に対して覆いの陰となっているものの意で、立派な御殿をいう場合の古い祝詞の慣用句として現れる。『万葉集』巻一の藤原宮御井歌に、「高知るや　天の御蔭　天知るや　日の御影の　……」（五二）と詠まれている。この語の背景には、天や日を畏敬する思想があるのかも知れない。なおここの文章は、人々が瑞の御舎をお造り申し上げて、その瑞の御舎を天皇が天の御蔭・日の御蔭として、その下にお住まいになって、四方の国を安国として平らかにお治めになる、というふうに続いて行く。

○**御門の御巫**　皇居の御門を守護する神を祭る御巫。その神は、次の「櫛磐間門命・豊磐間門命」である。『延喜式』巻第九神名上の「神祇官西院坐御巫等祭神廿三座」の第三に、

御門巫祭神八座並大。月次、新嘗。
櫛石窓神四面門各一座。　豊石窓神四面門各一座。

と見える。皇居の四面の門に各二神ずつがおいでになるから、合計八座となる。

○**櫛磐間門命・豊磐間門命**　「くし」は「奇」の意で、「櫛」の字は音を表しただけの当て字。神の威力が霊妙不可思議であることを表している。「磐」は岩のように頑丈で、何物が来てもびくともしないことをいう。「間門」は「真門」で、「真」は美称の接頭語。下の「豊」も神の威力が豊かで尽きることのないことを表している。

○**ゆつ磐村**　「ゆつ」は神聖な・清浄なの意を表す語。「磐村」は岩の群れ。

○**疎ぶる物**　「疎ぶる」（上二段活用、連体形）は、疎ましい（いやな）振舞いをする意。「物」は魔物・悪霊の類をいう。

○**生嶋の御巫**　生嶋の神を祭る御巫。その神は、次の「生国・足国」の二神である。『延喜式』巻第九神名上の「神祇官西院坐御巫等祭神廿三座」の第四に、

生嶋巫祭神二座並大。月次、新嘗。
生嶋神　足嶋神

と見える。これによると、「生国・足国」は「生嶋・足嶋」とも称したことが知られる。

○**生国・足国**　「生国」とは、生き生きした生気に満ちた国土。

「足国」とは、十分に満ち足りた豊かな国土。生国・足国の神は、日本の国を生気に満ち充足した国であるよう守護する神霊である。

○**嶋の八十嶋**　沢山の島々。「八十」は数の多いこと。

○**谷蟆のさ度る極み**　「谷蟆」は谷の蛙のこと。『古事記』上巻の大国主神の説話の中に、「多邇具久」として出て来る。ククは蛙の古名で、その鳴き声から来た名であるという。「蟆」の漢字はひきがえるを意味する。「さ度る」の「さ」は接頭語。「度」の漢字は「渡」に通じて用いたもの。「谷蟆のさ度る極み」は、谷の蛙がぴょんぴょん跳び渡って行く地の果てまでの意。この句は、『万葉集』巻五の山上憶良の「令レ反二惑情一歌」に、「多尓具久の　さ渡る極み」（八〇〇）として用いられている。

○**塩沫の留まる限り**　「塩沫」は「塩の沫」のつづまった語。「塩」は「潮」に通じて用いたもので海水。「潮沫の留まる限り」は、海水の泡が流れて行って留まる海の限界の所までの意である。「谷蟆のさ度る極み、塩沫の留まる限り」は対句になっており、地の果てまで海の果てまでということを表した古代の具象的表現として、甚だ巧みであるということができる。

○**狭き国は広く、峻しき国は平らけく**　九条家本の古訓に「狭」に「サキ」、「峻」に「サカシキ」とある。「峻」は、『古事記』仁徳天皇の条の歌謡に「梯立の　倉椅山を　佐賀志美と」とあるように、「サガシ」と濁るのがよい。「峻し」は、けわしい意。ここの句は、狭い国は広くし、けわしい国は平らかにしての意味で、下へ続く。

○**依さし奉る**　生嶋の皇神等が天皇にお寄せ申し上げる・お授け申し上げるの意。

○**堕つる事无く**　どの一つも漏れ落ちることがなくの意。「无」はないの意で、「無」に同じ。

○**辞別きて**　九条家本の古訓に「コトワイテ」とあるから、更に古くは「コトワキテ」と言っていたと認められる。「別き」は四段活用の動詞「別く」の連用形で、言葉を別にして・言葉を改めての意である。この祈年祭の祝詞の末尾の段にも、「辞別きて、忌部の弱肩に……」として出て来る。『続日本紀宣命』にも、第五詔に「辞別詔久」、第十九詔に「事別宣久」等、計十例が見える。それらを見ると、それ以前に述べて来た内容と、それ以後に述べる内容とが別になって転換するところに、「さて言葉を改めて・さて話変わって」というふうに言い出す話題転換個所の発辞として表れている。ここの場合は、それまで宮中の御巫等の祭る神々に申し上げる言葉であったのが終わって一段落し、ここからは伊勢大神宮・御県の神・山の口の神・水分の神等、皇宮外の神々に申し上げる言葉に移行するので、「辞別きて」を置いて、祝詞の内容の転換を示唆したものと受け取ることができる。伊勢大神宮は特別であるから、その意味で「辞別きて」を置いたと取るのは、この祝詞全体を見渡した場合、適当でないと考える。

○**大前**　御神前。伊勢大神宮であるから、特に上に「大」を冠して、「大前」といったのである。これ以前及びこれ以後の神々に対しては、すべて「皇神等の前に」とある。

○**見霽かし坐す**　九条家本の古訓に「ミハルカシ」とある。遥かに見渡されるの意。

○**天の壁立つ極み**　九条家本には「壁立」に訓はない。賀茂真淵の『延喜式祝詞解』及び『祝詞考』はこれを「カベタツ」と訓んだ。鈴木重胤の『延喜式祝詞講義』は「カキタツ」と訓んでいる。「壁」の字には「かべ」の外に「かき」（垣）の意があるから、「カキタツ」と訓むことは可能である。またこの句は、下の「国の退き立つ限り」と対句になっているから、「天のかき立つ極み」と訓むのが調子がよく自然である。しかしながら、これを天が壁のように（或いは垣のように）立っていると解するのはいかがであろうか。下の「退き立つ」と並べて考えると、「かき立つ」の「かき」は壁・垣などという名詞ではなく、「掻き曇る」「掻き暗らす」「掻き消つ」「掻き乱る」「掻き廻る」等の「掻き」と同じ接頭語と解するのが適当と考えられる。「壁」の字は音を表すための当て字として使用したものである。「掻き曇る」は空が一面に曇る意であるから、天が「かき立つ」とは、天が一面にぐるっとかきめぐらして立っているという意味に取ることができると思う。「極み」は、その極限の所までの意。なお『出雲国風土記』の意宇郡安来郷に「神須佐乃烏命、天壁立廻り坐しき。」とあるのは、祈年祭の祝詞のここの表現と何らかの関係があろう。

○**国の退き立つ限り**　九条家本の古訓には「ソキタチ」とある。「退く」とは、遠く離れる・遠ざかる意。この句は、地が遠く離れてずっと向こうまで続いているその際限の所まで、の意。

○**青雲の靄く極み**　「青雲」は青みをおびた雲。下の「白雲の……」と対句として表現したもので、特に青の色彩を強調しようとしたわけではない。「青雲」を青空のこととする説があるが、「青雲の靄く」とあるから、やはり雲と見るべきである。「靄」は九条家本の古訓に「タナヒク」とある。

○**白雲の堕り坐向伏す限り**　九条家本の古訓に「オリヰムカフスカキリ」とある。白雲が下へおりて遥か向こうに伏し横たわっているその際限の所まで、の意。『万葉集』巻五の山上憶良の「令レ反二惑情一歌」に「天雲の　向伏す極み」（八〇〇）とあるのは、この句によっている。「天の壁立つ極み」以下の四句は、遠い極限・際限の所までということを、対句の妙を尽くして表現しようとしたもので、古代祝詞文の精粋の一と称することができる。

○**青海の原**　「アヲウナハラ」と訓んでもよいが、前に御年の皇神等に白す言葉の中で「青海の原」と訓んだので、それに倣った。

○**棹柁干さず**　九条家本の古訓に「サヲカヂホサス」とある。「棹」は船を動かす棹。「柁」は船を漕ぐ道具で、櫓や櫂のこと。「棹柁干さず」とは、船を絶えず進めて、棹や柁を乾かす暇がないことをいっている。その船は、遠い四方の国から朝廷へ貢ぎ物を運んで来る船である。

○**舟の艫の至り留まる極み**　「舟艫」は九条家本の古訓に「フナノヘ」とある。舟のへさき・舟首のこと。舟のへさきが行き着いて留まる極限の所までの意。『古事記』序に見える「化照二船頭之所レ逮」という表現は、この句に基づいて書かれている。

○**舟満てつづけて**　大海に舟をいっぱい満たし続けて。

○**陸より往く道は**　上に海上のことを述べたので、ここからは陸上のことを述べる。「陸」は、クニカ（国処）→クヌガ→クガと転じた語。「より」はこの場合経由地を表す格助詞で、陸地を通って行く道はの意。

○**荷の緒**　荷物の緒。貢ぎ物の荷物をしばる紐をいう。

○**縛ひ堅めて**　「縛」は九条家本の古訓に「ユヒ」とある。しっかり堅く結んで。

○**磐根・木根**　地面に根を張ったようにしっかり食い込んだ大きな岩・地面にしっかり根を張った大きな木。

○**履みさくみて**　「さくむ」は、踏み分ける・難儀して踏み進むの意。『万葉集』巻二の柿本人麻呂の挽歌に、「石根左久見てなづみ来し」（二一〇）などと見えている。

○**馬の爪の至り留まる限り**　貢ぎ物の荷物を運ぶ馬の爪（ひづめ）が行き着いて留まる際限の所まで。『古事記』序の「徳被二馬蹄之所レ極」は、この句に基づいて書かれている。

○**長道間无く立てつづけて**　陸上の長い道のりを絶え間なく馬を立たせ続けて。「長道」は古くは「ナガチ」と清音でいった。

○**八十綱打ち挂けて**　沢山の綱をさっと掛けて。「挂」は、かける意の字。ここの句は、沢山の綱を掛けて引っぱり寄せるようにして、遠い国々をこちらへ従えて来ることを意味している。『出雲国風土記』意宇郡に見えるような国引きの説話が念頭にあって書かれた文章であろう。

○**皇大御神の寄さし奉らば**　「皇大御神」は天照大御神をさす。最高神であるから、「皇大御」という最上の尊称が付いている。ここは、皇大御神が天皇に対して四方の国々をお寄せ申し上げるならば・お授け申し上げるならばの意。

○**荷前**　毎年諸国から奉る貢ぎ物の初物をいう。「の」は荷、「さき」は先（最初）の意。九条家本の古訓には「ハツヲ」とある。これは「初穂」の意味で付訓したもので、ヲは、ホがワ行に転じたものである。

○**横山**　横たわっている山。「横山の如く打ち積み置きて」は、神前に捧げ物をどっさり置くことを形容した慣用句として、祝詞にしばしば現れる。

○**残りをば平らけく聞こし看さむ**　天照大御神に奉献した荷前の残りを、天皇が安らかにお召し上がりになるであろうというのである。

○**うじ物頸根衝き抜きて**　「う」は水鳥の鵜。「……じもの」は、「……のようなもの・……のように」の意で用いられた古い表現である。「じ」は、形容詞の語尾のシと同根の語であろうとされている。『万葉集』にも、巻一の「藤原宮の役民の歌」に「鴨自物　水に浮きゐて」（五〇）、巻五の熊凝のために山上憶良の詠んだ歌に「犬時母能　道に伏してや」（八八六）などと歌われている。「頚（頸）根」は九条家本の古訓に「ウナネ」とある。首の付け根・首根っこのこと。ここの句は、まるで鵜のように首を深々と垂れ下げての意で、恐懼して拝礼する様子を表している。九条家本の古訓に「ウトフルモノヽウナネツキヌキ」とあるのは、この古い表現が早く意味不明になったことを示すものである。

○**御県**（みあがた）　大和朝廷直轄の御料地。大化の改新で廃止されたが、ここに見える大和国の六つの御県は、律令時代まで残った。ここから天皇御料の野菜を供した。各御県に神が祭られている。

○**高市**（たけち）　高市の御県に坐す神は、『延喜式』神名上に見える大和国高市郡の「高市御県神社名神大。月次、新嘗。」である。

○**葛木**（かづらき）　葛木（葛城）の御県に坐す神は、神名式大和国葛下郡の「葛木御県神社大。月次、新嘗。」である。

○**十市**（とをち）　十市の御県に坐す神は、神名式大和国十市郡の「十市御県坐神社大。月次、新嘗。」である。九条家本の「十市」の古訓に「トホチ」とある。ヲとホとの仮名遣いの混乱が見られる。

○**志貴**（しき）　志貴（磯城）の御県に坐す神は、神名式大和国城上郡の「志貴御県坐神社大。月次、新嘗。」である。

○**山辺**（やまのへ）　山辺の御県に坐す神は、神名式大和国山辺郡の「山辺御県坐神社大。月次、新嘗。」である。

○**曽布**（そふ）　曽布（添）の御県に坐す神は、神名式大和国添下郡の「添御県坐神社大。月次、新嘗。」である。

○**御名は白して**（みなはまをして）　前の御巫等の祭る神々に申し上げる言葉になぞらえて考えると、「御名は白して」の下に「辞竟へ奉らく（ことをへまつらく）は」が省略された形として解すべきである。次の山の口の神に白す言葉の場合も同じ。

○**長御膳の遠御膳**（ながみけのとほみけ）　長く遠い将来まで続く天皇のお食料の意。

○**山の口**（やまのくち）　祈年祭の祝詞の本文には「山口」とあるが、後の月次祭の祝詞の本文には、九条家本に「山乃口」、卜部兼永本に「山能口」とあるので、「山の口」と訓む。宮殿の建築用材を切り出す山の口をさす。その山には次の六所があり、それぞれの山の口に神が祭られていた。

○**飛鳥**（あすか）　飛鳥の山の口に坐す神は、神名式大和国高市郡の「飛鳥山口坐神社大。月次、新嘗。」である。

○**石寸**（いはれ）　九条家本の古訓に「イハレ」とある。「寸」の字は「村」の木偏を省略した字である。イハレはイハムレ（岩群）のつづまった語。磐余とも書かれる。その神社は、神名式大和国十市郡の「石寸山口神社大。月次、新嘗。」である。

○**忍坂**（おさか）　九条家本の古訓に「オムサカ」とある。「ム」は促音（ッ）を表記したものであろう。忍坂は押坂とも書かれ、もともとオシサカである。それがオシサカ→オッサカ→オサカと音が変化した。早く『古事記』神武天皇の条の歌謡に「意佐加の大室屋に」と見える。その神社は、神名式大和国城上郡の

「忍坂山口坐神社大。月次、新嘗。」である。

○長谷　九条家本の古訓には「ハセ」とある。泊瀬・始瀬・初瀬などとも書かれ、もともとはハツセである。それが、ハツセ→ハッセ→ハセと音が変化した。ここでは古い言い方を採った。その神社は、神名式大和国城上郡の「長谷山口神社大。月次、新嘗。」である。

○畝火　畝傍とも書かれる。その神社は、神名式大和国高市郡の「畝火山口坐神社大。月次、新嘗。」である。

○耳无　耳成・耳梨とも書かれる。その神社は、神名式大和国十市郡の「耳成山口神社大。月次、新嘗。」である。

○御名は白して　この下に「辞竟へ奉らくは」が省略された形。

○本末打ち切りて　後の大殿祭（おほとのほかひ）の祝詞に、「奥山の大峡・小峡に立てる木を、斎部の斎斧を以ちて伐り採りて、本末をば山の神に祭りて、中の間を持ち出で来て、斎鉏を以ちて斎柱立てて、……」とあるところを見ると、切り取った木の根本と先端とを山の神に奉り、中間を建築用材に使用したものと見える。

○水分　「くまり」はクバリと音が通う。物を配る・分配する意である。「水分」とは、山から流れ出た水があちこちの方向へ分かれる所をいう。そこで分かれた水が麓の農地を潤すのであるから、農耕のためには非常に重要な地点である。従って、そこに水分の神が祭られていた。『古事記』上巻に「天之水分神訓レ分云二久麻理一。・国之水分神」と見える。

○吉野　神名式大和国吉野郡の「吉野水分神社大。月次、新嘗。」である。この社が後世子守明神と呼ばれて子どもの守り神とされたのは、クマリがコモリに音が変化したことによる。

○宇陀　神名式大和国宇陀郡の「宇太水分神社大。月次、新嘗。」である。

○都祁　神名式大和国山辺郡の「都祁水分神社大。月次、新嘗。」である。

○葛木　神名式大和国葛上郡の「葛木水分神社名神大。月次、新嘗。」である。

○御名は白して、辞竟へ奉らくは　ここには「辞竟へ奉らくは」が省略せずに書かれている。これによっても、上の御県の神及び山の口の神に白す言葉では、それぞれ「辞竟へ奉らくは」を省略した形であったことが知られる。

○朝御食・夕御食のかむかひに　「かむかひ」は古来の難語である。本文に「加牟加比尓」と仮名書きにされているので、早くから意義の明確でない語とされていたのであろう。『出雲国風土記』の嶋根郡朝酌郷の条に、「朝御饌の勘養、夕御饌の勘養に、五つの贄の緒の処を定め給ひき。」とあるのは、ここと同様の表現である。この「かむかひ」を、賀茂真淵の『延喜式祝詞解』及び『祝詞考』は「神穎」と解しているが、穎は古くはカビと濁ったから、この説は成立しない。本居宣長の『大祓詞後釈、つけそへぶみ』は「食向」と解して、「御膳につき給ふをいふ也」と説いている。『岩波古語辞典』に「神の養ひ」

の意かとする。私は「神向」で、天皇が神と向かい合って御膳を共に食されることかという一試案を持つ。後に述べる神今食や新嘗祭はまさにそれに相当するからである。

○**赤丹の穂**　「穂」は秀の意。酒を飲んで、顔色にぽっと赤く現れるさまをいう。

○**称へ辞竟へ奉らくと宣りたまふ**　「称へ辞竟へ奉らくと白すことを、諸聞き食へよと宣りたまふ。」を簡略化した表現であることは、先に説明した通りである。

○**辞別きて**　ここで祝詞の内容が変わって、幣帛のことになるので、「辞別きて」（言葉を改めて）という文句を文頭に置いた。

○**忌部**　中臣氏と並んで大和朝廷の神祇祭祀にたずさわった人々の集団。その首長が忌部（斎部）氏であった。幣帛の調整がその主要な職掌の一つであった。

○**弱肩**　弱々しい肩。神に対して謙遜した表現である。

○**太だすき**　「太」は美称。立派な襷。

○**持ちゆまはり**　「持ち」は接頭語。「ゆまはる」は、斎む→斎まふ・斎まふ→斎まはる、と変わって行った語で、斎戒する・心身を清める意。

○**捧げ持ちて奉れと宣りたまふ**　頂いた幣帛を大切に捧げ持って、それぞれの神社へ帰って、神前に奉れよと宣り聞かせる。ここで神主・祝部等が「をを」と称唯することは、これまでの各段の末尾と同じである。

〔**追記**〕

「阿須波・婆比支」についての古来の諸説の代表的なものを掲げると、次の如くである。（なお祈年祭・月次祭の祝詞の「婆比支」の「婆」は、一般にはバの仮名に用いられるが、ここはハの仮名として用いたものと認める。）

賀茂真淵『祝詞考』上巻

阿須波（……文徳天皇紀に、大炊寮、大八嶋竈神、斎火武主比売命、庭火皇神、云云。この竈の神は、阿須波神と、同きよし、万葉の哥の所に、考あり。）

波比支（紀も、式も、波比祇神と有。然れば、波を清、比を、伊の如くいひ、支を濁るべし。今の本に、波を、婆と書しは、あやまれる也。）

賀茂真淵『万葉考』巻二十

阿須波乃可美尓。古志波佐之。（其地々の例にて柴なとさして神祭する事有。小柴にてかりそめに神籬を作る也。則其祭る神は古事記に、大年神子庭津日神、次阿須波神云々。古の竈神なるもて祭なり。）

本居宣長『古事記伝』十二之巻

阿須波神。名義未考得ず。（されど嘗に強て云ば、足場の意にや。足を阿須と云は、左に引地名の足羽など是なり。凡て何処にまれ、人の足踏立る地を足場と云。今世の言にも、足場の好悪きなど云此なり。……さて此神は、人の物へ行とても、万の事業をなすとても、足踏立る地を守坐神なるが故に、家毎に祭しにや。）波比岐神。名義は是も未思得ず。（例の強ていはゞ、波比入君の意か。……是らを思ふに、門より舎屋内に入までの間の庭を、波比入と云しなり。古言なるべし。……かくて此神は、其波比入の庭を守坐神にやあらむ。故家毎に祭りしなるべし。）

鈴木重胤『延喜式祝詞講義』弐之巻

阿須波神波比岐神は竈神に坐り。……庭高日神は古書に庭火皇神とも宮比神とも記して竈神の本体なり。此阿須波神は大柴神、波比岐神は灰焼神にて即竈神の属なり。

右のように、真淵・重胤は「阿須波・婆比支」について、竈神説を主張する。但しその語義の説明は明確さを欠く嫌いがある。宣長は阿須波神・波比岐神の名義については率直に「未考得ず」「未思得ず」と述べた上で、それぞれ試案を提示している。今日から見ると、首をかしげざるを得ない点があるが、「地を守り坐す神」「庭を守る神」と結論づけたのはさすがと言わねばならない。

近代の祝詞注釈書では、次田潤氏の『祝詞新講』は宣長説を承けて、「阿須波・婆比岐二神は……住居の守護神であるらしく思はれる。……阿須波神も庭の神と見るべきである。」「阿須波・婆比支の二神は宮域の地主神である。」と述べる。金子武雄氏の『延喜式祝詞講』は真淵・重胤説を承けて、「自分は竈の神とする見解に従ひたいと思ふ。」と述べ、同書の論註篇に「阿須波・婆比支考」を立てて、独自の論考を展開している。両書ともに、「阿須波・婆比支」の語義の追究はつまびらかではない。この問題は容易には決し難い難問で、その解決を将来の研究者の努力に委ねるより外あるまい。

なお私が長年在住した福井県に、古くから「足羽」という地名（足羽郡・足羽山・足羽川・足羽神社）があって、阿須波の説明の際よく引用される。しかしながら、この越前国足羽の地名と祈年祭祝詞等の阿須波の神とを軽々しく関係づけて説こうとするならば、誤りに陥る危険があると思う。両者を関連づけるためには、余程明確な証拠を用意する必要がある。

評

祈年祭の祝詞は、祈年祭当日神祇官に参集した各社の神主・祝部等に対して、中臣が宣り聞かせる形になっている。最初の段に、「集はり侍る神主・祝部等、諸聞き食へよと宣りたまふ。」とあるのは、そのことを最も端的に示したものである。本書の冒頭の「祝詞概説」の項で既に述べたように、このような形の祝詞を宣読体の祝詞と呼んで、専ら神に向かって奏上する奏上体の祝詞と対立させることが、一般に行われて来た。しかしながら、宣読体の祝詞の形をよく見ると、内容の大部分は神に奏上する言葉で、最後の個所において奏上体を宣読体に転換させているのが一般的である。そのような例を、「祝詞概説」の項でも述べたが、改めて祈年祭の祝詞の最初の天つ社・国つ社の神々に白す詞の段について見ると、「高天の原に神留り坐す皇睦神漏伎の命・神漏弥の命以ちて、天つ社・国つ社と称へ辞竟へ奉る皇神等の前に白さく、今年の二月に御年初め賜はむとして、皇御孫の命のうづの幣帛を、朝日の豊逆登りに、称へ辞竟へ奉らく」までは、まさに天つ社・国つ社の神々に申し上げる言葉に外ならない。上に「皇神等の前に白さく」とあるから、下は当然これを結んで、「称へ辞竟へ奉らくと白す」とあるべきところを、その「と白す」は省略された形になっている。ここまではまさに奏上体の祝詞そのものである。ところがその直後に、「と宣りたまふ」を付けて、一挙に奏上体から宣読体へ転換させてある。ここは正確には「称へ辞竟へ奉らくと白すことを諸聞き食へよと宣りたまふ」と述べるべきであるが、煩雑を避けて、、、、を附した部分は省略されている。省略しても、聞いている間に意味は十分に通ずるのである。これは、祝詞は目に訴える文章ではなく、耳に訴える文章だからである。ここに祝詞の文章の一つの特色がある。右に述べたことは、祈年祭の祝詞の以下の各段についても同様に言うことができる。

　そもそも祝詞の本質は、人間が誠意の限りを尽くして神に申し上げる言葉にある。上の者が下の者を集めて宣読する言葉ではない。ところが、律令国家体制が整備されて、神祇官が朝廷の祭祀を管掌し、諸国の神職を集めて祭儀を行い、朝廷の幣帛を神々に頒布するようになって、参集した神職に向かって神祇官が祝詞を宣読する形が生まれた。しかしその実質的内容は、神に奏上する言葉で、それを参列者に聞かせるという形を取ったわけである。宣読体とはいうものの、一方では神に向かって恭しく奏上しながら、同時にこれを人々に宣り聞かせるという二面性を持っている。この点が、天皇の詔命を臣下に宣り聞かせる宣命と大きく異なるところである。宣読体の祝詞は、律令体制の朝廷の祭祀の中から生まれた独自の形態ということができる。

　祈年祭の祝詞は、延喜式祝詞各篇の中では最も長文である。祭る神々の数が多く多岐にわたっているからである。内容を段別にすると、次の十二段になる。

一　前　文（最初に神主・祝部等に宣る詞）
二　天つ社・国つ社の神々に白す詞
三　御年の皇神に白す詞
四　大御巫の祭る八神に白す詞
五　座摩の御巫の祭る五神に白す詞
六　御門の御巫の祭る二神八座に白す詞
七　生嶋の御巫の祭る二神に白す詞　｝宮中の神々（四～七）
八　天照大御神に白す詞　――皇祖の神
九　御県の六神に白す詞
十　山の口の六神に白す詞
十一水分の四神に白す詞　｝大和国内の特に天皇の御食・御舎に関係深い神々（九～十一）
十二後　文（幣帛頒布に関し神主・祝部等に宣る詞）

この祝詞は、参集した神主・祝部等に呼び掛ける言葉（前文）で始まり、同じく神主・祝部等に仰せ告げる言葉（後文）で終わっていて、文章としての首尾が整備されている。前文に次いで先ず国中の天つ社・国つ社の神々に対して、祈年祭に当たり天皇の幣帛が奉られる旨の詞（第二段）が述べられる。祈年祭に祭られる神の総数は三千一百三十二座に及び、そのうち直接中央の神祇官から幣帛を受ける神は七百三十七座にのぼるが、それがここにいう天つ社・国つ社の神々である。この神々に対して幣帛が奉られる旨が先ず告げられるわけである。次いで、特に御年の皇神に白す詞（第三段）が述べられる。今年の耕作の初めに当たって年穀の豊穣を祈るのが祈年祭であるから、この段が欠くことのできない肝要部分であることはいうまでもない。その中に、一般の御年の皇神等（複数の神）と、特に白馬・白猪・白鶏を奉る神（単神）とがある。次に、天皇に身近な御巫が奉斎する宮中の神々に白す詞（第四段―第七段）が四段続く。これらの神々は、天皇の身辺近くに祭られていて、御世の長久・皇居の安泰・国家の隆昌を守る重要な神々である。祈年祭は単に農耕の豊穣を祈るだけではなく、併せて広く朝廷・国家の平安・繁栄を祈るところに本旨があったことが、これによって明らかである。

次に一転して、皇祖天照大御神に白し上げる詞（第八段）が述べられる。冒頭に「辞別きて」とあるが、これは白し上げる対象が宮中の神々から外へ出て、伊勢に坐す天照大御神へと転じたから、話題を転ずる場合の発語の辞として置いたもので、平たくいえば「さて話変わって」とでもいうところである。「辞別きて」という句は、この祝詞の最後の段や、その他の祝詞また宣命等にも見えるが、いずれの例も叙述する内容を転換した最初に現れている。この天照大御神に白し上げる段は、特に修辞が凝らされ、措辞は鄭重を極め、まことに皇祖の神に白し上げる詞にふさわしい。古来名文と称される所以である。ここはこの祝詞の緊張した雰囲気の最も盛り上がった頂点の所に当たる。その冒頭の「辞別きて」という表現は、こういう内容を導き出すのに有効な働きを発揮しているように思われる。この段を、一つ前の生嶋の御巫の祭る神に白す詞の辞別きと解する説があるが、いかがかと思われる。天照大御神に次いで、大和国の御県・山の口・水分の神々に白す詞（第九段―第十一段）が続いている。これらの神々は、天皇の御食の生産・御殿の用材の産出また農業用水の分配にかかわる神々で、それは直接御世の長久・皇居の平安・国家の隆盛と密接なつながりを持っている。祈年祭に祭られる宮中以外の神々の数は非常に多いが、祝詞の中ではその一々の神名を挙げるわけには行かないので、大和国内の特に朝廷と関係の深い右の神々をもって代表させた形である。

このように見て来ると、祈年祭の祝詞の文章の構成は、まことに整然としている。律令体制下の祭祀の整然とした姿を、そのまま反映している感じがする。祈年祭は何も御年の神を祭るだけの単純な祭ではなくなっている。農耕の豊穣を祈ることは、朝廷の平安・国家の隆盛と一体となっているところに、当時の祭祀の意義が存した。故に御年の皇神に祈るだけではなく、宮中の神々にも、伊勢の天照大御神にも、その他もろもろの神々にも祈る必要があった。祈年祭の祝詞は、祈年祭という朝廷の重要な祭儀の趣旨を巧みに反映し表現しているということができる。

春日祭

解説

春日祭（かすがのまつり）は、奈良市春日野町に鎮座する春日大社（春日大明神・春日神社）の祭である。当社は『延喜式』神名上、大和国添上郡に、

春日祭神四座（並名神大。月次、新嘗。）

と見える社で、古来藤原氏の氏神として崇敬され、繁栄を続けた。祭られている四座とは、

第一殿　武甕槌命（常陸鹿島の神）
第二殿　経津主命（下総香取の神）
第三殿　天児屋根命（河内枚岡の神）
第四殿　比売神（同右相殿の神）

の四神で、この春日祭の祝詞の冒頭の部分に、「恐き鹿嶋に坐す健御賀豆智命、香取に坐す伊波比主命、枚岡に坐す天之子八根命、比売神、四柱の皇神」と述べている。伊波比主命（斎主命とも書く）は経津主命と同神である。天児屋根命は、『古事記』に「天児屋命者（中臣連等之祖）」とあり、『日本書紀』に「中臣連遠祖天児屋命」とある通り、中臣氏（すなわち藤原氏）の祖神であるから、藤原氏が氏神としてもとの枚岡から勧請して祭ったことに不思議はない。比売神は、古くは天照大神と過大に解釈されていたが、本来は天児屋根命の相殿の神で、その配偶神であるから、天児屋根命と同時に祭られたのは怪しむに足りない。しかしながら、遠く東国の鹿島・香取の神が藤原氏の氏神の中に入れられ、しかも祖神の天児屋根命よりも上位を占めているのは何故であろうか。『古事記』『日本書紀』に見える武甕槌命・経津主命は、どの氏族の祖神という記載はない。この二神は神代に出雲の国譲りという偉大な功業を立てたとされる武神で、現実に鹿島・香取の地に勢力を張る神々である。藤原氏の権勢を支える氏の社の祭神には、祭祀を担当した文神とも言うべき天児屋根命一神だけでは物足りなさが感じられた時、武甕槌・経津主という偉大な両武神が新しく氏神に迎えられることとなったのではあるまいか。そして幸いなことに、鹿島には古くから中臣の一族或いは中臣の部民がいて、中臣（藤原）と鹿島とは決して無縁ではなかった。すなわち『常陸国風土記』の香嶋郡の記事に、

○古老曰　難波長柄豊前大朝馭宇天皇（孝徳）之世、己酉年（大化五年）、大乙上中臣（　）子、大乙下中臣部兎子等、請㆓惣領高向大夫㆒、割㆓下総国海上国造部内軽野以南一里、那賀国造部内寒田以北五里㆒、別置㆓神郡㆒。其処所㆑有天之大神社、坂戸社、沼尾社、合㆓三処㆒、惣称㆓香嶋天之大神㆒。因名㆑郡焉。

○俗曰、美麻貴天皇（崇神）之世、大坂山乃頂爾、白細乃大御服坐而、

白梓御杖取坐、識賜命者、我前乎治奉者、汝聞看食国乎、大国小国、事依給等識賜岐。于レ時、追二集八十之伴緒一、挙二此事一而訪問。於レ是、大中臣神聞勝命、答曰、大八嶋国、汝所レ知食国止、事向賜之、香嶋国坐、天津大御神乃挙教事者。天皇聞レ諸、即恐驚、奉レ納二前件幣帛於神宮一也。

○古老曰、倭武天皇之世、天之大神、宣二中臣巨狭山命一、令レ仕二御舟一者。巨狭山命答曰、謹承二大命一、無二敢所一レ辞。……

と見え、鹿島と中臣との結び付きが古きに溯ることが知られる。鹿島神宮の大宮司家は中臣氏を称したが、その淵源はこの辺りに存するのであろう。ともかくも、鹿島の神を藤原氏の氏神として迎えるに足る下地は既に存していたと考えることができる。平安時代になると、中臣鎌子（藤原鎌足）は常陸国の生まれだとする伝説が作られるに至った。『大鏡』巻五に、

○この御時(孝徳)、中臣の鎌子連と申て、内大臣になりはじめ給。そのおとどは、常陸国にてむまれたまへりければ、……

○その鎌足のおとどむまれ給へるは常陸国なれば、かしこに鹿嶋といふ所に、氏の御神をすましめたてまつり給て、その御よりいまにいたるまで、あたらしきみかど、きさき、大臣たちたまふをりは、幣の使かならずたつ。みかど(元明)奈良におはしし時に、鹿嶋とほしとて、大和国三笠山にふりたてまつりて、春日明神となづけたてまつりて、いまに藤氏の御氏神にて、公家、をとこ、女使たてさせ給ひ、后宮、氏大臣、公卿みなこの明神につかうまつり給て、二月、十一月上申日御祭にてなん、さまざまの使たちののしる。

と記して、鹿島の神を鎌足の産土神とし、藤原氏と鹿島の神との関係の緊密さを強調するに至っている（現在も鹿嶋市の、芭蕉の『鹿島紀行』に見える根本寺の近くに、鎌足神社という小祠が存する）。

一方香取の経津主命（斎主神とも呼ばれる）は、武甕槌命と共に出雲へ遣わされたという伝承の神で、古代には香取・鹿島と並立して常陸国の海側からの入口を両側から堅め、大和政権の東国進出の重要拠点として、二者一体の橋頭堡の観を呈していた。香取の経津主命が、鹿島の武甕槌命と並んで藤原氏の氏神として迎えられたのは、当然の道理というべきである。

さて春日大社の創祀は、当神社の古伝では、奈良時代称徳天皇の神護景雲二年（七六八）十一月九日であるとする。『神道大系・神社編十三・春日』の第一編社記の冒頭に収められた「古社記」と名づけられた文献（同書の解題によると、文暦元年以後間もなく制作された古縁起の集成というべきもので、春日社記の代表といえる文献であるとのこと）には次の記事が見える。

○或書云、大明神神護景雲元年六月廿一日、仰二時風、秀行ノ二人一云、出二常陸国鹿嶋宮一、趣二御笠山一之時……

○或人云、大明神神護景雲二年正月九日令レ渡二大和国安倍山一、数月留リ御。其時榎本明神詣二安倍山砌一、白二御神一

言、従レ此北方有二殊勝霊地一。名二三笠山一。……仍同二年十一月九日戊申、令レ渡二三笠一。……
○自二常陸国御住処一移二三笠山一之間、以レ鹿為二御馬一、以二柿木枝一為レ鞭御出アリ。先神護景雲元年丁未六月廿一日、来二着伊賀国名張郡夏身郷一。……同年十二月七日、大和国城上郡安倍山御座ス。同二年正月九日、同国添上郡三笠山御垂跡御後、天児屋根、斎主命、始御神ノ御許へ各奉レ幣給。日本国自二三笠山一外ニ无二高名霊地一者、爰以各為二住所一。……称徳天皇御託宣云、是山本南向可レ致二崇居一云々。則天皇成レ驚被レ下二勅使一、地形ヲ相、以終神護景雲二年戊申十一月九日戊申寅時、宮柱立テ御殿ヲ造了。……

右によると、或いは鹿島の神が神護景雲二年十一月九日に三笠山に渡って来られたと言い、或いは神護景雲二年十一月九日に宮柱を立て御殿を造り了ったと言い、その間に若干の相違はあるが、神護景雲二年十一月九日をもって春日社の創祀にかかわる最も重要な日としていることにおいては一致している。『神道大系・春日』に収められた右の「古社記」以外の関係社記類を検しても、同様である。神護景雲二年十一月九日創祀は、当社の尊い社伝として代々言い継がれて行ったのであろう。

ところが、『万葉集』によると、それ以前から春日には神の社が存したことが知られる。すなわち、

娘子、佐伯宿祢赤麻呂に贈れる歌に報ふる一首

ちはやぶる神の社しなかりせば春日の野辺に粟まかましを

（巻三、四〇四）

佐伯宿祢赤麻呂、更に贈れる歌一首

春日野に粟まけりせば鹿(しし)待ちに継ぎて行かましを社し恨めし（四〇五）

春日に神を祭る日に、藤原太后の作らす歌一首　即ち

入唐大使藤原朝臣清河に賜へり

大船に真梶しじ貫きこの吾子を唐国へ遣る斎(いは)へ神たち

（巻十九、四二四〇）

大使藤原朝臣清河の歌一首

春日野に斎(いつ)く三諸の梅の花栄えてあり待て帰り来までに

（四二四一）

『万葉集』は天平宝字三年（七五九）の作を最後とするから、いずれも神護景雲二年（七六八）より以前の歌ばかりである。春日野に以前から神の社が祭られていたことは、右によって確かである。右四首のうち前二首は天平勝宝三年の歌で、藤原太后（光明皇太后）と遣唐大使藤原清河の歌であるから、唐へ出発するに先立って氏神の春日社に参り、行路の平安を祈ったと受け取れなくもない。しかし、『続日本紀』に、

養老元年二月壬申朔、遣唐使祠二神祇於蓋山(みかさやま)之南一。

宝亀八年二月戊子(六日)、遣唐使拝二天神地祇春日山下一。去年風波不レ調、不レ得二渡海一。使人亦復頻以相替。至レ是副使小野朝臣石根重脩二祭祀一也。

とあるのを見ると、遣唐使渡航前に春日で「神祇」・「天神地祇」を祭っているから、『万葉集』巻十九の二首の場合も藤原氏の氏神と断定することは憚られる。その外、『伊呂波字類抄』に、

春日社 日本紀云、聖武天皇御宇天平七｜乙亥。

『神宮雑例集』巻第一に、

元明天皇、和銅二年己酉、都在二奈良京一之時、近奉レ崇二居春日御社一。……

聖武天皇、天平十二年庚辰四月五日、春日御社奉レ遷二寿久山御社一。……

等、春日社の創祀を神護景雲二年より古きに置く記事が存するが、これをそのまま信用し得るか否かは疑問である。結局、春日神社の創祀は社伝を尊重して神護景雲二年として置いて、後考を俟つのが、最も穏当であろうと思われる。一歩譲って、仮にそれより以前に春日に藤原の氏の社が存したとしても、それは祖神の天児屋根命とその相殿の比売神とだけを祭った小規模の社であったとすべきであろう。

問題の神護景雲二年は道鏡が朝廷で全盛を極めた時代で、藤原氏では永手が左大臣の任にあった。翌三年には、和気清麻呂が道鏡の意思に反する宇佐八幡の神託をもたらす事件があった。更にその翌年には称徳天皇が崩御になり、藤原永手を中心に画策されて、光仁天皇が即位し、道鏡は下野国に貶せられた。この時期は、まさに政治の一大変動期であった。この時に当たり、永手を中心として、藤原氏の勢力挽回の手段として、大規模な氏の社を春日に建て、武功赫赫たる武甕槌命・経津主命を東国から迎えて、元来の祖神の上に据えて祭り、これらの神々の神威を蒙って、道鏡の仏法に対抗しようと計ったことは、十分想像し得るところではないだろうか。

このようにして成立した春日神社の祭は、藤原氏の権勢を背景に次第に盛大になって行った。『貞観儀式』巻第一には、

春日祭儀 二月、十一月上申。

とあり、『延喜式』四時祭上には、数々の祭神の料物を挙げた後に、

右祭料依二前件一、春二月、冬十一月上申日祭之。

と記して、祭日は毎年二月・十一月の上申日と定められている。この祭の創始については、『神道大系・春日』に収める「春日社年中行事」の「二月、二季御祭礼」の条の末尾に、

右大宮祭礼者、人皇五十四代仁明天皇嘉祥三年庚午九月始而被レ遂二行一、勅使及辨参向焉。……自レ夫経二十箇年一之後、清和天皇貞観元年己卯十一月九日庚申行二祭礼一焉。自レ爾以来二月、十一月以二各上申日一為二定日一。是二季祭之濫觴也。

と記している。しかしながら『三代実録』に、

天安二年十一月三日庚申、停二平野、春日等祭一焉。

貞観元年二月十日丙申、春日祭如レ常。

同 元年十一月九日庚申、平野、春日神祭如レ常。

と見えるから、社伝が濫觴とする貞観元年（八五九）十一月九日よ

り以前に、二月・十一月上申日の春日祭は始まっていたとせざるを得ない。恐らく盛大な祭礼のきまりが出来て行ったのが貞観元年十一月だというのであろう。

春日祭の詳細なきまりについては、『貞観儀式』巻第一の「春日祭儀」に記事が見える。その概要を述べると、次の通りである。祭の日の前日に、斎女（いつきめ）（伊勢の斎宮・賀茂の斎院に倣って、藤原氏一門の中から選ばれて春日祭に奉仕する少女）が夜明けに車に乗って京から春日神社に向かい、奈良の佐保の頓舎に宿る。祭の当日朝、準備が整うと、大臣以下の官司及び藤原の氏人が社に参入する。斎女は輦（れん）に駕して社に参る。斎女は輦より下り、座に着き、神態（かみわざ）の服に改めて、祭の座に就く。官幣・中宮の幣・春宮の幣・氏人の幣等が捧げられた後、神饌が捧げられ、大臣以下朝使・氏人が座に就き、神馬四疋・走馬八疋が神殿の前に牽き列ねられる。神主は木綿鬘を着けて祝詞の座に就き、両段再拝して祝詞を読む。すなわちこの春日祭の祝詞である。終わって一同直会殿（なおらいでん）の座に就き、近衛が東舞（あづままい）を舞う。御飯を賜わった後、神主が和舞（やまとまい）を舞う。斎女は衣を換えて頓舎に還られ、人々には禄を賜り、大臣以下馬場に出て走馬を見る。冬の祭には斎女は参らないことになっている。これによって、春日祭はまことに藤原氏の権勢を反映した盛儀であったことが知られる。それに後には若宮祭が始められるようになって、春日神社の繁栄は続いた。

春日祭の祝詞は、この祭儀の祝詞であるから、やはり平安時代になってからの制作と認められる。賀茂真淵の『祝詞考』には、「かくてこの祝詞は、彼貞観の頃に作るなるべく、文のさま、今の京にても、暫後の人の言にて、古に違ふこともあり。」と述べている。

〔訓読文〕

春日祭（かすがのまつり）

天皇（すめら）が大命（おほみこと）に坐（ま）せ、恐（かしこ）き鹿嶋（かしま）に坐（ま）す健御賀豆智命（たけみかづちのみこと）・香取（かとり）に坐（ま）す伊波比主命（いはひぬしのみこと）・枚岡（ひらをか）に坐（ま）す天之子八根命（あめのこやねのみこと）・比売神（ひめがみ）、四柱（よはしら）の皇神等（すめがみたち）の

〔口訳文〕

春日祭

天皇様の御詔命により、畏れ多い鹿島に御鎮座の健御賀豆智命・香取に御鎮座の伊波比主命・枚岡に御鎮座の天之子八根命及び比売神の四柱の大神様方の貴いお前に申し上げますことには、「大神様方がお求めになられた通りに、春日の三笠の山の麓の地下の大きな岩の上に

広前に白さく、大神等の乞はし賜ひの任に、春日の三笠の山の下つ石根に宮柱広知り立て、高天の原に千木高知りて、天の御蔭・日の御蔭と定め奉りて、貢る神宝は、御鏡・御横刀・御弓・御桙・御馬に備へ奉り、御服は明たへ・照たへ・和たへ・荒たへに仕へ奉りて、四方の国の献れる御調の荷前取り並べて、青海の原の物ははたの広物・はたの狭物、奥つ藻菜・辺つ藻菜、山野の物は甘菜・辛菜に至るまで、御酒は甕の上高知り、甕の腹満て並べて、雑の物を横山の如く積み置きて、神主に其の官位姓名を定めて、献るうづの大幣帛を、安幣帛の足幣帛と平らけく安らけく聞こし看せと、皇大御神等を称へ辞竟へ奉らくと白す。かく仕へ奉るに依りて、今も去く前も、天皇

お宮の柱を立派にしっかりと立て、高天の原に向かって千木を高々と聳やかして、ここを神様が天を覆う陰また日光を覆う陰としてお住まいになる御社殿とお定め申し上げて、奉献する御神宝としては、御鏡・御横刀・御弓・御桙・御馬というように整え申し上げ、神様のお着物には明るい色彩の織物・光沢のある織物・柔らかい織物・ごわごわした織物というふうに種々お作り申し上げて、四方の国から献上して来た貢ぎ物の初物をずらりと並べて、青海原で取れる物では、ひれの広い大きい魚・ひれの狭い小さい魚、それに沖の海藻・岸辺の海藻、又山や野で取れる物では、甘い菜・辛い菜に至るまで取り揃え、お神酒は大きな瓶の口に溢れる程高々と盛り上げ、瓶の腹の中にいっぱい満たして、いくつも並べて、このように沢山の種類の品物をまるで横に伏した山のようにどっさりと積んで置いて、神主に某官位姓名の者を定めて、献上いたします貴い立派な奉献の品々を、安らかな足り整った奉献の品として、平穏に安泰に御受納下さいませと、貴い大神様方を賛辞を尽くしてお祭り申し上げることでございます」と申し上げます。

「このように大神様方にお仕え申し上げることによって、現在も将

が朝庭を平らけく安らけく、足らし御世の茂し御世に斎ひ奉り、常石に堅石に福はへ奉り、預かりて仕へ奉る処々・家々の王等・卿等をも平らけく、天皇が朝庭にいかしやくはえの如く仕へ奉り、さかえしめ賜へと、称へ辞竟へ奉らくと白す。大原野・平岡の祭の祝詞も此に准へ。

来も、天皇様の朝廷を平穏に安泰に、充足したしかも繁栄した御治世であるようにお守り申し上げ、永遠に変わらない堅い岩のように幸いをお与え申し上げ、朝廷の政務に参与してお仕え申し上げている諸所・諸家の皇族方や公卿方をも平穏にあらせ、天皇様の朝廷にまるで勢い盛んに繁茂する桑の枝のように勢いよくお仕え申し上げ、繁栄させてやって下さいませと、賛辞を尽くしてお祭り申し上げることでございます」と申し上げます。大原野神社及び枚岡神社の祭の祝詞も、この祝詞に準じて読め。

語釈

○**天皇が大命に坐せ**　「すめら」の「すめ」は、最高・尊貴を意味する語。「ら」は接尾語。最高に尊貴な主権者で、天皇をさす。「大命」は天皇の御命令・みことのり。「坐せ」は「坐す」の已然形で、「坐せば」と同じ意味を持つ。天皇の御命令であるので・天皇のみことのりによっての意味となる。この言い方は、他の祝詞や宣命にも現れる。

○**健御賀豆智命**　常陸国鹿島神宮の祭神。『古事記』に「建御雷神」、『日本書紀』に「武甕槌神」と見える。出雲の国譲りの交渉に派遣された武神として著名である。タケは勇武の意、ミカは御厳の約、ヅ（ツ）は連体助詞、チは霊威を表す語。雷神また刀剣神としての性格を持つ。

○**伊波比主命**　下総国香取神宮の祭神。『古事記』には見えず、『日本書紀』に見える「経津主神」と同神。武甕槌神と共に出雲の国譲りの交渉に遣わされた。フツは物を断ち切る音を表しており、刀剣神の性格を持つ。イハヒヌシとは、忌み清めて神を祭る祭主の意である。鹿島・香取の神が中臣氏の氏神として春日に祭られた経緯については、解説の項で述べた。

○**天之子八根命**　本来の中臣氏の祖神で、河内国枚岡神社の祭神。『古事記』『日本書紀』に「天児屋命」と見える。神祇祭祀をもって大和朝廷に仕えた中臣氏の祖神がこの神名を持つことは、神聖な小屋にこもって神を祭ることに由来すると思われる。

○**比売神**　枚岡神社の相殿の神。

○広前（ひろまへ）　「広（ひろ）」は美称。神の御前。
○任に（まにま）　……の通りに・……に従って・……のままにの意。
○天の御蔭・日の御蔭（あめのみかげ・ひのみかげ）　祈年祭の祝詞で既に述べた。ここでは、天に対し日に対して陰となる立派な神殿の意。（以下、既に説明済みの語句については原則として一々記さないことにする。）
○御横刀（みはかし）　「横刀」は九条家本の古訓に「ハカシ」とある。「はかし」は「佩（は）く」の下に尊敬の助動詞の「す」の付いたものが名詞形になったもので、腰に佩かれるものの意。刀剣の尊称。
○御弓（みとらし）　「弓」は九条家本の古訓に「タラシ」とある。これは「ミトラシ」が「ミタラシ」に変化した形。「とらし」は「取（と）る」の下に尊敬の助動詞の「す」の付いたものが名詞形になったもので、手に取られるものの意。弓の尊称。
○御桙・御馬に備へ奉り（みほこ・みうま・そな・まつ）　御桙・御馬というように種々の品を整え申し上げの意。
○御調（みつき）　「調」は九条家本の古訓に「ツキ」とある。みつぎものこと。「ミツキ」のキは古くは清音であった。
○御酒（みき）　「御酒」は九条家本の古訓に「ミワ」とある。下の祝詞にも数個所同様に出て来る。ミワとは神酒のことである。『万葉集』巻二の歌に「泣沢（なきさは）の　神社（もり）に三輪すゑ　祈れども」（二〇二）、『和名抄』祭祀具に「日本紀私記云、神酒美和。」と見える。従ってこれをミワと訓んで差し支えないが、一般の訓み方に従って「みき」と訓んでおくことにした。
○其の官　位　姓名（それ　つかさくらゐかばねな）　ここは実際の祭儀では、春日祭に神祇官から遣わされた使者の官位姓名を具体的に入れるのである。
○安幣帛の足幣帛（やすみてぐら・たるみてぐら）　欠点のない安らかなみてぐらで、しかも足り整ったみてぐら。
○聞こし看せ（き・め）　お聞き入れになって下さい・御受納になって下さいの意。
○朝庭（みかど）　「みかど」はもともと「御門（みかど）」であるが、意味が広がってこの場合は朝廷の意。
○足らし御世の茂し御世（た・みよ・いか・みよ）　充足した御世で、しかも繁栄した御世。
○福はへ奉り（さき・まつ）　「福閉」の九条家本の古訓に「サイハヘ」とある。「サキハヘ」の音便の形である。他の個所では多く「幸」の字が用いられている。
○預かりて仕へ奉る（あつ・つか・まつ）　朝廷の政務に関与してお仕え申し上げる。
○王　等・卿　等（おほきみたち・まへつきみたち）　九条家本の古訓に「オホキミタチマウチキムタチ」とある。マウチキムタチは「前（まへ）つ君（きみ）たち」の音の変化した語で、天皇の前に伺候する君達の意である。「王等」は皇族をさし、「卿等」は公卿をさしている。
○いかしやくはえ　本文に「伊加志夜久波叡」と仮名書きにしてある。早くから意味が曖昧になった語であろう。賀茂真淵は、初めの著『延喜式祝詞解』では、「伊加志夜久波叡ハ、茂八桑枝ナルヘシ。八ハ多数ノ称。桑枝ハ繁茂セル物ナレハ譬テ云リ。」と述べているが、晩年の著『祝詞考』では「夜久波叡(ヤクハエ)は、弥木栄(イヤコバエ)を、略き転していふ言也。いやがうへに、木の生栄るを、はやしといふ。又はえとのみもいふなり。」と前説を改訂している。しかしながら、『祝詞考』の弥木栄説より、『延喜式祝詞解』の八桑枝説の方が素朴で具象的で適切であると考える。後に述べる「中臣寿詞」の末尾の部分に、「天皇朝庭仁茂世仁八桑枝乃如久立栄奉仕留倍支……」と見える。「茂世仁八桑枝乃如久」は、初め「茂八桑枝乃如久(いかしやくはえのごとく)」とあったのが、「茂(いか)し御世」が頭にあったために、後に「世仁」が挿入されたものと推測される。そうすると、「天皇(すめら)が朝庭(みかど)に茂(いか)し八桑枝(やくはえ)の如(ごと)く」は、春日祭のここの文と同じ文句となる。かくてここの文は、天皇の朝廷に、まるで勢いよく繁茂した桑の枝のように、いよいよ勢いよくお仕え申し上げて、繁栄させてやって下さいという意味になる。

○大原野(おほはらの) 京都市西京区大原野に鎮座する大原野神社（旧官幣中社）のこと。平安遷都後、都の近郊の大原野に社殿を造営し、春日大社の神々を勧請して、藤原氏の女性の参拝に便したといわれる。『延喜式』四時祭上に、

大原野神四座祭

右料物同二春日祭一。春二月上卯、冬十一月中子日祭之。

とあって、祭日は春日祭の祭日とは異なる。

○平岡(ひらをか) 大阪府東大阪市枚岡に鎮座する枚岡神社（旧官幣大社）のこと。中臣氏の祖神を祭る。『延喜式』神名上の河内国河内郡に、「枚岡神社四座名神大。月次、相嘗、新嘗。」と見える。四時祭式上に、「平岡神四座祭」として祭の料物を掲げた後に、

右春二月、冬十一月上申日祭之。官人一人率二雑色人一、供二奉祭事一。

とあって、祭日は春日祭の祭日と同日である。下の「此(これ)に准(なら)へ」とは、大原野・平岡の祭の祝詞は、春日祭の祝詞に準じて読むようにというのである。

評

この祝詞は、春日祭に当たって神主（神祇官から派遣された使者で、この祭の長となる者）が、春日の神に奏上するものである。冒頭に「天皇(すめら)が大命(おほみこと)に坐(ま)せ」とあって、この祝詞が天皇の命令によって申すものであることを表明している。次いで、春日の祭神四柱の神名を読み上げ、春日の三笠の山下にお祭り申し上げたことを述べる。そして、神前に奉献する神宝・幣帛の数々を一々丁寧に積み重ねるような調子で述べ立てて、神がこれを納受されるようにと願う。更に、天皇の御世が長久に平安であるように、また朝廷に仕える臣下がいよいよ繁栄するように守り給えと祈る。このように、後世の祝詞の一般的内容、すなわち、

一　御鎮座の次第
二　奉る神宝・幣帛の品目と神の納受
三　御世の長久と人々の繁栄の祈願

という基本形態が、この一篇に程よく整っている感じである。祝詞の文章の模型のようなものは、平安時代初期頃に出来上が

ったのであろう。春日祭の祝詞と平野祭（久度古開）の祝詞との相似については、後に述べる。賀茂真淵は前述の如く『祝詞考』の中で、「この祝詞は、彼貞観の頃に作るなるへく、文のさま、今の京にても、暫後人の言にて、古に違ふこともあり。」と評しているが、「彼貞観の頃」というのは、春日祭の創始を貞観元年十一月九日とする伝えをさす。祝詞の中で、春日の神の前を「四柱の皇神等の広前」と言い、奉る幣帛を「献るうづの大幣帛」と言い、春日の神を「皇大御神等」と言うなどは、この社の繁栄を反映するもので、古い祝詞には見えぬ新しい用語であるといってよい。

広瀬大忌祭

解説

広瀬大忌祭（ひろせのおほいみのまつり）は、奈良県北葛城郡河合町川合に鎮座する広瀬神社の祭である。広瀬神社は、『延喜式』神名上の大和国広瀬郡五座の中に、

広瀬坐和加宇加乃売命神社　名神大。月次、新嘗。

と見える神社で、旧官幣大社である。祭神の「和加宇加乃売命」は、当祝詞の中にも「若宇加乃売命」（九条家本）「若宇加能売命」（兼永本）と見え、若々しい食物の女神の意である。「宇加」は、「うかのみたま」の「うか」、「うけもちの神」「とようけの神」の「うけ」と同語で、食物特に稲などの穀物を意味する古語である。「売」は女の意。この神社の大忌祭は、早く『養老令』の神祇令に、

孟夏　大忌祭
孟秋　大忌祭

と見えている。『令義解』の大忌祭についての説明に、

謂、広瀬龍田二祭也。欲レ令下山谷水変二成甘水一、浸二潤苗稼一、得中其全稔上。故有二此祭一也。

と述べていることによって、この祭の趣旨は明らかである。すなわち、山から流れ出た水が、稲にとって滋味豊かな水となって、苗を浸し潤し、秋に完璧な稔りが得られるようにと祈願する農耕の祭である。孟夏（四月）は田植えの前、孟秋（七月）は収穫の前に当たる。この二期に際して、朝廷主催で広瀬の稲の女神に祈るのである。特に広瀬の地が選ばれた所以については、後に述べる。なお右の『令義解』の文章に、「広瀬龍田二祭也。」と述べているが、実際は広瀬の祭であって、龍田の方は次の龍田風神祭である。広瀬大忌祭と龍田風神祭とは同日に行われる二者一体の祭であるところから、「広瀬龍田二祭也。」と書いたものと認められる。大忌祭という名称は、大忌神（おほいみのかみ）を祭る祭であることから名づけられたもので、大忌神とは非常に神聖で触れることのできない霊威を持った神の意であろう。和加宇加乃売命というような具体性を持った神名とは異なる抽象的な神の名で、それだけにより進んだ神格が感じられる。

『延喜式』四時祭上には、

大忌、風神祭並四月、七月四日、

として、祭日の規定がある。しかし四日と定まったのは、平安時代に入ってかららしく（『三代実録』ではすべて四日）、初めは四月・七月の吉日を選んで行ったようである（『日本書紀』では日はまちまち）。同じく『延喜式』四時祭上の「四月祭」の条に、

大忌祭一座（広瀬社、七月准レ此。）
風神祭二座（龍田社、七月准レ此。）

の二項目があり、それぞれの社に奉る幣帛を列挙した後に、

右二社、差二王臣五位已上各一人、神祇官六位以下官人各一人一充レ使。（卜部各一人、神部各二人相随。）国司次官以上一人、専当行レ事。

……

と定められていて、広瀬大忌祭と龍田風神祭とが、地方の社の私的な祭ではなく、勅使及び神祇官が派遣され、国司が関与する朝廷直轄の祭であることを明示している。ここにこの祭の重要な意義が存する。

広瀬・龍田の祭の国史に見える最初は、『日本書紀』天武天皇四年（六七五）に、

四月癸未（十日）、遣二小紫美濃王・小錦下佐伯連広足一、祠二風神于龍田立野一。遣二小錦中間人連大蓋・大山中曽祢連韓犬一、祭二大忌神於広瀬河曲一。

と記すものである。以後天武天皇時代には、五年四月四日・同七月十六日・六年七月三日にそれぞれ「祭二龍田風神、広瀬大忌神一。」と見える。四年七月と六年七月とに見えないのは、記事が落ちたのか、他に理由があったのか明らかでない。翌七年に全く見えないのは、同年四月七日、天皇が天神地祇を祭ろうとされたその当日、十市皇女の急逝という事件が勃発したため、その年は広く神祇祭祀を憚ることになったのであろうか。八年以降十四年までは、毎年四月・七月（日はまちまち）に、「祭二広瀬、龍田神一。」とか「祭二広瀬大忌神、龍田風神一。」とか見えている。最初は龍田・広瀬の順で記してあるものが、八年以後は広瀬・龍田の順になっているのは、両社の力関係に何らかの変動があったためかどうか、事情は明らかでない。次の朱鳥元年は四月に記事はなく（天皇の不予によるか。但し『日本書紀』には五月二十四日に「天皇始体不安。」とある）、七月十六日に「祭二広瀬・龍田神一。」と見える（天武天皇は朱鳥元年九月九日崩御）。広瀬・龍田の祭は、次の持統天皇時代にも忠実に受け継がれて、天皇即位の四年から譲位の十一年まで、毎年四月・七月（日はまちまち）に洩れることなく行われている。

天武天皇時代は、朝廷の神祇祭祀の制度が画期的に整備された時期であった。天武四年四月といえば、天皇即位の二年二月癸未（二十七日）から二年余り後のことである。天武天皇の朝廷が企画した神祇制度のうち、最も早い時期に実施されたのが、この広瀬・龍田の祭であった。それは、朝廷が国民の作る穀物の豊穣を神に祈るという国家的規模の農耕祭祀である。広瀬の地は、大和盆地の農地を潤して来た多くの河川が一つに合流して、大和川となって西へ流れる河合村川合の名にふさわしい地点である。この大和の農業用水の要ともいうべき地に、若い稲の神和加宇加乃売命を祭って、稲を潤す諸川の水が甘き水となって稲の成長を促し、秋の豊作をもたらすことを祈る。一方龍田の地は、生駒山地と金剛山地との間を割って大和川が西流す

るはざまの所に当たり、まさに大和盆地の農作物を荒らす西からの暴風の吹き込み口である。この地に風の神を祭って、暴風が吹くことなく、穀物の豊かな稔りが約束されるようにと祈る。これを朝廷が毎年四月と七月とに定期的に実施し続けて行こうとするのである。これはいわゆる祭政一致の理念に基づく祭儀で、従前の小規模な村落祭祀とは格段に進んだ性格を持つといわねばならない。ここに天武朝における神祇祭祀の特色を捉えることができる。広瀬・龍田の祭は天武朝に成立したもので、天武四年四月の祭の記事は、この祭の初見であると同時に出発点であると断定してよいであろう。そしてこの祭は、やがて浄御原令の中に規定され、大宝令・養老令へと引き継がれて行ったと考えられる。

　広瀬神社の創祀を崇神天皇時代とする縁起伝承が当社に存する。『神道大系・神社編・大和国』に収める広瀬神社史料のうちの「河相宮縁起」（河相宮とは広瀬神社のこと）及び「広瀬社縁起」は共に中世に書かれた仏教色の濃い書であるが、それぞれの冒頭に次のような話を記している。人皇十代崇神天皇の御宇に、河合村の里長の藤時が門外にて一人の立派な異人に出逢い、家の北の水足池の上に社壇を立てよと告げられる。翌朝見ると池は陸地に変わっていた。里長はこのことを朝廷に申し上げると、勅命によって社が造立され、水足明神と号して祭られた。これが本社の縁起であるという。このように神社の創祀を崇神天皇時代に置くことは、他にもよく見られるところで、右もその流儀で物語られるに至った縁起伝承といってよいであろう。広瀬神社の前身として、何らかの土地の小祠が存していたことは推測し得ようが、それは天武朝に始まる広瀬大忌祭とは次元を異にするものと言わねばならない。

　なお広瀬大忌祭の祝詞は、遣わされた勅使が神主・祝部等に宣り聞かせる宣読体の祝詞であるところに特色がある。勅使は天皇の命令を背負っているのである。

〔訓読文〕

広瀬大忌祭（ひろせのおほいみのまつり）

広瀬（ひろせ）の川合（かはひ）に称（たた）へ辞竟（ごとを）へ奉（まつ）る皇神（すめがみ）の御名（みな）を白（まを）さく、御膳（おほみけ）持（も）ちする若宇加の売（わかうかのめ）の命（みこと）と御（み）

〔口訳文〕

広瀬大忌祭

　広瀬の川合に賛辞を尽くしてお祭り申し上げる貴い神様のお名前を申し上げることには、「天皇様の御食膳を支配しておられる若宇加の売の命」というようにお名前を申し上げて、この貴い神様の前にお祭名は白して、此の皇神の前に辞竟へ奉らく、皇御孫の命のうづの幣帛を捧げ持たしめて、王　臣　等を使として、称へ辞竟へ奉らくを、神主・祝部等諸　聞き食へよと宣りたまふ。

奉るうづの幣帛は、御服は明妙・照妙・和妙・荒妙、五色の物、楯・戈、御馬、御酒は瓱のへ高知り、瓱の腹満て双べて、和稲・荒稲に、山に住む物は毛の和き物・毛の荒き物、大野の原に生ふる物は甘菜・辛菜、青海の原に住む物は鰭の広き物・鰭の狭き物、奥つ藻葉・辺つ藻葉に至るまで、置き足らはして奉らくと、皇神の前に白し賜へと宣りたまふ。

かく奉るうづの幣帛を、安幣帛の足幣帛と、皇神の御心に平らけく安らけく聞こし食し

り申し上げるのに、天皇様の尊貴な奉献の品も捧げ持たせて、王・臣らを使者として、称え詞を尽くしてお祭り申し上げることを、参集した神主・祝部ら、皆の者ら、よく拝聴せよと宣り聞かせる。

神様に奉る尊貴な奉献の品は、お着物では明るい色彩の織物・光沢のある織物・柔らかい織物・ごわごわした織物、それに赤・青・黄・白・黒の五色の布、それから楯・戈及び御馬、お神酒は大きな瓶の口に溢れるほど高々と盛り上げ、瓶の腹の中にいっぱい満たして、いくつも並べて、お米は和稲（籾をすり取った米）・荒稲（籾の着いたままの米）の両方ともに、又山に住む鳥獣類では毛の柔らかい物・毛の荒い物、大きい野原に生える野菜類では甘い菜・辛い菜、青海原に住む魚類ではひれの広い大きい魚・ひれの狭い小さい魚、それに沖の海藻・岸辺の海藻に至るまで、実に様々の品物を、十分満ち足る程に置いて捧げ奉ることでございますと、貴い神様の前に奏上せよと宣り聞かせる。

このように捧げ奉る尊貴な奉献の品々を、安らかなしかも充足した奉献の品として、貴い神様の御心に平穏にまた安泰に御受納になって、天皇様がいつまでも長く遠い将来まで続くお食事として、お顔色も

て、皇御孫の命の長御膳の遠御膳と赤丹の穂に聞こし食し、皇神の御刀代を始めて、親王等・王等・臣等、天の下の公民の取り作る奥つ御歳は、手肱に水沫画き垂れ、向股に泥画き寄せて取り作らむ奥つ御歳を、八束穂に皇神の成し幸はへ賜はば、初穂は汁にも穎にも、千稲・八百稲に引き居ゑて、横山の如く打ち積み置きて、秋の祭に奉らむと、皇神の前に白し賜へと宣りたまふ。

倭の国の六つの御県の山の口に坐す皇神等の前にも、皇御孫の命のうづの幣帛を、明妙・照妙・和妙・荒妙、五色の物、楯・戈に至るまで奉る。かく奉らば、皇神等の敷き坐す山々の口より、さくなだりに下し賜ふ水を、甘き水と受けて、天の下の公民の取り作れる奥つ御歳を、悪しき風・荒き水

赤々と照り輝く程にお召し上がりになり、また貴い神様の御神田を初めとして、皇族の親王・王の方々、天皇様のお前にお仕えする臣の方々、及び天下の人民どもが耕作する究極の穀物である稲—それは、人々が手の肱から水の泡をぽとぽとと垂れ、向こうずねに泥をいっぱいくっ着けて作る稲を、長く成長した立派な稲穂として貴い神様が立派に生育させられ、幸いをお与え下さいますならば、その最初に収穫した稲穂をば、お酒に醸しても、又穂の付いたままでも、うんと沢山引っぱって来て据えて、まるで横に伏した山のようにどっさり積んで置いて、秋の祭に捧げ奉りましょうと、貴い神様の前に奏上せよと宣り聞かせる。

大和の国の六つの御料地の山の口においでになる貴い神様方の前にも、天皇様の尊貴な奉献の品を、明るい色彩の織物・光沢のある織物・柔らかい織物・ごわごわした織物、それに赤・青・黄・白・黒の五色の布、更に楯・戈に至るまで捧げ奉ります。このように捧げ奉りますならば、貴い神様方が治めていらっしゃる山々の口から、勢いよく下し落とされる水を、下の農地で甘い水として受けて、天下の人民どもが耕作した究極の穀物である稲を、暴風や洪水に遭わせられることがなく、貴方若宇賀の売の命様が立派に成育させられ幸いをお与え下さるでしょうが、そうなりますならば、最初に収穫した稲穂をば、お酒に醸しても穂の付いたままでも奉り、お酒は大きな瓶の口に溢れ

に相はせ賜はず、汝命の成し幸はへ賜はば、初穂は汁にも穎にも、甕のへ高知り、甕の腹満て双べて、横山の如く打ち積み置きて奉らむと、王等・臣等・百の官の人等、倭の国の六つの御県の刀祢、男女に至るまで、今年の某の月の某の日、諸参出来て、皇神の前にうじ物頚根築き抜きて、朝日の豊逆登りに称へ辞竟へ奉らくを、神主・祝部等諸聞き食へよと宣りたまふ。

る程高々と盛り上げ、瓶の腹の中にいっぱい満たして、いくつも並べて、まるで横に伏した山のようにどっさりと積んで置いて捧げ奉りましょうとして、使者の王・臣ら及び数多くの役所の役人ども、更に大和の国の六つの御料地の村長や男・女の農民らに至るまで、今年の某月某日、皆の者がここに参上して来て、貴い神様の前にまるで鵜のように首のねっこを深々と垂れて礼拝して、朝の太陽が豊かに栄え登る時に、賛辞を尽くしてお祭り申し上げますことを、神主・祝部ら、皆の者ら、よく拝聴せよと宣り聞かせる。

語釈

○広瀬の川合　旧大和国広瀬郡河合村の地で、現在奈良県北葛城郡河合町。大和盆地の農地を潤した多くの河川が寄り合って、大和川として西に流れる所で、川合の名にふさわしい。

○御膳持ちする　本文に「御膳持須留」とあり、九条家本の古訓に「オホミケモチ」と見える。賀茂真淵の『祝詞考』は「ミケモタスル」と訓んだが、本居宣長の『大祓詞後釈・つけそへぶみ』には、「この留ノ字いかが。持を母多須といふは、古への延へ言の例にて、もたさむ、もたし、もたす、もたせと活用て、もたするとははたらかぬ言也。此格の言いづれも、須留とはたらくことなし。」と疑問を投げ掛けている。さすがに宣長の指摘は正しい。よってここでは、九条家本の古訓を採って「おほみけもちする」と訓むことにした。「御膳持ち」とは、天皇の御食を保持する・支配する・つかさどることを意味する。この「持ち」は、ウケモチノ神（『日本書紀』神代上に保食神、その訓注に「保食神、此云宇気母知能加微。」とある）のモチと同じ語である。

○若宇加の売の命　「宇加」は食物特に稲などの穀物をいう語。

「売」は女で、若々しい稲の女神を意味する神名である。前項の「保食神」の「うけ」は、この「うか」の転じた語である。

○**王臣等**　九条家本の古訓に「オホキムタチマチキムタチ」とある。「マチキム」は、マヘツキミ→マウチキミ→マチキミと変化した語である。『延喜式』四時祭上に、

　右二社（広瀬社と龍田社とをさす）、差二王臣五位已上各一人、神祇官六位以下官人各一人一充レ使。（卜部各一人、神部各二人相随。）

とあるのが、この「王臣等」に相当する。

○**五色の物**　赤・青・黄・白・黒の五色の布。祭儀の幣帛に多く用いられる。四時祭式上の大忌祭の幣帛の中に「五色薄絁各一丈五尺」とあるのが、これに相当する。絁はあしぎぬ（粗い絹糸で織った絹布）。

○**和稲・荒稲**　「和稲」は籾殻をすり取った米。「荒稲」は籾殻の着いたままの米。「和」と「荒」とに二分することは、「和妙・荒妙」に同じ。

○**毛の和き物・毛の荒き物**　山に住む鳥獣類のうち、毛の柔らかなものと、毛の荒いもの。これも「和」と「荒」とに二分している。

○**置き足らはして**　「足」は九条家本の古訓に「タラハシ」とある。十分満ち足る程に置く意。

○**白し賜へと宣りたまふ**　「白し賜へ」の「たまふ」は、普通の尊敬の助動詞の「たまふ」とは異なり、独得の用法によるものである。『万葉集』巻十八の大伴家持の歌に、「陸奥の　小田なる山に　黄金ありと　申し給へれ　……」（四〇九四）などの「申し給ふ」も同じ用法で、「まをしたまふ」で一語になって、言上する・奏上するの意味を持つ。この語の成立については諸説があるが、未だ定説を見ない。「申す」を一層鄭重にした形であることは確かである。祝詞では、この後にもなお数例出て来る。下の「宣りたまふ」は、神主・祝部等に宣り聞かせる意である。（後の〔追記1〕参照。）

○**赤丹の穂に聞こし食し**……　この辺りは屈折した表現が長々と続いていて、一読しただけでは意味が取りにくい。よく読んでみると、結局ここの「皇御孫の命の長御膳の遠御膳と赤丹の穂に聞こし食」すのは、間を隔てた下の「奥つ御歳」であることが分かる。ここの文章は、天皇様が赤丹の穂をお召し上がりになり、また神様の御刀代（御神田）を初めとして、皇族・貴族や一般人民が取り作るところの「奥つ御歳」（稲）、しかもその稲は、人々が手肱に水沫画き垂れ、向股に泥画き寄せて取り作る稲を、……というふうに続く文章と解するのである。（後の〔追記2〕参照。）

○**御刀代**　「みとしろ」は御田代の転じた語。神に奉る稲を作る田のこと。御神田。

○**親王等・王等**　「親王」は天皇の兄弟姉妹及び皇子皇女。「王」は親王以外の二世以下五世までの皇族。

○**公民**　九条家本の古訓に「オホムタカラ」とある。一般人民。「公民」は国のおおやけの人民の意で、私民に対する語。

「おほみたから」の語源については、大御宝説・大御田子等説・大御田族説等があるが、十分明らかではない。

○**千稲・八百稲**　九条家本及び卜部兼永本の本文には「千稲八十稲」とある。九条家本の古訓には「チチカラヤホチカラ」とある。「八十稲」は、祈年祭の祝詞に「千穎八百穎」、龍田風神祭の祝詞に「八百稲千稲」とあること及びこの個所の九条家の古訓に「ヤホチカラ」とあることによれば、「八百稲」の誤写とすべきである。沢山の稲の意。なお「チカラ」は租税のことで、古くは稲を租税として納めたので、「稲」をチカラと訓んだのである。

○**倭の国の六つの御県**　祈年祭の祝詞に見えた「御県に坐す皇神等」六所（高市・葛木・十市・志貴・山辺・曽布）をさす。農作物の豊穣を祈る祭であるから、御県の神々をも祭るのである。

○**さくなだり**　水が勢いよく流れ落ちるさまを表す語。「さく」は逆（さか）の意、「なだり」はナダレ（雪崩）と同語で崩壊する意である。

○**汝**　「なむち」は汝貴で、古く相手を尊敬して呼んだ語。後の大殿祭の祝詞に見える「汝」は九条家本の古訓に、「ナムチ」とある。

○**百の官の人等**　「百官人」は九条家本の古訓に「モヽチノツカサヒト」とある。「チ」は数詞の下に添える語で、例えばハタチ（二十）。一ツ・二ツの「ツ」も同じ。沢山の役所の役人ども。

○**刀祢**　公事に関与する者の総称で、種々の場合に使われる。ここは村里の長・村長をさす。

○**男女**　男女の農民。

〔追記1〕

言上する・奏上するの意味に解される「申したまふ」は、『万葉集』の中に次のように見える。

巻二（一九九、柿本人麻呂）「……やすみしし　吾ご大王の
　天の下　申し賜へば　万代に　しかもあらむと　……」

巻五（八七九、山上憶良）「万代に坐し給ひて天の下申し給
はね朝廷去らずて」

巻五（八九四、山上憶良）「……高光る　日の朝廷　神なが
ら　愛の盛りに　天の下　奏し給ひし　家の子と　撰び給
ひて　……」

巻十八（四〇九四、大伴家持）「……鶏が鳴く　東の国の
陸奥の　小田なる山に　黄金ありと　申し給へれ　……」

巻十九（四二五四、大伴家持）「……古昔ゆ　無かりし瑞
度まねく　申し給ひぬ　……」

右の二首目に見える「天の下申し給（ふ）」は、大臣になって天下の政治を天皇に奏上する意である。同様の表現は、『続日本紀宣命』第五詔（神亀元年二月甲午）に、

汝等清支明支正支直支心以、皇朝乎穴比扶奉而、天下公民

乎奏賜止詔命、衆聞食宣。

とあって、天下公民の政務を天皇に奏上せよというみことのりになっている。宣命にはこの種の表現が少なくない。これらの「申し給ふ」は、「申す」と「給ふ」とに別れるのではなく、「申し給ふ」で一つの熟語のようになっていて、一般の目上の人に申し上げるという程度の敬意ではなく、天皇に奏上する・神に奏上する・朝廷に言上するという非常に鄭重な敬意の表現となっている。この点に注意する必要がある。

〔追記2〕

この条の文章を分かりやすくするために、簡明な図解を示すと、次のようになる。

1 広瀬の神様は、唯今奉献する幣帛を平らかに御受納になって、（これは5へと続く。）
2 天皇様が顔色も赤々とお召し上がりになり、｝奥つ御歳、
3 また、神の御田を始めとして、
皇族・貴族・一般人民の耕作する
4 それは、人々が苦労して作る――奥つ御歳を、
5 広瀬の神様が豊かに実らせて下さいますならば、
6 秋の祭には、そのお初穂をどっさりと神前に奉りましょう。

評

この祝詞は、朝廷から派遣された勅使の読む祝詞である。最初に祈年祭の祝詞のような神主・祝部等に宣り聞かせる言葉がなく、いきなり「広瀬の川合に称へ辞竟へ奉る皇神の御名を白さく、……」とあるので、てっきり神に向かって奏上する祝詞かと思って読み進むと、段末に至って、「称へ辞竟へ奉らくを、神主・祝部等諸聞き食へよと宣りたまふ。」と結んであって、神主・祝部等に向かって宣り聞かせる言葉であったことが分かる。宣読体の祝詞の成り立ちが、ここに明示されている。これは、次の第二段前半についても同様である。冒頭は「奉るうづの幣帛は、……」で始まり、幣帛の数々が丁寧に述べ上げられて、「置き足らはして奉らく」とあるから、まさしく神に向かって幣帛を奉献する言葉になっているが、最後に至って一転して、「……と、皇神の前に白し賜へと宣りたまふ。」とあって、以上の言葉がすべて神主・祝部等に向かって命令するものであったことが、ここで明瞭になっている。それは、続く第二段後半についても、また次の第三段についても、全く同様のことが言えるが、一々の説明は省略する。朝廷から派遣された勅使は、神に向かって祝詞を奏上しながら、時々思い出したように人間の方へ向き返って、宣り聞かせていることを印象づける。今日の我々から見ると、専ら神に奏上する祝詞として一貫させれば、人間の誠意が神に通じてよいと思われるのに、どうして時々人間の方を振り向く中途半端な二面性を取らねばならなかったのか。それは、朝廷から派遣

された勅使の持つ二面の性格、すなわち神に仕える祭祀者であると同時に、祭儀をつかさどる行政者であるという両面の立場を担っていたからである。これは、広瀬大忌祭の勅使だけではない。律令体制下の神祇官の立場そのものでもあった。神祇官は全国の神社を管掌し、祭儀に朝廷の権威を顕示する任務を担っていた。広瀬の大忌祭は、朝廷の主催する重要な祭儀の一つである。神祇官は大忌神に農耕の豊穣を祈ると共に、広瀬社の祭祀を管掌する立場にあった。広瀬大忌祭の祝詞を、神に祈る奏上体に徹することなく、わざわざ各段末において宣読体に転換させたわけは、ここに存したのである。宣読体の祝詞の成立の実状の一端をここに見ることができる。

　広瀬大忌祭の実施は、『日本書紀』の天武天皇紀・持統天皇紀にいくつもの記事が見えて、その歴史が明らかであるのに、祝詞の文章になると不明な個所が目につくのはどうしたことか。最初の神名からしてそうである。広瀬の大忌の神の名は、祝詞の本文に「御膳持須留若宇賀能売能命」と見える。九条家本の「御膳持」の傍訓には「オホミケモチ」とある。卜部兼永本・卜部兼右本・版本の傍訓は共に「ミケモチ」である。ところが賀茂真淵の『祝詞考』は、「御膳持須留」を「ミケモタスル」と訓んだ。「持つ」（つかさどる意）の尊敬語として「持たする」を考えたのであろう。これに対して本居宣長は、前述のように、『大祓詞後釈・つけそへぶみ』において批判して、「御膳持須留、この留ノ字いかゞ。持を母多須といふは、古への延へ言の例にて、もたさむ、もたし、もたす、もたせと活用て、もたするとははたらかぬ言也。此格の言いづれも、須留とはたらくことなし。」と述べた。まことに古代語の語法に精通した宣長の指摘する通りである。それでは「御膳持ちする」で誤りないかというと、これも何となく熟さない妙な表現である。「御膳持ちする」と訓んで、やっと少しは落ち着いた感じになる。それでも何となく本文に誤りがあるのではないかと推測してみたくなるのは、筆者だけではないであろう。

　疑問個所は右に留まらない。第二段後半の初めの方の、「皇御孫の命の長御膳の遠御膳と赤丹の穂に聞こし食し、皇神の御刀代を始めて、親王等・王等・臣等・天の下の公民の取り作る奥つ御歳は、……」という個所は、意味の通りが悪く、解釈に窮することは〔語釈〕の項で述べたとおりで、賀茂真淵を初め代々の学者を苦しめて来た。本居宣長は『大祓詞後釈・つけそへぶみ』で、「皇御孫命能長御膳能といふより、王臣等といふまでの文、みだりがはしく、入まじりて、とゝのはず。又取作奥都御歳者の七字は、除キ去リてよろし。此言こゝに有ては、いと〳〵つたなし。又引居氐といひて、又如二横山一打積置といへるも、いとつたなし。」と評している。私は〔語釈〕で、この条をこのままにして意味の通ずる解釈法を提示したが、祝詞作成者の推敲が不十分であったためかどうか、この条の文章に不備な表現を含むことは否定できない。

　また第三段の「倭の国の六つの御県の山の口に坐す皇神等の

前にも、……」というところも問題である。祈年祭の祝詞によっても分かるように、御県に坐す神と山の口に坐す神とは全く別である。六つの御県にそれぞれ山の口の神が祭られていたとは考えられない。『延喜式』四時祭上の「大忌祭」の条に、「是日以二御県六座・山口十四座一合祭。其幣物者、座別……」とあるから、大忌祭に当たって御県の神と山の口の神にも幣帛を奉ったことは確かであるが、それは六つの御県の山の口に坐す神ではない。この個所について宣長の『大祓詞後釈・つけそへぶみ』は次のように酷評を下している。

> 倭国能六御県乃山口爾坐皇神等云々、此段殊につたなく、いみしきひがことのみ也。まづ六ノ御県ノ神社と、処々の山口ノ神社とは、皆別所にして、祈年祭ノ詞にも出たるが如し。然るに御県乃山口とは何事ぞや。そのうへ所々の山口ノ神は、宮材の事につきてこそ、祭り給へ、水のために祭り給ふこと、よしなし。水の御祈には、水分ノ神をこそ祭り玉ふ事なれ。又悪風荒水爾不レ相賜といふことも、御県ノ神山口ノ神には、似つかぬこと也。……そも〳〵此大忌祭は、ふるき祭なれば、古き祝詞の有けんを、そははやくうせたりしにや、こゝに載れる祝詞は、考にもいはれたるごとく、とゝのはぬ事共多き中に、此段の殊にかくのごとくみだりなるを以て思へば、もとより此祭に、御県ノ神又山口ノ神又水分ノ神などをも、祭り給ふこと有しにつきて、此祝詞は、かの祈年祭に、御県ニ坐ス神、山口ニ坐神、水分ニ坐神と、おの〳〵別に其祝詞のあるを見て、後ノ人、其事の意をも弁へず、其三つを一つに混じて、本より古語に闇ければ、かくみだりなることを、造りなせるにぞあらん。……

このような批判の出るのは当然といえる。御県は御膳の野菜を供給した朝廷の直轄地であるから、大忌祭に当たって御県の神に幣帛を奉り、御県の民も祭に参列したのは、至当のことであるが、山の口の神に幣帛を奉ることは、本来山の口の神は宮殿の用材を供給する山の口に祭る神であることを考えると、やはり筋違いの感が深い。これは、平安時代に入って、山の口の神を農業用水の水源の神と理解するように変化して以後のことであろう。従って少なくともこの祝詞の第三段の山の口の神に関する個所は、本来あったものではなく、後の時代の書き加えと見るべきであると考える。

龍田風神祭

解説

龍田風神祭（たつたのかぜのかみのまつり）は、奈良県生駒郡三郷町立野に鎮座する龍田大社の祭である。龍田大社は、『延喜式』神名上の大和国平群郡二十座の中に、

龍田坐天御柱国御柱神社二座並名神大。月次、新嘗。

と見える神社で、旧官幣大社である。「天御柱国御柱神」は、当祝詞の中では「天乃御柱乃命、国乃御柱乃命」とあり、二柱の神である。この神名は、いかにももののしい感じがするが、風の神であるから、竜巻の旋風を天地間の柱に見立てて命名されたものと考えられる。中核の「御柱」の上に「天」・「国」を冠して、二柱に分けたのである。単に風神と言わずに、このような威厳のある神名を付けたのは、前の広瀬の祭神を大忌神と名づけたのと同じように、天武天皇の朝廷であろう。

『養老令』の神祇令には、

孟夏　風神祭
孟秋　風神祭

とあり、『令義解』の風神祭についての説明には、

謂、亦広瀬龍田二祭也。欲レ令沴風不レ吹、稼穡滋登。
故有此祭。

と述べている。すなわち、農作物を荒らす悪い風が吹くことなく、植え付け取り入れが順調に行われて、豊かな実りがもたらされるようにと、孟夏（四月）の植え付け前と、孟秋（七月）の取り入れ前とに風の神に祈るのである。前の広瀬大忌祭とこの龍田風神祭とが同日に二者一体の形で行われたこと、また朝廷から勅使が遣わされて行われた同趣旨の国家的規模の祭であることは、既に広瀬大忌祭の項で述べた通りである。この祭は龍田の祭であるのに、右の『令義解』の説明に「亦広瀬龍田二祭也。」と書いているのは、広瀬大忌祭の説明に「広瀬龍田二祭也。」と書いているのと同様で、このことについても前項で述べた。

この祭の初見は、『日本書紀』天武天皇四年（六七五）四月癸未（十日）に、

遣小紫美濃王、小錦下佐伯連広足、祠風神于龍田立野。

……

と見えるもので、その後長く引き続いて行われた状況については前に見た。龍田の地は、既述の如く、生駒山地と金剛山地との間を割って大和川が西へ流れるはざまの所に当たり、まさに西からの暴風が大和盆地へ吹き込む入口の重要地点である。ここに風の神を祭って、悪風の乱入を防ぎ、農作物の実りを守ろうというのである。この発想は、天武朝の神祇祭祀の理念から

出たものと認められる。

龍田の地は古代には大和国と河内国とを結ぶ交通路（龍田越え）の要所であった。従って、龍田山の峰や麓に神を祭ってあったことは十分推測し得る。それが或いは『延喜式』神名上の「龍田坐天御柱国御柱神社二座」の次に、

　龍田比古龍田比女神社二座

と見えるものかも知れない。龍田の地名の下に「比古」「比女」が付いているから、その土地の神らしく思われる。この神の社は、今龍田大社の中に摂社として祭られている社がそれだとする説が有力である。この社と風の神を祭った龍田の社とは、当然性格を異にする別の社とするのが妥当である。

風の神を祭る龍田の社の縁起について、当祝詞自身の中で、志貴島に大八島国を知ろしめした天皇（崇神天皇）の時代のこととしている。すなわち、同天皇の時代に何年も穀物が実らなかったが、天皇の夢に天の御柱の命・国の御柱の命が現れて、この災害は自分のせいである旨を諭され、龍田の立野に自分の宮を定めて祭ってくれたら五穀の豊穣をもたらす旨を教えられたので、この社が建てられることになったと述べている。これは神祇祭祀の最初を強いて崇神天皇に結び付けて物語ろうとする縁起伝承の手法で、そのまま鵜呑みにすることはできない。『神道大系・神社編五・大和国』に収める龍田大社史料の「龍田大明神御事」（中世の成立）という文献の中にも、

　爰当社大明神者、崇神天皇御代、降二臨龍田山之峯一、聖徳太子往時、遷二座斑鳩寺之側一。……

と述べている。

なお右の「龍田大明神御事」は、龍田大明神と聖徳太子の結び付きを強調しようとしている。すなわち、聖徳太子が寺を建てるべき地を求めて平群郡に入られた時、龍田大明神が老翁の姿になって聖徳太子に遇われ、法隆寺建立の勝地を指示され、これによって法隆寺が建立されたと述べる。そして聖徳太子の要請によって、法隆寺の鎮守として、龍田大明神が立野の本宮から法隆寺の近くに勧請されて来たのが龍田の新宮であると述べている（別に新宮の鎮座は孝徳天皇の時ともいう）。この新宮とは、斑鳩町龍田にある龍田神社のことをさしたものであるが、この社が法隆寺の近くにあるところから、いつしか聖徳太子との結び付きを説く話が作られるに至ったものであろう。

この祝詞も、前の広瀬大忌祭の祝詞と同様に、勅使が神主・祝部等に宣り聞かせる宣読体をとっている。

〔訓読文〕

龍田風神祭

龍田に称へ辞竟へ奉る皇神の前に白さく、志貴嶋に大八嶋国知らしし皇御孫の命の、遠御膳の長御膳と、赤丹の穂に聞こし食す五つの穀物を始めて、天の下の公民の作る物を、草の片葉に至るまで成さざる、一年二年に在らず、歳まねく傷るが故に、百の物知り人等の卜事に出でむ神の御心は、此の神と白せと負ほせ賜ひき。此を物知り人等の卜事を以ちて卜へども、出づる神の御心も无しと白すと聞こし看して、皇御孫の命の詔りたまはく、神等をば天つ社・国つ社と忘るる事無く、遺る事無く、称へ辞竟へ奉ると思ほし行はすを、誰れの神ぞ、天

〔口訳文〕

龍田風神祭

龍田に賛辞を尽くしてお祭り申し上げる貴い神様の前に申し上げますことには、志貴島において日本の国をお治めになった天皇様（崇神天皇）の、いつまでも遠い将来まで長く続くお食物として、お顔色が赤々と照り輝く程たっぷりお召し上がりになる五種類の穀物を初めとして、天下の人民どもの耕作する農作物を、一片の草の葉に至るまで成育させないことが一年や二年だけではなく、何年も続けて損傷したので、天皇様は、「数多くの占い師等が立てる占いに現れる神様の御心は、この神であると特定して申し上げて来るように」と仰せ付けになった。そこでこの事を、占い師等の占いによって占ったけれども、「占いに現れる神様は何もありません」と申し上げて来たとお聞きになって、天皇様が仰せられたことには、「神様方をば、天上の神々を祭る社・地上の神々を祭る社というふうに、一つも忘れたり残したりすることなく、称え詞を尽くしてお祭り申し上げていると思って、事を執り行っているのに、どの神様であるのか、天下の人民どもの耕作する農作物を、成育させずに損傷する神様方は。自分の御心によるのだぞと、はっきりお悟し申されよ」と仰せられて、お祈りをして神意を窺われた。そうすると、天皇様の御夢の中で神様がお悟し申し上げたことは、「天下の人民どもの耕作する農作物を、暴風や洪水に何度も遭わせて、成育させず損傷するのは、その自分の名前は、天の御柱

の下の公民の作る作り物を、成さず傷る神等は。我が御心ぞと悟し奉れと、うけひ賜ひき。是を以ちて、皇御孫の命の大御夢に悟し奉らく、天の下の公民の作る作り物を、悪しき風・荒き水に相はせつつ、成さず傷るは、我が御名は天の御柱の命・国の御柱の命と、御名は悟し奉りて、吾が前に奉らむ幣帛は、御服は明妙・照妙・和妙・荒妙、五色の物、楯・戈、御馬に御鞍具へて、品々の幣帛備へて、吾が宮は朝日の日向ふ処、夕日の日隠る処の、龍田の立野の小野に、吾が宮は定め奉りて、吾が前を称へ辞竟へ奉らば、天の下の公民の作る作り物は、五つの穀を始めて、草の片葉に至るまで、成し幸はへ奉らむと、悟し奉りき。是を以ちて、皇神の辞教へ悟し奉りし処に、宮

の命・風の御柱の命であるぞよ」と、神様のお名前を悟し申し上げて、続いて、「自分の前に捧げ奉ろうとする奉献の品は、お着物は明るい色彩の織物・光沢のある織物・柔らかな織物・ごわごわした織物、それに赤・青・黄・白・黒の五色の布、更に楯・戈、また御馬の上に御鞍をちゃんと載せて、これら多くの種類の奉献の品をきちんと整備して、一方自分の鎮座するお宮は、朝日が輝かしく射す場所であり、夕日がうまく隠れる場所である龍田の立野の野原に、自分のお宮をお決め申し上げて、自分の前を称え詞を尽くしてお祭り申し上げるならば、天下の人民どもが耕作する農作物は、五種類の穀物を初めとして、一片の草の葉に至るまで、立派に成育させて、幸いをお与え申し上げよう」と、お悟し申された。これによって、貴い神様が言葉でもって教え悟し申された場所に、お宮の柱をしっかりと定め申し上げて、この貴い神様の前を称え詞を尽くしてお祭り申し上げるのに、天皇様の尊貴な奉献の品を捧げ持たせて、王・臣らを使として、賛辞を尽くしてお祭り申し上げることでございますと、貴い神様の前に奏上申し上げることを、参集した神主・祝部ら、皆の者ら、よく拝聴せよと宣り聞かせる。

柱定め奉りて、此の皇神の前を称へ辞竟へ奉るに、皇御孫の命のうづの幣帛捧げ持たしめて、王臣等を使と為て、称へ辞竟へ奉らくと、皇神の前に白し賜ふ事を、神主・祝部等諸聞き食へよと宣りたまふ。

奉るうづの幣帛は、比古神に御服は明妙・照妙・和妙・荒妙、五色の物、楯・戈、御馬に御鞍具へて、品々の幣帛献り、比売神に御服備へ、金の麻笥・金の椯・金の桛、明妙・照妙・和妙・荒妙、五色の物、御馬に御鞍具へて、雑の幣帛奉りて、御酒は瓱のへ高知り、瓱の腹満て双べて、和稲・荒稲に、山に住む物は毛の和物・毛の荒物、大野の原に生ふる物は甘菜・辛菜、青海の原に住む物は鰭の広物・鰭の狭物、奥つ藻菜・辺つ藻菜に至るまでに、横山の

神様に捧げ奉る尊貴な奉献の品々は、彦神様（天の御柱の命）にお着物として明るい色彩の織物・光沢のある織物・柔らかい織物・ごわごわした織物、それに赤・青・黄・白・黒の五色の布、また楯・戈、更に御馬の上に御鞍を載せて、これらの多くの種類の奉献の品を捧げ奉り、姫神様（国の御柱の命）にはお着物を整えて、黄金の麻笥（績んだ麻を入れる器）・黄金の椯（糸をよる時に使う台の上に棒を立てた道具）・黄金の桛（つむいだ糸を掛けて巻く道具）、明るい色彩の織物・光沢のある織物・柔らかい織物・ごわごわした織物、それに赤・青・黄・白・黒の五色の布、御馬の上に御鞍を載せて、これらの多くの種類の奉献の品を捧げ奉って、更に彦・姫両神様に、お神酒は大きい瓶の口に溢れる程高々と盛り上げ、瓶の腹の中にいっぱい満たして、いくつも並べて、お米は籾をすり取った米・籾の着いたままの米というふうに、更に山に住んでいる鳥獣類では毛の柔らかい物・毛の荒い物、大きい野原に生えている野菜類では甘い菜・辛い菜、青海原に住んでいる魚類ではひれの広い大きい魚・ひれの狭い小さい魚、それに沖の海藻・岸辺の海藻に至るまで、実に沢山の品々をまるで横

如く打ち積み置きて、奉る此のうづの幣帛を、安幣帛の足幣帛と、皇神の御心に平らけく聞こし食して、天の下の公民の作る作り物を、悪しき風・荒き水に相はせ賜はず、皇神の成し幸はへ賜はば、初穂は甕のへ高知り、甕の腹満て双べて、汁にも穎にも、八百稲・千稲に引き居ゑ置きて、秋の祭に奉らむと、王　卿　等・百の官の人等、倭の国の六つの県の刀祢、男女に至るまでに、今年の四月七月には今年の七月と云ふ。諸参集はりて、皇神の前にうじ物頸根築き抜きて、今日の朝日の豊逆登りに、称へ辞竟へ奉る皇御孫の命のうづの幣帛を、神主・祝部等賜はりて、惰る事無く奉れと宣りたまふ命を、諸　聞き食へよと宣りたまふ。

に伏した山のようにどっさりと積んで置いて、捧げ奉りますこの尊貴な奉献の品を、安らかで充足した奉献の品であるとして、貴い神様の御心に平穏に御受納下さいまして、天下の人民どもが耕作する農作物を、暴風や洪水に遭わせられることがなく、貴い神様が立派に成育させて幸いをお与え下さいますならば、最初に収穫した稲穂をば、お酒に醸して大きい瓶の口に溢れる程高々と盛り上げ、瓶の腹の中にいっぱい満たして、いくつも並べて、このようにお酒としても、又穂の着いたままでも、うんと沢山の稲を引っぱって来て据え置いて、秋の祭に捧げ奉りましょうとして、使者の王・卿ら及び数多くの役所の役人ども、更に大和の国の六つの御料地の村長や男・女の農民らに至るまで、今年の四月七月の祭の時は「今年の七月」と唱える。に皆の者がここに参り集って来て、貴い神様の前にまるで鵜のように首のねっこを深々と垂れて礼拝して、今日の朝の太陽が豊かに栄え登る時に、賛辞を尽くして神様に捧げ奉る天皇様の尊貴な奉献の品を、神主・祝部らは頂戴して、怠ることがなく神前に捧げ奉れと仰せられる天皇様の御詔命を、皆の者ら、よく拝聴せよと宣り聞かせる。

語釈

○**皇神の前に白さく**　この「白さく」の結びは、この段の終わりの方の「称へ辞竟へ奉らくと、皇神の前に白し賜ふ事を、……」の「白し賜ふ」である。

○**志貴嶋**　大和国磯城郡（奈良県桜井市）の地。崇神天皇がこの地に都を置かれた（『古事記』─師木水垣宮、『日本書紀』─磯城の瑞籬宮）。後の欽明天皇もこの地に都を置かれた（『古事記』─師木嶋大宮、『日本書紀』─磯城嶋金刺宮）が、神祇祭祀のもとを崇神天皇にかけて物語ることが多いので、ここは崇神天皇とするのが順当であろう。

○**大八嶋国**　日本国の古名。記紀の国生み神話に大八嶋国（記）、大八洲国（紀）と見える。

○**知らしし**　お治めになったの意。

○**五つの穀物**　九条家本の古訓に「イツヽノタナツモノ」とある。「たなつもの」とは、タネ（種）ツ（の）モノ（物）の意で、穀物のこと。「五穀」という語は中国から入った。『古事記』上巻の大気都比売神の神話では、稲・粟・小豆・麦・大豆の五種を挙げている。

○**草の片葉**　「片葉」は九条家の古訓に「カキハ」とある。大殿祭の祝詞に「草能可岐葉」、六月晦大祓の祝詞に「草之垣葉」と表記しているから、カキハと訓むことは確かである。カキハとは「欠き葉」で、欠け破損した葉・一片の欠けた葉の意。

○**成さざる**　成さざることは、の意で下へ続く。成育させないことは。

○**歳まねく**　「まねく」は度数の多いこと・頻繁なこと。『万葉集』巻二の柿本人麻呂の挽歌に、「真根久往かば　人目を多み」（二〇七）と見える。「歳まねく」は、何年も何年もの間。

○**百の物知り人等**　「百」は数の多いこと。「物知り人」は、物事をよく知っている人。この場合は卜占をよくする人。

○**卜事**　うらない。

○**負ほせ賜ひき**　天皇が臣下に仰せ付けになった・御命令になったの意。

○**思ほし行はすを**　お思いになって行っておられるのにの意。「行はす」の「す」は、尊敬の助動詞である。

○**作る作り物**　耕作する農作物。

○**うけひ賜ひき**　「うけひ」は動詞「うけふ」（四段活用）の連用形。「うけふ」とは、分からないことを神意をうかがって祈ることをいう。記紀に見える天照大御神と須佐之男命の「天の真名井の宇気比」が有名で、その外いくつかの例がある。あらかじめ二つの条件をきめておいて、どちらが現れるかによって神意をうかがう場合が多い。

○**天の御柱の命・国の御柱の命**　龍田の風の神の神名。その神名は、解説の項で述べたように、竜巻の旋風を天地間の柱に見立てた命名であろう。

○**御鞍**　九条家本の古訓に「オホオソヒ」とある。ミクラと訓んでもよい。馬の鞍を「おそひ」といったのは、鞍は馬の背に

「襲ふ」（覆う意）ものだからである。

○**朝日の日向ふ処、夕日の日隠る処**　朝の太陽に向かい合った所、夕方の太陽が隠れる所。龍田大社の鎮座地は、東が開けて朝日がよく射し、西に山を負うて夕日がうまく隠れるから、このように表現したのである。『古事記』に、「朝日の直刺す国、夕日の日照る国」（天孫降臨の条）・「朝日の日照る宮、夕日の日駈ける宮」（雄略天皇の条の歌謡）などと見える。いずれも宮殿の場所を讃美した表現で、ここも同じ。

○**立野の小野に**　本文に「立野尓小野尓」とあるが、上の「尓」は「能」の誤りと認めて改めた。「立野」は鎮座地の地名。「小野」の「小」は親愛の意味をこめた接頭語。

○**白し賜ふ事を**　この「白し賜ふ」は奏上する意。普通の尊敬の助動詞の「賜ふ」ではない。これについては広瀬大忌祭の祝詞で説明した。

○**比古神**　彦神で、天の御柱の命をさす。

○**比売神**　姫神で、国の御柱の命をさす。

○**御服備へ**　この句は衍文として削れば事は簡単であるが、そのまま残すとすれば、御服に関するものとして麻笥・椯・桛、御服として明妙・照妙・和妙・荒妙とでも訳しておくより外仕方がない。不用意な句である。

○**金**　九条家本の古訓に「コカネ」とあり、「こがね」と訓んでもよい。言葉としては、コガネよりクガネの方が古いとされている。『万葉集』巻十八の大伴家持の歌に、「久我禰」（四〇九四）と見える。

○**麻笥**　績んだ麻を入れる檜の薄板で作った円筒形の器。

○**椯**　九条家本の古訓に「タタリ」とある。糸を操る時に使う台の上に棒を立てた道具。

○**桛**　九条家本の古訓に「カセ」とある。紡いだ糸を掛けて巻くＨ型の道具。「かせひ」ともいう。

○**八百稲・千稲**　沢山の稲。「八百稲」は九条家本の古訓に「ヤホチカラ」とある。チカラについては広瀬大忌祭の祝詞で述べた。

○**惰る**　九条家本の古訓に「オコタル」とある。

評

この祝詞も朝廷から派遣された勅使が読む祝詞で、前の広瀬大忌祭の祝詞と同様の形態をとっている。広瀬大忌祭の祝詞では第一段は短いが、龍田風神祭の祝詞では、この神社の創祀を物語る縁起説話が長々と述べられていて、一篇の半ばを過ぎる。この縁起譚は当社にとっては重要で、祝詞の中で語り伝える必要があったのであろう。そして、これを語り終わった段末において、「王臣等を使と為て、称へ辞竟へ奉らくと、皇神の前に白し賜ふ事を、神主・祝部等諸聞き食へよと宣りたまふ。」と述べて、神に申し上げる言葉が一転して、神主・祝部等に宣り聞かせる言葉に変じて、この段を結んでいる。これは、広瀬大忌祭の祝詞と全く同じで、このことについては既に述べた通りである。これは次の第二段についても同様である。

第二段は、奉る幣帛のことが中心になっているが、広瀬大忌祭の祝詞の第二段と第三段とが一つになったような形で、この方がよくまとまって引きしまった感じがする。これが本来の形であろう。広瀬大忌祭の祝詞の方は、間へ山の口の神に関する言葉を入れる必要が生じたために、第二段と第三段に分割せざるを得なくなったのであろう。こうした点からも、山の口の神に関する条は後の挿入である可能性が強くなる。

第二段の幣帛を列挙した個所の「比売神に御服備へ、金の麻笥・金の椯・金の柨……」というところは疑問がある。「御服備へ」という句が、どうにも余計ものという気がする。賀茂真淵の『祝詞考』は、下の「明妙照妙和妙荒妙五色能物」を「この十二字、今本こゝに有は誤にて、加はりし物也。」として削除し、これによって疑問の解決を計ろうとした。これに対して、鈴木重胤の『延喜式祝詞講義』は、「比売神爾御服備は、佗社の例多くは比古神に耳奉られて、比売神の御服迄には悉く及はさるに、此社へは態と比売神の御給む料に調進る事を如此云るなり。」と述べて、真淵が十二字を衍文としたことに反論した。九条家本を初めとして古い本に皆存する十二字を、そう簡単に削除するわけには行かないし、たとい削除するとしても「御服備へ」という言葉の不自然さは消えない。重胤の説は、よく考えられた意見であるが、この個所を何度も読み返すと、釈然としないものが依然として残る。私は、御服を調整するのに必要な麻笥・椯・柨を姫神に奉るので、その意味のことを表現しようとして、十分に表現し得ず、このような中途半端な言葉になったのではないかと考えてみた。いわば推敲不十分というところである。『延喜式祝詞』だからといって、必ずしも名文ばかりであるわけではない。

平野祭

平野祭（ひらののまつり）は、京都市北区平野宮本町に鎮座する旧官幣大社平野神社の祭である。

解説

平野神社は、『延喜式』神名上の山城国葛野郡二十座の中に、

平野祭神四座並名神大。月次、新嘗。

と見える社である。右の四座とは、『延喜式』四時祭上に、

平野神四座祭今木神、久度神、古開神、相殿比売神。

と見える通り、今木神・久度神・古開神・比売神の四座である。そのうちの主神は今木神であって、比売神は本来主神の今木神の相殿に祭られてあった配偶神が後に一座として独立するに至ったものと思われる。『延喜式』の祝詞としては、「平野祭」の祝詞と「久度古開」の祝詞と二本立てになっているが、祭としては一つの平野祭であることを予め知っておく必要がある。

平野神社の創祀は、桓武天皇の延暦年中であったとすることができる。『類聚三代格』巻第一所収の貞観十四年十二月十五日付太政官符「応レ充二正一位平野神社地一町一事」に、

右得二彼社預従五位下卜部宿祢平麻呂解状一称、謹検二旧記一、延暦年中、立二件社一之日、点二定四至一、奏聞既訖。……

と述べられているからである。同じく『類聚三代格』巻第一所収の延暦二十年五月十四日付太政官符「定二准レ犯科レ祓例一事」の文中に、大忌祭・風神祭……春日祭等の祭の名を列挙した中に、「平野祭」の名が見えるから、延暦二十年以前に平野神社の創祀があったことは確かである。恐らく延暦三年（七八四）十一月十一日の長岡宮遷都後、延暦十三年（七九四）十月二十二日の平安京奠都（てんと）までの期間に、平野神社の社地が設けられ、神々が祭られたものと推測する。それは後に述べるところにも関連がある。

然らば、平野神社に祭られている今木神以下の神々は、いかなる神であるか。この問題に精細な考証を加えて一定の結論を導き出したのは、伴信友の『蕃神考』である。以下『蕃神考』の説を中心に、若干の私見を加えて平野の祭神について説明して行く。

「今木神」の初見は、『続日本紀』桓武天皇延暦元年（七八二）十一月丁酉（十九日）の条に、

叙二田村後宮今木大神従四位上一。

と見えるものである。延暦元年は、桓武天皇即位の翌年に当たる。田村とは、桓武天皇の父の光仁天皇が雌伏時代に住まれた宮殿（奈良にあり）の名で、後宮とは后妃の住む宮殿をいう。この場合の後宮は、光仁天皇の夫人で桓武天皇の母であった高野新笠のことである。この高野新笠は、延暦八年（七八九）十二月

乙未（二十八日）に亡くなり、その翌年延暦九年正月壬子（十五日）大枝山陵に葬ったが、その壬子の日の『続日本紀』の記事に、次のように見える。

皇太后（高野新笠のこと）姓和氏、諱新笠。贈正一位乙継之女也。母贈正一位大枝朝臣真妹。后先出レ自二百済武寧王之子純陁太子一。皇后容徳淑茂、夙著二声誉一。天宗高紹天皇（光仁天皇のこと）龍潜之日、娉而納焉。生二今上（桓武天皇のこと）・早良親王・能登内親王一。宝亀年中、改レ姓為二高野朝臣一。今上即レ位、尊為二皇太夫人一。九年追二上尊号一、曰二皇太后一。其百済遠祖都慕王者、河伯之女感二日精一而所レ生。皇太后即其後也。因以奉レ謚焉。

右によって、桓武天皇の母の高野新笠は百済系の帰化人の子孫であったことが分かる。この人が、田村宮の後宮において百済系の祖神を祭っていたのが、外ならぬ「今木大神」である。大神というふうに大変尊重した言い方になっているのは、桓武天皇が母を尊重した故の敬称であって、この神が桓武天皇治世の初めの延暦元年に大神として世に現れて、叙位を受けたのは、思うに当然の理と認められる。新笠の姓はもと和氏である（宝亀年中高野と改姓）。和氏は、『新撰姓氏録』左京諸蕃下に、

和朝臣、百済国都慕王十八世孫、武寧王之後也。

と見えている。百済系帰化人であること明瞭である。

今木という語は、本来「今来」と書くべきである。上代特殊仮名遣いにおいて、「来」は甲類のキの字であり、「木・城」は乙類のキの字である。「今来」の地名は、『日本書紀』皇極元年に「造二双墓於今来一」、大化五年三月戊辰（二十四日）に「迎二於今来大槻一」と見え、「今来郡」の名は欽明七年七月に「倭国今来郡言」と見える。また雄略前紀に「新漢槻本南丘」をイマキノアヤノツキモトノミナミノヲカと訓んでいる。雄略七年に「今来才伎」という語が見えるが、新しく帰化した工人の意である。それらの帰化人の名としては、雄略七年に「新漢陶部高貴」、推古十六年に「新漢人大圀・新漢人日文・新漢人広済」、推古二十年に「新漢人済文」が見える。これらは「新」の字をイマキと訓ませている。イマキ（今来）とは、古い帰化人に対して新たに帰化して来た人々をさす言葉であり、また今来という地名は、これら今来の人々の居住した土地に名づけられた名称であった。従って今来の神とは、今来の人々がその居住地に故国の祖神を祭って崇拝したものとすることができる。大和国の今来の地において、百済系の帰化人たちは自分らの祖神を祭る廟社を持っていた。これがもともとの今来の神である。光仁天皇の夫人となった高野新笠は、これを田村の後宮に勧請して来て、私的に祭っていたものと想像される。それが桓武天皇時代になって、今木大神として現れることとなったわけである。奈良時代末期に至ると、キに限らず甲乙二類の区別が混乱するようになったため、本来「今来」と書くべきものが、「今木」と表記されるようになったと理解することができる。

なおついでに述べれば、『日本書紀』斉明天皇四年五月に、「皇孫建王、年八歳薨。今城谷上、起レ殯而収。」と見え、続く斉明天皇の歌謡に、「伊磨紀(今城)なるをむれがうへに……」、また同年十月の歌謡に、「……伊麻紀(今城)のうちは忘らゆましじ」とある「今城」「伊磨紀」「伊麻紀」の「城」「紀」は、上代特殊仮名遣いではキの乙類の字で、この今城の地と先の帰化人関係の今来とは区別して考える必要のあることを付言しておく。

さて次に、久度神について考える。『続日本紀』延暦九年(七九〇)十二月壬辰朔の条に、次の記事が見える。

詔曰、春秋之義、祖以レ子貴。此則礼経之垂典、帝王之恒範。朕君ニ臨寓内一、十ニ年於茲一。追尊之道、猶有ニ闕如一。興言念レ之、深以懼焉。宜下朕外祖父高野朝臣(乙継のこと)、外祖母土師宿禰(真妹のこと)、並追ニ贈正一位一、其改ニ土師氏一為中大枝朝臣上。夫先秩ニ九族一、事彰ニ常典一。自レ近及レ遠、義存ニ曩籍一。亦宜ニ菅原真仲、土師菅麻呂等、同為ニ大枝朝臣一矣。

更に同年十二月辛酉(三十日)の条には、次のように見える。

勅、外従五位下菅原宿禰道長、秋篠宿禰安人等、並賜ニ姓朝臣一。亦正六位上土師宿禰諸士等、賜ニ姓大枝朝臣一。其土師氏惣有ニ四腹一。中宮母家者、是毛受腹也。故毛受腹者、賜ニ大枝朝臣一。自余三腹者、或従ニ秋篠朝臣一、或属ニ菅原朝臣一矣。

延暦九年十二月一日の詔は、桓武天皇の祖先崇拝の思し召しによって、即位十年の時に当たり、天皇の外祖父高野乙継と外祖母土師真妹とに正一位を追贈すると共に、土師氏を改めて大枝朝臣とするというものである。十二月三十日の記事は、その大枝朝臣の範囲を更に周辺の者に広げることを述べたものである。先に述べたように、今木神は桓武天皇の外祖父高野氏(和氏)の祖神に当てられるが、これから推して考えられることは、平野神社の第二座の久度神は同天皇の外祖母大枝氏(土師氏)の祖神であったのではないかということである。後に述べるように、平野祭には大江(貞観八年十月十五日大枝を大江に改めることを許された)・和の両氏が見参に預る(祭に参列するを許される)例になっていて、平野の神と大江・和の両氏とは非常に密接な関係にあった。それは外ならぬ、今木神は和氏の祖神であり、久度神は大江氏の祖神であったからではないか。もともとの久度神は、『延喜式』神名上の大和国平群郡二十座の中に、「久度神社」と見えるものと認められ、今は奈良県北葛城郡王寺町に鎮座する小社である。その初見は、『続日本紀』延暦二年(七八三)十二月丁巳(十五日)に、

大和国平群郡久度神叙ニ従五位下一為ニ官社一。

と見えるもので、今木神と同じく、桓武天皇の治世の初期に現れていることは、この神が天皇の外祖母に関係深い神であったが故であると考える。かくして、今木神や久度神は、桓武天皇の意思により、長岡遷都後新しい都の近くに勧請され、それが平野神社として成立したとするのが順当であろう。その時期は、

桓武天皇が外祖父母に正一位を追贈し、関係者に大枝朝臣を賜わって待遇した前掲の延暦九年頃とするのが、最も自然であると思われる。

なお、久度神のクドは、かまど（竈）の後方の煙出しの穴を意味するくど（窓）と或いは関係があるかも知れない。土器造りを家職とした土師氏と関連のある語だからである。なお土師氏・大枝氏等については、『新撰姓氏録』左京神別下に、

土師宿禰、天穂日命十二世孫、可美乾飯根命之後也。
菅原朝臣、土師朝臣同祖、乾飯根命七世孫、大保度連之後也。
秋篠朝臣、同上。
大枝朝臣、同上。

と見えている。

次に古開神についてであるが、「開」の字の表記について、『延喜式』巻八祝詞の古写本に「古関」と書くものと「古開」と書くものと両様あって、いずれが可か決し難い。九条家本・卜部兼右本には「開」（關の異体字）とあり、卜部兼永本には「開」とある。今は仮に兼永本に従っておいた。九条家本には傍訓はなく、兼永本には「フルアキ」、兼右本には「フルセキ」と見える。恐らくは地名に違いあるまいが、これに当てるべき土地を捜し難く、『延喜式』神名帳の中に相当する神社を求めることも不可能である。今木神・久度神と同じように、桓武天皇の母方の系統に関わる氏の一つ（例えば菅原氏か秋篠氏か）の祖神を祭ったものと想像されるが、特定は困難である。『蕃神考』は桓武天皇の外曽祖父の大枝朝臣某をさすかと推定しているが、いかがであろうか。

平野祭の祭儀の次第については、『貞観儀式』の「平野祭儀（四月、十一月上申。）」の条にくわしく記し、『延喜式』四時祭上には簡潔に述べる。ここには後者の記事を引用しておく。

右夏四月、冬十一月上申日祭之。並用二官物一。……祭日平明、所司設二皇太子軽幄及群官幄於祭院一。大臣以下各就レ座、訖監祀官進申二行事参議以上一。即令下治部調二歌吹一、大蔵賜中蘰木綿上。次神主中臣二人進宣二祝詞一、訖奏二歌舞一。（先山人、次神祇官一人、次神主中臣二人、次侍従二人、次内舎人二人、次大舎人二人。）既而給二群官酒食一、訖各去。

平野祭の祭日は、毎年四月・十一月の上の申の日に行われるきまりであった。この祭儀には皇太子が参列することになっており、右の記事中に見える蘰木綿は、皇太子の頭に著けるものである。皇太子は天皇の代理として務めているわけで、平野祭が朝廷の重要な祭とされていたことが分かる。また右の記事中、「神主中臣二人進宣二祝詞一」とあるのは、今木神（比売神も含むのであろう）の前で、祝詞を読む者と、久度・古開の神の前で祝詞を読む者と二人であったことを示している。従って祝詞も、この「平野祭」の祝詞と、次の「久度古開」の祝詞と二本立てになっているのである。祝詞の後、歌舞を奏する人々の最初の「山人」は、『貞観儀式』によると左右衛士二十人がこれを務めるが、これは今木神・久度神・古開神の故地から氏子の

民衆が今日の祭儀に参集して来て奉仕する姿を表現するものではないだろうか。

なお、『延喜式』巻十一太政官に、

凡平野祭者、桓武天皇之後王、改ㇾ姓為ㇾ臣者亦同。及大江、和等氏人、並預二見参一。

とあって、平野祭には桓武天皇の後裔の王（臣籍に降下した者を含む）及び大江氏・和氏が見参に預って、参列を許されることになっていた。それは先に述べたように、平野の祭神たちは桓武天皇の母方の祖神を祭った神々であるから、同天皇の後王や大江氏・和氏の氏人等は、それぞれ祭神の子孫として、この祭に参加する資格を有していたからに外ならない。

この祝詞は、神主が神に向かって奏上する形を取っている。

〔訓読文〕

平野祭

天皇が御命に坐せ、今木より仕へ奉り来れる皇大御神の広前に白し給はく、皇大御神の乞はし給ひのまにまに、此の所の底つ石根に宮柱広敷き立て、高天の原に千木高知りて、天の御蔭・日の御蔭と定め奉りて、神主に神祇の某の官位姓名を定めて、進る神財は、御弓・御太刀・御鏡・鈴・衣笠・御馬を引き並べて、御衣は明たへ・照

〔口訳文〕

平野祭

天皇様の御詔命により、今木（大和の国の地名）からお遷し申し上げて来た貴い大御神様の御前に奏上いたしますことには、「貴い大御神様がお求めになられました通りに、この場所の地底の大きな岩の上にお宮の柱を立派にしっかりと立て、高天の原に向かって千木を高々と聳やかして、ここを神様が天を覆う陰また日光を覆う陰としてお住まいになる立派な御社殿とお決め申し上げて、神主として神祇某官位姓名の者を定めて、捧げ奉ります御神宝は、御弓・御太刀・御鏡・鈴・衣笠（貴人のうしろからさしかける柄の長い傘）及び御馬をずらりと並べて、お着物は明るい色彩の織物・光沢のある織物・柔らかい織物・ごわごわした織物というふうに整え申し上げて、四方の国から献上して来た貢ぎ物の初物をずらっと並べて、お神酒は大きい瓶の口に溢れる程高々と盛り上げ、瓶の腹の中にいっぱい満たして、いくつ

たへ・和たへ・荒たへに備へ奉りて、四方の国の進れる御調の荷前を取り並べて、御酒は瓱のへ高知り、瓱の腹満て並べて、山野の物は甘菜・辛菜、青海の原の物ははたの広物・はたの狭物、奥つもは・辺つもはに至るまで、雑の物を横山の如く置き高成して、献るうづの大幣帛を、平らけく聞こしめして、天皇が御世を堅石に常石に斎ひ奉り、いかし御世に幸はへ奉りて、万世に御坐在さしめ給へと、称へ辞竟へ奉らくと申す。

又申さく、参集はりて仕へ奉る親王等・王等・臣等・百の官の人等をも、夜の守り・日の守りに守り給ひて、天皇が朝庭にいや高にいや広に、いかしやくはえの如く立ち栄えしめ、仕へ奉らしめ給へと、称へ

も並べて、山や野の物は甘い菜・辛い菜、青海原の物はひれの広い大きい魚・ひれの狭い小さい魚、それに沖の海藻・岸辺の海藻に至るまで、いろいろ沢山の品物を、まるで横に伏した山のようにどっさりとうず高く置いて、捧げ奉りますこの尊貴な奉献の品を、平穏に御受納になりまして、天皇様の御治世を堅固な永遠に変化しない岩のようにお守り申し上げ、繁栄した御世として幸いをお与え申し上げて、万代にわたって御健在であらせられますようにして上げて下さいませと、称え詞を尽くしてお祭り申し上げることでございます」と申し上げます。

又申し上げますことには、「ここに参り集まってお仕え申しております親王等・王等・臣等及び数多くの役所の役人どもをも、夜も昼もお守り下さいまして、天皇様の朝廷にいよいよ高くいよいよ広く、勢い盛んに繁茂する桑の枝のように勢いよく繁栄させ、お仕え申し上げさせてやって下さいませと、称え詞を尽くしてお祭り申し上げることでございます」と申し上げます。

辞竟へ奉らくと申す。

語釈

○天皇が御命に坐せ　春日祭の祝詞の冒頭と同じ。天皇の御命令によっての意。

○今木より仕へ奉り来れる　今木からお遷し申し上げて来たの意。今木については解説の項参照。

○白し給はく　奏上申し上げることには。この句の結びは、この段の末尾の「称へ辞竟へ奉らくと申す」である。

○衣笠　天皇・皇族・貴族などが外出の際、後ろからさしかける絹張りの柄の長い傘。この場合は神様用のものである。

○置き高成して　高く積み上げて置く意。

○万世に御坐在さしめ給へ　天皇様をいついつまでも変わりなくおいでになるようにして上げて下さいませの意。

○いや高にいや広に　いよいよ高く、いよいよ広く。ますます繁栄するさま。

○いかしやくはえの如く　この句も春日祭の祝詞にあった。

評

平野祭の祝詞は神祇官から派遣された使者が神主（祭の長）となって、平野の神に奏上する祝詞である。その点において、春日祭の祝詞とよく似ている。それだけではなく、両祝詞の文章を比較してみると、近似性が非常に強く、一方が他方を手本として書かれたものであることは、何人も容易に首肯することができる。よってここに両祝詞の類似点を具体的に対比して掲げてみよう。

〔春日祭〕	〔平野祭〕
天皇が大命に坐せ、	天皇が御命に坐せ、
……皇神等の広前に白さく、	……皇大御神の広前に白し給はく、
大神等の乞はし賜ひの任に、	皇大御神の乞はし給ひのまにまに、
……の下つ石根に宮柱広知り立て、高天の原に千木高知りて、	……の底つ石根に宮柱広敷き立て、高天の原に千木高知りて、
天の御蔭・日の御蔭と定め奉りて、	天の御蔭・日の御蔭と定め奉りて、
貢る神宝は、……御馬に備へ奉り、	進る神財は、……御馬を引き並べて、
御服は明たへ・照たへ・和たへ・荒たへに仕へ奉りて、	御衣は明たへ・照たへ・和たへ・荒たへに備へ奉りて、
四方の国の献れる御調の荷前取り並べて、	四方の国の進れる御調の荷前を取り並べて、

雑の物を横山の如く積み置き
　て、
献るうづの大幣帛を、……平
　らけく安らけく聞こし看せ
　と、
称へ辞竟へ奉らくと白す。
天皇が朝庭にいかしやくはえ
　の如く仕へ奉り、さかえし
　め賜へと、
称へ辞竟へ奉らくと白す。

雑の物を横山の如く置き高成
　して、
献るうづの大幣帛を、平らけ
　く聞こしめして、
称へ辞竟へ奉らくと申す。
天皇が朝庭にいや高にいや広
　に、いかしやくはえの如く
　立ち栄えしめ、仕へ奉らし
　め給へと、
称へ辞竟へ奉らくと申す。

　右の外にもなお類似点は若干あるが、煩雑に過ぎるので掲げることを省略した。ともかくも、このように比較してみると、両祝詞の類似性の濃厚さは一目瞭然である。これは春日祭と平野祭の性格の似ていることにもよるが、それにしても祭神が全く異なるのであるから、今日の考えからすると、もっと違った祝詞であって然るべきだという気がする。王朝時代の祝詞文の個性のなさを見せているようで、いささか落胆せざるを得ない。両祝詞の作成年代が明確でないから、どちらがどちらを手本として書いたかは、容易に決し難い。ただ、「たまふ」に春日祭の祝詞は「賜」を用いるのに対して、平野祭の祝詞は「給」を使う。また、「まをす」に春日祭の祝詞は「白」を用いるのに対して、平野祭の祝詞は「申」を多く使う。このような文字違いの相違や文章のあやの相違などから推して考えると、春日祭の祝詞の方が先にあって、平野祭の祝詞はこれをもとに若干の手を加えて作ったものであるように、私には感じ取れる。

久度古開

解説

この祝詞は、平野祭において神主の一人が、久度の神並びに古開の神の前で奏上する祝詞である。

久度の神及び古開の神については、前項平野祭の解説で述べた通りである。「古開」の表記及び訓については問題の存することも、既に述べた。ここでは仮に卜部兼永本に従って、「古開（フルアキ）」としておいた。この祝詞の内容は、平野祭の祝詞と大同小異であるが、主神である今木神と、副神ともいうべき久度・古開の神とでは待遇に格差があるため、それに応じた敬語の表現が用いられている点に注意を払う必要がある。

〔訓読文〕

久度古開（くどふるあき）

天皇（すめら）が御命（おほみこと）に坐（ま）せ、久度（くど）・古開二所（ふるあきふたところ）の宮（みや）にして供（つか）へ奉（まつ）り来（き）たれる皇御神（すめみかみ）の広前（ひろまへ）に白（まを）し給（たま）はく、皇御神（すめみかみ）の乞（こ）ひ給（たま）ひし任（まにま）に、此（こ）の所（ところ）の底（そこ）つ石根（いはね）に宮柱（みやばしら）広（ひろ）敷（し）き立（た）て、高天（たかま）の原（はら）に千木（ちぎ）高知（たかし）りて、天（あめ）の御蔭（みかげ）・日（ひ）の御蔭（みかげ）と定（さだ）め奉（まつ）りて、神主（かむぬし）に其（それ）の官位姓名（つかさくらゐかばね）を定（さだ）めて、進（たてまつ）る神財（かむだから）は、御弓（みとらし）・御太刀（みはかし）・御鏡（みかがみ）・鈴（すず）・

〔口訳文〕

久度古開

天皇様の御詔命により、久度・古開（共に大和の国の地名）の二所のお宮においてお祭り申し上げて来た貴い御神様の御前に奏上いたしますことには、……

（以下、「平野祭」の祝詞とほとんど同文であるので、口訳文を省略する。）

衣笠・御馬を引き並べて、御衣は明たへ・照たへ・和たへ・荒たへに備へ奉りて、四方の国の進れる御調の荷前を取り並べて、御酒は瓱のへ高知り、瓱の腹満て並べて、山野の物は甘菜・辛菜、青海の原の物は鰭の広物・鰭の狭物、息つもは・辺つもはに至るまで、雑の物を横山の如く置き高成して、献るうづの大幣帛を、平らけく聞こしめして、天皇が御世を堅石に常石に斎ひ奉り、いかし御世に幸はへ奉りて、万世に御坐さしめ給へと、称へ辞竟へ奉らくと申す。

又申さく、参集はりて仕へ奉る親王等・王　等・臣　等・百の官の人等をも、夜の守り・日の守りに守り給ひて、天皇が朝庭に弥高に弥広に、いかしやくはえの如く立ち栄えしめ、仕へ奉らしめ給へと、称へ辞竟へ奉らくと申す。

語釈

○久度・古開二所の宮にして供へ奉り来れる　久度・古開の二所のお宮においてお祭り申し上げて来たの意。久度・古開については解説の項参照。

○息つもは　「奥つもは」に同じ。「息」の字はその訓を借りたもの。イキ（息）をオキともいったのは、古い使用法であったと思われる。『古事記』中巻の「息長宿祢王」「息長帯比売命」等、『万葉集』巻二の「玉藻息津藻」（一三一）、巻十三の「息長之遠智能子菅」（三三二三）などの用例がある。

評

平野神社に祭られている久度の神及び古開の神のうち、久度の神は大和国平群郡の久度神社から遷されて来たものであることは推測がつくが、古開の神については全く見当がつかない状態にあった。ところが、西田長男博士はその著『神道史の研究　第二』（昭和三十二年十二月、理想社）所収の論文「平野祭神新説」――後に『日本神道史研究　第九巻神社編（下）』に収める――において、卓抜な新見を発表されたので、ここにその一端を紹介して、読者の参考に供したい。

（四七頁）ここに至つて、平野神社の祭神古開神の何であるかはおよそ明かになつたと思ふ。それは鍛冶族としての物部氏の祖神たる古開神(コマラ)であつた、或はこれを更に限定していへば、既記の饒速日尊の孫の彦湯支命、亦の名は木開足尼であつたのではあるまいかと考へられる。即ち閞・開が謬り記されて開となつたものと思はれる。さうしてこの閞・開は閉で、また閇・閇にも通ずることは、繰返し論ずる迄もなからう。

(四九頁)思ふに、倭志紀県主の本居は、既に述べた志貴御県神社の鎮座する三輪町金屋の地であつたのではあるまいか。その祭神は未詳とされてゐるが、少くともその一柱としてこの倭志紀県主の先祖たる彦湯支命、亦の名は木開(正しくは開)足尼が奉祀されてゐたのではあるまいか。地名の「金屋」もよしありげに思はれる。さうしてこの祭神が後ちに平野神社に遷し祭られたのであるまいか。……少くとも平野神社の祭神古開神が、正しくは古閇神と記し、「コマラ」と訓んで、物部氏の祖神であることだけは、今木神及び久度神を考証するに及んで、いよいよ確実となるであらう。

右の論文には、続いて今木神・久度神・相殿比売神についても精細な考証が展開されていて、十分明らかになっていない平野神社の祭神を考えて行く上に、新しい参考となる。

六月月次　十二月准レ此。

解説

「六月月次」は、「みなづきのつきなみ」と訓む。宮廷祭儀の月次祭（つきなみのまつり）は毎年六月と十二月に行われたので、標題に「六月月次」と掲げ、下に「十二月も此に准へ。」と注したのである。

月次祭は、『養老令』の神祇令に、

季夏　月次祭
季冬　月次祭

とあって、季夏（六月）と季冬（十二月）とに行われることが定められている。同じく神祇令に、

其祈年、月次祭者、百官集二神祇官一、中臣宣二祝詞一、忌部班二幣帛一。

とある通り、祈年祭と同じように朝廷の百官が神祇官に参集して、中臣が祝詞（すなわちこの祝詞）を読み、忌部が諸方から参集して来た神主・祝部等に天皇の幣帛を班った。百官が参集するということは、朝廷を挙げての重要な祭儀であることを示している。『令義解』には月次祭について、

謂、於二神祇官一祭、与二祈年祭一同。即如二庶人宅神祭一。

と説明している。「庶人」とは一般人民の意、「宅神」（やかつかみ）とは家を守護する神のことで、朝廷の月次祭は一般庶民が月々家の神様を祭って家の安泰を祈るようなものだという意味であろう。

『延喜式』四時祭上では月次祭は祈年祭・神嘗祭・新嘗祭・賀茂祭等と共に、践祚大嘗祭（大祀）に次いで重要な中祀とされており、

月次祭六月、十二月十一日。

とあって、毎年六月・十二月の十一日に行われるきまりになっている。また、

月次祭奠二幣案上一神三百四座並大。……
右所レ祭之神、並同二祈年一。

とあって、この祭に幣帛を班たれる神々は、すべてで三百四座で、それは祈年祭において神祇官の祭る神のうち幣を案上に奉る神（大社）三百四座と合致する。祈年祭は全国の公に登録されたすべての神々三千一百三十二座が官幣か国幣かに預るのであるが、月次祭ではそのうちの代表的なものが官幣に預るわけである。この月次祭の三百四座は、そのまま十一月の新嘗祭にも班幣に預ることになる（後にその項で述べる）。

月次（つきなみ、月並とも書く）とは、毎月・月ごとの意で、毎月行われる和歌・連歌・俳諧等の会を月次歌会・月次句会などというのと同じ表現であるから、月次祭は毎月行われて然るべきであるのに、六月・十二月の年二回になっているのは、何

故であろうか。月次祭の創始は、大和朝廷の神祇祭祀が画期的に高められ整えられた天武天皇の時代に求めるのが順当であろう。そして、浄御原令に制度化され、大宝令・養老令と受け継がれて行ったのであろう。月次祭というからには、その最初の時期には、毎月行うことが立前になっていたのではないだろうか。しかし実際に行ってみると、朝廷を挙げての大きな祭を毎月行うことは容易ではなく、また地方の神社から神職が毎月都まで幣帛を受けに行くことも困難を伴うため、毎月実施という立前は早くからくずれて、自然と六月・十二月の年二回に集約して行うようになって行ったものと推測される。しかしながら、月次の名称だけは最初の通りに守り、毎月の祭という原初の精神を貫こうとしたのではないだろうか。

　月次祭の名は『日本書紀』には見えず、『続日本紀』文武天皇の大宝二年(七〇二)七月癸酉(八日)の条に、

　　在二山背国乙訓郡一火雷神、毎レ旱祈レ雨、頻有二徴験一。宜レ入二大幣及月次幣例一。

と見える記事が初見である。これによると、その以前から月次祭が定例的に行われて班幣が実施されていたことは確かで、溯ってその創始の時期を天武天皇時代と推定した次第である。

　月次祭の夜には、内裏の西隣に位置する中和院(ちうくわゐん、その正殿が神嘉殿)において、天皇親祭の神今食が行われた。神今食は重大な秘儀で、これに奉仕する官人は小斎(をみ、小忌とも書く)人と呼ばれ、特に厳しい斎戒をし小忌衣(をみごろも)を着けて奉仕することになっていた。神今食は古くからジンコンジキ或いはジンゴンジキと音で呼ばれて来たが、本居宣長は『玉勝間』六の巻「神今食」の項で、古語としては「かむいまけ」と唱えるべきことを主張し、以後これが用いられている。その意味につき宣長は、今(いま)は新の意で、今食とは「新磨(いまずり)の御食(みけ)」(籾のままで蓄えておいた稲を新たに磨って米にしたお食事)ということであろうとし、次のように述べている。

　かくして此神今食は、年毎の六月と十二月との十一日にて、月次祭の同日の夜に行はるゝこと也。まづその月次祭は…

…かくて其同夜に行はるゝ神今食も、その同じ趣にて、天皇の月毎に新磨(イマズリ)の御食(ミケ)を聞食(キコシメ)すよしにて、其度ごとに行ひ給ふべきを、合せて二度に行ひ給ふよしにて、そは新穀にはあらざれども、新磨(イマズリ)を聞食(キコシメシ)始むるをさへに、重く厳(オゴソカ)に斎(イミ)給ふにて、先ッ神に奉リ給ひて、さて天皇のきこしめすこと、もはら新嘗大嘗のこゝろばへに同じ。さる故に此祭の儀式は、何事も大かた新嘗大嘗の儀の如くなる也。…

…

　米は御食の中心をなす最も重要な食品に違いないが、神今食の御膳には御飯だけではなく、御酒や鰒・海藻その他穀物の料理が奉られる(〔追記〕参照)のであるから、今食を新磨の米に限定して考える必要はなく、神今食とは神に奉るその折々の最新極上の食膳の意に解すればよいのではないかとも思われる。

　神今食の国史における初見は、『続日本紀』桓武天皇の延暦

九年（七九〇）六月戊申（十三日）の条に、

於二神祇官曹司一行二神今食之事一。先レ是、頻属二国哀一、諒闇未レ終、故避二内裏一而於レ外設焉。

と見えるものである。この時は祭場を変更しているだけではなく、祭日も定例より二日遅らせている。ところが、これとは別に、『本朝月令』に見える「高橋氏文」に、

高橋氏文云、太政官符二神祇官一、定下高橋安曇二氏、供二奉神事御膳行立一先後上事、……但至二于飯高天皇（元正天皇のこと）御世一、霊亀二年十二月、神今食之日、奉膳従五位下安曇宿禰刀、語二典膳従七位上高橋朝臣乎具須比一曰、……

として、霊亀二年（七一六）十二月の神今食の日に、安曇刀と高橋乎具須比とが御膳を薦める行立の先後を争ったことが見える（この時は勅判があって、「累世神事、不レ可二更改一。宜二依レ例行一レ之。」ということで決着した）。これが記録の初見であるから、奈良時代初期には神今食の名は見えることになる。その淵源は更に古きに溯ることになろうが、何分にも神今食は天皇親祭の秘儀とされて来たから、記録の表面に出ることが稀であったのだろう。

神今食の祭儀の次第については、『貞観儀式』巻第一の「六月十一日神今食儀十二月准レ此。」の項に記されているので、それに基づき概要を次に述べる。祭の当日諸種の準備が終わると、神祇官が神今食の院（中和院）に参り、内膳・造酒・主水等の諸司が供御の物を備えて祭所に参る。戌の一刻（午後七時、十二月には酉の一刻午後五時）天皇が神今食の院に着かれる。主殿寮の者が浴湯を奉り、潔斎される。近衛が門を開き、御座の御畳が運び入れられ、神殿に御畳が鋪かれると、門が閉じられる。主殿寮が御寝具を奉る。かくて御膳のことをつかさどる膳（かしはで）の伴造（とものみやつこ、部民の統率者）が燧（ひうち）を鑚（き）って御飯を炊き、安曇宿禰が火を吹く。内膳司が部下の者や采女を率いて、御膳の雑物を料理する。亥の一刻（午後九時）に夕の御膳が薦められる。その行立の次第は定められていて、先頭に膳の伴造一人、次に采女朝臣二人、次に宮主一人、次に水取連一人、次に水部一人、次に典水二人、次に采女八人、次に内膳司高橋朝臣一人、次安曇宿禰一人、次に膳部六人、次に酒部四人という順序になっている（〔追記〕参照）。神と天皇との御膳の次第は秘儀であるため、記載はない。亥の四刻（午後十時半）に御膳は撤せられる。次いで寅の一刻（午前三時）に暁の御膳が奉られる。その次第は夕の御膳の場合と同じである。寅の四刻（午前四時半）に御膳は撤せられる。かくて近衛が門を開き、御畳は撤せられ、卯の一刻（午前五時）に天皇は御服を換えて、御殿へ還られる。訖って次項に述べる大殿祭が行われる。神今食の祭儀の大要は以上の通りであるが、右の夕の御膳と暁の御膳と二度、天皇と神とが御膳を共にされることによって、天皇は神から新しい生命と霊性とを得られるわけであって、神今食が極めて重要な意義を持つ宮廷の祭儀であったことが分

かる。

六月・十二月十一日の昼の月次祭と夜の神今食とは、別々の祭儀ではなく一体をなすもので、月次祭は国内の代表的な神々に官の幣帛を奉って、天皇の御代の繁栄と国土の安泰とを祈る朝廷の公的祭祀であり、神今食は天皇が直接神と向き合って食膳を共にすることによって、定期的に天皇の神性を新たにし、国家の隆昌をもたらそうとする天皇親祭の神秘な重儀であった。両者相俟って、日本古代の国家祭祀の本旨を全うしようとしたのである。

月次祭の祝詞と祈年祭の祝詞とは、大同小異の文章である。わずかに冒頭の部分がそれぞれの祭に応じて若干異なることと、祈年祭の祝詞の御年の皇神等の前に申すことばが月次祭の祝詞にはない（これは当然のことである）点が相違するだけである。これはどちらかの祝詞が先に作られ、他はこれに若干の手を加えて用いたことを示している。どちらが先であるかについての私案は、後の〔評〕の項で述べる。祈年祭と月次祭とが、このように祝詞を共通にすることは、両祭が同趣旨の朝廷の重要祭祀であったことを物語っている。

〔追記〕

『貞観儀式』巻第一の「六月十一日神今食儀」に、

……膳伴造鑽レ燧、即炊二御飯一。安曇宿禰吹レ火。内膳司率二諸氏伴部及采女等一、各供二其職一、料二理御膳雑物一。亥一刻薦二御膳一。其行立次第、最前膳伴造一人、〈執二炬火一、以レ盆懸レ臂、承二其灰燼一。〉次采女朝臣二人、〈左右前行。〉次宮主一人、〈著二木綿鬘及襷一、執二竹杖一。〉次水取連一人、〈執二海老鰭槽一。〉（天皇が手を洗われる器）次水部一人、〈執二多志良加一。〉（手を洗うための水を入れるかめ）次典水二人、〈一人執二巾筥一、一人執二刀子筥一。〉次采女八人、〈並執下供神并供御雑物等上。〉次内膳司高橋朝臣一人、〈執二鮑汁漬一。〉次安曇宿禰一人、〈執二海藻汁漬一。〉次膳部六人、〈並執下供神并供御雑物等上。〉次酒部四人、〈執二御酒案一。〉神祇祐以上一人・史一人与二宮内丞・録一相双立二於屏内一、検二察御膳次第一。四刻撤二御膳一。……

と記してあって、御膳奉薦の次第及び御膳の内容の一端が明らかである。

〔訓読文〕

六月月次　十二月も此に准へ。

集はり侍る神主・祝部等、諸聞き食へよと宣りたまふ。

高天の原に神留り坐す皇睦神漏伎の命・神漏弥の命以ちて、天つ社・国つ社と称へ辞竟へ奉る皇神等の前に白さく、今年の六月の月次の幣帛を、十二月には、今年の十二月の月次の幣帛と云ふ。明妙・照妙・和妙・荒妙に備へ奉りて、朝日の豊栄登りに、皇御孫の命のうづの幣帛を、称へ辞竟へ奉らくと宣りたまふ。

大御巫の辞竟へ奉る皇神等の前に白さく、神魂・高御魂・生魂・足魂・玉留魂・大宮売・御膳都神・辞代主と御名は白して、辞

〔口訳文〕

六月月次　十二月の月次祭の時も、この祝詞に準じて読め。

この場に集まり控えている神主・祝部ら、皆の者ら、よく拝聴せよと宣り聞かせる。

高天の原に神として鎮まっておられる貴く又むつまじい皇祖の男神様・女神様のお言葉によって、天つ社・国つ社として賛辞を尽くしてお祭り申し上げている貴い神様方の前に申し上げますことには、「今年の六月の月次祭の奉献の品を、十二月には、「今年の十二月の月次の幣帛」と唱える。明るい色彩の織物・光沢のある織物・柔らかい織物・ごわごわした織物というふうに整え申し上げて、朝の太陽が豊かに栄え登る時に、天皇様の尊貴な奉献の品を、賛辞を尽くして捧げ奉ることでございます」と申し上げることを、皆の者に宣り聞かせる。

（以下、「祈年祭」の祝詞の大御巫のお仕えする神々に申し上げる詞と同文であるので、口訳文を省略する。）

竟へ奉らくは、皇御孫の命の御世を手長の御世と、堅磐に常磐に斎ひ奉り、茂し御世に幸はへ奉るが故に、皇吾が睦神漏伎の命・神漏弥の命と、皇御孫の命のうづの幣帛を称へ辞竟へ奉らくと宣りたまふ。

座摩の御巫の辞竟へ奉る皇神等の前に白さく、生井・栄井・津長井・阿須波・婆比伎と御名は白して、辞竟へ奉らくは、皇神の敷き坐す下つ磐根に宮柱太知り立て、高天の原に千木高知りて、皇御孫の命の瑞の御舎仕へ奉りて、天の御蔭・日の御蔭と隠れ坐して、四方の国を安国と平らけく知ろし食すが故に、皇御孫の命のうづの幣帛を称へ辞竟へ奉らくと宣りたまふ。

御門の御巫の辞竟へ奉る皇神等の前に白さく、櫛磐間門命・豊磐間門命と御名は白して、辞竟へ奉らくは、四方の御門にゆつ磐村の如く塞がり坐して、朝には御門を開き奉り、夕べには御門を閉て奉りて、疎ぶる物の下より往かば、下を守り、上より往かば、上を守り、夜の守り・日の守りに守り奉るが故に、皇御孫の命のうづの幣帛を称へ辞竟へ奉らくと宣りたまふ。

生嶋の御巫の辞竟へ奉る皇神等の前に白さく、生国・足国と御名は白して、辞竟へ奉らくは、皇神の敷き坐す嶋の八十嶋は、谷蟆のさ度る極み、塩沫の留まる限り、狭き国は広く、嶮しき国は平らけく、嶋の八十嶋堕つる事無く、皇神等の寄さし奉るが故に、皇御孫の命のうづの幣帛を称へ辞竟へ奉らくと宣りたまふ。

辞別きて、伊勢に坐す天照大御神の大前に白さく、皇神の見霽かし坐す四方の国は、天の壁立つ極み、国の退き立つ限り、青雲の靄く極み、白雲の向伏す限り、青海の原は棹柁干さず、舟の艫の至り留まる極み、大海の原に舟満てつづけて、陸より往く道は、荷の緒結ひ堅めて、磐根・木根履みさくみて、馬の爪の至り留まる限り、長道間无く立てつづけて、狭き国は広く、峻しき国は平らけく、遠き国は八十綱打ち挂けて引き寄する事の如く、皇大御神の寄さし奉らば、荷前は皇大御神の前に、横山の如く打ち積み置きて、残りをば平らけく聞こし看さむ。又、皇御孫の命の御世を、手長の御世と、堅磐に常磐に斎ひ奉り、茂し御世に幸はへ奉るが故に、皇吾が睦神漏伎の命・神漏弥の命と、鵜じ物頚根衝き抜きて、皇御孫の命のうづの幣帛を称へ辞竟へ奉らくと宣りたまふ。

御県に坐す皇神等の前に白さく、高市・葛木・十市・志貴・山辺・曽布と御名は白して、此の六つの御県に生ひ出づる甘菜・辛菜を持ち参来て、皇御孫の命の長御膳の遠御膳と聞こし食すが故に、皇御孫の命のうづの幣帛を称へ辞竟へ奉らくと宣りたまふ。

山の口に坐す皇神等の前に白さく、飛鳥・石寸・忍坂・長谷・畝火・耳无と御名は白して、遠山・近山に生ひ立てる大木・小木を、本末打ち切りて、持ち参来て、皇御孫の命の瑞の御舎仕へ奉りて、天の御蔭・日の御蔭と隠れ坐して、四方の国を安国と平らけく知ろし食すが故に、皇御孫の命のうづの幣帛を称へ辞竟へ奉らくと宣りたまふ。

水分に坐す皇神等の前に白さく、吉野・宇陀・都祁・葛木と御名は白して、辞竟へ奉らくは、皇神等の依さし奉らむ奥つ御年を、八束穂のいかし穂に依さし奉らば、皇神等に初穂は穎にも汁にも、瓱のへ高知り、瓱の腹満て双べて、称へ辞竟へ奉りて、遺りをば皇御孫の命の朝御食・夕御食のかむかひに、長御食の遠御食と、赤丹の穂に聞こし食すが故に、皇御孫の命のうづの幣帛を称へ辞竟へ奉らくと、諸聞き食へよと宣りたまふ。

辞別きて、忌部の弱肩に太襷取り挂けて、持ちゆまはり仕へ奉れる幣帛を、神主・祝部等受け賜はりて、事過たず捧げ持ちて奉れと宣りたまふ。

語釈

（この祝詞は、最初の部分を除き祈年祭の祝詞とほとんど同文であるから、語釈を省略する。）

評

六月月次の祝詞は、一部を除き祈年祭の祝詞とほとんど同文である。異なるところの第一は、祈年祭の祝詞の天つ社・国つ社の神々に白す詞（第二段）の「今年の二月に御年初め賜はむとして、皇御孫の命のうづの幣帛を、朝日の豊逆登りに、称へ辞竟へ奉らくと宣りたまふ。」が、六月月次の祝詞では、「今年の六月の月次の幣帛を、明妙・照妙・和妙・荒妙に備へ奉りて、朝日の豊栄登りに、皇御孫の命のうづの幣帛を、称へ辞竟へ奉らくと宣りたまふ。」となっていることである。これは、祈年祭と月次祭と祭が異なるのであるから、当然の相違である。異なるところの第二は、祈年祭の祝詞の御年の皇神に白す詞（第三段）が、六月月次の祝詞には全くないことである。これも極めて当然のことである。その外の祈年祭の祝詞の前文（第一段）、宮中の神々に白す詞（第四段—第七段）、天照大御神に白す詞（第八段）、大和国内の特に天皇の御食・御舎に関係深い神々に白す詞（第九段—第十一段）及び後文（第十二段）は、ほとんどそっくりそのまま六月月次の祝詞に入っている。これは両祭が、祈年と月次という相違を除いては、天皇の御世の長久と国家の隆昌を神々に祈るという当時の朝廷の祭祀の根本の趣旨において、全く同一であったことを示すもので、二月の祈年祭と六月・十二月の月次祭と毎年三回ほとんど同一の祝詞が読まれても一向に差し支えなかったばかりでなく、繰り返す方が一層強く参列者の心に印象づける効果があったのである。

　ほとんど同文のように見える祈年祭・六月月次両祝詞の間のわずかな相違点（小字の相違は除く）を探すと、次のとおりになる。

〔祈年祭〕	〔六月月次〕
1朝日能豊逆登尓	朝日能豊栄登尓
2大宮乃売	大宮売
3大御膳都神	御膳都神
4皇神等能依志奉故	皇神等寄志奉故
5白雲能堕坐向伏限	白雲能向伏限
6舟艫能至留極	舟艫能至留極
7大海尓舟満都都気弖	大海原尓舟満都都気弖
8皇大御神能大前尓	皇大御神能前尓
9手長御世登	長御世登
10皇吾睦神漏伎神漏弥命登	皇吾睦神漏伎命神漏弥命登
11宇事物頚根衝抜弖	鵜自物頚根衝抜弖
12長御膳能遠御膳能	長御膳能遠御膳登
13皇神等能寄志奉牟	皇神等依志奉牟
14寄志奉者	依志奉者
15太多須支	大襁

右について検討すると、先ず祈年祭の祝詞の1の「逆」、11の「宇事」、15の「多須支」は、それぞれ音を表す字として用いているのに対して、六月月次の祝詞では「栄」「鵜（自）」「襁」と意味を表す字に変わっている。この方が理解しやすく読みやすい。2の「乃」、3の「大」、5の「堕坐」は、祈年祭の方にあって、六月月次の方にはない。なくとも分かるが、ある方が丁寧で、ないのは省略または脱落したのであろう。4・13・14の「依」と「寄」との相違は、大した問題ではない。6の「留」は、祈年祭の大字が正しく、六月月次の小字は活用の語尾と誤ったものである。7も祈年祭の「大海」の方が正しく、六月月次の「大海原」の「原」は余計である。上に「青海原」とあって、「原」が重なるからである。8は天照大御神の御前をいうから、祈年祭のように「大前」とあるべきで、六月月次は「大」を落としている。9も祈年祭の「手長御世」が正しく、六月月次は「手」を落としている。10は六月月次に「神漏伎命神漏弥命」と二神にしているが、ここは天照大御神をさすから、祈年祭のように「神漏伎神漏弥命」という表現の方が適当である。12は祈年祭の「能」は誤りで、六月月次の「登」が正しい。15の「太」は、祈年祭の方が正しく、六月月次の方で「大」に誤っている。

　このように比較して見て来ると、六月月次の祝詞の方に、読みやすく改めたり、誤脱したりした個所が多いことに気がつく。これによると、祈年祭の祝詞の方が先に出来ていて、六月月次の祝詞はこれを後から借用して作ったと見るべき可能性が強いように思われる。しかしながら二つの祝詞は、そう長い年月を隔てて別々に作成されたものではなく、神祇官の管掌する国家規模の祭祀が出来て行った時期に、相前後して作られたものとすべきであろう。その際祝詞の文章のもととなったのは、祈年祭の祝詞の方であったとなし得る確率が高い。但しこれは、二つの祝詞の文章の前後の問題であって、祭そのものの成立の前後の問題に直接かかわるものではないことを注意しておく必要がある。

大殿祭

解説

「大殿祭」は「おほとのほかひ」と訓む。『延喜式』巻三十一宮内省に、

凡神今食、新嘗祭明日平旦大殿祭、省輔已上率二諸忌部等一、至二延政門一、令二大舎人叩一レ門。闈司伝宣如レ常。輔入奏。諸奏事皆輔奏之。其詞曰、宮内省申久、大祭祭此云二於保登能保加比一。供奉牟登、神祇官姓名率二忌部一氏候登申。

と見えているからである。これは宮内省の輔の奏上する言葉であるので、正確を期するため訓み方を注記しているのである。「おほとのほかひ」の「ほかひ」とは、動詞「ほかふ」の名詞形で、「ほかふ」は動詞「ほく」（祝く・寿く）の未然形に反復・継続の助動詞（接尾語ともする）「ふ」の付いた形である。「ほく」とは、よい結果が出るように祝福の言葉を唱えることをいう。大殿祭は御殿が安泰で災いのないように祝福の言葉を述べる祭であるから、「大殿ほかひ」と呼ぶ。これは斎部氏の呼び方である。『延喜式』巻八祝詞の冒頭に掲げた規定の第一項に、

凡祭祀祝詞者、御殿、御門等祭斎部氏祝詞。以外諸祭中臣氏祝詞。

とあるように、一般に祝詞は中臣氏の担当であるのに、大殿祭と御門祭の祝詞に限り斎部氏が読むことになっているので、斎部氏の伝統的な呼び方に従って、「大殿ほかひ」「御門ほかひ」と独得の訓み方をすることになっている。

右に引用した『延喜式』宮内省の記事に、「凡神今食、新嘗祭明日平旦大殿祭」とある通り、大殿祭は神今食・新嘗祭・大嘗祭等の後に行われる。神今食の場合には、六月・十二月十二日の夜明けである。『貞観儀式』の「六月十一日神今食儀」を見ても、神今食の暁の御膳供薦の儀が終わり、天皇が御座所へ還御になるのに続いて、「訖祭二大殿一。」と記されている。従って、神今食と大殿祭とは一続きのものであることを認識して、その意義を考える必要がある。新嘗祭・大嘗祭の場合も同様である。

ここで『貞観儀式』巻第一により「大殿祭儀」の概要を記すと、次の通りである。先ず神祇官が筥四合（それぞれの筥に玉・切木綿・米・酒瓶が入っている）を神部に持たせて、延政門（内裏内郭の東側南寄りの門）外に至る。そこから中臣・忌部の官人は木綿鬘を（忌部は更に木綿襷をも）着けて、仁寿殿（じじゅうでん、初め天皇の常の御座所であった御殿）に進む。別に宣陽門（内裏内郭の東面中央の門）から入った御巫等が一緒になって仁寿殿に入り、忌部は玉を御殿の四角（すみ）に懸け、御巫等は米・酒・切木綿を御殿の四角に撒いて退出する。その間、

御巫の一人は紫宸殿（内裏の正殿）に進んで米を撒き、もう一人は承明門（内裏内郭の南面中央の門）に至って米を撒く。かくて中臣は仁寿殿の南に伺候し、忌部は御殿の巽（東南）の方角に向かって微声にて祝詞（この大殿祭の祝詞）を読む。訖って浴殿、次いで厠殿に至って、それぞれ四角に玉を懸け、米・酒を撒き、一同陰明門（おんめいもん、内裏内郭の西面中央の門）から退出する。次いで宮主（神祇官の卜部二十人の中から補せられ、宮中の神事にあずかった者）が神部を率いて炊殿に至り、木綿を懸け、米・酒を撒く。訖って神祇官において禄を賜わる。

『延喜式』四時祭上の「大殿祭」の条には、

右神今食明日平旦以二宮四合一、……

に始まり、右の『貞観儀式』の記事とほぼ同様の祭儀の次第を記すが、ただ忌部が祝詞を申した後に、湯殿・厠殿・御厨子所（天皇の御膳を調える所）・紫宸殿と順次進んで玉を懸け、御巫等が米・酒を撒き、御巫の一人が承明門に進んで米・酒を撒くと記しているのは、『貞観儀式』と小異のあるところで、貞観から延喜に至る間に、儀式にも若干の変遷のあったことを示している。なお延喜式の頃には、天皇の常の御座所は清涼殿になっていたと思われるので、『延喜式』の「大殿祭」の条に「御殿」とあるのは、清涼殿と解すべきであろう。なお又、忌部が御殿の巽（東南）の方角に向かって微声にて祝詞を読むのは、巽（東南）、坤（西南）・乾（西北）・艮（東北）の四角にひそむ御殿の神霊（屋船命）に対し、巽を代表として静かに説得するように微声で語り掛けるものと理解することができる。

大殿祭は、御殿の四角に玉を懸け、米・酒・切木綿等を撒く呪術と、御殿の神霊に語り掛ける祝詞とによって、御殿の神霊を鎮め、御殿に災いの起こらないように計る祭儀であるが、これが神今食の直後に行われるのは、いかなる理由によるか。先に述べたように、神今食において天皇は神と御膳を共にされることによって、新しい生命と霊性を受けられ、新しい出発をされるわけである。この新生天皇を迎える御殿は、また新しく祝福された新生の御殿でなければならない。故に大殿祭を行って、御殿の生命を新たにするのである。神今食に続く大殿祭の意義はここにある。新嘗祭・大嘗祭の後の大殿祭も、趣旨は同一である。

『貞観儀式』の「大殿祭儀」の記事の末尾に、割注を施して、

神今食・大嘗会等祭前後必有二此祭一。但祭前者不二奏聞一。亦無レ賜レ禄。

と記している。この祭の前の大殿祭というのは、天皇の御殿ではなく、神今食（新嘗祭・大嘗祭）の祭殿を祭の直前に鎮める祭儀と解すべきであろう。『貞観儀式』の「神今食儀」の記事の中で、戌の一刻に天皇が神今食の院に着かれ、浴湯を使われるのに続いて、

神祇官中臣、忌部引二御巫一、供二奉大殿祭一。

とあるのが、すなわち祭前の大殿祭で、神今食の儀の始まるす

ぐ前に、祭殿を鎮め清めておこうとするものである。

大殿祭の名は、『延喜式』の巻第三臨時祭・巻第五斎宮・巻第六斎院司等の中にも見える。これは、皇居の遷移や斎内親王の初斎院や野宮・斎宮に入られる際などに行われたもので、大殿祭の範囲は広い。

先に述べたように、大殿祭の祝詞と御門殿の祝詞とは斎部氏の読む祝詞と定められている。これは、斎部氏の古来の職掌に基づくものである。斎部広成が平城天皇の大同二年（八〇七）に朝廷に提出した『古語拾遺』に、次の記事が見える。

○仍令下天富命、（太玉命之孫。）率二手置帆負、彦狭知二神之孫一、以二斎斧、斎鉏一、始採二山材一、構中立正殿上。所謂、底都磐根仁宮柱布都之利立、高天乃原爾搏風高之利、皇孫命乃美豆乃御殿乎造奉レ仕也。

○天富命、率二諸斎部一、捧二持天璽鏡剱一、奉レ安二正殿一。并懸二瓊玉一、陳二其幣物一、殿祭祝詞。（其祝詞文、在二於別巻一。）次祭二宮門一。（其祝詞、亦在二於別巻一。）

○凡奉レ造二神殿、帝殿一者、皆須レ依二神代之職一。斎部官、率二御木、麁香二郷斎部一、伐以二斎斧一、堀以二斎鉏一。然後、工夫下レ手、造畢之後、斎部殿祭、及門祭訖、乃所二御坐一。

○殿祭、門祭者、元太玉命供奉之儀、斎部氏之所レ職也。…

…

斎部氏は祖神の太玉命・天富命の昔から、神殿・帝殿の造営に奉仕して来たのであり、造営が終わると大殿祭・御門祭を行って入御をお迎えするのが、斎部氏の神代以来の誇らしい職掌であったとする。故に大殿祭及び御門祭の祝詞は、斎部氏の祝詞と決まっているのである。右に引いた『古語拾遺』の文中に、殿祭（大殿祭）・門祭（御門祭）の祝詞の文は別巻に在りと見えるが、斎部広成は、朝廷に提出する『古語拾遺』の附属文献として、自家に伝わる二つの祝詞を添えたのである。『延喜式』巻第八祝詞に収める大殿祭・御門祭の祝詞は、その別巻の祝詞を受け継いだものと認めることができる。二つの祝詞には、『古語拾遺』と似た表現が多く、斎部氏独自の伝承を含んでおり、注を多く加えた書式も、『古語拾遺』と共通する。これにより、この祝詞の制作年代は少なくとも奈良時代に溯るであろうと思われる。他の祝詞とは性格を異にする異色の古い祝詞と評価すべきである。

〔訓読文〕

大殿祭

高天の原に神留り坐す皇親神魯企・神魯美の命以ちて、皇御孫の命を天つ高御座に坐せて、天つ璽の剱・鏡を捧げ持ち賜ひて、言寿き古語に、ことほきと云ふ。言寿の詞は、今の寿觴の詞の如し。宣りたまひしく、皇我がうづの御子皇御孫の命、此の天つ高御座に坐して、天つ日嗣を万千秋の長秋に、大八洲豊葦原の瑞穂の国を安国と平らけく知ろし食せと、古語に、しろしめすと云ふ。言寄さし奉り賜ひて、天つ御量以ちて、事問ひし磐根・木の立ち・草のかき葉をも言止めて、天降り賜ひし食す国天の下と、天つ日嗣知ろし食す皇御孫の命の御殿を、今奥山の大峡・

〔口訳文〕

大殿祭

高天の原に神として鎮まっておられる貴く又むつまじい皇祖の男神様・女神様のお言葉によって、皇御孫の命（貴い神のお孫様、皇孫邇邇芸命）を天上の高い御座にお坐らせ申して、天上の神の御子孫であるしるしの剣と鏡を（皇祖の神様が）捧げお持ちになって、お祝いの言葉を述べて、「言寿」は古語でコトホキと言う。言寿の詞というのは、今の酒宴をして祝う時に述べる言葉のようなものである。仰せられたことには、「我が高く貴い御子である皇御孫の命は、この天上の高い御座にお坐りになって、天上の神様の御系統を限りなく長くいついつまでもお継ぎになって、沢山の島々から成った豊かな葦原の茂る瑞々しい稲穂に恵まれた日本の国を、安らかな国として平穏にお治めなさい」と、「所知食」は古語でシロシメスと言う。仰せられて、この国を御委任申し上げなさって、天上の神様の御計謀によって、さわがしく物を言っていた岩石や樹木や一片の草の葉までも、ものを言うことを止めさせて、かくして天上からお降りになられ、それ以来ずっと統治して来られたこの日本の国であり天下であるとして、天上の神様の御系統を承け継いで国を治めておられる天皇様の御殿を、今こうして奥山の大きい山あい・小さい山あいに立っている木を、我々斎部の斎み清めた神聖な斧をもって切り取って、その根もとと先端をば山の神様に奉って、中間を山から持ち出して来て、斎み清めた神聖な鉏をもって斎み清めた神聖な柱を立てて、小峡に立てる木を、斎部の斎斧を以ちて伐り採りて、本末をば山の神に祭りて、中の間を持ち出で来て、斎鉏を以ちて斎柱立てて、皇御孫の命の天の御翳・日の御翳と造り仕へ奉れる瑞の御殿古語に、あらかと云ふ。汝屋船命に、天つ奇し護言を古語に、くすしいはひごとと云ふ。以ちて、言寿き鎮め白さく、此の敷き坐す大宮地は、底つ磐根の極み、下つ綱根、古語に、番縄の類之を綱根と謂ふ。はふ虫の禍無く、高天の原は、青雲の靄く極み、天の血垂、飛ぶ鳥の禍無く、堀り竪てたる柱・桁・梁・戸・牖の錯ひ古語に、きかひと云ふ。動き鳴る事無く、引き結べる葛目の緩ひ、取り葺ける草の噪き古語に、そそきと云ふ。无く、御床つひのさやぎ、夜めのいすすき、いづつしき事無く、平らけく安らけく護ひ

天皇様のお住まいになる天を覆う陰また日光を覆う陰としてお造り申し上げたこの生命力に満ちた御殿、「御殿」を古語でアラカと言う。その御殿の神様であられる貴方屋船命様に、天上から伝わった神秘な祈りの言葉「奇護言」を古語でクスシイハヒゴトと言う。をもって、祝い言を申し述べて神様をお鎮めし申し上げますことには、「この神様が占めていらっしゃる御殿の土地は、地底の大きな岩のある果ての所まで、柱の下部を結び固めた綱古語で柱と横木を結び合わせる縄の類を「綱根」と言う。に、地を這う悪い虫が災害を与えることがなく、又高天の原に向かっては、青い雲がたなびいている高い空の果てまで、天に聳やかした神聖な千木に、空を飛ぶ悪い鳥が災害を及ぼすことがなく、地面を掘ってしっかりと立てた柱や桁や梁や戸や窓が、食い違いができて、「錯ひ」を古語でキカヒと言う。がたがた動いたり、ぎいぎい鳴ったりすることがなく、強く引き結んである綱の結び目が緩くなったり、屋根に葺いてある茅がけば立ち乱れたり「噪き」を古語でソソキと言う。することがなく、宮殿の床の神霊がさやさやと音を立てたり、夜目に怖いものが見えて、そわそわと騒いで、いかにも恐ろしかったりすることがなく、天皇様の御殿を平穏に又安泰にお守り申し上げる神様のお名前を申し上げますことには、屋船久々遅命これは木の神霊である。屋船豊宇気姫命これは稲（屋根の稲藁）の神霊である。世俗の言葉にいうウカノミタマである。これらは、今の世に、産屋に裂いた木及び束ねた稲を戸の辺りに置いたり、又お米を家の中に撒いたりするのと同類である。というように、立派なお名前をお称え申し上げて、神様が天皇様の御治世を、堅い永遠に変わることのない岩のようにお守り申し上げ、立派に繁栄し又充足した御世で、しかもいつまでも続く御世として幸い

奉る神の御名を白さく、屋船久久遅命是は木の霊なり。屋船豊宇気姫命と、是は稲の霊なり。俗の詞に、うかのみたま。今の世産屋に辟木・束稲を以ちて戸の辺に置き、乃米を以ちて屋の中に散らす類なり。御名をば称へ奉りて、皇御孫の命の御世を、堅磐に常磐に護ひ奉り、いかし御世の足らし御世に、た永の御世と福はへ奉るに依りて、斎玉作等が持ち斎まはり、持ち浄まはり、造り仕へまつれる瑞の八尺瓊の御吹きの五百つ御統の玉に、明和幣古語に、にきてと云ふ。曜和幣を附けて、斎部宿祢某が弱肩に太襁取り懸けて、言寿き鎮め奉る事の、漏れ落ちむ事をば、神直日命・大直日命聞き直し見直して、平らけく安らけく知ろし食せと白す。

詞別きて白さく、大宮売命と御名を申す

をお与え申し上げるによって、神聖な玉を作る出雲の玉造部らが心身を斎み清めてお造り申し上げた瑞々しい非常に大きい、御祝きの、沢山の玉を緒で統べくくったみすまるの玉に、明るい色彩の柔らかい布、「和幣」を古語でニキテと言う。光沢のある柔らかい布を添えて、斎部宿祢某のか弱い肩に立派な襷を取り掛けて奉り、お祝いの言葉を申し述べて神様をお鎮め申し上げるこの祭事で、もし漏れ落ちているようなことがありますならば、神直日命・大直日命が聞いて直し見て直されて、屋船命様にはどうか平穏に安泰にお鎮まり下さいませ」と申し上げます。

言葉を改めて申し上げますことには、「大宮売命様と神様のお名前事は、皇御孫の命の同じ殿の裏に塞がり坐して、参入り罷出る人の選び知らし、神等のいすろこひあれび坐すを、言直し和し古語に、やはしと云ふ。坐して、皇御孫の命の朝の御膳・夕べの御膳に供へ奉るひれ懸くる伴の緒・襁懸くる伴の緒を、手の躓ひ・足の躓ひ古語に、まがひと云ふ。為さしめずて、親王・諸王・諸臣・百の官の人等を、己が乖き乖き在らしめず、耶しき意・穢き心無く、宮進め進め、宮勤め勤めしめて、咎過ち在らむをば、見直し聞き直し坐して、平らけく安らけく仕へ奉らしめ坐すに依りて、大宮売命と御名を称へ辞竟へ奉らくと白す。

を申し上げてお祭りいたしますことは、天皇様と同じ御殿の内に塞がっておられて、御殿へ参入したり御殿から退出したりする人の善し悪しの選択をつかさどられ、荒ぶる神たちが勇み荒れられるのを、言葉でもって直しやわらげ「和し」を古語でヤハシと言う。られて、天皇様の朝のお食事・夕方のお食事にお仕え申し上げる、ひれを掛けたり襷を掛けたりして御膳奉仕の職を勤める人々をして、手のあやまちや足のつまずき「躓ひ」を古語でマガヒと言う。をさせることなく、又親王・諸王・諸臣及び数多くの役所の役人どもをして、自分勝手なことをさせることなく、悪い心や穢れた心がなく、宮廷の任務にいやが上にも邁進し精勤させて、もし欠点や過失があったならば、それを見て直し聞いて直しなさって、平穏に安泰に宮廷にお仕え申し上げさせなさるのによって、大宮売命と神様のお名前をお称えしてお祭り申し上げることでございます」と申し上げます。

語釈

○**皇御孫の命**　ここでは皇孫ニニギノミコト(記―邇邇芸命、紀―瓊瓊杵尊)をさす。

○**天つ高御座**　九条家本の古訓に「アマツタカミクラ」とある。天上の高い御座。

○**坐せて**　「坐せ」は動詞「坐す」(下二段活用)の連用形。おいでになるようにさせる・おすわらせ申し上げる意。

○**天つ璽**　「璽」は九条家本の古訓に「シルシ」とある。天つ神の御子であるしるしの品。漢字の「璽」は天子の印(印章)のことであるが、それを証拠品の意のしるしに用いた。

○**剱・鏡**　「剱」は「劔(剣)」の異体字。三種の神器の、草薙の剣と八咫の鏡とをさす。なお斎部氏と神璽の鏡剣との関係については、『養老令』の神祇令に、

　凡践祚之日、中臣奏㆓天神之寿詞㆒、忌部上㆓神璽之鏡剣㆒。

と規定されている。また『日本書紀』持統天皇四年正月戊寅朔の記事に、

　物部麻呂朝臣樹㆓大盾㆒。神祇伯中臣大嶋朝臣読㆓天神寿詞㆒。畢忌部宿禰色夫知奉㆓上神璽剣鏡於皇后㆒。皇后即㆓天皇位㆒。

と見える。神璽の鏡剣の奏上は斎部氏の重要な職掌の一つであったので、同じく斎部氏の職掌であった大殿祭の祝詞の最初に、「天つ璽の剣・鏡」のことを述べ上げたのである。

○**言寿き**　九条家本の古訓に「コトホキ」とある。言葉で祝福すること。「寿く」とは祝い言をいう意。

○**古語に、ことほきと云ふ。**……　「古語」は古い言葉の意。斎部氏の祝詞である大殿祭及び御門祭の祝詞には、このような「古語云……」等の注が多く挿入されている。これは斎部広成の書いた『古語拾遺』に、例えば「高皇産霊神古語、多賀美武須比。是、皇親神留伎命。」というような注が多いのと性質を同じくする。『古語拾遺』に「殿祭祝詞。其祝詞文在㆓於別巻㆒。次、祭㆓宮門㆒。其祝詞、亦在㆓於別巻㆒。」とあって、この『古語拾遺』の別巻の祝詞を受け継いだのが、『延喜式』巻第八所収の大殿祭及び御門祭の祝詞であると認められるから、両祝詞に挿入された注も斎部広成の書いたものと推定することが可能であろう。

○**言寿の詞は、今の寿䣯の詞の如し**　「寿䣯」は酒宴をして祝うこと。「ほかひ」とは「ほく」に反復・継続の接尾語の「ひ」(終止形は「ふ」)のついた形。「䣯」は「觴」に同じで、さかずきの意。言寿の詞というのは、今の寿䣯の詞(酒宴の祝いの席で述べる言葉)のようなものだという意味。

○**皇我がうづの御子**　「皇」は「皇神」の「すめ」と同じで、非常に尊貴な意。下の「御子」にかかる。「うづ」は高貴なこと・珍貴なこと。

○**天つ日嗣**　高天の原の霊的な地位を受け継ぐこと。すなわち皇位をさす。「日嗣」の「ひ」は、もともと「霊」の意であったものが、「日」と書いて、天照大御神(日の神)の地位を受け継ぐ意に解されるようになったのであろう。「火継」と解するのは、「日」と「火」とでは上代特殊仮名遣いが相違する(日は甲類、火は乙類)から不可。

○万千秋の長秋　非常に長い年月。稲の収穫期である秋をもって一年を代表させた言い方。

○大八洲豊葦原の瑞穂の国　沢山の島々から出来た国で、豊かな葦原の茂る瑞々しい稲穂のみのる国。日本国の古名。

○知ろし食せ　下の注に「古語に、しろしめすと云ふ。」とある。九条家本の古訓にも「シロシメス」と見える。本文には「所知食」とあり、この「所」は受身・尊敬を表す字で、この場合は尊敬の意で用いている。治められるの意。

○天つ御量　天つ神のはかりごと・神慮。この語は、『古語拾遺』に、

手置帆負・彦狭知の二はしらの神をして、天御量（大き小き雑の器等の名なり。）を以ちて大峡・小峡の材を伐りて、瑞殿（古語に、美豆能美阿良可といふ。）を造り、兼御笠及矛・盾を作らしむ。

と見える。これによると、「天つ御量」とは物をはかる計量器の意である。ところが、これを大殿祭の祝詞に当てはめると、間を隔てて下文の「斎部の斎斧を以ちて伐り採りて、……」にかかるとせざるを得なくなり、うまく適合しない。従って大殿祭の祝詞では、斎部氏の伝承の「天つ御量」という語を、本来の計量器の意から、神のはかりごとの意に解し変えて用いたと理解しておくのがよいと考える。なお、「御量」「天つ御量」の語は、『出雲国風土記』楯縫郡に、

神魂命詔りたまひしく、「五十足る天の日栖の宮の縦横の御量は、千尋の栲縄持ちて、百結び結び、八十結び結び下げて、此の天の御量持ちて、天の下造らしし大神の宮を造り奉れ。」と詔りたまひて、……

と見えていて、参考になる。

○事問ひし　「こととふ」の「こと」は言の意。「こと問ふ」は、ものを言う・話をすること。この場合は、未開の騒然たる状態を表している。

○磐根・木の立ち・草のかき葉　「磐根」は大きな岩、「草のかき葉」は一片の草の欠け葉で、共に前出。「木の立ち」は立っている木。

○言止めて　「止め」は下二段活用の「止む」の連用形で、止めさせる意。「言止めて」とは、ものを言うことを止めさせる・黙らせる。

○天降り賜ひし　皇孫邇邇芸命が天降られた、の意。

○食す国天の下　「食す」は食う・飲むなどの尊敬語であったものが、治める意味の尊敬語となったもので、「食す国」とは天皇がお治めになる国の意。「天の下」は地上世界。ここは、皇孫が天降られたこの国は代々天皇が治められる国であり、地上世界であるの意。

○天つ日嗣知ろし食す皇御孫の命　皇位について国を治められる天皇。「皇御孫の命」は、皇孫邇邇芸命をさす場合と、天皇をさす場合とがある。ここは天皇をさす。

○御殿　九条家本の古訓に「オホトノ」とある。

○今　初め皇孫邇邇芸命のこととして述べて来た文章が、転じ

て現実の天皇の御殿のこととなっているので、ここに「今」と述べた。

○**大峡・小峡**　大きい峡谷・小さい峡谷。二つの「峡」は九条家本の古訓に「ヲ」とある。ヲは峰の意。『古事記』上巻に「谿八谷・峡八尾」と見えるから、「峡」をヲと訓むことも可能である。前に引用したように、『古語拾遺』に「大峡・小峡の材を伐りて、瑞の御殿（注略）を造り、……」と見える。

○**斎斧**　九条家本の古訓に「イムヲノ」とある。忌み清めた斧。斧は木を伐ったり割ったりする道具。

○**斎鉏**　九条家本の古訓に「イムスキ」とある。忌み清めた鉏。鉏は土を掘り起こす道具。『古語拾遺』に、「天富命（太玉命が孫なり。）をして、手置帆負・彦狭知の二はしらの神が孫を率て、斎斧・斎鉏を以ちて、始めて山の材を採りて、正殿を構り立てしむ。」と見える。

○**斎柱**　忌み清めて立てる神聖な柱。

○**天の御翳・日の御翳**　前に「天の御蔭・日の御蔭」とあったのに同じ。漢字の「翳」にかげの意がある。

○**瑞の御殿**　九条家本の古訓に「ミツノミアラカ」とある。下に「古語に、あらかと云ふ。」と注が付いている。瑞々しい生命力に満ちた御殿。

○**汝屋船命**　「汝」は九条家本の古訓に「ナムチ」とある。相手を尊敬して呼ぶ語で、前に広瀬大忌祭の祝詞の中に出た。「屋船命」の「屋船」は家屋の意。フネとは船に限らず物を入れる容器のことで、酒槽・湯槽などと使われる。「屋船命」とは家屋そのものを神名としたもので、古樸な神観として特色がある。ここは、瑞の御殿、すなわち あなた様 屋船命様、という表現になっている。

○**天つ奇し護言**　九条家本の古訓に「アマツクスシイハヒコト」とある。下に「古語に、くすしいはひごとと云ふ。」と注が付いている。「天つ」は天上の・天上から伝わった・神聖なの意。「奇し」は霊妙な・神秘な。「護言」は幸いを祈る言葉。「いはひ」に「護」の字を用いているのは、「斎ふ」には神が人間の幸いを護る意味があるから、「護」の字を「斎」の字に通じて用いたものであろう。

○**言寿き鎮め白さく**　言葉で祝い言を述べて、神様のお心をお鎮めして、申し上げますことにはの意。「白さく」の結びは、この段の末尾の「平らけく安らけく知ろし食せと白す」になる。

○**敷き坐す**　「敷く」は、あたり一面を治める・領有する意。ここは屋船命が領有しておられるの意味である。祈年祭の祝詞に「皇神の敷き坐す下つ磐根に……」とあった。

○**大宮地は**　皇居のある所は。これは下の「高天の原は」と対句になる語であるから、「大宮地は」と読むべきで、「大宮地の」と読むのはよくない。

○**底つ磐根の極み**　地の底の大きな岩のある果ての所までの意。下の「青雲の靄く極み」と対句になる。

○**下つ綱根**　家の下部の結び綱をいう。材木を結び固める綱である。「綱根」と接尾語の「根」を付けたのは、綱が大地に食い込んだようになっているからであろう。ここは、「下つ綱根に」の意で下に続く。

○**番縄**　柱と横木とを結び合わせる縄。

○**はふ虫の禍**　地面を這う虫（蛇・むかで等）が害を与えるような災禍。

○**高天の原は**　天空に向かっては。

○**青雲の靄く極み**　祈年祭の祝詞に見えた句。青雲のたなびく空の果てまでの意。上の「底つ磐根の極み」と対句になる。

○**天の血垂**　上の「下つ綱根（に）」と対句になっているから、「天の血垂に」の意。「天の血垂」は祝詞の難語の一つで、十分に納得できる定説を見ない。私は、天空にそびやかした千木のことであると考えている。「血垂」の「血」は音を表すだけの当て字で、千木の「ち」に同じく、霊的性格を意味する語であろう。「垂」は「垂木」（たるき・椽）の「垂」であると考える。伊勢大神宮の祝詞に「千木」とも「比木」とも見え、チもヒも霊を表す語である。そのヒギが『古事記』上巻に、

　於二高天原一氷椽多迦斯理（此四字以レ音。）而居。（大国主神の説話）

　於二高天原一氷木多迦斯理（多迦斯理四字以レ音。）而、治賜者、……（出雲の国譲りの条）

　於二高天原一氷椽多迦斯理而坐也。（天孫降臨の条）

と三例見える。「氷椽」「氷木」は同一のもので、共にヒギと訓むべきことが知られる。そして「椽」の字は、まさにタリキ（垂木）である。ヒギ（チギ）は、家屋の両端の椽が棟から上に突き出たものに外ならないから、ヒギに「氷椽」の表記が用いられたのである。これから一歩進めて考えると、チギ・ヒギをば、またチダリ・ヒダリと言ったことが推測される。よって私は、ここの「血垂」は千木のことであろうと考えたのである。古代に千木は、御殿の尊厳を示す霊的表象として空高々と掲げられた。ここの文章は、御殿の下部の大事な結び綱に這う虫が災いを加えるようなことがなく、それと対照的に御殿の上部の神聖な千木を空飛ぶ鳥が穢して災いを及ぼすようなことがなくという表現になって、文脈が確固としたものとなる。（なお「天の血垂」の詳細については、拙著『祝詞古伝承の研究』所収「天の血垂」を参照して頂きたい。）

○**飛ぶ鳥の禍無く**　上の「はふ虫の禍无く」と対句になる。

○**堀り竪てたる柱**　九条家本の本文に「堀竪」とあり、その古訓に「ホリタテ」とある。これは卜部兼永本の本文の「堀竪」によるのがよい。「堀」は「掘」に通用したもの。「竪」は「豎」の俗字で、「豎」は立てる意。地面を掘ってしっかり立ててある柱。

○**桁**　柱の上に渡して梁を受けさせる木。

○**梁**　棟の重みを受けて屋根を支える木。

○**牖**　九条家本の古訓に「マト」とある。窓。

○**錯ひ動き鳴る**　「錯ひ」の下に、「古語に、きかひと云ふ。」と注がある。「錯」は九条家本の古訓に「キカヒ」とある。「錯

ふ」とは食い違いができること。食い違いができて、がたがた動いたり、ぎいぎい鳴ったりする意味。

○**葛目の緩ひ**　「葛（葛）目」は綱の結び目。古くは綱に葛のつるを用いたので、「葛」の字をツナと訓ませた。「緩ひ」は、ゆるむこと。古くはユルヒといい、ユルビと濁らなかった。

○**草の噪き**　九条家本の古訓に「カヤーソヽキ」とある。「噪き」の下に「古語に、そそきと云ふ。」と注がある。「草」は屋根を葺くのに用いる草で、ちがや・すすき等。「草」の字をカヤと訓むことは、『万葉集』に例が多い。「噪き」は、そそけること・けば立ち乱れること。「噪」の漢字は、さわぐ・さわがしいの意であるが、それをざわざわする意に転用したもの。

○**御床つひ**　「つ」は連体助詞で、「の」の意。「ひ」は霊を表す語。御殿の床の神霊。

○**さやぎ**　さやさやと音がすること。

○**夜め**　本文に「夜女」と書いてあるが、「女」はメの音を表しただけの当て字で、女性の意味ではない。むしろ「夜目」と書くのが意味に叶っている。「夜目」とは夜見ることの意で、夜暗闇の中に何か恐ろしいものが見えたりするのをいう。これに対して、朝目がさめて見るのを「朝目」という。『古事記』神武天皇の条に、「阿佐米余玖」（朝目吉く）と見える。

○**いすすき、いづつしき事**　「いすすき」（動詞「いすすく」の連用形）は、そわそわ騒ぐこと。『古事記』神武天皇の条に、「其美人驚而、立走伊須須岐伎。」と見える。「いづつしき」（形容詞）は、イツイツシキの約かとされ、非常に恐ろしい意と解される。

○**護ひ奉る**　天皇の御殿を平安であるようにお護り申し上げるの意。前出の「天つ奇し護言」と同じように、「護」の字を「斎ふ」意に用いている。

○**屋船久々遅命**　下の注に「是は木の霊なり。」とある。「久々遅」の「くく」は茎、「ち」は霊を意味する。木の精霊である。『古事記』に「次生㆓木神、名久々能智神㆒。」と見える。この「屋船久々遅命」は、御殿の木材を神格化した名である。

○**屋船豊宇気姫命**　先の「屋船命」を、前項の「屋船久々遅命」とこの「屋船豊宇気姫命」とに二分化して、御殿の神に対する尊崇の気持を一層鄭重に表明しようとしている。「豊宇気姫命」の「うけ」は、食物特に稲などの穀物をいう語で、「豊宇気姫命」とは豊かな稲の女神の意。下の注に、「是は稲の霊なり。俗の詞に、うかのみたま。」とある。「うか」は「うけ」に同じで、広瀬大忌祭の祭神は「若宇加の売の命」であった。『古事記』上巻に、「次和久産巣日神。此神之子、謂㆓豊宇気毗売神㆒。」と見える。ここの「屋船豊宇気姫命」は、御殿の屋根を葺く稲藁を神格化したものと受け取ることができる。

○**今の世産屋に辟木・束稲を以ちて戸の辺に置き、乃米を以ちて屋の中に散らす類なり**　注の続きにこのように記しているのは、木の霊と稲の霊とに関連して、当時の宗教習俗について言及したものである。「産屋」は出産のために作った建物。「辟木」は裂いた木。「辟」は「劈」に同じ。「束稲」は束ねた稲。辟木・束稲を産屋の戸の辺りに置くのは、邪気を払うための呪術である。「乃」は上を承けて下を起こす辞であるが、ここでは「また」と訓んでみた。米を家の中に散らすいわゆる散米は、やはり邪気を払うための習俗で、後代まで見られる。これらは、人々が木の霊や稲の霊に神秘な威力を感得していたことを示す。

○いかし御世の足らし御世　繁栄した御世で充足した御世。本文では、「いかし」に「五十橿」の表記を用いている。その九条家本の古訓に「イカシ」とある。「五十」がイ、「橿」がカシで、三字でイカシの音を表しているが、それだけではなく、「五十橿」の表記は視覚的に「茂し」のイメージを具象化する効果を果たしていることを見逃せない。

○た永の御世と福はへ奉る　「た永」の「た」は接頭語。この「た」に、本文では「田」の字を用いているが、勿論タの音を表すだけの当て字である。祈年祭の祝詞には「手長の御世」とあった。「福」は九条家本の古訓に「サキハヘ」とある。春日祭の祝詞にも「福はへ奉り」とあった。

○斎玉作　忌み清めた神聖な玉を作る人の意。『古語拾遺』に、

　又、天富命をして、斎部の諸氏を率て、種々の神宝、鏡・玉・矛・盾・木綿・麻等を作らしむ。櫛明玉命が孫は、御祈玉（古語に、美保伎玉といふ。言ふこころは祈禱なり。）を造る。其の裔、今出雲国に在り。年毎に調物と共に其の玉を貢進る。

と見える。右の櫛明玉命の子孫で出雲国に住み、年毎に朝廷に玉を貢進するというのが出雲の玉作氏で、すなわちこの祝詞にある「斎玉作」に外ならない。『出雲国風土記』の意宇郡に、忌部の神戸があり、そこに涌く湯が玉造温泉である。出雲の玉作氏の人々はこの地に居住して玉を作った。『延喜式』巻第三臨時祭に、

　凡出雲国所レ進御富岐玉六十連、（三時大殿祭料卅六連。臨時廿四連。）毎年十月以前、令二意宇郡神戸玉作氏造備一、差レ使進上。

と見える。注にいう「三時大殿祭」とは、大殿祭は毎年二度の神今食と新嘗祭の各翌朝に行われるから、三時となる。

○持ち斎まはり、持ち浄まはり　二つの「持ち」は接頭語。十分心身を忌み清めての意。「ゆまはり」は、祈年祭の祝詞に「持ちゆまはり仕へ奉れる」とあった。

○瑞の八尺瓊の御吹きの五百つ御統の玉　「瑞の八尺瓊」の「尺」は長さの単位で、瑞々しい非常に大きい立派な玉の意。「御吹き」は、前に引用した『古語拾遺』に「御祈玉（古語に、美保伎玉といふ。）」とあり、『延喜式』臨時祭に「御富岐玉」（「富」はホの仮名で、フではない。例えば『古事記』上巻の「意富斗能地神」など）とあるように、ミホキノタマというのが古く、それが音が変化して、ミフキとも呼ばれるようになって、「御吹」の字が当てられたものと認められる。それが吹いて作ったガラス玉であるにしても、語の原義は「御祝きの玉」であることは動かない。ホクは祝い言をいう・祝福する意で、ミホキノ玉とは天皇を祝福申し上げる玉の意である。「五百つ」は数の

多いこと。「つ」は一つ・二つの「つ」に同じ。「御統の玉」とは、沢山の玉を一本の緒で統べくくって環状にしたものをいう。『古事記』上巻に、「八尺の勾璁の五百津の美須麻流の珠」と見える。ここの玉は、解説で述べたように、斎部が御殿の四角に掛けるものである。

○**明和幣**　九条家の古訓には「アカルタヘ」とあるが、下の注には「古語に、にきてと云ふ」と見えるので、「あかるにきて」と訓む。明るい色彩の柔らかい布。「にきて」の「て」は「たへ」の転じた語であろう。

○**曜和幣**　九条家本の古訓には「テルタヘ」とある。美しい光沢のある柔らかい布。

○**斎部宿祢某**　斎部氏（忌部氏）は天武天皇十三年十二月に宿禰の姓を賜わった。忌部を斎部に改字したのは、桓武天皇の延暦二十二年三月である。祝詞を奏上する時には、「某」のところに実際の名を入れる。

○**太襁**　九条家本の古訓に「フトタスキ」とある。

○**漏れ落ちむ事をば**　もしこの祭事で遺漏がありましたならばそれをの意。

○**神直日命・大直日命**　悪い事を直してよくする神で、上に「神」「大」を冠して二神とした。「ビ（ヒ）」は霊を意味する語。『古事記』上巻の伊耶那伎大神の禊の条に、「神直毗神・大直毗神」が見える。

○**平らけく安らけく知ろし食せ**　（屋船命が）平穏に安泰にこの祭事を御受納になってお鎮まり下さいませの意。

○**と白す**　ずっと前の「汝屋船命に、天つ奇し護言を以ちて、言寿き鎮め白さく」の結びとなるものである。

○**詞別きて白さく**　ここから大宮売命に申し上げる言葉になって、言葉の内容性格が変わるので、「言葉を改めて申し上げますことには」と先ず述べたもの。

○**大宮売命**　皇居の中の平安を守る女神。神祇官八神殿の一神でもある。御殿そのものを神として祭った屋船命と大宮売命とでは性格を異にし、大宮売命は皇居内の生活の平安な進行を守ることが中心となっている点に注意する必要がある。『古語拾遺』の天照大神が天石窟を出られた個所の記事に、「大宮売神をして御前に侍はしむ。」とあって、その注に、「是、太玉命の久志備に生みませる神なり。今の世に内侍の善言・美詞をもちて君と臣との間を和らげて、宸襟を悦懌びしむる如し。」と述べて、斎部氏と大宮売神との関係の深いことを強調している。

○**選び知らし**　選択をつかさどられの意。

○**いすろこひあれび坐す**　「いすろこひ」は未詳の難語。本文に「伊須呂許比阿礼比」と仮名書きにしてある。「いすろこひ」の「いす」は、前出の「夜め（目）のいすすき」の「いす」と同じで、そわそわ騒ぐ意味かも知れない。「いすろく」という古語があって、それに反復・継続の助動詞の「ふ」が付き、「いすろこふ」となったと解することができる。「あれび」

は「あれぶ」（上二段活用）の連用形。「あれぶ」は「荒(あら)ぶ」（上二段活用）の転で、乱暴をする・荒々しく振る舞う意。

○**言直(ことなほ)し和(やは)し**　下に「古語(ふること)に、やはしと云(い)ふ。」と注がある。言葉でもって直しやわらげる意。言葉でというのは、やさしく言葉で説得して直させることをいっている。

○**ひれ懸(か)くる伴(とも)の緒(を)**　「ひれ」は古代の女性が首に掛け左右に長く垂らした布。「伴(とも)の緒(を)」は、古く一定の職業をもって朝廷に仕えた集団の人々をいう。『古事記』上巻の天孫降臨の条に、「五伴緒(いつとものを)」と見える。「ひれ懸(か)くる伴(とも)の緒(を)」とは、首にひれを掛けて天皇の御膳にお仕えした女性たちをいう。

○**襷懸(たすきか)くる伴(とも)の緒(を)**　肩にたすきを掛けて御膳に奉仕した人々で、膳部の男性たちをいう。

○**躓(まが)ひ**　九条家本の古訓に「ツマツキ」とあるが、下の注に「古語(ふること)に、まがひと云(い)ふ。」とあるので、「まがひ」と訓む。「まがひ」とは、あやまち・まちがいの意。「躓」の漢字は、つまずく・たおれるの意で、足偏である。

○**己(おの)が乖(む)き乖(む)き**　それぞれ自分の好きな方向に向いていること。ここでは、それぞれ自分勝手なことをする意。「乖」の漢字は、そむく意である。

○**宮進(みやすす)め進(すす)め、宮勤(みやつと)め勤(つと)めしめて**　宮廷の仕事にいやが上にも進ませ、勤めさせる意。「進め進め」「勤め勤め」というふうに畳みかける表現は、祝詞独得の修辞法の一つである。

○**咎過(とがあやま)ち**　九条家本の古訓に「トカアヤー」とある。欠点や過失。

○**と白(まを)す**　この段の最初の「詞別きて白さく」の結びに当たる。

評

この祝詞は斎部氏の読む祝詞である。同じく朝廷の神祇祭祀に奉仕した氏族であっても、中臣氏と斎部氏とでは、それぞれの職掌を異にするだけに、その性格も異なるのである。それが祝詞にも表れて来る。中臣氏は律令国家の祭祀体制を背負う家であったので、その祝詞はおのずから政治色が濃厚となる。これに対して斎部氏は、幣帛を整備して祭祀の実務を裏面から支える役柄を担っていたため、その祝詞はより古樸な宗教性を内に秘めている点に特色がある。それをこの大殿祭の祝詞に見ることができる。

この祝詞は次の三段に別れる。

第一段（序段）

「高天の原に神留り坐す皇親神魯企・神魯美の命以ちて、」――「皇御孫の命の天の御翳・日の御翳と造り仕へ奉れる瑞の御殿」

第二段（本段）

「汝屋船命に、天つ奇し護言を以ちて、言寿き鎮め白さく、」――「平らけく安らけく知ろし食せと白す。」

第三段（後段）

「詞別きて白さく、大宮売命と御名を申す事は、」――「大宮売命と御名を称へ辞竟へ奉らくと白す。」

第一段（序段）は、この祝詞の中心部（本段）に入る前の序に当たる部分で、斎部氏の職掌である天璽の剣・鏡の捧持のこと、天孫降臨のことから説き起こして、天皇の御殿の用材の伐採・建造のことに及ぶ。先ず最初に斎部氏の誇らしい過去の歴史を回顧すると共に、その重責を反省したのである。これを前提として、第二段の本段に入る。

本段では、先ずその御殿の神である屋船命を、「汝屋船命」と親しく呼び掛け、この神を鎮め祭るための「奇し護言」が述べられる。この宗教性に富んだ「奇し護言」が、この祝詞の生命である。建造物そのものに神霊を認識して屋船命と呼ぶところに、既に古樸な神観が見られる。これは斎部氏が、その職掌を通して具体的に把握した宗教性である。「奇し護言」の中では、御殿の基底部の「下つ綱根」及び屋上部の「天の血垂」（千木）を神聖なものとして、災禍のないことを祈り、家屋の床にも神霊を捉えて「御床つひ」（ひは霊の意）という。更に屋船命を「屋船久々遅命」（木の霊）と「屋船豊宇気姫命」（稲の霊）とに細分して、鄭重に称え、これに御吹きの玉及び和幣を奉献して、言寿き鎮め奉ることを述べる。この「奇し護言」には、御殿の用材の伐採・建造から御殿の平安祈願の祭儀に至るまでの実務を一貫して担当して来た斎部氏の、神に対する敬虔な思想や態度がよく示されているのを、行文の間から窺い見ることができる。この祝詞は、『延喜式』四時祭上の大殿祭の条によると、斎部氏が御殿の中で「微声」で祝詞を申すことになっている。御殿すなわち屋船神に親しく微声で呼び掛け、語り掛ければよいのである。大声で朗々と唱えて、参集者に聞かせる必要はないのである。そこには独得の深い宗教性が見られるように思う。家職につながる神霊に親しく接し、直接語り掛ける。ここにこの祝詞の特色がある。人間が神に申し上げる祝詞の根源や本質は、このようなところにあったのではないだろうか。

第三段の後段は、「詞別きて白さく」に始まる大宮売命に向かって申す詞である。この神は大御巫の祭る宮中八神殿の中の一神で、御殿内部の生活の平穏な進行を守る女神である。御殿そのものを神とした屋船命とは性格を異にする。御殿の内部に出入りしてお仕えする人々が、事故なく忠実勤勉に奉仕するようにと大宮売命に祈る言葉になっている。故に、本段である屋船命に申す詞に関連して、後につけた附属文という形になっている。これは斎部氏の直接の職掌からは多少離れた部面ということができる。大殿祭の祝詞の本体はいうまでもなく第二段にあり、斎部氏の祝詞の特色はそこに捉えねばならない。

この祝詞の用字の中には、「斎部」の「斎」の字を意識的に使用しようと努めた点のあることに注目する必要がある。

> 斎部の斎斧を以ちて伐り採りて、本末をば山の神に祭りて、中の間を持ち出で来て、斎鉏を以ちて斎柱立てて、……斎玉作等が持ち斎まはり、持ち浄まはり、造り仕へまつれる……

この場合の「斎」（いむ）は、身を清め穢れを除いた宗教的神聖さを意味する語である。斎部氏はこれを氏の名として持つ祭祀の家柄である。

なお、この祝詞の中心部分は、修辞においても他に抜きんでたもののあることを評価しなければならない。すなわち、

此の敷き坐す大宮地は、底つ磐根の極み、下つ綱根、はふ虫の禍无く、
高天の原は、青雲の靄く極み、天の血垂、飛ぶ鳥の禍无く、

という巧みな対句表現や、これに続く「堀り竪てたる柱・桁・梁・戸・牖の錯ひ動き鳴る事无く」以下の畳み掛けるような緊張した表現は、祈年祭（月次祭）の祝詞の中の天照大御神の大前に白す詞や大祓の詞と並んで、延喜式祝詞中の出色の文章ということができる。

御門祭

解説

「御門祭」は、「みかどほかひ」と訓む。『貞観儀式』や『延喜式』を見ると、御門祭というものが独立して存した形跡は見えない。大殿祭の祭儀の中で、御巫の一人が承明門に進んで米・酒を撒くことになっているから、これに対応して読まれるのが、この御門祭の祝詞の文章であると見ることができる。しかしこの文章は、大殿祭の祝詞の継続として、引き続いて読まれたものと解する外なく、一個の独立した御門祭の祝詞が存したようには思えない。そのためか、『九条家本延喜式祝詞』では、大殿祭の祝詞の末尾の後に行を改めて、御門祭の祝詞の文章が書かれており、「御門祭」という標題は、両者の行間に小さく挿入して記されている。

但し、斎部広成は『古語拾遺』の中で何度も殿祭・門祭と並べ挙げているから、その当時は二つの祭が存在したが、御門祭の方は次第に大殿祭の中に吸収されて行って、結局その影を薄くしてしまったのかも知れないとも推測される。

なお、『延喜式』四時祭上の四月祭に、

四面御門祭 十二月准此

という祭があり、賀茂真淵の『延喜式祝詞解』及び『祝詞考』は、この祭をもって御門祭のこととしているが、祭の月も異なり、大殿祭と一連になった祭とも違うので、この祝詞の御門祭とは別の祭としなければならない。

〔訓読文〕

御門祭

櫛磐牖・豊磐牖命と御名を申す事は、四方の内外の御門に、ゆつ磐村の如く塞がり坐して、四方・四角より疎び荒び来らむ天

〔口訳文〕

御門祭

「櫛磐牖命・豊磐牖命と神様のお名前を申し上げてお祭りいたしますことは、宮殿の四方の内側・外側の御門に、神聖な岩の群れのように塞がっておられて、四方・四隅から疎ましい荒々しい振舞いをし掛けて来る「天のまがつひ」（人間に災禍を与える神霊）という神が言

のまがつひと云ふ神の言はむ悪事に、古語に、まがことと云ふ。相ひまじこり、相ひ口会へ賜ふ事无く、上より往かば上を護り、下より往かば下を護り、待ち防ぎ掃ひ却り、言ひ排け坐して、朝には門を開き、夕べには門を閉てて、参入り罷出る人の名を問ひ知らし、咎過ち在らむをば、神直び大直びに見直し聞き直し坐して、平らけく安らけく仕へ奉らしめ賜ふが故に、豊磐牖命・櫛磐牖命と御名を称へ辞竟へ奉らくと白す。

うような悪い言葉に、「悪事」を古語でマガコトと言う。引き入れられたり、口を合わせて同意したりされることがなく、そういう悪い神が上から行けば上を守り、下から行けば下を守り、待ち受けて防ぎ、払いのけてしまい、言葉でうまく除き棄てられて、朝には御門を開き、夕方には御門を閉じて、宮殿へ参入したり宮殿から退出したりする人の名前を尋ねてお知りになり、もしそれらの人々に欠点や過失があるような場合には、神様のお力で見て直し聞いて直しなさって、平穏に安泰に宮廷にお仕え申し上げさせなさるが故に、豊磐牖命・櫛磐牖命と神様のお名前をお称え申し上げてお祭りいたすことでございます」と申し上げます。

語釈

○**櫛磐牖・豊磐牖命**　九条家本の古訓に「クシイハマトトヨイハマトノミコト」とある。祈年祭の祝詞の御門の御巫の祭る神に、「櫛磐間門命・豊磐間門命」と見え、そこで説明した。皇居の御門を守護する神。

○**四方・四角**　東西南北の四方と、その間の四つの隅。四方八方。

○**疎び荒び来らむ**　「疎ぶ」（上二段活用）は疎ましい振る舞いをする、「荒ぶ」（上二段活用）は乱暴をする。いやな荒々しい振る舞いをしかけて来るようなの意。

○**天のまがつひ**　「まがつひ」は「禍（悪いこと・わざわい）―つ（「の」の意）―ひ（霊）」。天上からやって来て人間に災禍・凶事を与える神霊。

○悪事 九条家本の古訓に「アシキコト」とあるが、下の注に「古語に、まがことと云ふ。」と見えるので、「まがこと」と訓む。「事」は、この場合は言の意で、悪い言葉。

○相ひまじこり 「まじこる」の「まじ」は、「まじなふ」の「まじ」と同じで、呪術・呪力の意。「まじこる」は相手の呪力に引き込まれること。

○相口会へ 「口会へ」は、相手の言葉に口を合わせて同意すること。「会へ」は下二段活用。

○掃ひ却り 払いのける意。

○言ひ排け 言葉でうまく言って退ける意。「排け」は下二段活用。

○神直び大直びに 神の偉大な霊力で正しい方へ直される意。大殿祭の祝詞にあった「神直日命・大直日命聞き直し見直して」を頭に置いて書いた文章である。

○仕へ奉らしめ賜ふ 豊磐牖命・櫛磐牖命が、人々を平安無事に朝廷にお仕え申し上げさせなさるの意。

評 この祝詞は独立した祝詞ではなく、前の大殿祭の祝詞の延長と解すべきである。宮中の御門の御巫の祭る神である櫛磐牖命・豊磐牖命に皇居の御門の平安を祈る言葉になっている。従って、祈年祭の祝詞の中の御門の御巫の祭る神に白す詞に似た個所が目につく。しかしそれと同時に、大殿祭の祝詞の後段の大宮売命に申す詞と同様の形態を取っていることをも見逃してはならない。その点を左に比較して掲げてみよう。

〔大宮売命に申す詞〕
大宮売命と御名を申す事は、
皇御孫の命の同じ殿の裏に塞がり坐して、
参入り罷出る人の選び知らし、……
咎過ち在らむをば、
見直し聞き直し坐して、
平らけく安らけく仕へ奉らしめ坐すに依りて、
大宮売命と御名を称へ辞竟へ奉らくと白す。

〔御門祭の祝詞〕
櫛磐牖命・豊磐牖命と御名を申す事は、
四方の内外の御門に……塞がり坐して、
……参入り罷出る人の名を問ひ知らし、
咎過ち在らむをば、
神直び大直びに見直し聞き直し坐して、
平らけく安らけく仕へ奉らしめ賜ふが故に、
豊磐牖命・櫛磐牖命と御名を称へ辞竟へ奉らくと白す。

右の二つの文章の近似性は一見して非常に明瞭である。大殿祭の祝詞の後段の第一節目が大宮売命に申す詞で、御門祭の祝詞はその第二節目であったと言い切って差し支えないであろう。

六月晦大祓　十二月准レ此。

「六月晦大祓」は、「みなづきのつごもりのおほはらへ」と訓む。定例の大祓の儀式は毎年六月と十二月の晦日（月の末の日）に行われたので、下に「十二月も此に准へ。」と注記したのである。「祓へ」は下二段活用の動詞「祓ふ」の連用形が名詞化した形である。『万葉集』巻十七に見える大伴家持の「造酒歌一首」に、

　中臣の太祝詞言言ひ波良倍贖ふ命も誰がために汝　（四〇三一）

とある。また『日本書紀私記』（乙本）に、

　掌二其解除之太諄一辞而（曽乃波良倍乃不止乃里止乎津加左止利弖）

と見える。後世「祓ひ」と四段活用で言われるようにもなった。

大祓は『養老令』の神祇令に二か条の規定が見える。

○凡六月十二月晦日大祓（謂、祓者、解二除不祥一也。）者、中臣上二御祓麻一、東西文部、（謂、東漢文直、西漢文首也。）上二祓刀一、読二祓詞一。（謂、文部漢音所レ読者也。）訖、百官男女、聚二集祓所一、中臣宣二祓詞一、卜部為二解除一。（割注の部分は『令義解』の文。）

○凡諸国須二大祓一者、毎レ郡出二刀一口・皮一張・鍬一口、及雑物等一。戸別麻一条。其国造出二馬一疋一。

第一条は、中央朝廷の定例の六月・十二月の晦日の大祓の規定であり、第二条は、地方諸国における臨時の大祓の規定である。

大祓の『日本書紀』に見える最初は、天武天皇五年（六七六）八月辛亥（十六日）の条に、

　詔曰、四方為二大解除一。用物則国別国造輸。祓柱、馬一匹・布一常。以外郡司、各刀一口・鹿皮一張・钁一口・刀子一口・鎌一口・矢一具・稲一束。且毎レ戸、麻一条。

と見えるもので、これが大祓（大解除）の初見であると共に、祓柱（はらへつもの、祓の時罪を贖うために出す物）の品目を一々列挙しているところを見ると、これは大祓を実施した最初であったと認められる。この祓柱の制が前掲の神祇令の諸国の大祓の規定の中に受け継がれていることは、両者を比較して見ると明らかである。右の大解除の翌日の八月壬子（十七日）には、実際に国中の罪がなくなったことを示すため、死刑・没官・三流の罪は一等を降し、徒罪以下はことごとく赦免している。大祓が罪を解除するものであったことが分かる。これに次いで、天武天皇十年（六八一）七月丁酉（三十日）に、

　令二天下一、悉大解除。当二此時一、国造等各出二祓柱奴婢一口一而解除。

と見えるのが、第二回目の大解除である。次いで第三回目の大解除は、朱鳥元年（六八六）七月辛丑（三日）に、

　詔二諸国一大解除。

と見えるものであるが、この頃天武天皇は病篤く、右の前日の庚子（二日）には僧正・僧都等を宮中に招いて悔過を行わせ（これは仏教行事の悔過と大解除との関わりを示唆している）、翌日の壬寅（四日）には天下の調・庸を減免し、更にその翌日の癸卯（五日）には諸社に幣を奉るなどしているから、この時の大解除は天皇の病気平癒に関わるものであったと解される。国中の罪をなくすることによって、天皇の身体の平安をもたらそうとしたのである。以上天武天皇時代の三回の大解除は、六月・十二月晦日の定例の大祓ではなく、臨時の大祓である。定例の大祓の最初はいつであったか明確にはし難いが、臨時の大祓が先にあって、やがてそれを基にして定例の大祓が始められることになったのは誤りないところであろう。

　ここで大祓の基になった祓（はらへ）について一見しておく必要がある。祓の原義は、罪を犯した者に対して、その罪に相応する物品（祓へつ物）を出させて、犯した罪を解除してやる日本古代の社会的行事であった。そこでハラへにしばしば「解除」の字が用いられる。『日本書紀』の履中天皇五年十月甲子（十一日）の条に、車持君がほしいままに天子の百姓を検校した罪と、宗像の神の神戸の民を奪い取った罪とによって、「悪(あし)解除(はらへ)・善解除(よしはらへ)」と二重の祓を科せられたと見える。また雄略天皇十三年三月に、歯田根命がひそかに采女の山辺小嶋子を姦した罪によって、馬八匹・大刀八口を出させて、罪を「祓除」したと見える。これらの記事に祓の原義を見ることができる。

『古事記』に、速須佐之男命が天照大御神の耕作される田の畔をこわし、溝を埋め、大嘗きこしめす殿に屎をまり散らし、更には忌服屋の棟に穴をあけて天の斑馬を逆剝ぎにして落とし入れるなどの罪を犯して、その結果八百万神から「千位置戸(ちくらのおきと)」（多くの台の上に置く罪の代償の呪物）を科せられ、

　亦切二鬚及手足爪一、令レ祓而、神夜良比夜良比岐。

と見えるのは、罪とその祓の起原を須佐之男命に負わせて物語った神代説話である（『日本書紀』にも同様の説話が見える）。

　元来罪の社会的処理であった祓が、その社会性を失い、私刑化して、個人が勝手に他人に祓除を強要して、祓の品物を奪い取るようになると弊害が生ずる。大化前期頃には、この弊害が顕著になったようである。『日本書紀』孝徳天皇の大化二年（六四六）三月甲申（二十二日）の詔の中では、このような悪質な祓除の実例を多く挙げ、

　如二此等一類、愚俗所レ染。今悉除断、勿レ使二復為一。

と述べ、更に、

　縦違二斯詔一、将科二重罪一。

と厳命を下している。このように弊害さえ生ずるに至った祓に、新しい精神を与えて復活・新生させ、しかもそれを国家的な行事にまで高めたのが、天武天皇朝の大解除（大祓）であった。

　天武朝の大祓の精神は、大祓によって国中のあらゆる罪を一掃して、新しい国家社会を建設しようとするところにあった。

大祓の創始は、天武朝における神祇祭祀の政策の一環をなすものであった。大祓が国を挙げての大規模な行事であったことは、天武五年八月の大解除に、国造や郡司が祓柱を出すだけではなく、戸毎に麻一条を出すところにもよく表れている。これは、全国民が大祓に参加することを示している。かくて大祓によって、国中のあらゆる罪が祓われるのである。そのことは大祓の詞の中に、「天の下四方の国には、罪と云ふ罪はあらじと」とか、「天の下四方には、今日より始めて、罪と云ふ罪はあらじと」とか、繰り返し力説しているところにもよく表現されている。

天武天皇十四年(六八五)正月丁卯(二十一日)に、爵位の名号が改められて、明・浄・正・直・勤・務・追・進の八語が柱として立てられた。聖徳太子の冠位十二階の徳・仁・礼・信・義・智の六語は、儒教の徳目を受けたものであったが、それに対して天武朝の位階の八語は、当時の日本人に求められた国民道徳の標語ともいうべきもので、それは大祓の目標とする精神と相通ずるのである。すなわち大祓によりあらゆる罪が祓われて、人々が明き浄き正しき直き心となり、これからの仕事に勤しみ務め追い進むべきことが、この八つの標語に指示されている。ここに大祓の倫理性を捉えることができる。この精神は、『続日本紀宣命』の「明き浄き直き誠の心」(文武天皇即位の宣命)へと続いて行く。

次に、六月・十二月晦日の定例の大祓の初見は、『続日本紀』文武天皇の大宝二年(七〇二)十二月壬戌(三十日)に、

廃二大祓一。但東西文部解除如レ常。

と見えるものである。これは、大宝二年十二月甲寅(二十二日)に持統太上天皇が亡くなられたによって、十二月晦日の大祓は廃止する(但し天皇に東西文部が祓刀を奉り漢音の祓詞を読む行事は常の通り行う)というものである。この記事によって、定例の大祓がそれ以前から存したことは明瞭である。定例の大祓は、必要に応じて行った臨時の大祓を基にして、天武朝の末年から持統朝の初年にかけての頃に創始されたものであろう。そして、浄御原令の中に規定化され、大宝令・養老令と受け継がれたものと考えられる。定例の大祓の趣旨は、いうまでもなく毎年六月末と十二月末の二回定期的に朝廷において国家的規模でこれを実施して、あらゆる国中の罪を祓い清め、常に清々しい生命に満ちた国家社会を保持して行こうとするところにある。大祓によって国は半年毎に新しく蘇り、進歩発展を続ける。このように、大祓創始の構想は遠大であった。

大祓の実施の最初を天武天皇時代に置いて考えたが、『古事記』中巻には仲哀天皇が亡くなられた直後のこととして、

爾、驚懼而、坐二殯宮一、更取二国之大奴佐一而、種々求生剝、逆剝、阿離、溝埋、屎戸、上通下婚、馬婚、牛婚、鶏婚、犬婚之罪類一、為二国之大祓一而、亦建内宿祢居二於沙庭一、請二神之命一。

という記事が見え、ここに「国之大祓」(国を挙げての大祓の

意）と出ている。しかしながらこれは、大祓の起原を古い天皇の時代に溯って物語ろうとして、後の大祓の知識をもって書かれた縁起説話である。これをもって大祓の起原とか初見とかに当てると誤りが生ずることはいうまでもない。

もともと祓は罪を解除する行事であって、穢れを清める行事ではない。大祓の詞の中に穢れという語は全く見えない。穢れを洗い清めるのは禊（みそぎ、古くはミソキという）であった。伊耶那岐大神の阿波岐原の禊の話は、禊の起原を物語る説話で、禊と祓との間にははっきりした区別があった。ところが、時代の推移と共に両者は接近し、ついには混同されるようになって行った。それと共に、大祓も最初の精神に変化が見られるようになって、疫病や災禍や汚穢を祓うために臨時の大祓を催すことが次第に多くなった。その例を三例だけ挙げる。

『続日本紀』文武天皇慶雲四年二月乙亥（六日）因二諸国疫一、遣レ使大祓。

『続日本紀』光仁天皇宝亀七年五月乙卯（二十九日）大祓。以二災変屢見一也。

『三代実録』清和天皇貞観元年四月二十一日丙午　大二祓於建礼門前一。以三触穢之人入二於御在所一也。

このような大祓は漸次頻度を増し、『三代実録』には枚挙に暇がない程現れる。一方、朝廷の行う公的儀式の大祓の外に、一般人が罪を祓ったり、穢れを清めたり、病気や災厄を除いたりするために、大祓の詞を「中臣祓」と称して読むようになり、盛行を見るに至った。『朝野群載』巻第六に収められた「中臣祭文」は、もともと参集した人々に宣り聞かせる詞であった大祓の詞の末尾の部分を、神に申し上げる詞に変更してしまっている。（〔追記1〕参照。）かくして中臣祓の詞は、神道の経典の如くに取り扱われ、神聖視されて、これに基づいて説かれた神道の神学が賑々しく展開するが、ここではそれらを詳説している余裕がない。（拙稿『皇学館大学講演叢書第六十三輯ハラへの歴史』参照。）

六月・十二月晦日の定例の大祓の儀式の次第については、『貞観儀式』巻第五の「大祓儀」に詳細な記事があるので、これに基づいてその概要を述べる。当日、先ず天皇の御贖の儀が行われる。これは、『養老令』神祇令の「凡六月十二月晦日大祓者、中臣上二御祓麻一、東西文部、上二祓刀一、読二祓詞一。」に相当するもので、次項の「東文忌寸部献二横刀一時呪」に関わる行事であるから、次項の解説において説明する。右の神祇令の文に続く「訖、百官男女、聚二集祓所一、中臣宣二祓詞一、卜部為二解除一」が、いわゆる百官の大祓で、これは朱雀門（大内裏南の正門）前において行われる。当日午の四刻（午後零時半）、百官が祓処に会集する。朱雀門の前路の南六か所に、前もって神祇官が祓物（はらへつもの）の品々を陳べ、また担当の役人が朱雀門及び東西の仗舎に座を設備する。大臣以下・五位以上の座は朱雀門の壇上の東方、女官の座は同壇上の西方である。それ以下の役人の座は朱雀門の南に設けた東西の仗舎である。未の一刻（午後一時）に人々がそれぞれの座に就くと、参集した人々の人数を記した目録が集められる。やがて先の天皇の御贖の儀の折奉った御祓の麻を、卜部が捧げて祓処に至り、これに祓稲を挿す。一同立ち定まると、神祇官が、参議以上と五位以上と女官とに別けて、それぞれ切麻（きりぬさ）を頒つ。切麻は、麻をこまかく切ったもので、一人一人に頒ち、各人の罪・穢れをこれに着けさせるのである。訖って中臣が進んで祝詞の座（朱雀門の前路の南西の位置）に就き、祝詞（すなわち大祓の詞）を読む。「聞き食へよ」と称える毎に、一同は称唯する。終わって六位以下の者に大麻（おほぬさ）を引かせる。大麻は大串に麻を着けたもので、人々がこれを引き寄せ体を撫でて罪・穢れを移す。次に五位以上の切麻を集める。これは諸種の祓物と共に卜部が大川へ持って行って祓い流す。

『延喜式』四時祭上の「六月晦日大祓〔十二月准此。〕」の条には、

右晦日申時以前、親王以下百官会二集朱雀門一、卜部読二祝詞。〔事見二儀式一。〕

と簡単に記すだけである。申時は今の午後四時であるから、『貞観儀式』よりは大分開始時刻が遅くなっている。更に後の大江匡房の『江家次第』では、「酉尅諸司会集。」とあるから（酉尅は午後六時）、一層遅くなっていることが分かる。なお右の『延喜式』の文に、「卜部読二祝詞一。」とあるのは、神祇令の規定の「中臣宣二祓詞一、卜部為二解除一。」に反するので、誤写であるとか卜部氏の改竄であるとかされているが、延喜式の時代には実際に卜部が読んだのではないかという推測が可能である。（〔追記2〕参照。）

『延喜式』四時祭上の「六月晦日大祓」の条にはまた、大祓に用いる幣物の品目が列挙されている。その中に、庸布・木綿・麻・枲等の布類の外に、武具の烏装横刀・弓・篦、農具の鍬、また鹿角・鹿皮、それに米・酒・稲・鰒・堅魚・腊・海藻・塩・水瓫・匏・槲等の食料関係品、及び家畜の馬六疋が見え、当時これらが祓物として捧げられたことが分かる。天武五年八月の最初の大解除の祓柱である馬・布・刀・鹿皮・钁・刀子・鎌・矢・稲・麻の大部分が延喜まで受け継がれているのは注目に値する。

大祓の詞は、まことに荘厳にして流麗な名文で綴られ、参集した人々に宣り聞かせる形になっている。これを謹んで聞いた人々は感動して、知らず知らずの間に身の罪の祓い清められて行くのを感得したことであろう。これが後世長く大祓の詞が唱えられ続けた原因の一つとなっている。

最後に一言付記したいことがある。私はかつて大祓に対する仏教の影響、特に薬師経との関連について指摘したことがある（『祝詞古伝承の研究』昭和六十年七月、国書刊行会）。京都大学文学部の小林信彦氏は、その著『バーイシャジヤグルと薬師』（平成六年四月二十一日、私家版）の中で、青木の所説を取り上げ、一定の理解を示した上で、仏教と「おほはらへ」の関係の問題について懇切・明快に論述された。仏教学者の側からの新しい研究に、真摯に耳を傾ける必要があると思うので、

ここにその一部分を引用させて頂くことにした。

もともと「はらへ」は刑罰であり、その機能は「つみ」を払い除けることにあった。「わざはひ」にまでその効果が及ぶことはなかったのである。ところが、天武の時代になると、天皇の病気という「わざはひ」に対処するために、「おほはらへ」が行われた。「つみ」を処理することによって間接的に「わざはひ」を消そうとしたのである。これは「はらへ」の歴史で画期的なことであった。

中国にはブッダの偶像の前で「懺悔」する習慣があった。……重い罪を犯した場合は、「仏」や「菩薩」の像の前で「懺悔」（悔いて罪を告白すること）が要求される。……「罪」を解消すれば「つらい報い」が解消される。「因」が無効になれば「果」が現れることはないから、「罪」を解消することによって将来の災害を防ぐことができる。

このように、「罪」と「つらい報い」との因果関係を前提にしているという限りでは、中国人の構想した「懺悔」は確かに仏教の伝承を受け継いでいる。……

ところが、日本人が「懺悔」「悔過」で対処しようとしたのは、すでに発生した災害（病気）であった。日本人は仏教の因果法則を棚上げにしたまま、「つみ」の消滅と災害の消滅とを結び付けたのである。こうして、中国で立てられた原則を無視して、純日本風の「懺悔」「悔過」が成立した。

純日本風「懺悔」「悔過」の成立とほぼ同じ時期に、日本で古くから行われていた「はらへ」にも大きな変化がもたらされた。もともと日本の「はらへ」が解消するのは「つみ」だけであったが、ここで「はらへ」の機能が「わざはひ」にも及ぶことになったのである。

「はらへ」の対象が「わざはひ」にまで拡大され、仏教で構想された因果の法則を棚上げにして「懺悔」が行われ、この二つの儀式は非常によく似た様相を示すようになった。「はらへ」の「おほはらへ」化と「懺悔」の日本化は、互いに深く係わり合っていたらしい。

〔追記1〕

『朝野群載』巻第六所収の「中臣祭文」の末尾は、

……如此久持路失天八、自二今日一以後、遺罪止云罪、咎止（云）咎八不レ有止、祓給比清女給事遠、祓戸乃八百万乃御神達波、佐乎志加乃御耳遠振立天、聞食世止申。

と、祓戸の神達に申し上げる詞に変更してしまっている。

〔追記2〕

『貞観儀式』には、大祓の儀式に祝詞を読む者は中臣となっている。ところが、『延喜式』では「卜部読二祝詞一。」と記されている。この相違については、誤写や改竄によって説明するのではなく、実際に延喜時代には卜部が大祓の詞を読むようになっていたのではないかと推測するに足る一つの証拠がある。それは、延喜式祝詞の卜部兼永本や兼右本、また近世版本（これは卜部系の本を版にしたもの）には、大祓の詞の中の「如此出波、天津宮事以弖、大中臣天津金木乎本打切、末打断弖、……」という条の「大中臣」の語の傍に、「師不読」という三字の注記が存することである。すなわち、卜部家ではこの「大中臣」の語を読まないことを指示している。実際に卜部兼倶本の『中臣祓抄』（『神道大系・古典註釈編・中臣祓註釈』所収、一九三頁）を見ると、

如此出天波、天津宮事乎以天、天津金木乎、本打切、末打断弖、……

とあって、「大中臣」の語は抜けている。それでは何故「大中臣」の語を読まないかというと、卜部が大祓の詞を読んだ場合に、「大中臣天つ金木を本打ち切り、末打ち断ちて、……天つ祝詞の太祝詞事を宣れ。」と読んだのでは甚だ具合の悪いことになるからである。祝詞には「大中臣……天つ祝詞の太祝詞事を宣れ」とありながら、中臣ではなく卜部がその祝詞を読んでいるのでは、矛盾することになる。それ故に卜部家では「大中臣」を読まなくなったのである。このことは、大祓の儀式で大祓の詞を読む読み手が、中臣から卜部へ移ったことを反映するものである。そして既に『延喜式』に「卜部読二祝詞一」とあるからには、その時代に卜部が大祓の詞を読むようになっていたと解してよいのではないだろうか。これは勿論宮廷祭祀における卜部の勢力の増大によるものである。以上が私の現在描いている推測である。

〔訓読文〕

六月晦大祓（みなづきのつごもりのおほはらへ）　十二月（しはす）も此（これ）に准（なら）へ。

集（うごな）はり侍（はべ）る親王（みこたち）・諸王（おほきみたち）・諸臣（まへつきみたち）・百（もも）の官（つかさ）の人等（ひとども）、諸（もろもろ）聞き食（たま）へよと宣（の）りたまふ。

天皇（すめら）が朝庭（みかど）に仕（つか）へ奉（まつ）るひれ挂（か）くる伴（とも）の男（を）・

〔口訳文〕

六月晦大祓　十二月晦の大祓の時も、この祝詞に準じて読め。

この場に集まり控えている親王たち・諸王たち・諸臣たち及び数多くの役所の役人ども、皆の者ら、よく拝聴せよと宣り聞かせる。

天皇様の朝廷にお仕え申し上げているひれを掛けたり襷を掛けたりして御膳奉仕の職を勤める人々、又靫を背負ったり剣を腰に着けたり

手繦挂くる伴の男・靫負ふ伴の男・釼佩く伴の男、伴の男の八十伴の男を始めて、官官に仕へ奉る人等の過ち犯しけむ雑々の罪を、今年の六月の晦の大祓に、祓へ給ひ清め給ふ事を、諸聞き食へよと宣りたまふ。

高天の原に神留り坐す皇親神漏岐・神漏美の命以ちて、八百万の神等を神集へ集へ賜ひ、神議り議り賜ひて、我が皇御孫の命は豊葦原の水穂の国を、安国と平らけく知ろし食せと、事依さし奉りき。かく依さし奉りし国中に、荒振る神等をば神問はしに問はし賜ひ、神掃ひに掃ひ賜ひて、語問ひし磐根・樹の立ち・草の垣葉をも語止めて、天の磐座放ち、天の八重雲をいつのち別きにち別きて、天降し依さし奉りき。かく依さし奉りし四方の国中と、大倭日高見の国

して宮廷警護の任に当たる人々、その他数多くの職にある人々を初めとして、それぞれの役所にお仕え申し上げている役人どもが、これまでに過ち犯したと思われる種々雑多な罪を、今年の六月の晦日の大祓の儀式で、きれいさっぱりと祓い清めて下さることを、皆の者ら、よく拝聴せよと宣り聞かせる。

高天の原に神様として鎮まっておられる貴く又むつまじい皇祖の男神様・女神様のお言葉によって、沢山の神々をすっかりお集めになり、十分御審議をお尽くしになって、「我が皇御孫の命（貴い神のお孫様、皇孫邇邇芸命）は豊かな葦原の茂る瑞々しい稲穂に恵まれた日本の国を、安らかな国として平穏にお治めなさい」と仰せられて、この国を御委任申し上げなさった。このように御委任申し上げなさった国の中で、乱暴をする神たちを次々と問い糺され、次々と掃いのけられて、さわがしく物を言っていた岩石や樹木や一片の草の葉までも、ものを言うことを止めさせて、すっかり平定して、皇御孫の命を天上の堅固な御座を後にして、空に幾重にもたなびく雲を神々しい威力で掻き別け掻き別けして、天上から地上の国へお降し申し上げた。このようにして御委任申し上げた地上の国の真中のすぐれた所として、この太陽が空高く輝く大倭の国（大和の国）を、安泰な国として平定申し上げて、地下の大きな岩の上に宮殿の柱を太くしっかりと立て、高天の原に向かって宮殿の千木を高々と聳やかして、皇御孫の命の生気に満ちた御殿をお造り申し上げて、そこを天を覆う陰また日光を覆う陰とな

を安国と定め奉りて、下つ磐根に宮柱太敷き立て、高天の原に千木高知りて、皇御孫の命のみづの御舎仕へ奉りて、天の御蔭・日の御蔭と隠れ坐して、安国と平らけく知ろし食さむ国中に、成り出でむ天の益人等が過ち犯しけむ雑々の罪事は、天つ罪と畔放ち・溝埋め・樋放ち・頻蒔き・串刺し・生剝ぎ・逆剝ぎ・屎戸、ここだくの罪を天つ罪と法り別けて、国つ罪と生膚断ち・死膚断ち・白人・こくみ・己が母犯す罪・己が子犯す罪・母と子と犯す罪・子と母と犯す罪・畜犯す罪・昆虫の災・高つ神の災・高つ鳥の災・畜仆し蠱物為る罪、ここだくの罪出でむ。かく出でば、天つ宮事以ちて、大中臣天つ金木を本打ち切り、末打ち断ちて、千座の置き座に置き足らはして、天つ

る立派な御殿として、皇御孫の命はお住まいになって、これから安泰な国として平穏に統治して行かれるその国の中に、どんどん生まれ出て増えて行く人民らがこれからきっと過ち犯すと思われる種々雑多な罪の行為は、第一に天つ罪として、畔放ち（田のあぜをこわす罪）・溝埋め（田に水を流す溝を埋める罪）・樋放ち（田に水を送る竹や木の管をこわす罪）・頻蒔き（穀物の種をまいてある上へ重ねてまいて、成長を妨げる罪）・串刺し（家畜に先のとがった串を刺して殺す罪）・生剝ぎ（家畜の皮を生きたまま剝ぐ罪）・逆剝ぎ（家畜の皮を尾の方からさかさまに剝ぐ罪）・屎戸（肥料の屎にのろいをかけて、農耕の妨害をする罪）というように、こんなに数多くの罪を天つ罪として区別を定めて、第二に国つ罪として、生膚断ち（人の膚を傷つける罪、但し被害者が生きている場合）・死膚断ち（人の膚を傷つけて殺す罪）・白人（皮膚の異常に白くなる病気）・こくみ（こぶのような皮膚の異常や傴僂の類）・己が母犯す罪（自分の母親と通ずる罪）・己が子犯す罪（自分の娘と通ずる罪）・母と子と犯す罪（一人の女性と通じ、更にその女性の娘と通ずる罪）・子と母と犯す罪（一人の女性と通じ、更にその女性の母親と通ずる罪）・畜犯す罪（畜類と通ずる罪）・昆虫の災（家屋の下部に蛇やむかでのような地を這う虫が加える災禍）・高つ神の災（高所にいる雷神が家屋に落ちて生ずる災禍）・高つ鳥の災（家屋の上部に鷲や鷹のような空を飛ぶ鳥が加える災禍）・畜仆し蠱物する罪（畜類を殺してその血を取り、悪神を祭って憎む相手をのろう呪術を行う罪）というふうに、こんなに数多くの罪が出て来るであろう。このように多くの罪が出て来れば、天上

菅そを本苅り断ち、末苅り切りて、八針に取り辟きて、天つ祝詞の太祝詞事を宣れ。かくのらば、天つ神は天の磐門を押し披きて、天の八重雲をいつのち別きにち別きて、聞こし食さむ。国つ神は高山の末・短山の末に上り坐して、高山のいほり・短山のいほりを撥き別けて、聞こし食さむ。かく聞こし食してば、皇御孫の命の朝庭を始めて、天の下四方の国には、罪と云ふ罪は在らじと、科戸の風の天の八重雲を吹き放つ事の如く、朝の御霧・夕べの御霧を朝風・夕風の吹き掃ふ事の如く、大津辺に居る大船を、舳解き放ち艫解き放ちて、大海原に押し放つ事の如く、彼方の繁木が本を、焼鎌の敏鎌以ちて打ち掃ふ事の如く、遺る罪は在らじと、祓へ給ひ清め給ふ事を、高山・短山

から伝わった宮廷の儀式に従って、大中臣が神聖な金木（金属のように堅い木）を、根もとを打ち切り、先端を打ち断って、中間を沢山の祓えつ物（祓えの時、罪を贖うために出す品物）を置く台の上に、祓えつ物のしるしとしていっぱいに置いて、神聖な菅の繊維を、根もとを刈り断ち、先端を刈り切って、中間をこまかく針状に裂いて、祓えの具として用意して、その上で、天上から伝わった神聖な壮厳な祝詞の言葉を宣読せよ。このように宣読するならば、天上の神々は住まっておられる天の岩屋の戸を押し開いて、空に幾重にもたなびく雲を神々しい威力で掻き別け掻き別けして、お聞きになるであろう。又地上の神々は、高い山の頂や低い山の頂にお登りになって、高い山の上にある神のお仮屋や低い山の上にある神のお仮屋をがらりと開いて、お聞きになるであろう。このように神々が確かにお聞きになったならば、天皇様の朝廷を初めとして、天下の方々の国には、罪という罪は一切なくなってしまうであろう。その罪がなくなってしまう様子は、ちょうど風の吹き起こる大もとの戸口から吹いて来る風が、空に幾重にもたなびく雲を吹き放ってしまうことのように、又朝方立つ霧・夕方立つ霧を朝風・夕風が吹き払ってしまうことのように、又大きい港のほとりに停泊している大きい船を船首の縄を解き放ち船尾の縄を解き放って、大海原に向かって押し放つことのように、又遠い向こうの方の繁茂した木の根もとを、よく焼き入れをした鋭利な鎌でもってばっさばっさと切り払うことのように、あらゆる罪は消え去って、後に残る罪は全くなくなってしまうであろう。——このようにすべての罪をなくしてしまおうとして、今日こうして朝廷において大祓の儀式を

の末より、さくなだりに落ちたぎつ速川の瀬に坐す瀬織津比咩と云ふ神、大海原に持ち出でなむ。かく持ち出で往なば、荒塩の塩の八百道の八塩道の塩の八百会に座す速開都咩と云ふ神、持ちかか呑みてむ。かくかか呑みてば、気吹戸に坐す気吹戸主と云ふ神、根の国・底の国に気吹き放ちてむ。かく気吹き放ちてば、根の国・底の国に坐す速佐須良比咩と云ふ神、持ちさすらひ失ひてむ。かく失ひてば、天皇が朝庭に仕へ奉る官官の人等を始めて、天の下四方には、今日より始めて、罪と云ふ罪は在らじと、高天の原に耳振り立てて聞く物と、馬牽き立てて、今年の六月の晦の日の夕日の降ちの大祓に、祓へ給ひ清め給ふ事を、諸聞き食へよと宣りたまふ。

行って、祓い清めて下さる罪（具体的には罪を付けた祓えの品物）を、高い山や低い山の頂から勢いよく落下してさか巻き流れる速い川の瀬においでになる瀬織津比咩という神様が、川から大海原へ持ち出してしまうであろう。このように持ち出して行ってしまえば、激しい潮流の沢山の水路が一所に集合して渦をなしている所においでになる速開都咩という神様が、それをかっかっと音を立てて呑み込んでしまうであろう。このようにかっかっと呑み込んでしまえば、息を吹き出す戸口の所においでになる気吹戸主という神様が、それを地底の闇黒の世界へ息で吹いて放ちやってしまうであろう。このように息で吹いて放ちやってしまえば、地底の闇黒の世界においでになる速佐須良比咩という神様が、それを持ってどこともも知れずうろつき廻って、ついにすっかりなくしてしまうであろう。このように罪をなくしてしまえば、天皇様の朝廷にお仕え申し上げる役所役所の役人どもを初めとして、天下の方々の国には、今日から始まって、罪という罪は一切なくなってしまうであろうというわけで、高天の原に向かって耳を振り立てて聞く象徴の物として、儀式の場に馬を引っぱって来て、この祝詞の声を聞く象徴の物として、儀式の場に馬を引っぱって来て、今年の六月の晦日の夕陽が西に傾く時刻に実施されるこの大祓の儀式に、人々の罪を祓い清めて下さることを、参集した皆の者ら、よく拝聴せよと宣り聞かせる。

四国の卜部等、大川道に持ち退り出でて、祓へ却れと宣りたまふ。

四国（伊豆・壱岐・対馬上つ県・対馬下つ県）の卜部らは、大川へ行く道に祓えの品物を持って退出して、大川に祓い棄てよと宣り聞かせる。

語釈

○**集はり侍る**　九条家本の古訓に「ウコナハリハヘル」とある。意味については祈年祭の祝詞に既出。

○**聞き食へよと宣りたまふ**　九条家本の古訓に「キヽタマヘトノタマフ」とある。意味については祈年祭の祝詞に既出。

○**ひれ挂くる伴の男・手襁挂くる伴の男**　大殿祭の祝詞に「ひれ懸くる伴の緒・襁挂くる伴の緒」とあり、意味はそこで述べた。「伴の緒」と「緒」の字を用いるのは、緒で結ばれた集団の人々を意味するからで、ここに「伴の男」と「男」の字を用いているのは、ヲの音を表すために過ぎない。男性の意味ではない。現に「ひれ挂くる伴の男」は女性である。

○**靫負ふ伴の男**　「靫」は矢を入れて背に負う筒形の箱。靫を背に負うて天皇にお仕えする集団の人々。

○**釼佩く伴の男**　「釼」は「劒（剣）」の異体字。剣を腰に着けて天皇にお仕えする集団の人々。

○**伴の男の八十伴の男**　数多くの伴の緒（それぞれ一定の職業をもって朝廷に仕える集団の人々）を総括していった表現。祝詞らしい畳みかける表現になっている。

○**過ち犯しけむ雑々の罪**　「けむ」は過去の推量を表す助動詞で、過去に過ち犯したであろうと思われるの意。単なる過去でもなく、未来でもない。「種々の罪」とあって、穢れが見えないことにも注意を払う必要がある。

○**六月の晦**　「六月」は九条家本の古訓に「ミナツキ」とある。ミ（水）—ナ（「の」の意）—月の意である。「つごもり」は「月籠り」の約で、月の最後の日。

○**祓へ給ひ清め給ふ事を**　動詞の「祓ふ」は下二段活用で、下に「給ふ」が付く時は、「祓へ給ふ」となる。「祓ふ」とは、自分の犯した罪を贖うために、相手や神に対して償いの品物を差し出して、その罪を除き清めること。またそのための行事をすること。「祓へ給ひ清め給ふ」と尊敬の助動詞が付いているのは、この日の大祓の儀式をされる主体が天皇の朝廷だからである。祝詞の宣読者は朝廷の権威を背に負うている。

○**高天の原に神留り坐す皇親神漏岐・神漏美**　祈年祭の祝詞に既出。

○**命以ちて**　お言葉によって・御命令で。

○**神集へ集へ賜ひ、神議り議り賜ひて**　神々をすっかりお集めになり、十分に御相談になっての意。神に関することであるから、上に「神」を冠した。「集へ集へ」「議り議り」と畳語になっているのは、祝詞独得の修辞法。

○**知ろし食せ**　卜部兼永本の本文に「知所食」とあるのは誤りで、九条家本の本文の「所知食」が正しい。この「所」は尊敬を表す字として「知」の上に添えたもので、「知ろし食せ」の「し」に相当する。

○**事依さし奉りき**　「事依さし」は、言葉を寄せられる・言葉で御委任になる意であるから、大殿祭の祝詞に「言依さし奉り賜ひて」と「言」字を書いている方が当たっている。

○**国中**　「くぬち」は「国内」の約。国の内。

○**神問はしに問はし賜ひ、神掃ひに掃ひ賜ひて**　神の力で一々お問いただしになり、すっかり掃いのけられて。神に関することであるから、上に「神」を冠した。これも畳語の表現。

○**語問ひし磐根・樹の立ち・草の垣葉をも語止めて**　同様の表現が「大殿祭」の祝詞にあった。「垣葉」の「垣」の字はカキの音を表すための当て字。

○**天の磐座放ち**　高天の原の堅固な御座席を後に放って。

○**天の八重雲**　天上にたなびく幾重もの雲。

○**いつのち別きにち別きて**　「いつ」は神の持つ激しい威力をいう語。「ち別き」の「ち」は道の意で、道を別けて進むこと。「別き」（四段活用）は「別け」（下二段活用）の古形。皇孫が神々しい威力で天雲をかき別けかき別けして進まれたことをいう。『古事記』上巻の天孫降臨の条に、「離二天之石位一、押二分天之八重多那（此二字以レ音）雲一而、伊都能知和岐知和岐弖（自レ伊以下十字以レ音）……」と見える。

○**天降し依さし奉りき**　皇祖の神が、右のようにして皇孫を高天の原から降らせて、この国を御委任申し上げなさった。

○**四方の国中と**　四方の国々の中央のすぐれた所としての意。

○**大倭日高見の国**　「日高見の国」は太陽が空高くかがやく国の意で、これは大和の国（奈良県）を讃えていった表現である。これを日本の国のこととする説があり、それも一理があるが、皇祖の神が皇孫に事依さされたのは「豊葦原の水穂の国」（日本の国）であり、その「国中」としての「大倭日高見の国」であるから、大和の国と採るのが順当である。

○**定め奉りて**　平定申し上げての意。

○**下つ磐根に宮柱太敷き立て、……天の御蔭・日の御蔭と隠れ坐して**　同様の表現が祈年祭の祝詞にあった。

○**知ろし食さむ国中に**　「む」は推量の助動詞であるから、皇孫（続いて天皇）がこれから治めて行かれるであろう国のうちの意となる。

○**成り出でむ**　この「む」も推量の助動詞であるから、これから生まれ出るであろうの意。

○**天の益人**　「天の」は美称。「益人」はどんどん増えて行く人民。

○**過ち犯しけむ**　「けむ」は過去の推量の助動詞で、……たであろうの意を表す。従って、上の「安国と平らけく知ろし食さむ国中に成り出でむ」の「む」、及び下の「ここだくの罪でむ」の「む」とは時点を異にし、つじつまが合わないことになる。思うにこれは、前文の「官官に仕へ奉る人等の過ち犯しけむ雑々の罪を……」という表現に影響されると共に、今現実に大祓を実施して祓う罪は人々の「過ち犯しけむ」であることから、無意識にこの表現となったものであろう。その気持は口訳に表しにくいが、仮に「きっと過ち犯すと思われる」としておいた。

○**罪事**(つみごと)　罪の行為。

○**天つ罪**(あまつつみ)　罪を二分して、社会的に最も重大な罪を「天つ罪」とし、それ以外の普通一般の罪を「国つ罪」とした。天皇の系譜につながる神々を「天つ神」とし、以外の神々を「国つ神」とするのと同じような方式である。それでは最も重大な罪とは何かというと、日本古代社会の根幹をなす生業である農耕を妨害し破壊する罪である。これを「天つ罪」の地位に置いて、高天の原に起原する罪とした。そして神話では、その罪の行為をすべて須佐之男命に背負わせて物語ることになった。「天つ罪」は須佐之男命が犯された罪ということが常識のようになっている。しかしながら、実際は畔放ち・溝埋め等の罪の行為は、大祓成立以前の古い時代から存在して、これが第一級の罪とされていたのである。須佐之男命の罪の説話は、これを説明するために後から作られたものである。「天つ罪と」の「と」は、としての意。(〔追記3〕参照。)

○**畔放ち**(あはなち)　「畔(あ)」は、たんぼのあぜ。「畔放ち(あはなち)」は、あぜをこわして稲作を妨害する行為。

○**溝埋め**(みぞうめ)　たんぼに送る水の通る溝を埋めて稲作を妨害する行為。

○**樋放ち**(ひはなち)　たんぼに水を送る竹や木の管をこわして稲作を妨害する行為。以上三つは灌漑妨害の罪である。

○**頻蒔き**(しきまき)　穀物の種をまいてある上へ、更に重ねてまいて、穀物の成長を妨害する行為。これは播種阻害の罪である。

○**串刺し**(くしさし)　家畜に先のとがった串を刺して殺害する行為。これを従来は、他人の田に串を刺して自分の所有権を主張して横領するとか、呪詛するとか、或いは田に刺した串で相手に傷を負わせるとか解して来たが、私はこれらを採らず、家畜の殺害と解した。中臣祓の古い注釈書の『中臣祓注抄』(神宮文庫所蔵の写本の奥書に「本云建保参年六月一日書写之云々……」と見える)の「串刺」の注に、「生類乍ﾚ生串差也。」と見えるのが参考となる。『古事記』神武天皇の条に矢のことを「痛矢串」と言っているように、先のとがった串は人畜を殺傷する能力を持つ。

○**生剝ぎ**(いきはぎ)　家畜の皮を生きたまま剝ぐこと。

○**逆剝ぎ**(さかはぎ)　家畜の皮を尾の方からさかさまに剝ぐこと。以上の三つは家畜殺害の罪である。牛馬等の家畜は、古くから農耕生活を助ける重要な伴侶であったから、家畜の殺害は農耕妨害の一つの手段となる。

○**屎戸**　この語は、古くからクソトと訓まれて来た。九条家本には訓を付していないが、卜部兼永本には「クソト」と訓がある。『古語拾遺』に「屎戸」について、「当新嘗之日、以屎塗戸。」と述べているのを見ても、クソトと訓んだことが分かる。賀茂真淵の『祝詞考』は「クソド」と訓んで、「屎処」の意とした。ところが、本居宣長が『大祓詞後釈（上）』及び『古事記伝（二十）』でこれを「クソヘ」と訓み改め、久曽閉の閉は閉理の理を省いた言葉で、屎閉理とは屎をひる（屎をする）ことだと説明して以来、この説が圧倒的に支持されて来た。しかしながら、屎をひること自体は何ら罪の行為ではない。むしろ屎（糞）は、古くから必須の農耕肥料として用いられた。屎戸は古い訓のクソトに戻して考え直す必要がある。私の結論は、この「戸」を、『古事記』に見える「事戸」（呪言）・「布刀詔戸言」（呪言）・「千位置戸」（呪物）・「詛戸」（呪物）等の「戸」と同様に、呪的なものを意味する語として捉えることができるのではないかということである。すなわち農耕肥料の屎にのろいをかけて、相手の農耕を妨害する行為と解したい。肥料呪害の罪ということができよう。『日本書紀』の雄略天皇前紀に、御馬皇子が井の水に詛をかけた話があり、武烈天皇前紀に、平群真鳥が角鹿の塩に詛をかけた話がある。海幸彦・山幸彦の神話では、鉤（つりばり）にのろいをかけている。「屎戸」も、これらと同類の生活に重要なものにのろいをかける行為である。記紀に、須佐之男命が天照大御神の大嘗聞こしめす殿に屎をまり散らしたと見える説話は、「屎戸」の本来の意味が不明になり、一方神聖冒瀆の意識が強くなった段階で、「屎戸」に新しい解釈を加えて、罪の起原を須佐之男命に負わせたものと理解する。以上八種の「天つ罪」は、要するに農耕妨害罪で、古代社会の根幹にかかわる最も重要な意義を持つ罪であった。（〔追記4〕参照。）

○**ここだく**　こんなに沢山の意。

○**法り別けて**　「法」の字は音を表した当て字。「宣り別けて」で、言い分ける・区別する意。

○**国つ罪と**　「国つ罪」は、「天つ罪」に対してそれ以外の一般の罪、「天つ罪」とは性格を異にする罪。種々雑多なものが含まれる。「と」は、としての意。

○**生膚断ち**　他人の膚を傷つけて、被害者が生きている場合。

○**死膚断ち**　他人の膚を傷つけて、被害者が死んだ場合。屍体損傷とは異なると思う。右の二つは、傷害殺人罪といえる。

○**白人**　皮膚の異常に白くなる病気。『日本書紀』推古天皇二十年に「白癩」と見え、『和名抄』疾病部に「白癜 一云白電、之良波太。」と見えるものの類か。これは当時日本に入っていた除災招福の仏教経典である『薬師経』の中に見える「白癩」と関係が深いと考えるが、そのことについては後に説明する。

○**こくみ**　こぶのような皮膚の異常。佝僂病をもさすと思われる。『和名抄』疾病部に「瘜肉、阿末之之、又古久美。」と見える。これは『薬師経』に見える「背傴」と関係深いと考えるが、後に説明する。右の二つは罪ではなく病気で、この二つの人の目につく皮膚疾患をもって種々の病患を代表させたのである。なおこの二つをここに置いたわけは、上に「生膚断ち」「死膚断ち」と皮膚のことを述べたので、その連想から皮膚疾患の「白人」「こくみ」を続いて置いたのであろう。「国つ罪」の中に疾患を挙げていることについては、後に私見を述べる。

○**己が母犯す罪・己が子犯す罪**　いわゆる近親相姦である。

○**母と子と犯す罪・子と母と犯す罪**　前者は、一人の女性と通じ、更にその女性の娘と通ずる罪。後者は、一人の女性と通じ、更にその女性の母親と通ずる罪。この二つは、通じた相手が母子関係にあることが近親相姦として意識されたのであろう。近親相姦は、『古事記』中巻の仲哀天皇崩御後の国の大祓の条に「上通下婚（おやこたはけ）」と見える。

○**畜犯す罪**　畜類と通ずる罪。いわゆる獣姦。『古事記』仲哀天皇崩御後の国の大祓の条では「馬婚・牛婚・鶏婚・犬婚」と小分けにして挙げている。近親相姦と獣姦とは、まとめて不倫姦淫罪と称することができる。その種目を丁寧に数多く列挙していることは、この罪が家族の生活組織を脅かすものとして重視されたからであろう。

○**昆虫の災**　大殿祭の祝詞に「下つ綱根、はふ虫の禍無く」とあったのと同じもので、家屋の下部に蛇やむかでなどの地面を這う虫が加える災禍をいう。これは、『薬師経』に「毒蛇・悪蝎・蜈蚣・蚰蜒、如是等怖」と見えるものと関係が深いと考える。

○**高つ神の災**　高い所にいる雷神が家屋に落ちて生ずる災禍。

○**高つ鳥の災**　大殿祭の祝詞に「天の血垂、飛ぶ鳥の禍無く」とあったのと同じもので、家屋の上部の千木に空飛ぶ悪鳥が与える災禍をいう。これは、『薬師経』に「怪鳥来集、於二其住所一、百怪出現」と見えるものと関係が深いと考える。右の三つは家屋関係の災禍で、これをもって種々の災禍を代表させているのである。それは、「白人」「こくみ」をもって病患を代表させたのと同様の方式である。またこのような災禍が、先の病患と共に「国つ罪」の中に混在している問題については、次にまとめて私見を述べることにする。

○**畜仆し蠱物為る罪**　この罪は、これまで一般に「畜仆し」と「蠱物為る罪」の二つに分割して考えられて来たが、賀茂真淵の『延喜式祝詞解』及び『祝詞考』は一続きの句として捉え、金子武雄氏の『延喜式祝詞講』も真淵説を襲われた。私もこの考え方を受け継ぐものである。「畜仆し」は家畜の殺害であって、それだけならば上の「天つ罪」に入れるべきものだからである。「蠱物」の「まじ」とは、マジナヒ・マジワザのマジで、他人に災いが起こるようにまじない（呪術）を行うことをいう。「蠱」の漢字にまじないの意味がある。そのまじないのために畜類を殺し、血を取ったりなどして邪神を祭り、憎む相手を呪う。これが「畜仆し蠱物為る罪」である。これは、『薬師経』

に「殺二諸畜生一、取二其血肉一、……成二就種種毒害呪術・厭魅蠱道・起屍鬼呪一、……」とあるところと関係が深いと考える。この罪は、前の傷害殺人罪や不倫姦淫罪とは性格を異にする別種または新種の知能犯罪として位置づけることができる。「国つ罪」の中で柱をなすものは、「生膚断ち」「死膚断ち」の傷害殺人罪と、「己が母犯す罪」以下の不倫姦淫罪とである。これが二本の太い柱で、脇の小さい柱が最後の「畜仆し蠱物為る罪」である。一本目の柱と二本目の柱の間に、「白人」「こくみ」の病患が入り、二本目の柱と脇の小柱の間に「昆虫の災」「高つ神の災」「高つ鳥の災」の災禍が入っている。病患や災禍は、人々が除去したいと願うものには違いないが、本来罪とは異質のものである。大祓は罪を祓い清めるのが本旨であって、この祝詞自体の中でも、「官官に仕へ奉る人等の過ち犯しけむ雑々の罪を、……祓へ給ひ清め給ふ事を、」「遺る罪は在らじと、祓へ給ひ清め給ふ事を、」「罪と云ふ罪は在らじと、……祓へ給ひ清め給ふ事を、」と繰り返し述べている。病患や災禍が「国つ罪」の中に入っていることは、やはり場違いではないだろうか。それでは何故病患や災禍が罪の間に入り込んで来たのか。ここに仏教の影響を考える必要が生ずる。解説の項の終わりに紹介した小林信彦氏の論文に述べられているように、天武天皇時代、朝廷の大祓の行事が成立した頃には、中国から伝来した仏教行事が日本風に変化した形で盛んに行われた。中でも薬師信仰が盛んで、薬師寺が興され（天武九年十一月）、薬師経が説かれた（朱鳥元年五月）。薬師の悔過とか懺悔とか大捨という行事も実施されている。これらは大祓の趣旨と近似している。これが大祓の成立とかかわり合い、影響を与えていると見るのである。薬師信仰は、薬師仏（薬師瑠璃光如来）の力によって、病気を治癒し、災禍を除去し、犯した罪過を消滅して、苦悩から救済してもらおうとする現世利益の信仰である。これがかかわり合うことによって、大祓の中に病患や災禍の祓除が副次的に入り込むことになったと考えるのである。それが更に後には、祓えに穢れを祓うという大きな要素を含む要因ともなり、祓えと禊（みそぎ）とが混同される結果を招いた。『日本書紀』神代上の一書には、大国主神について、「顕見蒼生（うつしきあをひとくさ）及び畜産（けもの）の為に、其の病を療（をさ）むる方（みち）を定む。又、鳥獣（とりけだもの）・昆虫（はふむし）の災異（わざはひ）を攘（はら）はむが為に、其の禁厭（まじなひ）むる法（のり）を定む。」と述べて、大国主神に薬師仏の性格を付与している。かくして、大祓の成立には薬師信仰とのかかわり合いがあって、大祓の詞の中に上述の通り、『薬師経』に見える文句と関連を持つ語句が入ることになったと見るのである。天武天皇時代に読まれた『薬師経』は、隋の達磨笈多訳の『薬師如来本願功徳経』である。ここにその必要部分を、大祓の詞の中の罪のことばと対比させて掲げておく。

○「白人」「こくみ」――（『薬師経』）第六大願。願我来世、得二菩提一時、若有二衆生一、其身下劣、諸根不具、醜陋頑愚、聾盲跛躄、身攣背傴、白癩癲狂、若復有二余種種身病一、聞二我名一已、一切皆得二諸根具足身分成満一。

○「昆虫の災」「高つ鳥の災」――（『薬師経』）或復有レ人、忽得二悪夢一、或見二諸悪相一、或怪鳥来集、於二其住所一、百怪出現。此人若能、以二種種衆具一、供‐養二‐恭‐敬三彼薬師琉璃光如来一者、一切悪夢・悪相・不吉祥事、皆悉隠没。或有二水怖・火怖・刀怖・毒怖・懸嶮之怖、悪象・師子・虎狼・熊羆・毒蛇・悪蝎・蜈蚣・蚰蜒、如レ是等怖一。憶‐念二‐供‐養三彼如来一者、一切怖畏、皆得二解脱一。

○「畜仆し蠱物為る罪」――（『薬師経』）有二諸衆生一、好‐喜二乖離一、更相闘訟。……或告二林神・樹神・山神・塚神・種種別神一、殺二諸畜生一、取二其血肉一、祭‐祀下一切夜叉羅刹食二血肉一者上、書二怨人字一、并作二其形一、成二就種種毒害呪術・厭魅蠱道・起屍鬼呪一、欲下断二彼命一、及壊中其身上。由レ聞二世尊薬師琉璃光如来名号一故、此諸悪事、不レ能二傷損一、皆得下互起二慈心益心一、無二嫌恨心一、各各歓悦、更相摂受上。

なお詳細については、前記小林信彦氏の論文及び拙著『祝詞古伝承の研究』所収の「大祓の成立と仏教」「罪と災」「天津罪・国津罪」を参照して頂きたい。

○**ここだくの罪（つみ）出（い）でむ**　こんなに沢山の罪が出て来るであろう。「罪出でむ」と推量の形で言っている。（〔追記5〕参照。）

○**かく出（い）でば**　このように沢山の罪が出て来たならばと、仮定のこととして述べている。右のように推量や仮定の形で述べてあるのは、天孫降臨の時点を現在として、その後のことを未来に予想される事柄として述べる文章になっているからである。「かく……ば、……」という形は、なお下に続く。

○**天（あま）つ宮事（みやごと）**　天上の宮殿で行われた行事、高天原で行われた儀式。この語は、この大祓の儀式が高天原から伝えられたままの神聖な行事であるという意義づけを表明したものである。

○**大中臣（おほなかとみ）**　大祓の行事を主宰する中臣を尊んで、上に「大」を冠したもの。『続日本紀』称徳天皇の神護景雲三年六月乙卯（十九日）の条に、「詔曰、神語有レ言二大中臣一。而中臣朝臣清麻呂、両度任二神祇官一、供奉无レ失。是以賜二姓大中臣朝臣一。」と見える。「神語有レ言二大中臣一」とは、大祓の詞の中に「大中臣」という語があることをさしたものであって、当時大祓の詞が天上伝来の神語として受け取られていたことが分かる。これが中臣清麻呂が大中臣朝臣の姓を賜わった大きな根拠となっている。

○**天（あま）つ金木（かなぎ）**　「金木（かなぎ）」は金属のように堅い木の意であろう。その実体が不明になっているので、未詳というより外ないが、人々が罪を贖うために出す祓えつ物を儀式化・象徴化したものであることは推測できる。「天（あま）つ金木（かなぎ）」といって、この金木が天上の儀式に用いられたものであることを強調している。

○**千座（ちくら）の置（お）き座（くら）**　沢山の祓えつ物を置く台。その上に置くのだから、「天つ金木」は祓えつ物であるに違いない。『古事記』上巻の須佐之男命の祓えの条には「千位置戸（ちくらのおきと）」と見える。

○**置（お）き足（た）らはして**　満ち足りる程いっぱい置いて。

○**天（あま）つ菅（すが）そ**　この「天（あま）つ」も、先の「天つ宮事」「天つ金木」

の「天つ」と同じ。「菅そ」の「そ」は植物繊維を意味する語であろう。「青麻」「打麻」「夏麻」「真麻」等、麻をソというが、それは麻は繊維を用いたからである。アサというサも、ソと同根か。「楮（かうぞ）」は紙ソから来ている。「御衣」のソも植物繊維のソと同根の語であろう。この「天つ菅そ」は、菅を細く裂きこれに罪を付けて祓うために用いたもので、『万葉集』巻三に「天なる　ささらの小野の　七節菅　手に取り持ちて　ひさかたの　天の河原に　出で立ちて　みそきてましを……」（四二〇）、巻六に「千鳥鳴く　その佐保川に　石に生ふる　菅の根取りて　しのふ草　解除てましを　行く水に　みそきてましを……」（九四八）と詠まれており、また『神楽歌』に「中臣の　天の小菅を　析き祓ひ　祈りしことは　今日の日のため……」と歌われているのが参考になる。解説の項で述べたように、平安時代になると、朝廷の大祓に五位以上の者には「切麻」を頒って、これに各人の罪・穢れを付けさせ、六位以下の者には「大麻」を用いた（『貞観儀式』）が、これはもと菅を用いて祓えをしたのが、麻へと移行したものと考えられる。

○八針に取り辟きて　こまかく針状に細く裂いての意。「辟」は「劈」に同じ。これを参集した各人に頒つのである。

○天つ祝詞の太祝詞事　「天つ」は、「天つ宮事」「天つ金木」「天つ菅そ」の「天つ」に同じ。「太祝詞事」の「太」は美称で、「事」は言の意。天上の儀式で用いられた神聖な祝詞の言葉という意味である。そして、その「天つ祝詞の太祝詞事」とは、この大祓の詞そのものに外ならない。先に引用した『続日本紀』の称徳天皇神護景雲三年の記事に、大祓の詞をさして「神語」といっていることは、そのことを明瞭に示している。「天つ祝詞の太祝詞事」として、何か特別に神秘的な詞があったと推測して、仏教の呪文や作為された文句をもってそれに当てることが早くから行われたが、これを裏付ける証拠はなく、取るに足らぬことである。仏前にて経文を唱読することが音声呪術として験力を発揮したように、神語である大祓の詞を朗々と宣読し、これを拝聴することが、祓えの効果を確かなものとしたのである。この祝詞自体が何よりも尊い「天つ祝詞の太祝詞事」だったのである。特に、「天つ祝詞の太祝詞事を宣れ」と読んだ後に一呼吸置いて、それらの特別の詞を唱えたりするのは、この祝詞の文脈を全く無視したもので、笑止という外はない。

○宣れ　「宣る」は、非常に重要な言葉を述べる場合にいう語で、普通のことを言う時に「宣る」とはいわない。ここは重要な意義を持った祝詞を読むのであるから、「宣る」を用いた。「天つ祝詞の太祝詞事」を宣読せよと命令する形であるが、この命令を下している主体は、一体誰であろうか。先に指摘したように、この辺りの文章は、神漏伎・神漏美の神の命令によって天孫が天降られた時点を現在として述べてある。天孫が降臨された国土に、これから多くの人民が生まれ、多くの罪が生ずるであろう。そうしたら天つ宮事をもって大祓の行事をして、天つ祝詞の太祝詞事を宣れよ、というのであるから、当然その命令者は神漏岐・神漏美の神ということに落ち着く。そして今現に、その命令に基づいて朝廷の大祓の行事が執り行われつつあり、太祝詞が読まれつつある。大中臣は神漏岐・神漏美の命によって天上伝来の太祝詞を読んでいるのだという保証が、その祝詞自体の中に表明されているわけである。参列者は、この言葉を聴いて、罪が祓い清められる思いを心に深めるのである。

○かくのらば　「天つ祝詞の太祝詞事を宣れ。かくのらば、……」と、文章は継続している。前の「ここだくの罪出でむ。かく出でば、……」と同様の形である。

○天つ神（あまつかみ）　天上界の神。

○天の磐門（あまのいはと）　天つ神のおられる天の岩屋の戸。

○押し披きて（おしひらきて）　手で押して開いて。

○聞こし食さむ（きこしめさむ）　本文に「所聞食武」とある。「所」は尊敬の意を表す字。それが、「聞こし」の「し」に当たるのである。

○国つ神（くにつかみ）　地上界の神。

○高山の末（たかやまのすゑ）　高い山の頂。

○短山の末（ひきやまのすゑ）　低い山の頂。古くは「ひきし」が用いられ、「ひくし」が現れるのは中世後期であるという。

○いほり　九条家本及び卜部兼永本の本文には共に「伊恵理」とある。両本共に訓が付いていないから、何と訓んだか不明である。中世の神道家の中臣祓の伝本・注釈書類の大部分は、やはり「伊恵理」または「伊恵利」と書き、訓には「イエリ・イエリ・イヘリ」とある。但し、古い両部神道の注釈書である『中臣祓注抄』（前出、奥書に「本云建保参年六月一日書写之云々」と見える）には、「高山伊保利宮殿也短山伊保利押別聞食」とあって、中世初期には少なくとも一部に「イホリ」と訓んで「宮殿也」と解する者の存したことは確実である。また、やはり両部神道の古い注釈書である『中臣祓訓解』に、「伊恵理宮殿……伊恵理是謂二廬戸宮一。」と見えて、「謂二廬戸宮一」という注には、古くイホリと訓んだ形跡を留めているように思われる。『延喜式』巻第八の近世版本は卜部系の本をもとにして出版された本であるが、「高山之伊穂理短山之伊穂理」と改訂している。これは、出版に当たって自己の見識をもって「恵」は「穂」の誤写と認めて、「恵」を「穂」に改めたのであろう。近世初期の伊勢外宮の祠官度会延佳（一六一五—一六九〇）は、その著『中臣祓瑞穂鈔』の中で、「伊恵利トハ、延喜式ニハ伊穂理ニ作レバ、廬ト心得ベシ。但シ神宮ノ古本、皆伊恵利ニ作レリ。穂ノ字ノ篇ヲ略シタル伝写ノ誤リ歟。宝殿ノ事ト見ルベシ。」と述べて、新しい見解を示した。賀茂真淵（『延喜式祝詞解』『祝詞考』）及び本居宣長（『大祓詞後釈』）は、近世版本をそのまま受けて「伊穂理」を本文とし、イホリとは山の雲霧のことであると解した。その後この説が踏襲されて来たが、問題が指摘されることになった。すなわち、武田祐吉博士は『日本古典文学大系1・祝詞』の注で、「伊・理はともに字音で読み、穂だけを訓で読むことは疑問である。」と述べて、本文を「伊恵理」のままにされた。それは最も堅実な態度で、尊敬すべきであるが、それだけでは済まして置けない未熟な私は、古い『中臣祓注抄』の「伊保利」や度会延佳の見解に引かれて、「伊恵理」の「恵」を「穂」の禾偏を省略した文字とし、「いほり」と訓んで、廬（仮小屋のこと）の意に解し、一時しのぎをしておくことにした。すなわち、国つ神は山の下の社殿に鎮座しておられるが、大祓の尊い祝詞を宣読する声を聴くために、高山・低山の頂に上られて、高山・低山のいほり（お仮屋）をがらりと撥き別けてお聞きになるであろうというのである。（拙著『祝詞古伝承の研究』所収「大祓の詞の伊穂理」参照。）私はまた別に、「伊恵理」の「恵」の字は、ホの音を表す「裒」或いは「褒」を誤写したものかとも考えてみたりしたが、これらは古い祝詞には見かけない字であるから、下手な推測は混乱を深めるばかりであろう。それよりも、古くからの「伊恵理」の表記のままで明快な解釈が下される日を、素直に待つのが賢明かも知れない。

○かく聞こし食してば　「聞こし食してば」の「て」は、完了の助動詞「つ」の未然形。ここの「……聞こし食さむ。かく聞こし食してば、……」という表現は、上の「ここだくの罪出でむ。かく出でば、……」、また「天つ祝詞の太祝詞事を宣れ。かくのらば、……」と同様の形で、将来こうなるだろうとして述べる言葉がずっと継続している。

○罪と云ふ罪は在らじと　天つ神・国つ神が大祓の詞を宣読する声を聞かれたならば、朝廷を始めとして天の下四方の国に、罪という罪は一切なくなるであろうと。「じ」は打消の推量を表す助動詞で、やはり将来のことを推量して述べる表現となっている。そして、この「罪と云ふ罪は在らじと」という句は、数行後の「焼鎌の敏鎌以ちて打ち掃ふ事の如く、遺る罪は在らじと」の「遺る罪は在らじと」という句と並列する文の構成となっている。この二つの句の間に、罪という罪がなくなる状況を具象的に形容する「科戸の風の」以下の四つの文句を入れた形になっている。しかしながら、「罪と云ふ罪は在らじと」と「科戸の風の……」との間の繋ぎ具合が何となくぎこちなく、いささか不自然な感じがするのは何故であろうか。これは、大祓の詞の第一次の文章では、「天の下四方の国には、罪と云ふ罪は在らじと、祓へ給ひ清め給ふ事を、……」と続いていたところへ、第二次に罪のなくなる状況を述べた「科戸の風の」以下の長い形容句を挿入することになったために、その繋ぎ目がどうしても円滑でなく、意味が取りにくくなったのであろう。これは私の恣意の臆説かも知れないが、この試案を長く棄て切れずにいる。

○科戸の風　「しなと」とは、「し（風）な（連体助詞で「の」に同じ）と（戸）」で、風の吹き起こる大もとの戸口をいう。「科戸の風」は、その戸口から吹いて来る風。シが風の意であることは、嵐（あらし）はアラ（荒）シ（風）であることによっても分かる。「科戸」の「科」は、シナの音を表しただけの当て字。

○朝の御霧・夕べの御霧　「御霧」の「み」は美称の接頭語。

○大津辺に居る　大きな港のほとりにいる。「居る」は、じっと同じ場所に動かずにいることをいう。

○舳　へさき・船首。

○解き放ち　綱を解き放つこと。

○艫　船の後尾・船尾。祈年祭の祝詞では、「船の艫」と「艫」をへさきの意に用いてあったが、ここではともの意に用いている。漢字の「艫」は、へさきとともと両方の意味を持っている。

○彼方の繁木が本　遠い向こうの方の茂った木の根もと。

○焼鎌の敏鎌　よく焼きを入れた鋭利な鎌。「科戸の風の」以下の文章は、あらゆる罪がなくなる様子を、「……事の如く、……事の如く」と具体的な四つの形容の文句をもって描写した文学的な表現で、それ以前の文章とは異なった特色を持っていることが感じられる。先に述べた第二次の文章の性質が出ているといえよう。

○遺る罪は在らじと、祓へ給ひ清め給ふ事を　ここは、「このように残る罪は全くなくなってしまうであろうと神漏伎・神漏美の神は教えられたが、その御教えに従って、唯今すべての罪がなくなってしまうようにと、朝廷において大祓の儀式を行って祓い給い清め給う罪事を……」として、下文に続く文章と理解したい。前からの文章の続き具合を振り返ってみると、天孫降臨の際、神漏伎・神漏美の神は将来人々の犯す罪が沢山出て来ることを予想されて、罪が出て来たら、天つ宮事によって大祓の行事を行い、大祓の詞を宣読せよ、そうしたら天つ神・国つ神がそれを聞かれて、世の中の一切の罪がなくなるであろうと教えられた。そこまでの文章は、天孫降臨の時点を現在として、ずっと将来のことを述べる文体になっていた。それがここに来て、いつしか時点が現在天皇の朝廷において大祓を実施していることに移っている。それは、この文章の行文の流麗さ・巧妙さに引き込まれ、聴き惚れているうちに、時点の変化に気付くことなく過ぎたからである。そこで上記のように、間に（神漏伎・神漏美の神は教えられたが、その御教えに従って、）といったような文句を補って理解すると、うまく時点の変化を調整することが可能となる。それにしても、「遺る罪は在らじと、祓へ給ひ清め給ふ事を」と、「高山・短山の末より、さくなだりに落ちたぎつ……」との間の続き具合は、先の「罪と云ふ罪は在らじと、科戸の風の……」の場合と同じように、どうも木に竹を接いだようなぎこちなさを感ぜざるを得ない。ここも最初は、「遺る罪は在らじと、今年の六月の晦の日の夕日の降ちの大祓に、祓へ給ひ清め給ふ事を、諸聞き食へよと宣りたまふ。」とあって、それで終わっていたものを、後から「高山・短山の末より、さくなだりに落ちたぎつ……」以下の文章が継ぎ足されたのではないかと推測するのである。数多くの罪がいさぎよく祓い清められる有様をいやが上にも印象深くするために、罪が川→海→根の国・底の国へというふうに失われて行く思想的・文学的な名文を末尾に挿入して、日本古代の雄篇大祓の詞は完成したのではないだろうか。この挿入句を第三次の文章と名づけておこう。挿入の際に多少のぎこちなさが遺るのはやむを得ない。それが「祓へ給ひ清め給ふ事を」の「事」の解釈をむつかしくしている。もともと「祓へ給ひ清め給ふ事を、諸聞き食へよと宣りたまふ。」であったものが、挿入句のために接続具合を損われたからである。今の大祓の詞では、この「事」を「罪事」と解しておくより外ない。（大祓の詞の成立の問題については、拙著『祝詞古伝承の研究』所収「大祓の詞の構造と成立過程」参照。）

○**さくなだりに落ちたぎつ**　「さくなだり」は水が勢いよく流れ落ちるさまをいう語で、広瀬大忌祭の祝詞に「さくなだりに下し賜ふ水」と見えた。「落ちたぎつ」の「たぎつ」は、水が激しくさか巻き流れること。

○**速川の瀬**　流れの早い川の水の浅い所。

○**瀬織津比咩**　川瀬に水の流れが美しい波紋を織り成すさまによって名づけた文学的な女神名。

○**持ち出でなむ**　「なむ」は、完了の助動詞「ぬ」の未然形に推量の助動詞「む」の付いた形。きっと運び出してしまうだろうの意。

○**持ち出で往なば**　運び出して行ってしまったならば。

○**荒塩の塩の八百道の八塩道の塩の八百会**　「塩」は「潮」と書く方が適切で、潮流のこと。激しい潮流が沢山流れている海路の、沢山の潮流が集まり合った所の意で、それを畳み掛けるような文学的表現で綴ったもの。鳴門の渦潮といったような所をさしている。

○**速開津咩**　早く口を開いてぱっと飲み込むさまによって名づけた女神名。『古事記』上巻に、「水戸神、名速秋津日子神、次妹速秋津比売神」がある。

○**持ちかか呑みてむ**　「持ち」は接頭語で、それを持っての気持を込めてある。「かか」は擬声語で、カッカッと音を立てて飲むさまを表している。「てむ」は、完了の助動詞「つ」の未然形に推量の助動詞「む」の付いた形。渦潮の渦の中へ罪が飲み込まれてしまうさまを表現したものである。

○**気吹戸**　「い」は息。神が罪を息で吹き払う戸口の意でつけた名。

○**気吹戸主**　気吹戸の主人の神の意。

○**根の国**　死者の霊が行くと考えられた地下の世界。黄泉国（よみのくに）。「根」は地下を意味する語であろう。

○**底の国**　地の底の国。根の国を言葉を変えて重ねて言ったもの。

○**気吹き放ちてむ**　息で吹いて放ちやってしまうであろう。

○**速佐須良比咩**　罪をどこかへす早く持ち去ってなくしてしまう女神の意。サスラヒーメで、サスラーヒメではないであろう。

○**持ちさすらひ失ひてむ**　「さすらふ」とは、あてどもなくあちらこちらさまよい歩くこと。どこともなくさまよい歩いて、最後にすっかり罪をなくしてしまうであろう、というのである。川瀬・渦潮・気吹戸・根の国にそれぞれ個性的な性格を持った神様がおられて、次々とリレー式に罪が持ち運ばれ、ついにはどこかへ完全に消滅してしまうという構想は、頗る文学的であって、古樸な神の思想とは異質の新しいものを感ずる。これは、川に流された祓えつ物が海を経て潮の渦に呑み込まれ、消失してしまう具体的な姿を頭に描いての構想であるが、その発想は見事である。しかもこれを描写した文章は、律動的であり躍動的であって、罪の消滅を参集者の心中に強く印象付け、大祓の詞の最後を飾る役目を成し遂げている。罪を水によって清めようとすることは、本来別物であった祓と禊の接近を意味しており、後に両者が混同されるに至る契機をここに含んでいる。

○**天皇が朝庭に仕へ奉る官々の人等を始めて**　これは前文の「天皇が朝庭に仕へ奉る……を始めて、官官に仕へ奉る人等の……」と相呼応する文章である。

○**罪と云ふ罪は在らじと**　罪という罪は一切なくなるようにとの意で、間に文章を隔てて、下の「祓へ給ひ清め給ふ」にかかる。

○**高天の原に耳振り立てて聞く物と**　この大祓の詞を、天空に向かって耳を振り立てて、耳を澄まして聴く象徴の物として、の意。

○**馬牽き立てて**　『延喜式』四時祭上によると、大祓の儀式には馬六疋が牽き立てられた。これは罪の代償の祓えつ物を意味するもので、古代の祓に馬はよく用いられた。それをここでは、大祓の詞をよく聴く象徴の物というふうに見立てたのである。

○**夕日の降ち**　動詞の「くたつ」は、ある状態が終わりに近づくこと、衰えること、傾くことをいう。その名詞形が「くたち」で、「夕日の降ち」とは、日が夕方に近づく時刻をさす。『延喜式』四時祭上では、大祓における参列者の会集は申時（午後四時）以前となっている。

○**四国の卜部等**　「四国」とは、伊豆・壱岐・対馬上つ県・対馬下つ県をさす。『養老令』の職員令によると、神祇官に卜部二十人がいて、卜占を職とした。卜部が壱岐・対馬から出たことは、卜占（亀卜）がもと朝鮮半島から伝来したことを示しているようである。

○**大川道**　大川へ行く道。平安京では祓えつ物は鴨川・桂川に流された。

○**持ち退り出でて**　「退る」は、退出する・退去するの謙譲語。祓えつ物を持って、皇居から退出しての意。

○**祓へ却れ**　祓えつ物を大川へ祓い流し棄てよの意。「祓へ」は「祓ふ」の連用形。

〔追記3〕

記紀の神話に物語られている須佐之男命の罪の行為の記事は、次の通りである。

『古事記』上巻

爾速須佐之男命、白于天照大御神、我心清明。故、我所生子、得手弱女。因此言者、自我勝云而、於勝佐備、（此二字以音。）離天照大御神之営田之阿、（此阿字以音。）埋其溝、亦其於聞看大嘗之殿、屎麻理（此二字以音。）散。故、雖然為、天照大御神者、登賀米受而告、如屎、酔而吐散登許曽（此三字以音。）我那勢之命、為如此。又離田之阿、埋溝者、地矣阿多良斯登許曽（自阿以下七字以音。）我那勢之命、為如此登（此一字以音。）詔雖直、猶其悪態不止而転。天照大御神、坐忌服屋而、令織神御衣之時、穿其服屋之頂、逆剝天斑馬剝而、所堕入時、天服織女見驚而、於梭衝陰上而死。（訓陰上云富登。）

『日本書紀』神代上

（本文）是後、素戔嗚尊之為行也、其無状。何則天照大神、以天狭田・長田為御田。時素戔嗚尊、春則重播種子、（重播種子、此云璽枳磨枳。）且毀其畔。（毀此云波那豆。）秋則放天斑駒、使伏田中。復見天照大神当新嘗時、則陰放屎於新宮。又見天照大神、方織神衣、居斎服殿、則剝天斑駒、穿殿甍而投納。是時、天照大神驚動、以梭傷身。

（第一の一書）是後、稚日女尊、坐于斎服殿、而織神之御服也。素戔嗚尊見之、則逆剝斑駒、投入之於殿内。稚日女尊、乃驚而堕機、以所持梭傷体、而神退矣。

（第二の一書）日神尊、以天垣田為御田。時素戔嗚尊、春則塡渠毀畔。又秋穀已成、則冒以絡縄。且日神居織殿時、則生剝斑駒、納其殿内。凡此諸事、尽是無状。雖然、日神、恩親之意、不慍不恨。皆以平心容焉。及至日神当新嘗之時、素戔嗚尊、則於新宮御席之下、陰自送糞。日神不知、徑坐席上。由是、日神、挙体不平。……送糞、此云倶蘇摩屢。

（第三の一書）是後、日神之田、有三処焉。号曰天安田・天平田・天邑并田。此皆良田。雖経霖旱、無所損傷。其素戔嗚尊之田、亦有三処。号曰天樴田・天川依田・天口鋭田。此皆磽地。雨則流之。旱則焦之。故素戔嗚尊、妬害姉田。春則廃渠槽、及埋溝、毀畔、又重播種子。秋則捶籤伏馬。凡此悪事、曽無息時。雖然、日神不慍、恒以平恕相容焉、云云。……廃渠槽、此云秘波鶏都。捶籤、此云久斯社志。

『古語拾遺』

其後、素戔嗚神、奉為日神、行甚無状。種々凌侮。所謂、毀畔（古語、阿波那知。）・埋溝（古語、美曽宇美。）・放樋（古語、斐波那知。）・重播（古語、志伎麻伎。）・刺串（古語、久志佐志。）・生剝・逆剝・屎戸。（如此天罪者、素戔嗚神、当日神耕種之節、竊往其田、刺串相争、重播種子、毀畔、埋溝、放樋。当新嘗之日、以屎塗戸。当織室之時、逆剝生駒、以投室内。此天罪者、今中臣祓詞也。蚕織之源、起於神代也。）

これら須佐之男命の犯したとされる罪の説話は、古くからあった日本社会の農耕妨害の罪を、出雲の祖神須佐之男命の一身に負わせ、それぞれ解釈を加えて物語ったものであるとするのが、私の見解である。一般には、須佐之男命の罪の説話に基づいて大祓の詞の天つ罪が書かれたとするが、私見はその逆の立場である。識者の御批判を仰ぎたい。

〔追記4〕

「天つ罪」を図示すると次のようになる。

- 天つ罪（農耕妨害罪）
  - 畔放ち・溝埋め・樋放ち……灌漑妨害
  - 頻蒔き……播種阻害
  - 串刺し・生剝ぎ・逆剝ぎ……家畜殺害
  - 屎戸……肥料呪害

〔追記5〕

「国つ罪」を図示すると次のようになる。

- 国つ罪
  - 傷害殺人罪
    - 生膚断ち……傷害
    - 死膚断ち……殺人
  - 白人・こくみ……（病患）
  - 不倫姦淫罪
    - 己が母犯す罪・己が子犯す罪・母と子と犯す罪・子と母と犯す罪……近親相姦
    - 畜犯す罪……獣姦
  - 昆虫の災・高つ神の災・高つ鳥の災…（災禍）
  - 畜仆し蠱物為る罪……別種の罪

評

六月晦大祓の祝詞、いわゆる大祓の詞は、最初及び最後の部分を除き、ほとんど一続きのような文章になって、或いは荘重に或いは流麗に続いているが、その内容を分析すると、次のような構成になっている。

（前文）
一　開式宣言。
二　儀式の趣旨開陳。
（本文）
三　天孫降臨の故事と天皇統治の淵源。
四　罪の発生と罪の種類。
五　大祓の行事実施の教示。
六　罪消滅の予言。
七　罪消滅の状況。
八　罪消滅の経路と神々の関与。
九　本日実施の大祓による罪の消滅。
（後文）
十　祓えつ物棄却の命令。

第一段の「集はり侍る親王・諸王・諸臣・百の官の人等、諸聞き食へよ宣りたまふ。」は、『続日本紀』の宣命に「集はり侍る皇子等・王等・百の官の人等・天の下の公民、諸聞き食へよと詔りたまふ。」（第一詔）と見えるのと同じ形式で、いわばこの儀式の開式宣言ということができる。大祓の詞は宣命と同じように、終始専ら参集者に宣り聞かせる形になっていて、この点は大祓の詞が神に申し上げる奏上体の祝詞や、奏上体を宣読体に転換させた祈年祭の祝詞などと異なるところである。第二段の「天皇が朝庭に仕へ奉るひれ挂くる伴の男……」以下「今年の六月の晦の大祓に、祓へ給ひ清め給ふ事を、諸聞き食へよと宣りたまふ。」までは、朝廷に仕える百官の人々が過去に過ち犯した種々の罪を、この儀式によって祓い清めるものであることを述べて、最初に当儀式の趣旨を参集者に徹底させたのである。以上を（前文）とする。

次いで（本文）に入る。第三段は、「高天の原に神留り坐す皇親神漏岐・神漏美の命以ちて、」から「安国と平らけく知ろし食さむ国中に」までである。中途半端であるが、文章が続いているので、ここで切るより外仕方がない。ここでは先ず天孫降臨のことから説き起こされる。これは、日本の天皇統治は高天の原の神祖の命令によって皇孫が天降られたことに淵源の存すること、また朝廷の儀式・祭事はすべて高天の原に始原があって、天孫降臨と共に地上にもたらされたことを、参集者一同に印象づけようとするものである。毎年六月晦と十二月晦に定期的に繰り返しこれを宣り聞かせることによって、朝廷の尊厳と祭儀の意義とを、人々にその都度強く認識させようとする意図がここに見られる。祭祀は政治と密接につながっていたのである。

第四段は、「成り出でむ天の益人等が過ち犯しけむ雑々の罪事は、」から「畜仆し蠱物為る罪、ここだくの罪出でむ。」までである。天皇の統治して行かれるこの国に生まれ出る人々は、これから先多くの罪を犯すことになるだろうという。罪の問題は人類の担う重大な根本命題で、世界の各宗教や文学はそれぞれ主要なテーマとして来たが、これを国家の政治の問題として取り上げたのが大祓であった。大祓の詞では、国民の犯す罪を天つ罪・国つ罪に二大別して、それぞれに属する罪を列挙する。天つ罪は、国民の生活及び国家の政治の根幹をなす農耕を妨害・破壊する罪である。これを先に挙げて、天上に起原のある重罪としたところに意義がある。これに次いで国つ罪は、傷害殺人罪及び不倫姦淫罪を二本の柱とした種々の罪で、その中には病気や災禍をも含み、様相は多岐にわたる。病気や災禍を罪の中に入れて、罪と共に祓い清める対象としたのは、当時朝廷で深い尊崇を受けて盛んに行われていた仏教行事の影響によることが考えられる。

第五段は、「かく出でば、天つ宮事以ちて、」から「天つ祝詞の太祝詞事を宣れ。」までである。以上のように多くの罪が発生したならば、天上での儀式に則って、天つ金木（祓えつ物を儀式化した象徴の品）・天つ菅そ（罪を付ける祓えの具）による行事を行い、天つ祝詞の太祝詞事（この大祓の詞そのものをさす）を宣読せよと教えられる。これは天孫降臨に当たっての神祖の尊い教えであって、この教えが、大祓の儀式を行い、大祓の詞を読むことの根拠となっている。すべて天上の儀式のままという意識から、「天つ宮事」「天つ金木」「天つ菅そ」「天つ祝詞の太祝詞事」と、各語の上に「天つ」を冠している。

第六段は、「かくのらば、天つ神は天の磐門を押し披きて、」から「天の下四方の国には、罪と云ふ罪は在らじと」までである。このように天つ祝詞の太祝詞事をのるならば、天つ神・国つ神がその祝詞の声を聞かれて、天皇の朝廷を始めとして天下四方には、あらゆる罪は消滅してしまうに違いないと予言される。その予言は、前段で教えを下された神祖の予言に外ならない。この神祖の予言があるからこそ、大祓の儀式によって人々の罪が祓い清められることは保証されているのである。

第七段は、「科戸の風の天の八重雲を吹き放つ事の如く、」から「遺る罪は在らじと、祓へ給ひ清め給ふ事を」までである。罪の消滅は既に予言されたが、その消滅の状況を更に詳細に描いておきたいという気持から述べられたのがこの段である。ここには、罪の消滅のいさぎよさが、四つの具体的な形容例をもって示されている。その文章は頗る文学的である。大祓の式場にあって大祓の詞を拝聴している百官の人々は、この律動的な文章を耳にして、自分らの罪のすがすがしく祓い清められて行くのを意識したことであろう。天つ神・国つ神が祝詞の声を聞かれて、罪は消滅するというのであるから、それでよいわけであるのに、それだけでは満足できずに、更に罪消滅の状況を具体例によって示して、人々の印象を徹底・強化しようと計ったのである。恐らくこの段は、二次的に附加された文章であろう。前段の終わりの「罪と云ふ罪は在らじと、」と、この段の初めの「科戸の風の天の八重雲を吹き放つ事の如く、」との間のつながり具合が悪いのは、そのためであろうと思われる。

第八段は、「高山・短山の末より、さくなだりに落ちたぎつ速川の瀬に坐す瀬織津比咩と云ふ神、」から「根の国・底の国に坐す速佐須良比咩と云ふ神、持ちさすらひ失ひてむ。」までである。ここでは、大祓によって祓い清められた罪が、川・海を経て根の国・底の国へと運ばれて行く経路を述べ、その道中の各場所におられる神々の力によって、ついにはいずこへともなく消滅してしまう様子を、畳み掛けるような文章をもって描写している。この段も前段と並ぶ名文で、この段に出て来る神々は皆文学的性格が濃厚である。大祓の儀式に列してこの名文を聴く人々は、いやが上にも強く己が身の罪の消滅を感得したに違いない。この段は恐らく、前段に次ぐ第三次の附加部分ではないかと思われる。前段の最後の「遺る罪は在らじと、祓へ給ひ清め給ふ事を、」と、本段の最初の「高山・短山の末より、」とのつながり具合が、やはり円滑さを欠き、後人にこの個所の解釈に困難を感じさせるのは、附加作業のむつかしさを露呈しているようである。罪が川→海→根の国・底の国へと運ばれて、やがて消滅し去る描写は、実際に祓えつ物を川へ流すことからの発想であろうが、そこには日本在来の穢れを神聖な水で清めるみそぎの行事や、中国から入った上巳の祓禊の行事とのかかわりを、当然考慮に入れる必要がある。このように考えると、大祓の思想史的背景は、先に触れた仏教の影響を含め、国境を越えて広がり、決して単純ではないことが知られる。

第九段は、「かく失ひてば、」から「今年の六月の晦の日の夕日の降ちの大祓に、祓へ給ひ清め給ふ事を、諸聞き食へよと宣りたまふ。」までである。以上の通りに罪は消滅するわけであるが、そのために今日こうして大祓を実施して、国中の一切の罪の消滅を計っていることを、参集者一同は謹んで拝聴せよと宣して、この祝詞の（本文）を結ぶ。文末の「今年の六月の晦の日の夕日の降ちの大祓に、祓へ給ひ清め給ふ事を、諸聞き食へよと宣りたまふ。」は、（前文）の末尾の「今年の六月の晦の大祓に、祓へ給ひ清め給ふ事を、諸聞き食へよと宣りたまふ。」に対応する文句である。

第十段の（後文）は、卜部に向かって、祓えつ物の品々を大川辺へ持って行って、祓い棄てるべきことを宣した簡単な命令文である。

大祓の詞は、古代の国文中の白眉と評して誤りない。この文章を綴った人物は、余程の文人と称すべきである。その具体像に接したい。大祓の詞が後代神道の経典の如くに尊重されたのは、祓えや大祓が神道の重要行事であったからだけではなく、このすぐれた文章に負うところも大きかったことを忘れるわけには行かない。

東文忌寸部献二横刀一時呪　西文部准レ此。

標題は、「やまとのふみのいみきべのたちをたてまつるときのしゆ」と訓む。下の注は、「かふちのふみべもこれにならへ」と訓む。これは、『養老令』の神祇令に、「凡六月十二月晦日大祓者、中臣上二御祓麻一、東西文部、上二祓刀一、読二祓詞一。」と規定された儀式で読まれた「祓詞」に相当するもので、『令義解』に「謂、文部漢音所レ読者也。」とあるように、漢文で綴られ音読する呪詞である。朱雀門で行われる百官の大祓に先行する儀式に読まれる文章であるから、順序としては大祓の詞より先に置いて然るべきであるが、漢文であるため大祓の詞の附録のように取り扱って、後に載せたものと考えられる。

解説

東文忌寸部は、応神天皇二十年に中国系と称して朝鮮半島から渡来した阿知使主の後裔で、各種の漢人や漢部を指揮管理し、大和朝廷に仕えて勢力を伸ばした帰化系氏族である。もと直姓であったが、天武天皇十四年に忌寸の姓を賜った。これに対して西文部は、応神天皇十六年に百済から渡来した王仁の後裔で、文筆の業をもって朝廷に仕えた同じく帰化系氏族である。もと直姓であったが、やはり天武天皇十四年に忌寸の姓を賜った。それぞれの居住地によって東（大和）の文氏・西（河内）の文氏と称する。この帰化系両氏族が定例の大祓の日に、天皇に祓の横刀を献り祓の呪詞を読むことが、神祇令に規定されている。恐らくその創始は、やはり天武・持統朝に溯るとしてよいであろう。この時代は、日本在来の神祇祭祀の制度が画期的に整備されると共に、仏教・道教等外来の思想信仰に対する理解が大いに進み、異国風の宗教行事も多く行われるようになった。天皇の祓には、日本風の祓の儀礼の外に、中国風の禍災祓除の儀礼が取り入れられたのである。いわば朝廷の儀礼が国際化したのである。そこで東西文氏が参加することになったと見ることができる。

天皇の祓の儀式次第は、『貞観儀式』巻第五の「二季晦日御贖儀六月、十二月。」の条にくわしく記されている。『延喜式』四時祭上の「御贖」の条にも、ほぼ同様の記事が見える。ここでは『貞観儀式』の記事を中心に大略の説明を施そう。先ず「御贖」（みあが）の「あが」（贖）とは、動詞「あがふ」の語幹で、古代には濁らずにアカフといった。「贖ふ」とは、物品を代償として出して、罪のつぐないをすることである。東西文部の呪詞を見ると、天皇の禍災を除き延命を祈ることが趣旨となっているが、「御贖」という言葉を見る限りでは、百官の大祓と同様に祓物を出して罪をあがなうことが本来の趣旨であったことが示されている。

『貞観儀式』によると、神祇官があらかじめ準備する料物は、鉄偶人三十六枚（金粧十六枚、銀粧十六枚、無飾四枚。偶人とは人形のこと。『延喜式』では「鉄人像二枚」とあり、数が減っている）・木偶人二十四枚（『延喜式』には木の人形は見えない）・御輿形四具（『延喜式』には見えない）・金粧横刀二口（『延喜式』にも「金装横刀二口」と見える。一口は東文氏、一口は西文氏が献るもの）、その他五色薄絁・糸等多数である。儀式の当日、卜部は明衣を着け、うち一人は御麻を執り、二人は荒世の服を執り、二人は和世の服を執り、二人は壺を執り、東西文部はそれぞれ横刀を執って、延政門（内裏内郭東側南寄りの門）外に伺候する。呼ばれて内裏に参入し、宜陽殿の南頭に伺候する。先ず縫殿寮が荒世・和世の御服を捧げて御殿に参入し、蔵人を通じて御服を奉り、訖って退出する。次に中臣が御麻を奉る。大江匡房の『江家次第』によると、天皇はこの御麻で体を摩でられ（罪・穢れを移す）、終わると直ちに返される。これは卜部によって百官の大祓の場へもたらされることになる。次いで東文部が偶人と横刀を奉り、漢音で呪詞を読む。『江家次第』によると、天皇はこれらの物に息を着けられる。東文部が退出すると、西文部が同様の儀を執り行う。次いで宮主が荒世の服を披いて、中臣・中臣の女と伝えて、天皇に奉る。『江家次第』によると、天皇はこの服に息を着けられる。次いで中臣の女が、天皇の御体を竹の枝をもって五度量る。その五度とは、『江家次第』によると、先ず身の長、次に両肩から足まで、次に胸中から左右の手の指先まで、次に左右の腰から足まで、次に左右の膝から足までの五度である。次いで宮主が坩（壺）を取って、中臣・中臣の女と伝えて、天皇に奉る。『江家次第』によると、天皇はこの壺の内に口気を放たれる。かくて荒世の儀が終了し、次に和世の儀が同様にして執り行われる。両儀が訖って一同退出し、贖物（祓物）の類はやがて卜部により河上において解除されることになる。御贖の儀式は、中宮・東宮に対しても天皇の儀式に准じて行われた。

　朱雀門における百官の大祓に先立って行われた天皇独自の大祓である御贖は、諸種の呪的行事が寄り集まって、複雑なものとなっていることが分かる。神祇令の作られた当初は、中臣の祓麻と東西文部の祓刀・祓詞とだけであったものが、時代と共に複雑化し、また神秘化して行ったのである。「荒世」「和世」とはいかなる意味か。「よ」（世）には、いのち・生命の義があるから、古代に霊魂を「和御魂」「荒御魂」と二分したのに対応して、天皇の生命を「荒世」（雄武の生命）と「和世」（温和の生命）とに分け、大祓により天皇が新しく清々しい生命を獲得されるようにと計ったのではないかと考えるが、いかがであろうか。

〔訓読文〕

東文忌寸部の横刀を献る時の呪

西文部も此に准へ。

（この詞は中国語音で唱えるものであるが、理解に便するため仮に訓読文を掲げておく。）

謹みて請ふ。皇天上帝、三極大君、日月星辰、八方諸神、司命司籍、左は東王父、右は西王母、五方五帝、四時四気。捧ぐるに禄人を以ちてして、禍災を除かむことを請ふ。捧ぐるに金刀を以ちてして、帝祚を延べむことを請ふ。呪して曰はく、東は扶桑に至り、西は虞淵に至り、南は炎光に至り、北は溺水に至るまで、千城百国、精治万歳、万歳万歳。

〔口訳文〕

東文忌寸部の横刀を献る時の呪

西文部が横刀を献る時も、この呪に準じて読め。

謹んでお願い申し上げます。偉大なる天の神様、天・地・人の三才を支配される神様、日・月・星の神様、八方におられる神々様、人間の寿命を司られる神様及び名籍を司られる神様、左は東王父様（陽の気を司る神仙）、右は西王母様（陰の気を司る神仙）、東・西・南・北及び中央の五方を司る神様、春・夏・秋・冬の四時及び暖・暑・冷・寒の四気を司る神様。神様方に福禄の人形を捧げて、災いを除いて下さるようにお願い申し上げます。又、黄金の太刀を捧げて、天皇様の御位を延ばして下さるようにお願い申し上げます。呪詞を唱えてお願い申し上げますことには、東は扶桑（太陽の出る東海中にあり、神木が生えていると考えられた所）に至るまで、西は虞淵（西のはての太陽の没する所と考えられた地）に至るまで、南は炎光（南のはての太陽のはげしく照ると考えられた所）に至るまで、北は溺水（北のはてにあると考えられた川）に至るまで、天皇様の治めていらっしゃる数多くの国々が、よく治まって、天皇様が万歳にわたって長くお栄えになりますように、長くお栄えになりますように。

語釈

○皇天上帝　「皇天」は天の敬称。「皇天上帝」とは天の神の意。

○三極大君　「三極」は天・地・人の三つ。「三極大君」とは天・地・人を支配する神。

○日月星辰　「星辰」はほしのこと。「日月星辰」とは日・月・星の神をさす。

○八方諸神　「八方」は東・西・南・北及び乾（西北）・坤（西南）・艮（東北）・巽（東南）。この八方におられる諸神。

○司命司籍　「司命」は人間の寿命をつかさどる神。「司籍」は人間の名簿をつかさどる神。

○東王父　陽の気をつかさどる神仙（男性）。

○西王母　陰の気をつかさどる神仙（女性）。

○五方五帝　「五方」は東・西・南・北・中央。この五方をつかさどる五神が「五方五帝」。

○四時四気　「四時」は春・夏・秋・冬。「四気」は暖・暑・冷・寒。これをつかさどる神が「四時四気」。以上最初に種々の神々の名を呼び上げて、以下の除災招福の願いを申し述べるのである。

○禄人　「禄」はさいわい。「禄人」は福禄の人形。『延喜式』四時祭上に「金銀塗人像各二枚」と見えるもの。

○金刀　こがねづくりの太刀。『延喜式』四時祭上に「金装横刀二口」と見えるもの。

○帝祚　「祚」は天子の位。「帝祚」とは帝位をいう。

○呪して曰はく　呪文を述べて言うことには。

○扶桑　東海中にあり、扶桑と呼ぶ神木が生え、日の出る所といわれた所。

○虞淵　西のはての日の没する所と想像された所。

○炎光　南のはての日の激しく照る所。

○溺水　北のはてにあるという川。

○千城百国　天皇の統治される多くの国々の意。

○精治万歳　国が平安によく治まって、天皇がいついつまでも長くお栄えになりますようにと祝福する言葉。

評

これは、漢文で書かれた呪文を中国音で唱える特殊な文章で、国文の祝詞とは性質を異にする。初めに中国で信仰された天地四方の諸神の名を呼び上げ、これに福禄の人形と黄金の大刀を捧げて、天皇の身の禍災を除き、帝位の長久を祈る。そして、東西南北の果てに至るまで、国内がいつまでもよく治まることを寿ぐ呪詞を述べて終わっている。このような漢文の呪文が『延喜式祝詞』の中に交じって入っていることは、当時の朝廷が外来の宗教行事の受容に寛弘な態度を取っていたことを示すと共に、日本在来の信仰と中国伝来の信仰との交流を探るための貴重な資料ともなっている。

鎮火祭

解説

「鎮火祭」は「ひしづめのまつり」と訓み、音で「ちんくわさい」という。火の神が荒れようとするのを鎮めて、火災が起こらないように祈る祭である。『養老令』の神祇令に、

季夏　鎮火祭
季冬　鎮火祭

とあり、毎年六月と十二月に行われるきまりであった。『令義解』には「鎮火祭」について、

謂、在二宮城四方外角一、卜部等鑽レ火而祭。為レ防二火災一。故曰二鎮火一。

と説明している。これによると、鎮火祭は宮城（内裏）の四方外角において卜部等が火を鑽り出して祭るものであったことが知られる。『貞観儀式』には鎮火祭の記事はない。『延喜式』四時祭上には、「六月祭十二月准レ此。」の項の大祓・御贖の条の後に、

鎮火祭於二宮城四隅一祭。

として、この祭に使用する料物の品目を掲げているが、祭の式次第については説明がない。料物の最後に「薬四囲」と見えるのは、卜部が火を鑽り出すのに用いるもので、こうして燃やされた火が祭の対象となるのであろう。四囲は宮城の四方外角において一囲ずつ使用されたのであろう。祭日については、六月・十二月中の吉日を卜して行われたものと、古来解されて来たのに対し、六月・十二月晦日の大祓の当日行われたとする説（金子武雄著『延喜式祝詞講』）もあるが、『延喜式』四時祭上の初めの方の祭日に関する規定に、

凡祈年祭二月四日。……其子午卯酉等日祭、各載二本条一。
自余祭不レ定レ日者、臨時択レ日祭之。

とあり、鎮火祭は「自余祭不レ定レ日者」に当たるから、やはり臨時に適当な日を択んで祭ったとするのが妥当である。

火は人間の生活にとって非常に大切なもので、これを神として、『古事記』には火之夜藝速男神・火之炫毘古神・火之迦具土神の名で現れ、『日本書紀』には火神軻遇突智・火産霊の名で現れる。火結神は一面有難い神ではあるが、半面では母である伊耶那美神を死に至らしめた悪神であって、父の伊耶那岐神によって斬られることになる。火はややもすれば人間社会に大きな災害をもたらすのである。特に日本のように木造建築に住み、穀物も貯蔵して生存する民族にとっては、火災による痛手は甚大であったに違いない。故に火は荒ぶる神という印象が強い。よって鎮火祭が必要とされたのである。特に規模の大きい宮都や皇居が造営されるようになると、一層火災の恐怖が痛感されたであろう。日本でしっかりした恒久的宮都の営まれたの

は藤原京であるから、鎮火祭の創始は藤原京遷都（持統天皇八年〔六九四〕）以後と考えてよいのではないか。前述の通り『養老令』には鎮火祭が見えている。そうすると、藤原京遷都後、『大宝令』成立（文武天皇大宝元年〔七〇一〕）までの間に、鎮火祭は始められたとしてよいのではないか。『大宝令』には既に鎮火祭の規定があり、それが『養老令』に受け継がれたのであろう。鎮火祭は、日本古来の農耕生活を基本とした祈年祭・月次祭・新嘗祭や大忌祭・風神祭等とは性格を異にし、都市生活の上に立った祭ということができる。中臣・忌部とは違い、より下位の卜部がこの祭を担当したのは、この祭がさほど重要な位置になかったからであろう。或いは中国渡来の鎮火関係の道教祭儀が関与しているのではないかとも想像する。

鎮火祭の祝詞の文章を見ると、上代特殊仮名遣いや上代の清濁表記の原則に反する個所が目に付く。例えば、「神漏義神漏美乃命」の「義」は乙類のギの字であるが、これは「神漏伎命神漏弥命」（祈年祭・月次祭祝詞）のように、甲類のキの字であるのが正しい。「伊佐奈伎伊佐奈美乃命」の「佐」はサ（清音）の字であるが、これは「伊耶那岐神・伊耶那美神」（『古事記』）・「伊奘諾尊・伊奘冉尊」（『日本書紀』）のように、ザ（濁音）の字でなければならない。「火結神」の「結」はムスビと訓んで、ビ（甲類）は濁音であるが、正しくは「火産霊」（『日本書紀』）のように、ホムスヒと訓んで、ヒ（甲類）は清音でなければならない。また「与美津枚坂」の「美」は甲類のミの字であるが、黄泉（よみ）のミは乙類の字でなければならない。これらの諸例は、この祝詞が、上代特殊仮名遣いが混乱し、また清濁の表記が混同するようになってから、すなわち平安時代に入って以後に書かれたことを明示している。鎮火祭そのものの創始は古く藤原京時代であったとしても、初めは祝詞という程のものもなく執り行っていたのではあるまいか。平安時代になってから、卜部氏によって祝詞が書かれ、卜部氏がこれを読んだのであろう。それだけに、この祝詞の内容の火の神についての説話も、新しい性格を持つと見るべきであろう。

〔訓読文〕

鎮火祭

高天の原に神留り坐す皇親神漏義・神漏美の命持ちて、皇御孫の命は豊葦原の水穂の国を安国と平らけく知ろし食せと、天下し寄さし奉りし時に、事寄さし奉りし天つ詞の太詞事を以ちて申さく、神伊佐奈伎・伊佐奈美の命、妹妋二柱嫁継ぎ給ひて、国の八十国・嶋の八十嶋を生み給ひ、八百万の神等を生み給ひて、まな弟子に火結神を生み給ひて、みほと焼かれて、石隠り坐して、夜七日・昼七日、吾をな見給ひそ、吾がな妋の命と申し給ひき。此の七日には足らずて、隠れ坐す事奇しとて見そなはす時、火を生み給ひて、御ほとを焼かれ坐しき。か

〔口訳文〕

鎮火祭

高天の原に神として鎮まっておられる貴く又むつまじい皇祖の男神様・女神様のお言葉によって、貴い神のお孫様（邇邇芸命）は、豊かな葦原の茂る瑞々しい稲穂に恵まれた日本の国を、安らかな国として平穏にお治めなさいと言って、皇孫を天上から地上へ降して、この国を御委任申し上げた時に、神様が言葉でもってお授け申し上げられた天上の神聖な祝詞の言葉をもって奏上いたしますことには、伊佐奈伎命・伊佐奈美命御夫婦二柱の神様が御結婚になって、数多くの国々や数多くの島々をお生みになり、又数多くの神々をお生みになって、最後に可愛い末っ子として火結神（火の神秘的な生成力を神格化した神）を生み給うて、そのために女神は女陰を焼かれて、お亡くなりになって、男神に向かって、「夜七夜・昼七日の間、どうか私を見ないで下さいませ、我が親愛なる夫の君よ」と申し上げられた。ところが、この七日間に満たないうちに、男神は女神が姿を隠していらっしゃることはどうも不思議だと思って、そっと御覧になった時に、女神は火の神を生み給うて、女陰を焼かれておいでになった。この時に女神は、「我が親愛なる夫の君が、私を見ないで下さいと申し上げたにもかかわらず、私を見て、私に恥をおかかせになった」と申されて、「我が親愛なる夫の君は、地上の国（現実の世界）をお治めになって下さいませ。私は地下の国（死の世界）を治めることにいたしましょう」と

かる時に、吾がな妋の命の、吾を見給ふなと申ししを、吾を見あはたし給ひつと申し給ひて、吾がな妋の命は上つ国を知ろし食すべし、吾は下つ国を知らさむと申して、石隠り給ひて、よみつ枚坂に至り坐して、思ほし食さく、吾がな妋の命の知ろし食す上つ国に、心悪しき子を生み置きて来ぬと宣りたまひて、返り坐して、更に生める子、水の神・匏・川菜・埴山姫、四種の物を生み給ひて、此の心悪しき子の心荒びるは、水・匏・埴山姫・川菜を持ちて鎮め奉れと、事教へ悟し給ひき。此に依りて、称へ辞竟へ奉らくは、皇御孫の朝庭に御心一速び給はじと為て、進る物は、明妙・照妙・和妙・荒妙、五色の物を備へ奉りて、青海の原に住む物は、鰭の広物・鰭の狭物、奥つ

申し上げて、亡くなって行かれて、黄泉国と現実の世界との境界にある坂の所に至られて、お思いになったことには、「我が親愛なる夫の君がお治めになる地上の国に、心のよくない子（火の神）を生んで置いて来てしまった」とおっしゃって、引き返して来られて、更に子供として、水の神・匏（ひょうたん）・川菜（川に生える藻類）・埴山姫（赤土の女神）の四種類の物をお生みになって、「この心のよくない又乱暴な心を持った子（火の神）に対しては、水・匏・埴山姫・川菜をもって鎮め申し上げるように」と、言葉でもって教え悟された。このお悟しによって、称え詞を尽くして火の神様をお祭り申し上げることには、天皇様の朝廷にお心がはげしく荒れ給うことのないようにと神様に捧げ奉る品物は、明るい色彩の織物・光沢のある織物・柔らかい織物・ごわごわした織物、それに赤・青・黄・白・黒の五色の布を整え申し上げて、青海原に住む魚類としては、ひれの広い大きい魚・ひれの狭い小さい魚、それに沖の海藻・岸辺の海藻に至るまで、又お神酒は大きい瓶の口に溢れる程高々と盛り上げ、瓶の腹の中にいっぱい満たして、いくつも並べて、お米は籾をすり取った米から籾の着いたままの米に至るまで、沢山の奉献の品をまるで横に伏した山のようにどっさりとうず高く置いて、天上の神聖な祝詞の言葉をもって、称え詞を尽くしてお祭り申し上げることでございますと申し上げます。

海菜・辺つ海菜に至るまでに、御酒は瓱の
へ高知り、瓱の腹満て双べて、和稲・荒稲
に至るまでに、横山の如く置き高成して、
天つ祝詞の太祝詞事以ちて、称へ辞竟へ奉
らくと申す。

語釈

○**天下し寄さし奉りし時に**　本文に「天下所寄奉志時尓」とある。これを従来は一般に「天の下寄さし奉りし時に」と訓んで来たが、これは大祓の詞の「天降し依さし奉りき」によっていると考えられるので、「天下し寄さし奉りし時に」と訓むことにした。皇孫を天上から地上へ降して、この国を御委任申し上げられた時にの意。

○**事寄さし奉りし**　「事」は言（言葉）の意。

○**天つ詞の太詞事**　大祓の詞の「天つ祝詞の太祝詞事」に同じ。ここでは、「詞」の一字で「祝詞」の意味を持たせている。高天の原の神聖な祝詞の言葉の意。この鎮火祭の祝詞は、皇祖が天孫降臨の時皇孫に授けられた神聖な祝詞であるという意識である。

○**を以ちて申さく**　この「申さく」（申し上げますことには）の結びは、この祝詞の末尾の「称へ辞竟へ奉らくと申す」になっている。

○**神伊佐奈伎・伊佐奈美の命**　イザナキ・イザナミのザは、『古事記』に「耶」（邪の異体字）、『日本書紀』に「奘」を使っているように、濁音のザを表す字を使うべきで、清音の「佐」を使うのは古代の用例に反する。これは、この祝詞が用字法の乱れた平安時代に入って書き記されたことを示している。

○**妹妋**　「妋」の漢字は、むさぼるさま・うらむの意味を持つが、日本ではこれを「いも（妹）」に対する「せ（兄・夫）」の意味の文字として用いた。

○**嫁継ぎ給ひて**　「嫁継」は九条家本の古訓に「トツ」とある。「とつぐ」とは結婚すること。

○**まな弟子**　「まな」は、かわいい。「弟子」は九条家本の古訓に「オトコ」とある。末に生まれた子・末っ子。

○**火結神**　火の神秘的な生成力を神格化した神。『日本書紀』神代上に「火産霊」と見える。「むすひ」の「ひ」は清音であって、「び」と濁るべきでないから、ここに「火結」と書いているのは、古代の正しい用法に反する。この点も、この祝詞が平安時代に入って書かれたことを示している。

○**みほと焼かれて**　女陰を焼かれて。本文に「被焼弖」とある。「被」は受身を表す字。

○**石隠り坐して**　石で作った墳墓に隠れる意で、貴人が亡くなられることをいう。

○**な見給ひそ**　「な……給ひそ」は、「どうか……しないで下さい」と優しく禁止する意味を表す。

○**吾がな妹の命**　「なせ」は親愛の情をこめ男性に呼びかける語。私の親愛なる夫の神様よ。

○**七日には足らずて**　七日に満たないうちに。下の「見そなはす」にかかる。

○**見そなはす**　本文に「見所行須」とある。「所」は尊敬を表す字。見し行はす→見そこなはす→見そなはす、と変化し、さらには「見そなふ」となった語で、見るの鄭重な尊敬語。御覧になる。

○**焼かれ坐しき**　本文に「所焼坐支」とある。この場合の「所」は受身を表す字。九条家本の古訓に「ヤカレマシ」とある。

○**見あはたし給ひつ**　「あはたし」は本文に「阿波多之」と仮名書きになっている。「淡たす」（四段活用）の連用形で、軽視する・恥をかかせるの意であろうとされている。

○**上つ国**　地上の国。現実世界。

○**下つ国**　地下の国。死者の世界。

○**よみつ枚坂**　本文に「与美津枚坂」とある。黄泉の国（死者の世界）と現世との境にあるという坂。「ひら」は境界の意かとされている。『古事記』上巻に「黄泉比良此二字以音。坂」とあり、『日本書紀』神代上に「泉津平坂、此云二余母都比羅佐可一。」と見える。

○**匏**　ひょうたん（瓢箪）。古くはヒサコと清音で言った。昔はひょうたんの実を二つに割って水を汲む道具として用いたので、ここでは消火用具として現れている。

○**川菜**　川に生えている藻の類。これも消火に役立つ。

○**埴山姫**　赤土の山の女神。土は消火に役立つ。

○**心悪しき子の心荒びるは**　心のよくない子で乱暴な心を持った子（火の神）に対しては、の意。この「の」は、同格を示す格助詞で、「心悪しき子」と「心荒びる（子）」が同一人物であることを示す。「で」と訳す。「荒びる」は上一段活用の連体形で、上二段活用の「荒ぶる」から転じた形とされる。

○**事教へ**　言葉で教える意。

○**称へ辞竟へ奉らくは**　称え辞の限りを尽くして火の神様をお祭り申し上げますことには、の意。この句の結びは、終わりの方の「称へ辞竟へ奉らく」である。

○**一速び給はじと為て**　「一速」は九条家本の古訓に「イチハ

ヤ」とある。「いち速び」は形容詞の「いち速し」が動詞化した形で、「いち」は勢いの激しい意の接頭語。「一」の字はイチの音を表した当て字である。「いち速ぶ」（上二段活用）とは、激しい勢いで荒々しく振る舞うこと。ここは、火の神がそういう振る舞いをなさらないようにとしての意。

評

鎮火祭は卜部のつかさどった祭で、その祝詞も卜部が作成したのであろう。中臣氏の祝詞や斎部氏の祝詞とは異なった独得の特色を持っている。最初に、この祝詞は神祖の命令により皇孫が天降られた際に授けられた「天つ詞の太詞事」、すなわち天上伝来の尊い祝詞の言葉であるとしている。これは卜部が、中臣氏の読む大祓の詞の中にある「天つ祝詞の太祝詞事」なる語をうまく借用して、この祝詞を非常に権威のある尊い祝詞として誇示しようと計ったものと認められる。祝詞では、伊佐奈伎・伊佐奈美の命の国生み・神生みの最後に、火結神を生まれたことによって、伊佐奈美の命が亡くなられた神話を述べ、女神はよみつ枚坂まで行かれたところで、「上つ国に、心悪しき子を生み置きて来ぬ」とおっしゃって、更に「水の神・匏・川菜・埴山姫、四種の物」を生まれ、火の神が荒れた時にはこれをもって鎮めるようにと教えられたとある。これは記紀に見えない説話で特色があるが、さほど古いものではなく、鎮火祭にたずさわる卜部が独自に作り出した話であろう。しかしながら、古く消火のために実際に水・匏（ひょうたん）・川菜（川の藻類）・土が使用されていた生活事実を反映したものに違いないから、その意味で興味深い説話ということができる。この話を綴るのに、伊佐奈美の命の言葉をいくつもなまなましく並べて、まるで劇を見ているような効果を発揮しているのは、形式的な祝詞とは違って、甚だ文学性に富み特異である。祝詞は、天皇の朝廷に火の神が荒び給わないようにと種々の幣帛の品を奉献することを述べて終わっている。

この祝詞は、用字が上代特殊仮名遣いに反している点等から見ても、平安時代に入ってからの作成であることは確かである。鎮火祭は神祇令に季夏（六月）及び季冬（十二月）の祭として掲げられているから、古くから行われていたことは間違いないが、定まった祝詞もなく卜部の行う小さい祭であったのを、平安時代に入って新しく祝詞を作って、祭儀としての格上げを計ったものと推測される。

道饗祭

「道饗祭」は「みちあへのまつり」と訓む。

解説

「あへ」（饗）とは動詞「あふ」の連用形の名詞化した形で、飲食のもてなしをすること・饗応の意である。従って、道饗祭という言葉の意味は、悪霊・疫神などが自分らの地域に入って来ないように、道の途中で饗応をして、そこから引き返してもらうように計る祭ということになる。

『養老令』の神祇令に、

季夏　道饗祭

季冬　道饗祭

と見え、毎年六月・十二月に行うきまりであったことは、前の鎮火祭と同じである。『令義解』の「道饗祭」の説明には、

謂、卜部等於二京城四隅道上一而祭之。言欲レ令四鬼魅自レ外来者不三敢入二京師一。故預迎二於道一而饗遏也。

とある。これで「道饗」の意味はよく解けている。「饗遏（きやうあつ）」とは、ごちそうをして止め遮る意である。鎮火祭と同様に道饗祭も卜部の執り行う祭であった。鎮火祭と道饗祭とは種々の点でよく似ている。

『貞観儀式』には道饗祭の記事はない。『延喜式』四時祭上には、「六月祭十二月准レ此。」の項の鎮火祭の条の次に、

道饗祭於二京城四隅一祭。

として、この祭に使用する料物の品目を挙げている。それを鎮火祭の料物と比較して見ると、一般に鎮火祭より多く、特に酒四斗と鎮火祭（四升）の十倍になっており、鰒・堅魚・腊・海藻等も多量になっているのは、鬼魅饗遏の実績を挙げようとした故であろうか。なお料物の中に「牛皮二張、猪皮、鹿皮、熊皮各四張」と見えるのは、これらの獣の皮を人間が被って、悪霊・疫神どもを撃退する動作をしたのであろうかと想像される。或いは、古く中国にこのような道教の祭があったのを取り入れたのであろうか。

疫病の流行は、都市生活にとっては大きな恐怖である。医薬の発達していなかった古代においては、一層その感が深刻であったに違いない。道饗祭も藤原宮の時代になって、宮都に疫病の入らぬよう計るところから始められた祭と考えられる。この点でも鎮火祭同様、都市的性格を持った祭ということができる。祭日についても、鎮火祭と同じく六月・十二月のよき日を択んで行ったとすべきである。

「道饗」という語は、『続日本紀』聖武天皇の天平七年（七三五）八月乙未（十二日）に、

勅曰、如レ聞、比日大宰府疫死者多。思下欲救二療疫気一以済中民命上。……其長門以還諸国守若介専斎戒道饗祭祀。

と見えている。但しこれは、九州地方に疫病が流行しているため、それが都の方へ広がって来ないように、長門よりこちらの諸国の役人に斎戒して「道饗」して祭祀するように命じたもので、六月・十二月の定例の道饗祭ではなく、臨時の祭である。このような臨時の道饗祭も存したことが分かる。同趣旨の祭に疫神祭がある。『続日本紀』光仁天皇の宝亀元年（七七〇）六月甲寅（二十三日）に、

　祭二疫神於京師四隅、畿内十堺一。

など、何度も疫神を祭った記事が見える。これらには「道饗」の語は見えず、疫病流行に際して行った臨時の疫神祭で、『延喜式』臨時祭に見える「宮城四隅疫神祭」や「畿内堺十処疫神祭」に繋がるものである。この両疫神祭の料物に、道饗祭の場合と同じく、牛皮・熊皮・鹿皮・猪皮が見えるのは面白い。

　道饗祭の祝詞と御門祭の祝詞とを比較して見ると、両者の文章の似ていることに気が付く。

（御門祭）四方の内外の御門に、ゆつ磐村の如く塞がり坐して、
（道饗祭）大八衢（おほやちまた）にゆつ磐村の如く塞がり坐す皇神等

（御門祭）四方・四角より疎び荒び来らむ天のまがつひと云ふ神の言はむ悪事（まがこと）に、
（道饗祭）根の国・底の国より麁（あら）び疎（うと）び来る物に、

（御門祭）相ひまじこり、相ひ口会へ賜ふ无く、
（道饗祭）相ひ率ひ相ひ口会ふる事無くて、

（御門祭）上より往かば上を護り、下より往かば下を護り、
（道饗祭）下より行かば下を守り、上より往かば上を守り、

　このように見て来ると、道饗祭の祝詞は御門祭の祝詞を手本にし、その外に祈年祭・月次祭の祝詞の御門の皇神等に申す詞その他を参照して綴られたものと推測することが可能である。しかも、こうして作られた祝詞は、八衢比古・八衢比売・久那斗の道の三神に祈って、根の国・底の国から麁び疎び来る悪者を防いで下さるようにと願う内容となっている。これは、この祭の本来の「道饗（みちあへ）」（道にて饗応して遏止する）という趣旨とは、いささかちぐはぐなものになっている。これらの点から考えて、道饗祭の祝詞は鎮火祭の祝詞と同じように、平安時代に入ってから新しく卜部氏によって書かれ、卜部氏によって読まれたものと理解したい。

〔訓読文〕

道饗祭

高天の原に事始めて、皇御孫の命と称へ辞竟へ奉る大八衢にゆつ磐村の如く塞がり坐す皇神等の前に申さく、八衢比古・八衢比売・久那斗と御名は申して、辞竟へ奉らくは、根の国・底の国より麁び疎び来る物に、相ひ率ひ相ひ口会ふる事無くて、下より行かば下を守り、上より往かば上を守り、夜の守り・日の守りに守り奉り、斎ひ奉れと、進る幣帛は、明妙・照妙・和妙・荒妙に備へ奉り、御酒は甅のへ高知り、甅の腹満て双べて、汁にも穎にも、山野に住む物は毛の和物・毛の荒物、青海の原に住む物は鰭の広物・鰭の狭物、奥つ海菜・辺つ海菜

〔口訳文〕

道饗祭

高天原に発祥のある祭事に則り、天皇様の御詔命によって称え詞を尽くしてお祭り申し上げるところの、道が方々に分かれる所に神聖な岩の群れのようにどっかりと塞がっておられる貴い神様方の前に申し上げますことには、八衢比古様・八衢比売様・久那斗様というように神様のお名前を申し上げて、お祭り申し上げますことには、地底の闇黒世界から乱暴な疎ましい振る舞いをしかけて来る魔物に追随したり口を合わせて同意したりすることがなくて、それらの魔物が下から行けば下を守り、上から行けば上を守り、夜の守り・昼の守りとして天皇様をお守り申し上げ、祝福申し上げるようにというので、神様方に捧げ奉ります奉献の品は、明るい色彩の織物・光沢のある織物・柔らかい織物・ごわごわした織物というふうに整え申し上げ、お神酒は大きい瓶の口に溢れる程高々と盛り上げ、瓶の腹の中にいっぱい満たして、いくつも並べて、このようにお酒としても稲穂のままでも奉り、山や野に住む鳥獣類は毛の柔らかい物・毛の荒い物、青海原に住む魚類はひれの広い大きい魚・ひれの狭い小さい魚、それに沖の海藻・岸辺の海藻に至るまでも、まるで横に伏した山のようにどっさり十分に置いて、このようにして捧げ奉ります尊貴な奉献の品を、神様方は平穏に御受納になって、道が方々に分かれている所に、神聖な岩の群れのようにどっかりと塞がっておられて、天皇様を堅固な永遠に変化し

に至るまでに、横山の如く置き足らはして、進るうづの幣帛を、平らけく聞こし食して、八衢にゆつ磐村の如く塞がり坐して、皇御孫の命を堅磐に常磐に斎ひ奉り、茂し御世に幸はへ奉り給へと申す。又、親王等・王等・臣等・百の官の人等、天の下の公民に至るまでに、平らけく斎ひ給へと、神官、天つ祝詞の太祝詞事を以ちて、称へ辞竟へ奉らくと申す。

ない岩のようにお守り申し上げ、繁栄した御治世として幸いをお与え申し上げて下さいと申し上げます。又、親王たち・王たち・臣たち及び数多くの役所の役人ども、更には天下の人民に至るまでも、平穏無事であるようにお守り下さいと、神官が、天上から伝わった神聖な祝詞の言葉をもって、称え詞を尽くしてお祭り申し上げることでございますと申し上げます。

語釈

○**高天の原に事始めて**　この祭事は高天の原にその始原があることを冒頭に表明したもの。

○**皇御孫の命と称へ辞竟へ奉る**　「命」はお言葉・御命令の意。「と」は、としての意。この祭事は皇御孫の命（天皇）の御命令として（御命令によって）お祭り申し上げていることを述べたもの。

○**大八衢**　九条家本の古訓に「オホヤチマタ」とある。「大」は「八衢」の上に冠した美称。「八衢」は道が方々へ分かれている所。

○**ゆつ磐村**　祈年祭の祝詞に既出。神聖な岩の群れ。

○**八衢比古・八衢比売**　八衢を支配する彦神と姫神。

○**久那斗**　「くな」は一般に「来な」で、来るなの意と解されているが、それは後からの意義づけで、古義は明確でない。「と」は門・戸であろう。ともかくも、「くなと」は道の分岐点を意味し、そこを守っているのが「久那斗」の神である。『古事記』上巻に「衝立船戸神」とあり、『日本書紀』神代上に

「岐神(ふなとのかみ)」、その訓注に「布那斗能加微」と見えるのは、久那斗の神と同神である。「岐神」の岐は道の分岐点を意味する。フナトはクナトの音転。

○相(あ)ひ率(したが)ひ相(あ)ひ口会(くちあ)ふる　「率」は九条家本の古訓に「シタカヒ」とある。「口会ふる」は、口を合わせる・他人の言葉に同意する意で、下二段活用の連体形。御門祭の祝詞に「相ひ口会へ賜ふ事無く」とあった。

○斎(いは)ひ奉(まつ)れ　この場合の「斎(いは)ふ」は、神が人の幸せを守る意。祈年祭の祝詞に既出。

○斎(いは)ひ給(たま)へ　先に天皇に対しては「斎ひ奉れ」「斎ひ奉り」とあり、ここに親王以下に対しては「斎ひ給へ」とあって、同語を区別している点に注意する必要がある。

○称(たた)へ辞竟(ごとを)へ奉(まつ)らくと申(まを)す　「称へ辞竟へ奉らく」は、上の「……久那斗と御名は申して辞竟へ奉らくは、」の結び、最後の「申す」は、初めの「皇神等の前に申さく」の結びである。

評

道饗祭も卜部のつかさどる祭で、その祝詞はやはり卜部の書いたものであろう。しかし、鎮火祭の祝詞のような独自の特色は見られず、文章は形式的である。

この祝詞と御門祭の祝詞との類似性については、〔解説〕の項で両者を対称して示したが、外に祈年祭の祝詞の御門の神に白す詞の文句に近似するところも多いので、ここに追加して表示しておこう。

〔祈年祭の祝詞の御門の神に白す詞〕	〔道饗祭の祝詞〕
四方の御門にゆつ磐村の如く塞がり坐して、	大八衢にゆつ磐村の如く塞がり坐す皇神等
下より往かば、下を守り、上より往かば、上を守り、	下より行かば、下を守り、上より往かば、上を守り、
夜の守り・日の守りに守り奉るが故に、	夜の守り・日の守りに守り奉り、

これらを見ると、道饗祭の祝詞が祈年祭や御門祭など先行の祝詞を手本にして書かれていることは、もはや明らかである。

冒頭の部分に「高天の原に事始めて」とあるのは、この祭の始原が高天の原に存することを最初に主張して、この祭の権威を顕示しようとしたものである。また最後の部分で、「天つ祝詞の太祝詞事を以ちて、称へ辞竟へ奉らく申す。」と述べているのは、鎮火祭の祝詞と同様で、この祝詞が天上伝来の尊い祝詞であることを、念を押して述べ立てたものである。

道饗祭は神祇令に季夏及び季冬の祭として見えて、その由来は古いが、祝詞は鎮火祭と同じように平安時代に入ってから書かれたとして誤りないであろう。

大嘗祭

解説

「大嘗祭」といえば、普通践祚大嘗祭のことをさすが、この延喜式祝詞の標題で「大嘗祭」といっているのは、古く践祚大嘗祭と毎年の新嘗祭とを区別せず一様に大嘗祭といった時代の言い方によっているのである。『養老令』の神祇令に、

仲冬　下卯大嘗祭

とあり、毎年十一月下の卯の日に大嘗祭を行うことを規定しているが、同じ神祇令の別の条には、

凡大嘗者、毎レ世一年、国司行レ事。以外毎レ年所司行レ事。

とあって、大嘗には天皇の御世一度の大嘗（すなわち践祚大嘗祭）と、毎年の大嘗（すなわち新嘗祭）とがあったことが分かる。践祚大嘗祭は毎年の大嘗を大規模に催すものに外ならないのである。『延喜式』は新嘗祭と践祚大嘗祭とをはっきり区別して記しているが、この祝詞の標題だけは古い言い方のままに、「大嘗祭」という名目になっている。これはこの祝詞が、毎年の新嘗祭の班幣の時だけでなく、践祚大嘗祭の班幣の時にも通用することを示すものでもある。

さて、「大嘗祭」は「おほにへのまつり」と訓む。後には音が変化して、「おほんべのまつり」と言われるようにもなった。また音読して、「だいじやうさい」とも称する。「おほにへ」の「にへ」とはこの場合、その年の新穀を神に奉ること、またその奉る新穀の供物をいう。『万葉集』巻十四の東歌に、

鳰鳥の葛飾早稲を尓倍すともその愛しきを外に立てめやも　（三三八六）

と見える「にへす」は、まさに右（前者）の意味である。こういう農耕関係の習俗は、日本古代の集落であちこちに見られたことであろう。「おほにへ」の「おほ」（大）は、このような一般民間の行事ではなく、宮廷の尊い儀式であるという意識から、「大」という尊称を冠したものである。

新穀を神に奉って豊かな収穫を感謝する祭を、また「にひなへ」と（新嘗、音が変化して、にひなめとも）いった。「にひなへ」とは、「にひ-の-あへ」のつづまった語で、「にひ」は新の意、「あへ」は道饗祭の「あへ」（饗）と同じく、ごちそう・饗応の意である。東歌に、

誰そこの屋の戸押そぶる尓布奈未に我が夫を遣りて斎ふこの戸を（三四六〇）

とある「にふなみ」は、「にひなへ」（新嘗）の古代東国方言である。この歌は、集落の聖なる共同の広場で新嘗の祭を行っているので、夫をその祭の場へ出して遣って、妻が家の中で身を清めて他人を入れず謹慎している夜、不埒な男が入り込んで来

ようするのを咎めた歌である。同じようなことは、『常陸国風土記』にも見える。筑波郡の条に見える福慈(ふじ)と筑波の説話に、

福慈神答曰、「新粟初嘗、家内諱忌。今日之間、冀許不レ堪。」

筑波神答曰、「今夜雖二新粟嘗一、不二敢不レ奉一尊旨一。」

とある。「新粟初嘗」は「わせのにひなへして」と訓まれ、「雖二新粟嘗一」は「にひなへすれども」と訓まれる。東国では、「新嘗祭の夜は家内の禁忌を厳しく守り、よそ者は家へ入れない習わしであったようである。これは、新嘗祭が農耕社会にとって非常に重要な祭であったことを物語っている。なお、「おほにへ」や「にひなへ」を表記するのに、「大嘗」「新嘗」「新粟初嘗」「新粟嘗」などと「嘗」の字を使用するのは、中国の「嘗」という漢字そのものに新穀を神に奉献する秋の祭の意味があったからである。日本ではこの漢字を早くから取り入れて、日本の「おほにへ」「にひなへ」の表記に当てたわけである。

宮廷の新嘗祭（大嘗祭）は、一般民間の新嘗の祭が宮廷化したものということができる。古代天皇の政治と祭祀は、農耕の豊饒を計り、その平安を祈ることが根本であったから、朝廷の新嘗祭（大嘗祭）の始原は、かなり古きに溯ると推測される。『古事記』に現れているところを見ると、上巻に、速須佐之男命が天照大御神の「大嘗(おほにへ)聞こしめす殿」に屎をまり散らしたと見える。これは神代の説話ではあるが、天照大御神が御前に奉られた新穀の御膳を神として召し上げられたことを述べている。下巻に、履中天皇が「大嘗(おほにへ)に坐(いま)して豊明(とよのあかり)したまひし時」に、御酒に酔って眠られたことが見える。これは、天皇が新嘗祭を行われて、その後群臣と共に酒宴を催された時というのである。また下巻に、雄略天皇が長谷(はつせ)の百枝槻(ももえつき)の下で「豊楽(とよのあかり)」（新嘗祭の後の酒宴）を催された時のこととして、三重婇(みへのうねめ)が天皇に奉った歌に、

爾比那閇夜(にひなへや)に　生(お)ひ立(だ)てる　百足(ももだ)る　槻(つき)が枝(え)は……

と見える。「爾比那閇夜(にひなへや)」（新嘗屋）とは、新嘗祭の御殿をいう。勿論これらの記事をそのまま史実と見ることは早計であろうが、少なくとも宮廷の新嘗祭の始原が相当古きに溯ることを思わせるに十分である。

『日本書紀』では、「大嘗」の字は清寧紀に見え、「新嘗」の字は神代紀上・神代紀下・仁徳紀・顕宗紀・用明紀・舒明紀・皇極紀等に散見する（その一々については省略する）が、天武紀に至って記事が明確になっているのを見る。すなわち、

天武天皇二年十二月丙戌（五日）侍二-奉大嘗一中臣・忌部及神官人等、并播磨・丹波二国郡司、亦以下人夫等、悉賜レ禄。因以郡司等、各賜二爵一級一。

この「大嘗」は、天皇即位後の大嘗祭をさす。但し、その大嘗祭そのものの記事は天武紀に見えない。右は大嘗祭の後、関係者に禄及び爵を賜わった記事である。次に、

五年九月丙戌（二十一日）神官奏曰、為二新嘗(にひなへ)一卜二国郡一也。斎忌〈斎忌、此云二踰既一。〉則尾張国山田郡、次〈次、此云二須伎一也。〉丹波国訶沙郡、並食レト。

これは、新嘗祭に用いる新穀を献上する悠紀・主基の国郡を卜定した記事である。なお前項二年十二月の記事の播磨・丹波は、悠紀・主基の国に相当する。

五年十月丁酉（三日）　祭二幣帛於相新嘗諸神祇一。

これは、新嘗祭に先立って特定の神社に新穀を奉献する相嘗祭（あひにへの祭、またあひなめの祭ともいう）の初見である。ここでは十月に行っているが、『養老令』の神祇令では「仲冬上卯日」に行うきまりになっている。

五年十一月乙丑朔　以二新嘗事一、不二告朔一。

これは、その月に行われる新嘗祭の用事のために、告朔の儀式を行わなかったというのである。告朔（こくさく、こうさく、ついたちまうし）とは、毎月一日に天皇が諸司の奏する前月の公文を御覧になる儀式である。この月の中の卯の日は十五日になるが、その日に新嘗祭を行った記事は見えない。毎年恒例の祭であるから、当然のこととして省略したのであろう。

六年十一月己卯（二十一日）　新嘗。　辛巳（二十三日）百寮諸有レ位人等賜レ食。　乙酉（二十七日）、侍二奉新嘗一神官及国司等賜レ禄。

この年は、はっきりと「新嘗」の記事を書いている。己卯は、神祇令に定める下の卯の日と一致する。また、祭の後に食を賜ったり禄を賜ったりしたことを記しているのも注目される。このように見て来ると、新嘗祭や大嘗祭の制度は、天武天皇時代に至って大いに整えられたことは確かである。やがてそれが浄御原令において規定化され、大宝令・養老令と受け継がれて行ったと認められる。天武紀を見ると、大嘗と新嘗との区別がはっきり見られるが、前に述べたように、『養老令』では大嘗と新嘗とを区別していないから、両者の区別を明確にする例となったのは、それよりも後としなければならない。なお持統紀に、「大嘗」は、

持統天皇五年十一月戊辰　大嘗。神祇伯中臣朝臣大嶋読二天神寿詞一。

と見える。この戊辰の干支については疑問があるが、ここでは触れずにおく。

『養老令』神祇令に「仲冬　下卯大嘗祭」とあることについて、『令義解』には、

謂、若有二三卯一者、以二中卯一為二祭日一。不三更待二下卯一也。

と注する。丁寧な注記である。『延喜式』四時祭上には、新嘗祭を祈年・月次・神嘗・賀茂の諸祭と並んで中祀とし、大祀である践祚大嘗祭に次いで重要な宮廷の祭儀とする。四時祭下の十一月祭の項には、

新嘗祭奠二幣案上一神三百四座並大

として、この祭を掲げる。右の三百四座は、月次祭の場合と全く同一である。この数は、月次祭の解説で述べた通り、祈年祭において神祇官の祭る神のうち、幣を案上に奉る神（大社）三百四座に相当する。新嘗祭では、日本の代表的な神社に朝廷の幣帛を捧げて、その年の穀物の実りに対する神々の加護に感謝

するのである。四時祭下では、右の条の次に奉る幣帛の品目を掲げた後に、

右中卯日、於二此官斎院一官人行レ事。諸司不二供奉一。但頒レ幣及造二供神物一料度、中臣祝詞料、准二月次祭一。

と記して、新嘗祭は十一月中の卯の日（昼）神祇官の斎院（西院）において、神祇官の官人が儀式を行うこと、中臣が祝詞を宣読し、（忌部が）幣を頒つことを明らかにしている。その式次第は、祈年祭・月次祭に准ずる。

班幣の行われた十一月中の卯の日の夜、中和院の神嘉殿において、天皇親祭の新嘗祭の祭儀が執り行われる。その儀式の次第は、月次祭の夜の神今食の儀に准ずる。そのため、この儀式については、『貞観儀式』にも『延喜式』にも記事を欠いている。新嘗祭と神今食とで異なる点は、当然のことながら新嘗祭では新穀を奉献なさるのに対して、神今食では旧穀を奉献なさることだけである。新嘗祭に奉献される新穀は、予めこれを担当して奉仕する国郡を卜定して準備することになっていた。『延喜式』宮内省の条に、

凡新嘗祭所レ供官田稲及粟等、毎年十月二日、神祇祐・史各一人率二卜部一、省丞・録各一人率二史生一、共向二大炊寮一卜下-定応レ進二稲粟一国郡上。卜了、省丞以二奏状一進二内侍一、内侍奏了、下レ官。官即仰下。

と規定している。

『江家次第』巻第十の「新嘗祭中院儀」（中院とは中和院のこと）には、十一月中の卯の日の夜の天皇親祭の新嘗祭の儀について、くわしい記事があるので、これに基づいて概要を記しておく。当日戌一点（午後七時）、天皇は南殿（紫宸殿）から、月華門（紫宸殿前西側の門）・陰明門（内裏西面の中央の門）を経て、中和院へ入られる。神嘉殿（中和院の正殿）の南階で輿を降り、神嘉殿に入られると、主殿寮が御湯を奉り、縫司が天羽衣を奉る。神殿には神座がしつらえられ、打払筥（ちりを払う道具を入れる筥）・坂枕（頭をのせる部分が斜めに傾いた薦製の神枕）・御畳・御帖等がもたらされる。内侍が神座の上に寝具の御衾を奉る。かくて亥の一剋（午後九時）、采女が内侍を通して時刻の到来したことを申し上げると、縫司が神事の御服を奉り、主水が御手水を奉るなどあって、天皇は神殿に入られる。その後は戸が閉ざされ、内の事は摂政が見るだけで、関白は見ることはない。天皇は神座の北辺を経て、神座の東の御座に著かれる。『江家次第』にはその下に「已後事等在レ別。」と注して、儀式は秘事に属することを暗示している。この間に夕の御膳の儀が執り行われ、天皇は神に新穀の御膳を供され、自らも召し上がられるわけであるが、それについての記事は見えない。事畢って天皇は神殿を出られ、内侍が寝具を撤する。次いで丑の一剋（午前一時）、采女が時刻の到来を奏して、暁の御膳の儀が始まる。それは夕の御膳の儀と同様である。寅の一剋（午前三時）、天皇は中和院を出て、御殿へ還られる。還られる以前に、御殿では忌部によって大殿祭が行われる。こ

れは神今食の後の大殿祭と同じで、神との共食を通して新たな霊性を得られた新生天皇を迎えるための御殿を斎い寿ぐのである。

新嘗祭の夜が明けて辰の日には、豊楽院（大内裏の西南部の一画で朝廷の宴会場）において新嘗会（豊明の節会）が催された。これは天皇が群臣を招いて食膳を共にされるもので、そこに意義が存した。『貞観儀式』巻第五の「新嘗会儀」によってその大要を述べると、次の通りである。当日寅の刻（午前四時）から掃部寮により座の設備がなされる。時刻が来て天皇が豊楽殿（豊楽院の正殿）においでになる。一同座に就き訖ると、内膳司が天皇に御膳を奉る。次いで主膳監が東宮に饌を供し、大膳職により群臣に饌を賜る。一觴あって後、吉野の国栖の人々が儀鸞門（豊楽院の中央にある門）の外にあって御贄を奉り、歌笛を奏する。訖ると大歌の別当が歌人・琴師・笛工等を率いて座に就き、大歌を奏する。次いで舞姫らによって五節の舞が舞われる。訖ると皇太子が先ず拝舞（天皇を拝して謝意を表す礼）し、次いで大臣以下が拝舞する。それらが終わると、宣命の大夫が、「今日は新嘗の直相の豊楽聞こし食す日に在り。故是を以ちて豊の黒き白きの御酒、赤丹の穂に食へゑらぎ退れとしてなも、常も賜ふ御物賜はくと宣りたまふ。」と宣読し、皇太子以下は称唯して拝舞する。訖って一同に禄を賜わる。まことに新嘗祭の直会にふさわしい豊楽の一日であったことが想像される。

この大嘗祭（新嘗祭）の祝詞は、中の卯の日の班幣の儀式に、中臣が参集した神主らに向かって宣読する祝詞である。文体は祈年祭・月次祭の祝詞の冒頭及び末尾の部分と類似する。同時もしくは同年代の作成ではないかと推測させるものがある。年中の重要な祭である割には、短文に過ぎる感じが残る。

〔訓読文〕

大嘗祭

集はり侍る神主・祝部等、諸 聞き食へよと宣りたまふ。

高天の原に神留り坐す皇睦神漏伎・神漏弥

〔口訳文〕

大嘗祭

この場に集まり控えている神主及び祝部ら、皆の者ら、よく拝聴せよと宣り聞かせる。

高天の原に神として鎮まっておられる貴く又むつまじい皇祖の男神

の命以ちて、天つ社・国つ社と敷き坐せる皇神等の前に白さく、今年の十一月の中つ卯の日に、天つ御食の長御食の遠御食と、皇御孫の命の大嘗聞こし食さむ為の故に、皇神等相ひうづのひ奉りて、堅磐に常磐に斎ひ奉り、茂し御世に幸はへ奉らむに依りてし、千秋・五百秋に平らけく安らけく聞こし食して、豊の明りに明り坐さむ皇御孫の命のうづの幣帛を、明妙・照妙・和妙・荒妙に備へ奉りて、朝日の豊栄登りに称へ辞竟へ奉らくを、諸聞き食へよと宣りたまふ。

事別きて、忌部の弱肩に太襁取り挂けて、持ちゆまはり仕へ奉れる幣帛を、神主・祝部等請けたまはりて、事落ちず捧げ持ちて奉れと宣りたまふ。

様・女神様のお言葉によって、天つ神の社・国つ神の社として、それぞれの地に鎮座しておられる貴い神様方の前に申し上げますことには、「今年の十一月の中の卯の日に、天上から授けられた神聖なお食事で、しかもいつまでも長く遠い将来まで続くお食事として、天皇様が今年の新穀を神様と共にお召し上がりになろうとなさるが故に、貴い神様方もそれを御嘉納申し上げて、天皇様を堅固な永遠に変化しない岩のようにお守り申し上げ、繁栄した御治世として幸いをお与え申し上げられるのによって、天皇様は千年万年にわたって平穏に安泰にお食事をお召し上がりになって、お顔色も豊かに赤々と照り輝かれるに違いない、その天皇様の尊貴な奉献の品を、明るい色彩の織物・光沢のある織物・柔らかい織物・ごわごわした織物というふうに整え申し上げて、朝の太陽が豊かに栄え登る時に、称え詞を尽くしてお祭り申し上げることでございます」と申し上げることを、皆の者ら、よく拝聴せよと宣り聞かせる。

言葉を改めて、忌部のか弱い肩に立派な襷をきりりと掛けて、心身を清めてお仕え申し上げた神様への奉献の品を、参集した神主・祝部らは有難く頂戴して、遺漏のないように大事に捧げ持って、それぞれの神様に奉献申し上げよと宣り聞かせる。

語釈

○**集はり侍る神主・祝部等、諸聞き食へよと宣りたまふ**　この冒頭の文句を初めとして、この祝詞は、祈年祭（月次祭）の祝詞と同一形態の祝詞であることが、一見して明らかである。標題に「大嘗祭」とあるのは、解説で述べたように、践祚大嘗祭ではなく、毎年の新嘗祭のことである。祈年・月次・新嘗の三祭は、中祀として神祇官のつかさどる毎年恒例の祭祀の中の最も重要なもので、その祭祀の性格がよく似ており、また祝詞も神々に対する班幣の祝詞であるから、その文章が三者同様の形態をとるのは当然である。なお九条家本の古訓に、「集侍」に「ウコナハリハヘル」、「祝部等」に「ハフリヘラ」、「食」に「タマヘヨ」とある。

○**敷き坐せる**　それぞれの土地を領有しておられる、すなわちそれぞれの土地に鎮座しておられる、の意。

○**十一月の中つ卯の日**　『令義解』の神祇令に「仲冬　下卯大嘗祭謂、若有三卯者、以中卯為祭日、不更待下卯也。」と見え、『延喜式』四時祭下の新嘗祭に「右中卯日於此官斎院、官人行事。……」と記している。なお、『中臣寿詞』に「今年十一月中都卯日仁」とあるのによって、「中つ卯の日」と訓んだ。

○**天つ御食の長御食の遠御食**　「天つ御食」は天上から授けられた神聖な御食の意。「長御食の遠御食」は祈年祭の祝詞に既出。

○**大嘗聞こし食さむ為の故に**　「大嘗聞こし食す」とは、天皇がその年の新穀を神と共に召し上がられること。「為の故に」は、「為」と「故」とを重ねて用いたもので、「為に」を強めていった表現。

○**相ひうづのひ**　「うづのふ」は「うづなふ」の転じた語。神が承諾する・嘉納する意。「うづ」は珍・貴の意であろう。「うづなふ」は、『続日本紀宣命』第四詔に「天に坐す神地に坐す祇の相ひ于豆奈比奉り」、『万葉集』巻十八の大伴家持の歌に、「天地の　神相ひ宇豆奈比」（四〇九四）などと見える。

○**茂し御世に幸はへ奉らむに依りてし**　重々しい御治世として幸いをお与え申し上げるだろうということによって。「依りてし」の「し」は、上接する語句を強調する助詞と見てよい。

○**千秋・五百秋に**　長い年月にわたっての意。大殿祭の祝詞に「万千秋の長秋に」とあった。

○**豊の明りに明り坐さむ**　新嘗祭の翌日（辰の日）の宴（新嘗会）で、天皇が群臣と共に酒食を召し上がられて、顔色も豊かに赤く照り輝かれることをいう。翌日の宴であるから、「明り坐さむ」と推量の形で表現してある。この辰の日の宴のことを、「豊明の節会」といった。『続日本紀宣命』第三十八詔に「大新嘗乃猶良比能豊明」、第四十六詔に「新嘗乃猶良比乃豊乃明」と見える。

○**事別きて、忌部の弱肩に**……　言葉を改めて班幣のことを述べた部分で、祈年祭（月次祭）の祝詞の最後の段と些少の相違がある以外ほとんど同文である。

評

大嘗祭の祝詞は、祈年祭及び月次祭の祝詞と同じ範疇に入る文章である。三者いずれも冒頭に「集はり侍る神主・祝部等、諸聞き食へよと宣りたまふ。」とあって、参集した神主・祝部等に宣り聞かせる形になっている。第二段の初めの「高天の原に神留り坐す皇睦神漏伎・神漏弥の命以ちて、天つ社・国つ社と敷き坐せる皇神等の前に白さく、」までは三者同じであるが、それに続く文章で、それぞれの祭の趣旨が述べられる。大嘗祭の祝詞では、「今年の十一月の中つ卯の日に、天つ御食の長御食の遠御食と、皇御孫の命の大嘗聞こし食さむ為の故に、……」と、今年の新嘗祭の趣旨が簡潔に述べられている。これに続く部分、「皇御孫の命のうづの幣帛を、明妙・照妙・和妙・荒妙に備へ奉りて、朝日の豊栄登りに称へ辞竟へ奉らくを、諸聞き食へよと宣りたまふ。」は、また祈年祭・月次祭の祝詞とおおむね同種の文となっている。大嘗祭の祝詞では、これに続く第三段に、「事別きて、忌部の弱肩に太襁取り挂けて、持ちゆまはり仕へ奉れる幣帛を、神主・祝部等請けたまはりて、事落ちず捧げ持ちて奉れと宣りたまふ。」と、幣帛頒布に関し神主・祝部等に宣る詞があって、祈年祭・月次祭の祝詞の最終段とほとんど同文である。このように祈年祭・月次祭・大嘗祭の祝詞が同様の文章を持つことは、三つの祭儀の内容から見て当然のことと言えるが、大きな相違点は、大嘗祭の祝詞に、祈年祭・月次祭の祝詞にあった御巫の祭る宮中の神々に白す詞、天照大御神に白す詞、大和の御県・山の口・水分の神々に白す詞が全く欠落していることである。そのため、大嘗祭の祝詞は、朝廷の重要な祭儀である割には簡単な祝詞で終わっていて、人々に物足りない感じを懐かせずにはおかない。新嘗祭には、月次祭と同じように、国内の三百四座の神々に対して天皇の幣帛が捧げられるのであるから、同じように宮中の神々・天照大御神・大和の神々に白す詞があって然るべきだと思われる。ひょっとして最初は、祈年祭・月次祭の祝詞と同じように、これらの神々に白す詞があったのではないだろうか。それが簡略化されるようになって、延喜の頃にはこれらの詞を省略してしまい、祝詞の初めの文章と終わりの文章とだけを残して読むようになっていたのではないか。もしそうだとすれば、祭務者の怠慢ということになろう。或いはまた、実際には読んでいたのであるが、『延喜式』の巻八祝詞に記載する際に、既に祈年祭の祝詞と月次祭の祝詞とで同一の文章を重ねて記載したので、三度目の大嘗祭の祝詞では煩雑さを避けて、記載を省略したのであろうか。しかし、実際に読んでいるものを記載しないということは、先ずあり得ないとするのが穏当であろうから、最初は丁寧に読んでいたものを、ある時期から何らかの事情によって中間を省略して読まなくなったとするのが順当かも知れない。いずれにせよ、重要な祭儀の大嘗祭の祝詞がこれだけの短文であるのは、いかにも物足りない感じがするので、敢えて疑問を提出した次第である。識者の見解を尋ねたい。

鎮二御魂斎戸一祭　中宮・春宮斎戸祭亦同。

解説

この祭は、十一月の新嘗祭の前日（寅の日）に行われる鎮魂祭（みたましづめのまつり）の時に用いた天皇並びに中宮・東宮（但し東宮の鎮魂祭は巳の日）の御衣と御魂結びの糸とを、翌十二月の吉日を択んで神祇官斎院の斎戸殿（いはひべどの）に収めて、一年間そこに鎮まって頂くように祈る祭である。そこで、先ず十一月の鎮魂祭について概略を述べておく必要がある。

「鎮魂祭」は『養老令』の神祇令に、

　仲冬　寅日鎮魂祭

とあり、毎年十一月下の卯（三卯があれば中の卯）の日の新嘗祭の前日に行われるきまりになっている。『養老令』の職員令に神祇官の伯（長官）の職掌を定めた中に、「鎮魂」を掌ることが見えるが、その「鎮魂」について『令義解』に、

　謂、鎮安也。人陽気曰レ魂。魂運也。言招二離遊之運魂一、鎮二身体之中府一。故曰二鎮魂一。

と説明している。これによると、身体から遊離した運魂（動きまわる魂）を招き戻して、身体の中に鎮め安定させるのが鎮魂ということになる。宮廷においてこれが新嘗祭の前日に行われたわけは、年中の祭儀の中でも最も重要な天皇親祭の新嘗祭を明日に控えて、天皇の御魂を体内にしっかりと鎮め定めて、万全な心身の状態をもって明日の重儀に臨んで頂こうとするもので、鎮魂祭はいわば新嘗祭の先駆の位置にあったと見ることができる。

『日本書紀』天武天皇十四年十一月丙寅（二十四日）の条に、

　是日、為二天皇一招魂之。

と見える。この「招魂」に「ミタマフリ」という古訓があり、それが今日でも用いられている。「みたまふり」とは、霊魂を振り動かすことによって活力を与え、衰えようとする霊力を復活再生させることである。「みたましづめ」が遊離した霊魂を招き鎮めて落ち着かせることであるのと、対照的な感じがするが、鎮魂祭にはこの両面の意義が存していたようで、「鎮魂」を「みたまふり」と読む訓も古い。右の天武紀の十一月丙寅の日の「招魂」は、下の寅の日に当たっていて、「仲冬寅日鎮魂祭」という神祇令の規定と一致する。そうすると、鎮魂祭も天武天皇時代に始まり、浄御原令において法令化され、それが大宝令・養老令と受け継がれたものと推測することが可能となる。

『延喜式』四時祭上では、鎮魂祭を小祀の中に入れている。四時祭下の十一月祭の条には、

　鎮魂祭中宮准レ此。……

　神八座神魂、高御魂、生魂、足魂、魂留魂、大宮女、御膳、辞代主。

大直神一座

とある。これにより、同日に中宮の鎮魂祭も行われること、また祭神として神魂神（かむむすひのかみ）以下の神祇官斎院の八神殿の神々と大直神（大直毘神、おほなほびのかみ）とが祭られることが分かる。右の条の次に、祭の料物と奉仕者の装束料を掲げた後に、

右中寅日晡時、（中宮鎮魂同日祭之。）五位已上及諸司官人参₂集宮内省₁。

……

として、中の寅の日の晡時（夕刻）から宮内省に人々が参集して祭が行われることを記している。続いて祭儀の次第の記載があり、終わりに、

巳日晡時、供₂東宮鎮魂₁。

と記して、東宮の鎮魂祭は別に辰の日の新嘗会の翌日の巳の日に行われることを示している。

鎮魂祭の式次第については、『延喜式』よりも『貞観儀式』巻第五の「鎮魂祭儀（十一月中寅日。中宮祭准ᵣ此。但東宮用₂巳日₁。）」にくわしいので、これに基づき、不明の点を『西宮記』（源高明）・『北山抄』（藤原公任）・『江家次第』（大江匡房）等によって補って、その大要を記しておく。当日役人が神座を宮内省の役所に敷く。酉の二点（午後五時半）、大臣以下及び神祇官が所定の座に就き、縫殿寮が猨女（さるめ）を率いて座に就く。次いで内侍が天皇の御衣の匣を捧げて来り座に就き、治部省が雅楽寮の歌人・歌女等を率いて来て座に就く。やがて神祇伯の命によって琴と笛とが奏でられ、御巫（みかむなぎ）や猨女が舞い始める。御巫は宇気槽（うけをけ、語義未詳、麻を入れる槽ともいい、また穀物を入れる槽ともいう）を逆さまに伏せて、その上に立ち、桙をもって槽を突く。十度突き畢る毎に、神祇伯が木綿鬘を結ぶ。『西宮記』には、内蔵寮が天皇の御服を持って机上に置き、衝宇気（つきうけ）の間、蔵人が箱を開いて振動するとある。『北山抄』には、衝宇気（つきうけ）の間、女蔵人が御服の箱を開いて振動するとある。『江家次第』には、衝宇気（つきうけ）について「以₂賢木₁衝₂槽上₁也。」と注し、次に神祇官の一人が進んで葛筥の中の糸を結び、一から十に至るまで十度結ぶ。この間に女官蔵人が御衣の筥を開いて振動するとある。これらにより、行事のおおよそを想像することができる。桙をもって槽を突くのは、これによって衰えようとする魂を呼びさまして活力を復活させようとする呪術と理解される。箱の中の御衣を振動するのは、いわゆる「みたまふり」で、振り動かすことによって魂に活力を与えようとする呪術と解される。また糸を結ぶのは、遊離しようとする魂を結び留めて身内に鎮めようとする呪術であろう。このように、鎮魂祭には各種の呪的行事が重なり合って行われていることが知られる。さてかくするうちに、御巫や猨女の舞が終わり、神祇副（次官）らによって倭舞が舞われ、人々に御飯が供されて、行事は終了する。鎮魂祭の行事の間に歌われる神楽（神遊）の歌は、『年中行事秘抄』に記載されているが、ここに引用することは省略する。

鎮魂祭に猨女が奉仕することについては、『古事記』の天岩屋戸の段に（『日本書紀』及び『古語拾遺』にも見える）、

天宇受売命、手次繋天香山之天之日影二而、為レ縵二天之真折一而、手草結天香山之小竹葉一而、（訓二小竹一云二佐々一。）於二天之石屋戸一伏二汙気一而（此二字以レ音。）踏登杼呂許志、（此五字以レ音。）為二神懸一而、掛二出胸乳一、裳緒忍二垂於番登一也。

とある説話に、その縁起が物語られている。これは、天宇受売命（天鈿女命）の後裔を称する猨女氏が、祖先の誇らしい業績として伝承した話で、鎮魂祭と猨女との関係の古さを推測させるに十分である。

右に述べた鎮魂祭の際用いられた天皇の御衣及び結ばれた糸は、いわば天皇の御魂代ということができる。これを翌十二月に神殿に収め鎮めるのが、「鎮二御魂斎戸一祭」である。この祭は、「みたまをいはひべにしづむるまつり」と訓むのが正しいと考える。標題の下の注は、「中宮・春宮の斎戸の祭も亦同じ。」と訓む。江戸時代以来「斎戸」を一般に「いはひど」と訓み、「戸」は「処」の意で、斎処すなわち神祇官の斎院または斎院の神殿とするのが通説のようになった。しかしこの「斎戸」は、斎院の西側の八神殿の南にある斎部殿（いはひべどの、祝部殿・祝殿ともいう）をさすとするのが正しいのではないか。斎院そのものを「斎戸」というのはおかしい。『三代実録』の清和天皇貞観二年八月二十七日甲辰の条に、

夜、偸児開二神祇官西院斎戸神殿一、盗二取三所斎戸衣、并主上結御魂緒等一。

と、まさしく「斎戸神殿」の名が見える。それは「斎部殿」であるに違いない。この時、この神殿に盗人が入り、納めてあった三所（天皇・中宮・東宮）の御魂代の衣と天皇の御魂結びの緒を盗んで行ったという。更に推測を進めれば、「斎戸衣」（いはひべのきぬ」とあるのは、御衣が「斎瓮」（いはひべ、斎い清めた神聖な瓶）の中に納められていた故の名ではないだろうか。戸も瓮も共に上代特殊仮名遣いでは乙類の「へ」の字である。御魂結びの緒も一緒に斎瓮に納められていたのであろう。そして、この斎瓮を納め鎮める神殿であるから「斎戸神殿」とか「斎部殿」とか呼ばれたのであろう。（後の「追記」参照。）

さて、この斎戸の神殿に（斎瓮に入れた）御魂代の御衣と御魂結びの糸とを納めて、今年の十二月から来年の十二月まで一年間ここに平安に鎮まられるようにして下さいと祈るのが、この祭である。『延喜式』四時祭下の十二月祭に、

鎮御魂斎戸祭（中宮准レ此。）
（幣帛の品目省略）
東宮鎮御魂斎戸祭
（幣帛の品目省略）
右於二此官斎院一、中臣行レ事。

と見える。右の最初の行の「斎戸」の傍に、一条家本では「イムヘ」の古訓がある。「戸」を古くは「へ」と訓んだことが知られる。この祭の祭日については記載がないので、十二月中の

吉日を択んで行ったものと判断できる。また祭神についても記していないが、鎮魂祭と同じく、神魂神以下の神祇官斎院の八神殿の神々と大直毘神であったと考えられる。
　この祝詞は、各種祝詞の要所を綴り合わせたような文章で、平安時代になってから書かれた新しい作という感じを拭い切れない。

〔追記〕

　「斎戸」をイハヒベと訓んだことに関連して、『万葉集』に「斎戸」・「斎忌戸」・「忌戸」をイハヒベと訓んでいる例を、参考に掲げておく。いずれも斎瓮の意である。

斎戸（いはひべ）

巻三（三七九）　斎戸を　忌ひ掘りする　竹玉を　しじに貫き垂れ（大伴坂上郎女祭レ神歌）

巻三（四二〇）　枕辺に　斎戸をするゑ　竹玉を　間無く貫き垂れ（石田王卒之時丹生王作歌）

巻九（一七九〇）　竹珠を　しじに貫き垂れ　斎戸に　木綿取りしでて（天平五年癸酉遣唐使舶発二難波一入レ海之時親母贈レ子歌）

巻十三（三二八四）　斎戸を　いはひ掘りするゑ　竹珠を　間無く貫き垂れ

斎忌戸（いはひべ）

巻三（四四三）　斎忌戸を　前にするゑ置きて　片手には　木綿取り持ち（天平元年己巳摂津国班田史生丈部龍麻呂自経死之時判官大伴宿祢三中作歌）

忌戸（いはひべ）

巻十三（三二八八）　忌戸を　斎ひ掘りするゑ　天地の　神にぞ吾が祈む

外に仮名書きのイハヒベの例として次の三例がある。

伊波比倍

巻十七（三九二七）　草枕旅行く君を幸くあれと伊波比倍据ゑつ吾が床の辺に（大伴宿祢家持以二閏七月一被レ任二越中国守一、即取二七月一赴二任所一。於レ時姑大伴氏坂上郎女贈二家持一歌）

巻二十（四三三一）　事し終らば　つつまはず　帰り来ませと　伊波比倍を　床辺にするゑて（追痛二防人悲レ別之心一作歌・大伴家持）

伊波比弊

巻二十（四三九三）　大君の命にされば父母を以波比弊と置きて参出来にしを（結城郡雀部広嶋）

記紀にもイハヒベの例が見える。参考に掲げておこう。

『古事記』中巻、崇神天皇の条

即副二丸邇臣之祖、日子国夫玖命一而遣時、即於二丸邇坂一居二忌瓮一而罷往。

『日本書紀』巻五、崇神天皇十年九月の条

復遣二大彦与二和珥臣遠祖彦国葺一、向二山背一、撃二埴安彦。爰以二忌貪一、鎮二坐於和珥武鐰坂上一。

以上のような記紀・万葉に見えるイハヒベと、この祝詞のイハヒベとが、いかなる関連にあるかは興味深い問題であるが、にわかに名答を出すことは困難である。将来の課題として残したい。

〔訓読文〕

御魂を斎戸に鎮むる祭

中宮・春宮の斎戸の祭も亦同じ。

高天の原に神留り坐す皇親神漏岐・神漏美の命を以ちて、皇孫の命は豊葦原の水穂の国を安国と定め奉りて、下つ磐根に宮柱太敷き立て、高天の原に千木高知りて、天の御蔭・日の御蔭と称へ辞竟へ奉りて、奉る御衣は上下備へ奉りて、うづの幣帛は明妙・照妙・和妙・荒妙、五色の物、御酒は瓱のへ高知り、瓱の腹満て双べて、山野の物は甘菜・辛菜、青海の原の物は鰭の広

〔口訳文〕

御魂を斎戸に鎮むる祭

中宮及び春宮（皇太子）の斎戸の祭の祝詞も、これと同じである。

高天の原に神として鎮まっておられる貴く又むつまじい皇祖の男神様・女神様のお言葉によって、貴い神のお孫様（邇邇芸命）が、豊かな葦原の茂る瑞々しい稲穂に恵まれた日本の国を、安らかな国として統治して行かれるよう鎮定申し上げて、さて地下の大きい岩の上に宮殿の柱を太くしっかりと立て、高天の原に向かって千木を高く聳やかして、そこを天を覆う陰また日光を覆う陰となる立派な御社殿として、称え詞を尽くしてお造り申し上げて、神様に捧げ奉りますお着物は上衣と下衣とをお供え申し上げて、尊貴な奉献の品として、明るい色彩の織物・光沢のある織物・柔らかい織物・ごわごわした織物、それに赤・青・黄・白・黒の五色の布、又お神酒は大きい瓶の口に溢れる程高々と盛り上げ、瓶の腹の中にいっぱい満たして、いくつも並べて、山や野の物は甘い菜・辛い菜、青海原の物はひれの広い大きい魚・ひれの狭い小さい魚、それに沖の海藻・岸辺の海藻に至るまでも、種々

物・鰭の狭物、奥つ海菜・辺つ海菜に至るまでに、雑の物を横山の如く置き高成して、献るうづの幣帛を、安幣帛の足幣帛に平らけく聞こし食して、皇らが朝庭を常磐に堅磐に斎ひ奉り、茂し御世に幸はへ奉り給ひて、此の十二月より始めて、来る十二月に至るまでに、平らけく御坐所に御坐さしめ給へと、今年の十二月の某の日に、斎ひ鎮め奉らくと申す。

様々な品物を、まるで横に伏した山のようにどっさりとうず高く置いて、このようにして捧げ奉ります尊貴な奉献の品を、安らかでしかも充足した奉献の品として平穏に御受納になって、天皇様の朝廷を永遠に変化しない堅固な岩のようにお守り申し上げ、繁栄した御治世として幸いをお与え申し上げ給うて、今年の十二月から始まって、来年の十二月に至るまで、天皇様の御魂代を平穏無事に御座所（御魂代を奉安申し上げる場所）に鎮まりいますようにして下さいと、今年の十二月某日に、御魂代を慎んでお鎮め申し上げます次第でございますと申し上げます。

語釈

○高天の原に神留り坐す皇親神漏岐・神漏美の命を以ちて、皇孫の命は豊葦原の水穂の国を安国と定め奉りて　この祝詞の初めの方の文章は、文脈が十分通らず、意味の取りにくい文章となっている。右に掲げた最初の部分は、皇祖の神の御命令によって、皇孫が豊葦原の水穂の国を安らかな国として治めて行かれるように平定申し上げて、と解するより外ない。しかしながら、何となく落ち着かず、次の文への続きもよくない。これは何故かと考えるに、ここの文章は、大祓の詞の「高天の原に神留り坐す皇親神漏岐・神漏美の命以ちて、〔八百万の神等を神集へ集へ賜ひ、神議り議り賜ひて、我が〕皇御孫の命は豊葦原の水穂の国を、安国と〔平らけく知ろし食せと、事依さし奉りき。……かく依さし奉りし四方の国中と、大倭日高見の国を安国と〕定め奉りて、」の中から〔　〕で囲んだ部分を取り除いて、残りを綴り合わせたいわば補綴の文章であるから、どうしても安定が悪く、無理が生じているのだと思われる。この祝詞は全体的に、平安時代に入って間に合わせに作られたという感じを免れない。

○下つ磐根に宮柱太敷き立て、高天の原に千木高知りて、天の御蔭・日の御蔭と称へ辞竟へ奉りて　この部分も大祓の詞によっている。すなわち、前項に引用した大祓の詞の文章にすぐ続いて、「下つ磐根に宮柱太敷き立て、高天の原に千木高知りて、〔皇御孫の命のみづの御舎仕へ奉りて、〕天の御蔭・日の御蔭と」とある〔　〕の部分を除いて綴った文章であることは明らかである。但し、ここにいう宮柱太敷き立て、千木高知る天の御蔭・日の御蔭の御殿は、大祓の詞に言うところの皇御孫の命のうづの御舎ではなく、鎮魂祭に用いられた天皇の御魂代を一年間鎮め奉る神祇官斎院の神殿のことをさしている。「天の御蔭・日の御蔭と称へ辞竟へ奉りて」とは、天を覆う陰・日を覆う陰として称辞を尽くしてお造り申し上げて、の意となる。

○御坐所　御魂代を奉安申し上げる御座所。

○御坐さしめ給へ　鎮まっておられるようにして下さいませ。

評

賀茂真淵は、『祝詞考』の頭注で、この祝詞を評して、「此詞は、むかしはなく、今の京にて、俄に作つらん。故にかゝるたらはぬ事、多き也けり。」と述べている。今日の我々が見ても、その感が深い。最初の部分は大祓の詞によって作文したものであることは既に述べたが、改めて表示すると、次のようになる。

〔大祓の詞〕

高天の原に神留り坐す皇親神漏岐・神漏美の命以ちて、

我が皇御孫の命は豊葦原の水穂の国を、安国と平らけく知ろし食せと、……大倭日高見の国を安国と定め奉りて、

下つ磐根に宮柱太敷き立て、高天の原に千木高知りて、天の御蔭・日の御蔭と隠れ坐して、

〔鎮御魂斎戸祭〕

高天の原に神留り坐す皇親神漏岐・神漏美の命を以ちて、

皇孫の命は豊葦原の水穂の国を安国と定め奉りて、

下つ磐根に宮柱太敷き立て、高天の原に千木高知りて、天の御蔭・日の御蔭と称へ辞竟へ奉りて、

大祓の詞を手本とすることは勿論許せるが、この場合は大祓の詞の文句をただやみくもに綴り合わせたという嫌いがあって、文法に外れ文意のうまく通らない変な文章となっている。古い祝詞の文章に精通しない神祇官の下位の官員が、間に合わせに作ったものとしか思われない。右に続く幣帛の品々を列挙した部分も、先行の祝詞の幣帛奉献の文章によったものであろう。文末の部分に、「此の十二月より始めて、来る十二月に至るまでに、平らけく御坐所に御坐さしめ給へ」とあるのは、一体何神に対して祈り願っているのか、この祝詞だけでは明らかにならない憾みがある。いずれにせよこの祝詞は、不備な点の

多いことを指摘せざるを得ない。それは、この祭が鎮魂祭の際に用いられた天皇（中宮・東宮）の御魂代を斎戸に鎮めるという鎮魂祭の延長のような行事であったため、この程度の祝詞で間に合ったからであろう。

伊勢大神宮

二月祈年、六月・十二月月次祭

この祝詞以下九編は、伊勢大神宮の祭に読まれる祝詞である。伊勢大神宮は、皇祖神である天照大御神を祭る皇大神宮（伊須受宮、内宮）と食物を掌る神である豊受大神を祭る豊受大神宮（止由気宮、度会宮、外宮）とから成る。この祝詞は、皇大神宮の二月の祈年祭と六月・十二月の月次祭との三度の祭に、一部のことばを変えることによって共通して読むことができるようにした祝詞として書かれている。

解説

先ず祈年祭について述べると、毎年二月四日の朝廷の祈年祭において頒たれた幣帛は、普通の神社の場合には参集した神主等が頂いて帰って、それぞれの神社で奉奠の祭を行うが、伊勢大神宮の場合は特別に幣帛使を遣わして奉奠されることになっていた。伊勢大神宮では、この幣帛使を迎えて、先ず豊受大神宮に、次いで皇大神宮に幣帛を奉奠し祭を行った。その祭日は、延暦二十三年に上進された『皇太神宮儀式帳』の「年中行事并月記事」の「二月例」には、

以二十二日一年祈幣帛使参入坐弖、幣帛進奉時行事。

として、その祭儀の次第を記している。これによると、当時は二月十二日であったことが分かる。（豊受大神宮の場合は、やはり延暦二十三年上進の『止由気宮儀式帳』の「三節祭等并年中行事月記事」の「二月例」に、「年祈幣帛使参入弖、幣帛進時行事。」として記す。）

ところが、『延喜式』になると、巻第四伊勢大神宮に、

凡二月祈年幣帛者、（幣色目在二四時祭式一。）朝使到日、大神宮司引二使者一、先参二度会宮一、次大神宮、奉二献幣帛一、並如二常儀一。（高宮、荒祭宮使自進奉。余宮令二祢宜等奉一。）……

と見えて、祭日は「朝使到日」すなわち朝廷の幣帛使が到着した日ということになり、儀式帳の当時のように固定した日ではなくなっている。これは、幣帛使の旅行日程の都合等により、一定の日に行うことが困難になったからであろうか。その後鎌倉時代に二月九日になったが、室町時代に廃絶、明治に再興されて、現今に至るまで二月十七日に行われている。

次に伊勢大神宮の月次祭は、六月・十二月の十六日に豊受大神宮において、翌十七日に皇大神宮において行われた。六月・十二月の十一日の朝廷の月次祭において頒たれた幣帛のうち伊勢大神宮の分は、幣帛使によって伊勢にもたらされる。この幣

帛使を迎えて伊勢大神宮の月次祭が行われるのである。六月・十二月の月次祭と、九月の神嘗祭（かむにへのまつり）と、併せて三度の祭は、伊勢では古来三節祭とか三時祭とか呼ばれて、年中で最も重要な祭とされ、斎内親王の参拝も行われた。その祭儀の詳細は、『皇太神宮儀式帳』及び『止由気宮儀式帳』に記すが、ここでは『延喜式』伊勢大神宮の「六月月次祭十二月准此。」によって概要を述べると、次の通りである。

六月（十二月）十五日の亥の時（午後十時）に夕の大御饌、丑時（午前二時）に朝の大御饌が奉られる。十六日夜明けに斎内親王が度会宮（豊受大神宮）に参られ、板垣門の東のほとりにて輿を下りて、外玉垣門を入り、東殿の座に就かれる。斎内親王は蘰木綿を着け、太玉串を執って内玉垣門を入り、再拝両段される。斎内親王の玉串は、物忌（神に奉仕する童女）によって瑞垣門の西のほとりに立てられる。次いで祢宜・大神宮司・幣帛並びに馬・朝使（朝廷の幣帛使）の順にて行列して外玉垣門を入り、内玉垣門の所にて一同跪き、先ず朝使の中臣が詔戸（祝詞）を申し、次に大神宮司が祝詞を宣る。訖って物忌・内人（伊勢大神宮に仕える祢宜の下位の神職）等が幣帛の案を舁いで、瑞垣の内の財殿（儀式帳によると東宝殿）に納め奉る。斎内親王並びに一同は、再拝して八開手（かしわ手を八度うつこと）を拍ち、次に短手（みじかでともいう、低音の拍手のことといわれる）を一段拍って再拝、これを二遍繰り返す。これで拝礼は終了し、一同退出する。朝使及び大神宮司等は多賀宮（儀式帳には高宮と書く、豊受大神の荒御魂を祭る）に向かい、幣帛を奉献する。但し斎内親王は向かわれない。祭典が終わって解斎殿にて酒食を給い、外玉垣門内にて倭儛・五節儛・鳥子名儛（鳥名子儛ともいう）などが舞われる。翌十七日には、皇大神宮及び荒祭宮（天照大御神の荒御魂を祭る）において、以上と同様の祭典が執り行われる。以上の通り、『延喜式』の記事は十六日の度会宮の祭典を中心にして説明している。

この祝詞は、皇大神宮の祈年祭及び両月次祭に当たって、朝廷から遣わされた幣帛使が神前において神に奉上する祝詞である。重要な祭の割には甚だ短文という感じがする。余計な贅言を必要としなかったからであろう。

〔訓読文〕

伊勢大神宮
二月祈年、六月・十二月月次祭

天皇が御命以ちて、度会の宇治の五十鈴の川上の下つ石根に称へ辞竟へ奉る皇大神の大前に申さく、常も進る二月の祈年の月次祭には、唯六月の月次の辞を以ちて相ひ換へよ。大幣帛を、某の官位姓名を使と為て、捧げ持たしめて進り給ふ御命を、申し給はくと申す。

〔口訳文〕

伊勢大神宮
二月祈年、六月・十二月月次祭

天皇様の御詔命によって、度会郡の宇治の五十鈴川の川上の地下の大きい岩の上に称え詞を尽くしてお祭り申し上げております貴い大神様の御前に申し上げますことには、毎年変わらずに捧げ奉ります二月祈年月次祭の時は、「二月祈年」という語を、ただ「六月月次」という言葉に置き換えて読め。の祭の立派な奉献の品を、某官位姓名を使者として、捧げ持たせて献られるという天皇様の御詔命を奏上申し上げる次第でございますと申し上げます。

語釈

○**天皇が御命以ちて**　天皇様の御命令をもって・御詔命によって。下の「皇大神の大前に申さく」にかかる。

○**度会の宇治**　伊勢国度会郡宇治郷。

○**下つ石根に称へ辞竟へ奉る**　地下の大きな岩の上に御社殿を建て、称辞を尽くしてお祭り申し上げている意。

○**常も進る**　例年献上いたします。

○**某の官位姓名**　朝廷から遣わされた奉幣使の官位姓名をここに入れる。

○**申し給はくと申す**　奏上申し上げることでございますと申し

上げます。「申し給ふ」は、言上する・奏上する意。下の「申す」は、初めの「皇大神の大前に申さく」の結びになっている。

豊受宮

解説

この祝詞は、豊受大神宮の二月の祈年祭及び六月・十二月の月次祭に当たって、朝廷から遣わされた幣帛使が神前において奏上する祝詞である。

前の皇大神宮での祝詞の「宇治の五十鈴の川上の」が「山田の原の」に変わり、「皇大神の大前に」が「豊受の皇神の前に」に変わっただけの小さい相違があるのに過ぎない。

〔訓読文〕

豊受宮

天皇が御命以ちて、度会の山田の原の下つ石根に称へ辞竟へ奉る豊受の皇神に申さく、常も進る二月の祈年の月次祭には、唯六月の月次の辞を以ちて相ひ換へよ。大幣帛を、某の官位姓名を使と為て、捧げ持たしめて進り給ふ御命を、申し給はくと申す。

〔口訳文〕

豊受宮

天皇様の御詔命によって、度会郡の山田の原の地下の大きい岩の上に称え詞を尽くしてお祭り申し上げております豊受の貴い神様に申し上げますことには、……

（以下、前の祝詞と同文であるので、口訳文を省略する。）

語釈

○**度会の山田の原**　度会郡沼木郷山田原村（『止由気宮儀式帳』）。

○**豊受の皇神に**　九条家本の本文では「豊受皇神前尓」（豊受の皇神の前に）とあり、卜部兼永本は「前」も脱落したものと認められる。皇大神宮の場合は「皇大神の大前に」とあったのに対して、豊受宮の場合は「大」を付けない。

四月神衣祭　九月准レ此。

「四月神衣祭」は、「うづきのかむみそのまつり」と訓む。毎年四月と九月の十四日に皇大神宮及び荒祭宮に神のお召しになる衣服を奉献する祭である。

解説

『養老令』の神祇令に（「謂、……」以下の注は『令義解』の文章）、

孟夏　神衣祭謂、伊勢神宮祭也。此神服部等、斎戒潔清、以二参河赤引神調糸一、織二作神衣一、又麻績連等、績レ麻以織二敷和衣一、以供二神明一。故曰二神衣一。

季秋　神衣祭謂、与二孟夏祭一同。

と見えて、その淵源は古い。孟夏（四月）には夏の衣服を、季秋（九月）には冬の衣服を奉ることになる。『令義解』の注の文中の「赤引神調糸」とは、赤い色を帯びて輝く神へのみつぎ物の糸の意である。『日本書紀』持統天皇六年閏五月丁未（十三日）の条に、「応レ輪二其二神郡（度会郡と多気郡）一赤引糸参拾伍斤」と見えている。「敷和衣」のハタは機であるが、ウツは語義未詳で、一説にウツは全で、完全の意という。

『皇太神宮儀式帳』の「年中行事并月記事」の項の「四月例」に、

以二十四日一、神服織、神麻続神部等造奉大神御服供奉時爾、

……

として神衣祭のことを記す。また『延喜式』伊勢大神宮の「四月九月神衣祭」にも記事がある。両者をつき合わせて、この祭の概要を述べると、次の通りである。大神宮に奉る和妙（絹）の衣は二十四疋、荒妙（麻）の衣は八十疋、荒祭宮に奉る和妙の衣は十二疋、荒妙の衣は四十疋である。外に、髻の糸や頸玉・手玉・足玉の緒等の糸、また刀子・錐・針等多数の付属品が奉られる。和妙の衣は服部氏が、荒妙の衣は麻続氏が潔斎してその月の一日から織り始め、十四日に奉献する。その祭儀は、大神宮司・祢宜・内人等が神服織の織女八人・神麻続の織女八人を率いて、御衣の後に従って宮内に参る。大神宮司が祝詞を読み、御衣を東宝殿に納めた後、一同再拝両段、短拍手両段、膝退して再拝両段、短拍手両段、一拝して退出する。終わって、荒祭宮に御衣を奉る。同日、笠縫内人等が大神宮・荒祭宮等に蓑笠を奉る。

服部氏及び麻続氏のことは、『続日本紀』文武天皇二年九月戊午朔の条に、それぞれの氏の上及び助を定めた記事が見える。今も伊勢市と松阪市の中間地点に神服織機殿神社及び神麻績機殿神社が祭られていて、古くからその地で和妙・荒妙の神衣が織られて来た伝統を現在に保存している。

この祝詞は、神衣祭に当たって大神宮司が神に向かって奏上

し、また祢宜・内人等に対して宣読する祝詞であるが、文はやはり短い。

〔訓読文〕

四月神衣祭　九月も此に准へ。

度会の宇治の五十鈴の川上に大宮柱太敷き立て、高天の原に千木高知りて、称へ辞竟へ奉る天照らし坐す皇大神の大前に申さく、服織・麻続の人等の常も仕へ奉る和妙・荒妙の織の御衣を進る事を、申し給はくと申す。

荒祭宮にもかく申して進れと宣りたまふ。

祢宜・内人唯と称せ。

〔口訳文〕

四月神衣祭　九月の神衣祭の時も、この祝詞に準じて読め。

度会郡の宇治の五十鈴川の川上に立派なお宮の柱を太くしっかりと立て、高天の原に向かって千木を高く聳やかして、称え詞を尽くしてお祭り申し上げております天上に照り輝き給ふ貴い大神様の御前に申し上げますことには、服織氏及び麻続氏の人々が毎年変わらずに御奉仕申し上げます柔らかい織物・ごわごわした織物の御神衣を、今年も奉献いたしますことを奏上申し上げる次第でございますと申し上げます。

荒祭宮にも、このように申し上げて御神衣を献れと宣り聞かせる。

ここで祢宜・内人（共に伊勢神宮の神職で、内人は祢宜の次位の者）は「をを」と唱えよ。

語釈

○**神衣祭**　「神衣」は九条家本の古訓に「カムミソノ」とある。

○**服織**　九条家本の古訓に「ハトリ」とある。「ハトリ」はハタオリ（機織）のつづまった語。ここは機織の業をもって伊勢神宮に奉仕した服織（服部）氏の人々。

○**麻続**　「ヲミ」はヲウミ（麻績）のつづまった語。麻を績むこと。績むとは麻を細く裂いて長くより合わせ糸にすることをいう。ここは麻布を作る業をもって伊勢神宮に奉仕した麻続(麻績)氏の人々。

○**和妙**　柔らかい布、すなわち絹で、服織氏が作った。

○**荒妙**　荒い布、すなわち麻で、麻続氏が作った。

○**織の御衣**　九条家本の古訓に「オリーオホムソ」とある。機で織った御神衣。

○**荒祭宮**　皇大神宮(内宮)の別宮で、本宮の北に鎮座する。天照大御神の荒御魂を祭る。

○**祢宜**　伊勢神宮において宮司の下にあって祭祀の実務に従事した神職。初め皇大神宮・豊受大神宮各一人であったが、後にその数が増加した。

○**内人**　伊勢神宮で祢宜に次ぐ地位の神職。大内人・小内人など数名があった。

○**唯と称せ**　「荒祭宮にも……」は、宮司が祢宜・内人に向かって宣る言葉であるので、祢宜・内人が称唯するわけである。

六月月次祭　十二月准レ此。

解説

この祝詞は皇大神宮の月次祭に当たって、大神宮司が祭に奉仕する祢宜・内人等に宣読する祝詞である。同じ祭に幣帛使の読む祝詞とは全く異なる。宮司は幣帛使とは立場を異にする点に注意を払う必要がある。

〔訓読文〕

六月月次祭　十二月も此に准へ。

度会の宇治の五十鈴の川上に大宮柱太敷き立て、高天の原に比木高知りて、称へ辞竟へ奉る天照らし坐す皇大神の大前に、申し進る天つ祝詞の太祝詞を、神主部・物忌等、諸聞き食へよと宣りたまふ。祢宜・内人等共に唯と称せ。

天皇が御命に坐せ、御寿を手長の御寿と、ゆつ磐村の如く常磐に堅磐に、いかし御世

〔口訳文〕

六月月次祭　十二月の月次祭の時も、この祝詞に準じて読め。

度会郡の宇治の五十鈴川の川上に立派なお宮の柱を太くしっかりと立て、高天の原に向かって千木を高く聳やかして、称え詞を尽くしてお祭り申し上げております天上に照り輝き給う貴い大神様の御前に、奏上申し上げます天上から伝わった神聖な祝詞を、神主部（祢宜・内人ら、部は職を同じくする者の集団）及び物忌（大神にお仕えする童女）ら、皆の者ら、よく拝聴せよと宣り聞かせる。祢宜、内人らは一緒に「をを」と唱えよ。

天皇様の御詔命によって申し上げますことには、大神様が天皇様の御寿命をいつまでも長く続く御寿命として、神聖な岩の群れのように永久不変にお守りになり、繁栄した御治世として幸いを与え給い、お

に幸はへ給ひ、あれ坐す皇子等をも恵み給ひ、百の官の人等・天の下四方の国の百姓に至るまで長く平らけく、作り食ふる五つの穀をも豊かに栄えしめ給ひ、護り恵び幸はへ給へと、三つの郡・国々・処々に寄せ奉れる神戸の人等の常も進る御調の糸、由貴の御酒・御贄を、横山の如く置き足成して、大中臣太玉串に隠れ侍りて、今年の六月の十七日の朝日の豊栄登りに称へ申す事を、神主部・物忌等、諸聞き食へよと宣りたまふ。 神主部共に唯と称せ。

荒祭宮・月読宮にもかく申し進れと宣りたまふ。 神主部亦唯と称せ。

生まれになる皇子たちをもお恵みになり、更に数多くの役所の役人どもや天下四方の国々の人民に至るまで、いつまでも長く平穏にあらしめられ、人々が慎んで耕作いたします五穀をも豊かに実らせて下さって、守り恵み幸いをお与え下さいますようにと、度会・多気・飯野の三郡及び諸国・諸所に御寄進申し上げてある神戸（神宮直属の民戸）の人等が毎年変わらずに捧げ奉る貢ぎ物の糸・忌み清めて整えたお神酒及びお供物を、まるで横に伏した山のようにどっさりと十分に置いて、大神宮司の大中臣が太玉串（木綿を着けた賢木）の陰に隠れ控えて、今年の六月十七日の朝の太陽が豊かに栄え登る時に、奏上申し上げることを、神主部及び物忌ら、皆の者ら、よく拝聴せよと宣り聞かせる。 神主部は一緒に「をを」と唱えよ。

荒祭宮及び月読宮にも、これと同じように申して奉献の品を奉れと宣り聞かせる。 神主部はまた「をを」と唱えよ。

語釈

○**比木**　千木に同じ。『古事記』上巻にも、「於二高天原一氷椽多迦斯理……」・「於二高天原一氷木多迦斯理……」などと見える。

○**神主部**　「部」は職を同じくする者の集団をいう語。「神主部」とは神祭りに従事する主立った人々の集団の意。ここでは伊勢神宮の祢宜・内人をさす。

○**物忌**　伊勢神宮で大神に奉仕した童女。その上席の者を大物忌という。物忌を介護する役を物忌父という。

○**天皇が御命に坐せ**　天皇の御命令によっての意。春日祭の祝詞に同じ文句があって、そこで説明した。この句は、この段のずっと下の「今年の六月の十七日の朝日の豊栄登りに称へ申す事を」へかかっている。以下述べることは、天皇の御命令によるものであることを、最初に表示したのである。

○**御寿**　「寿」は九条家本の古訓に「イノチ」とある。天皇の御寿命。

○**手長の御寿**　祈年祭の祝詞に「手長の御世」とあった。いつまでも長く続く御寿命。

○**あれ坐す**　お生まれになる。「ある（現・生）」は、神・天皇・皇子など神聖なものが出現する・生まれる時にいう語。

○**百姓**　広瀬大忌祭の祝詞に「天の下の公民」と見え、「おほみたから」についてはそこで述べた。一般人民のこと。そこでは「公民」（国のおおやけの人民の意）をオホミタカラと訓ませてあったが、ここでは「百姓」（沢山の姓氏を持つ人民の意）をオホミタカラと訓ませている。

○**作り食ふる**　この「たまふる」は、謙譲を表す下二段活用の補助動詞の連体形で、「諸聞き食へよと宣りたまふ」の「たまへよ」と同じ語である。作らせていただく・謹んで耕作するの意。

○**護り恵び幸はへ給へ**　「恵び」は「めぐみ」の音の変化したもの。

○**三つの郡**　度会郡・多気郡・飯野郡の三郡。これを神三郡と呼び、伊勢神宮に最も近い所の神宮領であった。

○**寄せ奉れる**　寄進申し上げてある。

○**神戸**　神社に所属した民戸。租・庸・調などをその神社に納めた。なお、九条家本及び卜部兼永本等の本文には、この辺りの「寄奉礼留神戸人等乃常毛進留」の十三字が脱落している。これを、この祝詞と近似する下の「同神嘗祭」の祝詞の該当部分によって補った。

○**御調の糸**　神への貢ぎ物の糸。「調」のキは古くは清音であった。この「御調の糸」は、『延喜式』巻第四伊勢大神宮の六月月次祭に、「大神宮赤引糸卌絇」「度会宮赤引糸卅絇」と見えるものである。

○**由貴の御酒・御贄**　忌み清めた神聖な御酒と御贄（神に捧げる食品）。「由貴」はもともと忌み清めた聖域の意。この「御酒・御贄」は、『延喜式』伊勢大神宮の六月月次祭に、「大神宮……神酒廿缶……雑贄廿荷」「度会宮……神酒八缶……雑贄八荷」と見える。

○置(お)き足成(たらは)して　「足成」は九条家本の古訓に「タラハシ」とある。満ち足りる程十分に置く意。

○大中臣(おほなかとみ)　この祝詞を読む伊勢神宮の宮司の大中臣氏をさす。

○太玉串(ふとたまぐし)　「太(ふと)」は美称。「玉串(たまぐし)」は榊の枝に木綿(ゆふ)を付けて神前に供えるもの。『延喜式』伊勢大神宮の六月月次祭に、「太玉串著二木綿一賢木、是名二太玉串一。」と見える。これを宮司が恭しく捧げるさまを、「太玉串に隠れ侍りて」と表現した。

○称(たた)へ申(まを)す　「称へ辞竟へ奉る」と似た表現。後の「同神嘗祭」の祝詞では、ここと同様の個所に「天つ祝詞の太祝詞辞を称へ申す事を」とあるから、祝詞を奏上することをさしている。

○月読宮(つきよみのみや)　皇大神宮の別宮で、皇大神宮の北方（伊勢市中村町）に鎮座する。月読尊を祭る。

九月神嘗祭

解説

「九月神嘗祭」は、「ながつきのかむにへのまつり」と訓む。「にへ」は「大嘗(おほにへ)」の「にへ」と同じで、その年の新穀を神に奉って感謝することである。「神嘗祭」は、天皇がその年の新穀を皇祖神天照大御神に奉られる祭であるから、上に「神」を冠して「神嘗祭」といい、宮廷における「新嘗祭」「大嘗祭」と区別した。「かむにへ」は後に音が変化して、「かんなべ」とか「かんなめ」とか呼ばれるようになった。

『養老令』の神祇令に、

季秋　神嘗祭

と見えて、季秋（九月）に神嘗祭を行うことになっている。その創始の年代は明確にし難いが、『養老令』に定められているところを見ると、その源は溯って天武・持統朝に求めるのが順当であろう。天武天皇は伊勢大神宮に対する崇敬が格別に深かったという事情も考慮に入れねばならない。

神嘗祭は九月十六日に豊受大神宮にて、翌十七日に皇大神宮にて行われた。『延喜式』巻第四伊勢大神宮には、

九月神嘗祭（但朝庭幣数在二内蔵式一。）

の項のもとに、大神宮（皇大神宮）及び度会宮（豊受大神宮）の祭に要する料物の品目や祢宜・内人等の明衣の必要品目を掲げた後に、

右月十六日祭二度会宮一、十七日祭二大神宮一。祢宜、大内人各著二明衣一、分二頭左右一、宮司立レ中、次使忌部捧レ幣、次馬、次使中臣、次使王、入就二内院版位一。使中臣申二祝詞一、訖亦神宮司宣二祝詞一。余儀同二月次祭一。

と、祭儀の次第を簡単に記している。『延喜式』四時祭上では、神嘗祭は祈年・月次・新嘗・賀茂の諸祭と共に中祀の中に入っている。今日でも伊勢神宮においては年中の神事の中で最も重要な厳儀として執り行われている。

神嘗祭の際の伊勢への朝廷の幣帛使は、祭の前の九月十一日に発遣されることになっていた。この儀については、『貞観儀式』巻第五の、

九月十一日奉二伊勢大神宮幣一儀

にくわしい記事が見えるので、これに基づいて概要を述べると、次の通りである。（『延喜式』巻第十一太政官にも記事が見えるが簡単である。）九月十一日の前四日（九月七日）に、太政官の外記(げき)（少納言の下の官名）が五位以上の王四人の名を記して封をし、神祇官に卜いをさせる。神祇官は卜いを終わると、その結果を注して進上する。外記はこれを執って、大臣の前で封を開き、御覧に入れる。訖ると卜いに当たった者を喚んで命令

すると共に、神祇官に告知する。当日（九月十一日）未明に、掃部寮が八省院（はっしゃうゐん）（朝堂院の別称、八省の官人が政務を執る所、その正殿が大極殿）の小安殿（せうあんでん、こあどのともいう、大極殿の後房）に天皇の御座を鋪くなど儀場の設備をする。夜明けに内蔵寮の官人が伊勢大神宮への幣帛をもたらす。天皇が小安殿の御座に就かれると、やがて中臣・忌部が喚ばれる。先ず忌部が御殿に昇って跪き、拍手四段して、豊受宮の幣を執って後執（しどり）（輔佐の者）に授け、次にまた拍手四段して、大神宮の幣を自ら持って下がる。次に中臣が御殿に昇り跪いて伺候すると、天皇から「好（よ）く申して奉れ」というお言葉がある。中臣が称唯して下がり、一同退去すると、天皇は御座所へ還られる。その日のうちに幣帛使等は神祇官から伊勢へ向かって出発する。そして、九月二十日に内侍を通して復命することになっていた。――『貞観儀式』に記すところは、以上の通りである。幣帛使として伊勢へ遣わされる者は、王・中臣・忌部・卜部であったので、後にこれを「四姓の使」と称した。

『続日本紀』元正天皇養老五年九月乙卯（十一日）の条に、

天皇御二内安殿一、遣レ使供二幣帛於伊勢大神宮一。以二皇太子女井上王一為二斎内親王一。

と見えるのが、伊勢への神嘗祭奉幣使派遣の初見である。外に『続日本紀』には、聖武天皇天平十二年九月乙未（十一日）の条にも、

遣二治部卿従四位上三原王等一奉二幣帛于伊勢大神宮一。

と出ている。毎年の例であるので一々は記載しておらず、右の二条はたまたま著しいことがあったため記事として現れたものであろう。発遣の日が共に九月十一日であるから、九月十一日発遣のことは早い時期から定まっていたものと判断される。

伊勢大神宮における神嘗祭の儀は、両儀式帳に詳細に記されている。ここでは、『皇太神宮儀式帳』の「年中行事并月記事」の項、「九月例」の中の「神嘗祭供奉行事」に基づいて、皇大神宮における神嘗祭の次第の概要を述べることにする。九月十五日に、榊及び木綿をもって宮の餝りがなされる。終わると、志摩国の神戸や度会郡の諸郷から進った御贄及び祢宜・内人・物忌の父（物忌を輔佐する男子）等が志摩・伊勢の堺の島々に行って漁獲した御贄、また御塩焼（みさき）の物忌の焼いて進った御塩等を、宮より西の川原において大贄の清めの大祓を行って清めた上で、幣帛殿に納める。これはやがて御饌として供進されることになる。十六日には、祭に奉仕する祢宜・内人・物忌等一同の解除（はらへ）が同じ西の川原において行われる。その夜亥の時（午後十時）に夕の大御饌が供えられ、丑の時（午前二時）に朝の大御饌が供えられる。大御饌には白酒・黒酒二色の御酒が副えられる。なおこの大御饌は、『皇太神宮儀式帳』の「供奉朝大御饌夕大御饌行事用物事」の項によると、大神宮の正南御門の前の五十鈴川の中島に造った石畳（豊受大神の入り坐す御座）の前に跪き、志摩国の神戸の民の供進した鮑（あはび）・螺（さざえ）を置いた御贄机の上で、御贄を御川の水で清めながら御贄小刀をもっ

て料理して、天照大御神の大御饌として奉ることが見えている。

さて十七日辰の時（午前八時）に、国々所々の神戸から奉った神酒・御贄の奉入がある。次いで度会・多気の神郡並びに国々所々の神戸から奉った懸税（かけちから）（神前に掛けて奉る稲穂）神服織の奉った懸税が内外の玉垣に掛けられ、ここに新穀奉献の実が示される。かくて午の時（十二時）に、斎内親王が参られ、川原御殿に御輿を留められて、第四重（外玉垣門内）の東殿の御座に就かれる。大神宮司より御蘰木綿及び太玉串が内侍を通して斎内親王に奉られる。斎内親王は内玉垣御門内の御座に就かれ、進んで再拝両段される。斎内親王の太玉串は大物忌の子が受けて、瑞垣御門の西のほとりに奉り置く。次いで祢宜・宇治の大内人（内人の中の上席の者）・大神宮司・忌部（幣帛を捧げ持つ）・御馬・使の中臣・使の王・内人等・斎宮の諸司等の順で行列して参入し、第三重（内玉垣門内）に到って座に就く。忌部は一丈程進み出て、幣帛を捧げて跪き伺候する。やがて使者の中臣が進み出て、跪いて告刀（のりと）（祝詞）を奏上する。次に大神宮司が告刀を読む。次いで宮司・祢宜・宇治の大内人等の太玉串奉置の儀がある。終わって祢宜が先に立ち、御鎰を大物忌の子が持って内院に参入する。次いで宇治の大内人・大神宮司・大内人の順に参入する。そして祢宜が正殿を開いて、朝廷の幣帛を奉奠する。外に大神宮司奉進の織の御衣服と祢宜及び宇治の大内人の奉織した御衣の絹を奉納する。次に大物忌の父が東幣帛殿（東宝殿）を開いて、御馬の鞍具を奉進する。終わって一同もとの座に就き、共に四段拝し、八開手を拍ち、短手一段拍って、一段拝し奉り、また更に四段拝し、八開手を拍ち、短手一段拍って、一段拝し奉る。かくして一同退出し、荒祭宮に向かい、四段拝し、短手一段拍って、拝し奉る。但し斎内親王は荒祭宮へ向かわれない。その後、朝使と斎宮の諸司等は直会の座に就くが、祢宜・内人等は荒祭宮の正殿を開いて、朝廷の幣帛並びに御衣の絹を奉進し、終わった後に直会を給わる。直会が終わると、第五重の御門（板垣門）に参り、第四重（外玉垣門内）において、使の中臣・使の忌部・使の王・大神宮司・祢宜・大内人・斎宮の主神司・斎宮の諸司の順で倭儛が舞われる。その人々への直会の酒は、二人の采女により、御角（みつの）柏（かしは）に盛って人別に捧げて給わる。次いで祢宜・大内人等の妻の儛、斎宮の女孺等の儛がある。そして祢宜・内人・物忌等に物を賜わって、やがて斎内親王は御輿で離宮へ還られる。

このように見て来ると、神嘗祭は終始極めて厳かな盛儀であったことが知られる。朝廷からの幣帛使は、応仁の乱後廃絶するに至ったが、江戸時代初期に再興を見た。明治以後は十月十七日をもって神嘗祭の祭日としている。

この祝詞は、朝使の中臣が神前において奏上する祝詞である。最初の「二月祈年六月十二月月次祭」の祝詞と大差のない内容で、文章が少し長くなっている程度である。

〔訓読文〕

九月神嘗祭

皇御孫の御命以ちて、伊勢の度会の五十鈴の河上に称へ辞竟へ奉る天照らし坐す皇大神の大前に申し給はく、常も進る九月の神嘗の大幣帛を、某の官某の位某の王・中臣の某の官某の位某の姓名を使と為て、忌部の弱肩に太襁取り懸け、持ち斎まはり捧げ持たしめて、進り給ふ御命を、申し給はくと申す。

〔口訳文〕

九月神嘗祭

天皇様の御詔命によって、伊勢の度会郡の五十鈴川の川上に称え詞を尽くしてお祭り申し上げております天上に照り輝き給う貴い大神様の御前に奏上申し上げますことには、毎年変わらずに捧げ奉ります九月の神嘗祭（天照大御神にその年の新穀を奉る祭）の立派な奉献の品を、某官某位某王及び中臣某官某位某姓名を使として、忌部のか弱い肩に立派な襷をきりりと掛けて、よく斎み清めて捧げ持たせて、奉献されるという天皇様のお言葉を、奏上申し上げる次第でございますと申し上げます。

語釈

○**神嘗の大幣帛**　神嘗祭に当たって天皇より天照大御神に奉献される幣帛。

○**某の官某の位某の王**　朝廷から発遣される奉幣使の王。

○**中臣の某の官某の位某の姓名**　奉幣使の中臣。

○**忌部**　奉幣使の忌部。以上の三者に卜部を加えて四姓の使と称した。

豊受宮同祭

解説

この祝詞は、皇大神宮より一日前の九月十六日に豊受大神宮において行われる神嘗祭において、朝使の中臣が神前に奏上する祝詞で、一つ前の皇大神宮における祝詞と大同小異の文章である。

〔訓読文〕

豊受宮同祭

天皇が御命以ちて、度会の山田の原に称へ辞竟へ奉る皇神の前に申し給はく、常も進る九月の神嘗の大幣帛を、某の官某の位某の王・中臣の某の官某の位某の姓名を使と為て、忌部の弱肩に太襁取り懸け、持ち斎まはり捧げ持たしめて、進り給ふ御命を、申し給はくと申す。

〔口訳文〕

豊受宮同祭

天皇様の御詔命によって、度会郡の山田の原に称え詞を尽くしてお祭り申し上げております貴い神様の前に奏上申し上げますことには、……

（以下、前の祝詞と同文であるので、口訳文を省略する。）

語釈

（前の九月神嘗祭の祝詞とほとんど同文であるので、省略する。）

同神嘗祭

解説

この祝詞は、皇大神宮の神嘗祭に当たって、大神宮司が祭に奉仕する祢宜・内人等に宣読する祝詞である。内容は、前にあった「六月月次祭」の祝詞と大差がなく、一部のことばが相違するだけである。

〔訓読文〕

同神嘗祭

度会の宇治の五十鈴の川上に大宮柱太敷き立て、高天の原に比木高知りて、称へ辞竟へ奉る天照らし坐す皇大神の大前に、申し進る天つ祝詞の太祝詞を、神主部・物忌等、諸聞き食へよと宣りたまふ。祢宜・内人等共に唯と称せ。

天皇が御命に坐せ、御寿を手長の御寿と、ゆつ磐村の如く常磐に堅磐に、いかし御世

〔口訳文〕

同神嘗祭

度会郡の宇治の五十鈴川の川上に立派なお宮の柱を太くしっかりと立て、高天の原に向かって千木を高く聳やかして、称え詞を尽くしてお祭り申し上げております天上に照り輝き給う貴い大神様の御前に、奏上申し上げます天上から伝わった神聖な祝詞を、神主部（禰宜・内人ら）及び物忌ら、皆の者ら、よく拝聴せよと宣り聞かせる。禰宜・内人らは一緒に「をを」と唱えよ。

天皇様の御詔命によって申し上げますことには、大神様が天皇様の御寿命をいつまでも長く続く御寿命として、神聖な岩の群れのように永久不変にお守りになり、繁栄した御治世として幸いを与え給い、お

に幸(さき)はへ給(たま)ひ、あれ坐(ま)す皇子(みこ)等(たち)をも恵(めぐ)み給(たま)ひ、百(もも)の官(つかさ)の人等(ひとども)・天(あめ)の下(した)四方(よも)の国(くに)の百姓(おほみたから)に至(いた)るまで、長(なが)く平(たひ)らけく護(まも)り恵(めぐ)び幸(さき)はへ給(たま)へと、三(み)つの郡(こほり)・国国(くにぐに)・処処(ところどころ)に寄(よ)せ奉(まつ)れる神戸(かむべ)の人等(ひとども)の常(つね)も進(たてまつ)る由紀(ゆき)の御酒(みき)・御贄(みにへ)、懸(か)け税(ちから)千税(ちぢから)余(あま)り五百税(いほちから)を、横山(よこやま)の如(ごと)く置(お)き足成(たらは)して、大中臣(おほなかとみ)太玉串(ふとたまぐし)に隠(かく)れ侍(はべ)りて、今(こ)年(とし)の九月(ながつき)の十七日(とをかあまりなぬか)の朝日(あさひ)の豊栄登(とよさかのぼ)りに、天(あま)つ祝詞(のりと)の太祝詞辞(ふとのりとごと)を称(たた)へ申(まを)す事(こと)を、神主(かむぬし)部(べ)・物忌(ものいみ)等(ら)、諸(もろもろ)聞(き)き食(たま)へよと宣(の)りたまふ。
祢宜(ねぎ)・内人(うちびと)等(ら)唯(をを)と称(まを)せ。

荒祭宮(あらまつりのみや)・月読宮(つきよみのみや)にもかく申(まを)し進(たてまつ)れと宣(の)りたまふ。神主部(かむぬしべ)共(とも)に唯(をを)と称(まを)せ。

生まれになる皇子たちをもお恵みになり、更に数多くの役所の役人どもや天下四方の国々の人民に至るまで、いつまでも平穏であるように守り恵み幸いをお与え下さいますようにと、度会・多気・飯野の三郡及び諸国・諸所に御寄進申し上げてある神戸の人等が毎年変わらずに捧げ奉る忌み清めて整えたお神酒・御供物並びに神前に掛けて奉る非常に沢山の田租の稲穂を、まるで横に伏した山のようにどっさりと十分に置いて、大中臣が太玉串の陰に隠れ控えて、今年の九月十七日の朝の太陽が豊かに栄え登る時に、天上から伝わった神聖な祝詞の言葉を奏上申し上げることを、神主部及び物忌ら、皆の者ら、よく拝聴せよと宣り聞かせる。禰宜・内人らは「をを」と唱えよ。

荒祭宮及び月読宮にも、これと同じように申して奉献の品を奉れと宣り聞かせる。神主部は一緒に「をを」と唱えよ。

語釈

○**懸**（か）**け税**（ちから）　神前に穂のまま掛けて奉る田租の稲。神宮の内外の玉垣に掛けて奉られた。「税」を「ちから」と訓むのは、人民のチカラ（労力）によって生産された稲を租税として納めたからである。

○**千**（ち）**税**（ちから）**余**（あま）**り五百**（いほ）**税**（ちから）　沢山の租税の稲の意。

（右の外は、前の六月月次祭の祝詞とほとんど同文であるので、省略する。）

斎内親王奉入時

解説

標題の「斎内親王奉入時」は、「いつきのひめみこをたてまつりいるるとき」と訓む。「斎内親王」とは、皇祖神天照大御神の御杖代（みつゑしろ）として天皇から伊勢へ派遣され、大御神を斎き奉る未婚の内親王または女王のことである。斎宮或いは斎王とも呼ばれ、賀茂神社の斎院に相対する。御杖代とは、神の御杖となって仕える者をいう。『皇太神宮儀式帳』の初めの条に、

磯城瑞籬宮御宇御間城天皇御世以往、天皇同殿御坐。而同天皇（崇神天皇）御世爾、以二豊耜入姫命一、為二御杖代一出奉支。豊耜入姫命御形長成支。次以二纏向珠城宮一御宇活目天皇（垂仁天皇）御世爾、倭姫内親王乎、為二御杖代一斎奉支。……

と見え、崇神天皇時代に豊耜入姫命が、垂仁天皇時代に倭姫命が天照大御神の御杖代となって仕えたことを記している。倭姫命は大御神の教えに従って所々を巡り、ついに伊勢の五十鈴の河上に至って大宮を定め奉ったのが、皇大神宮の創祀であると伝える。『日本書紀』にも、豊鍬入姫命及び倭姫命の事績が記されている。

○崇神天皇六年　先レ是、天照大神、倭大国魂二神、並祭二於天皇大殿之内一。然畏二其神勢一、共住不レ安。故以二天照大神一、託二豊鍬入姫命一、祭二於倭笠縫邑一。仍立二磯堅城神籬一。（神籬、此云二比莽呂岐一。）

○垂仁天皇二十五年三月丙申（十日）　離二天照大神於豊耜入姫命一、託二于倭姫命一。爰倭姫命求下鎮二坐大神一之処上、而詣二菟田筱幡一。（筱、此云二佐佐一。）更還之入二近江国一、東廻二美濃一、到二伊勢国一。時天照大神誨二倭姫命一曰、是神風伊勢国、則常世之浪重浪帰国也。傍国可怜国也。欲レ居二是国一。故随二大神教一、其祠立二於伊勢国一。因興二斎宮于五十鈴川上一。是謂二磯宮一。則天照大神始自レ天降之処也。

その後、天照大御神に仕えた皇女として、『日本書紀』に名の現れる者に、景行天皇時代の五百野皇女（いほののひめみこ）、雄略天皇時代の稚足姫皇女（わかたらしひめ）、継体天皇時代の荳角皇女（ささげ）、欽明天皇時代の磐隈皇女（いはくま）、敏達天皇時代の菟道皇女（うぢ）、用明天皇時代の酢香手姫皇女（すかてひめ）があるが、明確に斎内親王発遣の制度が出来たのは、天武天皇時代であったと見られる。天武天皇は、壬申の年の戦に天照大御神の加護を祈り、『日本書紀』によると、天武天皇元年六月丙戌（二十六日）に、

旦、於二朝明郡迹太川辺一（あさけ・とほかは）、望二拝天照大神一。

とある。『万葉集』巻第二の「高市皇子尊城上殯宮之時、柿本朝臣人麻呂作歌一首」に、実際に天照大御神の加護があった状況として、

渡会の　斎の宮ゆ　神風に　い吹き惑はし　天雲を　日の目も見せず　常闇に　覆ひ給ひて　定めてし　瑞穂の国を……（一九九）

と具体的に表現している。天武天皇はこの戦を平定して、翌二年二月癸未（二十七日）、飛鳥浄御原において即位されたが、その後間もなく、夏四月己巳（十四日）には、

欲レ遣ニ侍大来皇女于天照大神宮一、而令レ居ニ泊瀬斎宮一。是先潔レ身、稍近レ神之所也。

とあり、天照大御神の加護に対する奉謝のため皇女の大来皇女（時に十三歳）を伊勢へ派遣する準備に入られる。この泊瀬の斎宮は、後世の野宮（後述）に相当するもので、斎宮として皇祖神に奉仕するに足る資質を磨くため潔斎に努める場所である。そして翌三年十月乙酉（九日）に、

大来皇女、自ニ泊瀬斎宮一、向ニ伊勢神宮一。

とあり、大来皇女は斎宮として伊勢神宮に入られた。かくして、朱鳥元年九月丙午（九日）天武天皇の崩御により、斎宮の任が解けて、十一月壬子（十六日）明日香の京に帰るまで十二年間、伊勢の斎宮の勤めにあられた。斎宮の制度の確立は大来皇女の時にあったということができる。伊勢神宮の古い記録である『太神宮諸雑事記』には、次のように見える。

天武天皇

白鳳元年壬申、太政大臣大伴皇子、企ニ謀叛一、擬レ奉レ誤ニ天皇一。于レ時天皇之御心内仁、伊勢太神宮令ニ祈申一給、必合戦之間、令レ勝御者、以ニ皇女一天、皇太神宮御杖代可レ令ニ斎進一之由、御祈祷有ニ感応一、彼合戦之日、天皇勝御世利。仍御即位二年癸酉九月十七日、天皇参ニ詣於伊勢皇太神宮一天志令レ申ニ御祈一給倍利。或本云、神宮参着了者。又或本云、従ニ飯高郡一遥ニ拝皇太神宮一、皈御之由具也。件記文両端也。記ニ日本紀一也。白鳳四年乙亥秋九月十三日仁、多基子内親王参ニ入於太神宮一給倍利。

右の記事には、大来皇女を多基子内親王（託基皇女、天武天皇の皇女の一人で、文武二年九月に伊勢の斎宮となる）と記している等の過誤があるが、前半の天武天皇の心中の描写はまさにこの通りであったと思われる。それに加えて、伊勢の地は早くから大和朝廷の東国進出の重要拠点であり、そのことと伊勢神宮の奉斎とは不離の関係にあったと考えられるが、天武天皇には政策として東国重視の志向があって、それが天皇の伊勢神宮尊崇と内面で深く関わり合っていたと想像することは可能である。

斎宮に関する官司制度は最初どのようなものであったか不明であるが、『続日本紀』文武天皇大宝元年八月甲辰（四日）に、

太政官処分、……又斎宮司准レ寮、属官准ニ長上一焉。

と見え（「長上」とは毎日出仕して勤務する官のこと）、元正天皇養老二年八月甲戌（十三日）に、

斎宮寮公文、始用レ印焉。

と見えて、独立の斎宮寮として順次制度が整えられて行った様

子を偲ぶことができる。そして、聖武天皇神亀四年八月壬戌（二十三日）に、

補二斎宮寮官人一百廿一人一。

とあり、引き続いて翌九月壬申（三日）に、

遣二井上内親王一、侍二於伊勢大神宮一焉。

と見えて、この時期に斎宮寮は画期的な発展整備を見たようである。『類聚三代格』巻第四の「廃置諸司事」の項に収める神亀五年七月二十一日付の勅に、当時の斎宮寮の具体的な官制の組織を見ることができる。それによると、斎宮寮には頭・助・大允・小允・大属・小属各一人と使部十人が揃い、下に主神司・舎人司・蔵人司・膳部司・炊部司・酒部司・水部司・采部司・殿部司・薬部司・掃部司の十一司が置かれていた。これに『延喜式』兵部省に見える斎宮寮門部司・馬部司を加えると、十三司となる。天照大御神に仕える斎内親王を取り巻く役所の規模のおおよそを知ることができる。斎宮寮は、都の宮廷文化の一部が地方の伊勢へ移動して来た観があり、『伊勢物語』や『源氏物語』等王朝の文学にも描かれて、特異な華を咲かせているのは注目すべきである。その遺跡は現在の三重県多気郡明和町に存し、近年発掘調査が進んで、当時使用された遺品等も見ることができる。

さて、『延喜式』巻第五斎宮には、斎宮に関する多くの規定が掲げられている。その中の主要なものを拾って、当時の斎宮の様子を見て行きたい。先ず、

凡天皇即レ位者、定二伊勢大神宮斎王一。仍簡二内親王未レ嫁者一卜之。（若無二内親王一者、依二世次一、簡二-定女王一卜之。）遣二勅使於彼家一、告二-示事由一。……

とあり、新しく天皇が即位すると、未婚の内親王の中から斎王（斎内親王に同じ）が選ばれ、卜いによって決定された。もし内親王がいなければ、世代の順序で女王の中から選定された。次いで、

凡斎内親王定畢、即卜二宮城内便所一、為二初斎院一、祓禊而入。至二于明年七月一、斎二於此院一。更卜二城外浄野一、造二野宮一畢。八月上旬、卜二-定吉日一、臨レ河祓禊、即入二野宮一。自二遷入日一、至二于明年八月一、斎二於此宮一。九月上旬、卜二-定吉日一、臨レ河祓禊、参二-入於伊勢斎宮一。

と見える。すなわち、斎内親王が決定すると、宮城内の適当な所を卜定して、「初斎院（しょさいゐん）」とし、そこに入られ、翌年七月までこの初斎院で潔斎の生活をされる。そして更に京城の外の清浄な野に「野宮（ののみや）」を造り（嵯峨野の野宮が文学で著名）、八月上旬の吉日を卜定して、河頭で禊を行った上で野宮に入られる。そして翌年の八月まで一年間、野宮で潔斎の日々を過ごされる。そして九月上旬の吉日を卜定して河頭の禊を行って、伊勢神宮へ向かわれる。初斎院に入ってから伊勢へ向かわれるまでの足かけ三年にわたる潔斎の間に、神の御杖代としての資質を磨かれるのである。その間、

凡斎内親王在レ京潔斎三年、即毎二朔日一、著二木綿鬘一、参二-

入二斎殿一、遥二-拝大神一。……

など多くのきまりが定められていた。

斎内親王が都を出発して伊勢へ向かわれる日には、大極殿において斎宮発遣の儀式が行われた。『延喜式』斎宮には、

凡斎内親王発日、所司預設二御座於大極後殿一。天皇御二後殿一、不レ警。神祇官五位中臣進二御麻一、史一人行二於侍従五位以上一。時剋御二大極殿一。斎内親王下レ輿入就二殿上座一。事訖向二大神宮一。

と見える。この儀式は、神嘗祭幣帛使発遣の儀式を兼ねて行われた。従って、例年は九月十一日に幣帛使が発遣されるのが、この年に限り九月上旬となる。幣帛使一行は斎宮に随行して伊勢へ下った。『江家次第』巻第十二の「斎王群行」の項に、右の発遣の儀式の様子をくわしく記しているので、それによって大要を述べると、天皇が大極殿に出御になると、中臣・忌部が召される。先ず忌部が神嘗祭の幣帛を授けられ、次いで中臣が「常毛奉進留九月神嘗幣帛曽。汝中臣如レ常久申天奉礼と宣。」との勅を頂く。更に勅があって、「令レ奉二-進斎内親王一者、此依二恒例一ヨ、三箇年間波斎清ヨ、天照大神乃御杖代仁定奉進内親王曽。中臣宜久吉久申ヨ奉進礼と宣。」との仰せを受ける。中臣・忌部が退出すると、天皇は額櫛の筥を召される。筥は蔵人頭から内侍の手を経て御座の左方に置かれる。斎内親王が御前に進むと、天皇は櫛を内親王の前髪に刺され、「京乃方仁趣支給奈不。」とのお言葉を賜わる。一旦伊勢へ行って神に仕えるからには、京の方に帰ると思うなよという親としての優しい訓戒の言葉と受け取れる。斎内親王は監送使（長奉送使）を始め多くの人々を従え、途中近江国国府・甲賀・垂水・伊勢国鈴鹿・一志の頓宮を経て、多気の斎宮に着かれた。この斎内親王の伊勢下向を「群行」と呼んでいる。斎内親王は伊勢に着くと、早速その年の神嘗祭に奉仕されることになる。

斎内親王は大神宮の三節祭（神嘗祭と両度の月次祭）に奉仕するのが最も重要な任務であるが、普段の斎宮御所における斎戒も厳重で、年中多くの祭が行われた。斎宮の諸門には常に木綿を著けた賢木を立て、一切の不浄を遠ざけた。斎宮においては不浄な言葉を避けるため、特別な「忌詞」を用いた。『延喜式』斎宮によると、斎宮の忌詞は次の如くである。（上の語を用いず、下の語に言い替える。）

〔内七言〕仏―中子、経―染紙、塔―阿良良岐、寺―瓦葺、僧―髪長、尼―女髪長、斎―片膳

〔外七言〕死―奈保留、病―夜須美、哭―塩垂、血―阿世、打―撫、宍―菌、墓―壌

〔別忌詞〕堂―香燃、優婆塞―角筈

これを見ると、特に仏教関係の語が忌まれていたことが分かる。

多気の斎宮と大神宮との中間地に離宮（離宮院）があり、斎内親王の大神宮参向の際宿泊される斎館や勅使の宿舎等があった。

斎内親王は後醍醐天皇の皇女祥子内親王まで続いたが、その後廃絶するに至った。

この祝詞は、神嘗祭に幣帛使が神前で幣帛奉進の祝詞を奏上したのに引き続き、言葉を改めて斎内親王奉進のことを申し上げるものである。

〔訓読文〕

斎内親王を奉り入るる時

神嘗の幣を進る詞申し畢り、次に即ち申して云はく、

辞別きて申し給はく、今進る斎内親王は、恒の例に依りて、三年斎まひ清まはりて、御杖代と定めて進り給ふ事は、皇御孫の尊を天地日月と共に堅磐に、平らけく安らけく御座坐さしめむと、御杖代と進り給ふ御命を、大中臣茂し桙の中取り持ちて、恐み恐みも申し給はくと申す。

〔口訳文〕

斎内親王を奉り入るる時

（神嘗祭の奉献の品を捧げ奉る祝詞を奏上し終わって、次に直ちに奏上して次のように述べる。）

言葉を改めて奏上申し上げますことには、今大神様のもとへ献上いたします斎内親王（天皇に代わって神にお仕えする未婚の内親王）は、いつも変わらない先例によって、三年間潔斎をして、大神様の御杖代（神の御杖となってお仕えする者）と定めて、大神様へ献上なさいますわけは、天皇様を天や地や日や月と共に永遠に、堅固な岩のように変わることなく、平穏に安泰においでになって頂くようにと、御杖代として献上なさいます、その天皇様の御詔命を、大中臣が立派な桙の中を取り持つという言葉のように、大神様と天皇様の中を取り持って、恐れ慎んで奏上申し上げる次第でございますと申し上げます。

語釈

○**神嘗の幣を進る詞**　奏幣使の中臣が奏上する前の「九月神嘗祭」の祝詞をさす。

○**即ち申して云はく**　「即ち」は即座に・直ちにの意。ここまでは注記で、祝詞の文ではない。

○**辞別きて申し給はく**　言葉を改めて奏上申し上げますことには。今までの神嘗の幣帛奉進の祝詞とは内容が異なったものとなるので、「辞別きて……」と言った。これによっても、幣帛奉進の祝詞と一続きに奏上するものであることが分かる。

○**斎内親王**　天皇に代わって神に仕える未婚の内親王。「いつき」は動詞「いつく」の名詞化したもの。「いつく」は心身を清めて神に仕えること。

○**三年斎まひ清まはりて**　斎内親王が初斎院に入られてから伊勢に向かわれるまで、足かけ三年潔斎を続けられた。「斎まひ」は、「いむ」に反復・継続の助動詞「ふ」のついた形「いまふ」（四段活用）の連用形。「斎まふ」も「清まはる」も、心身を忌み清める・斎戒する意。

○**御杖代**　神の御杖となって仕える者。伊勢の斎宮・賀茂の斎宮は御杖代と呼ばれた。

○**御座坐さしめむと**　おいでになって頂くようにしようとの意。

○**茂し桙の中取り持ちて**　立派な桙の中（中間）をしっかり取り持つという言葉のように、神と天皇との中をしっかり取り持って。

○**恐み恐みも申し給はくと申す**　「も」は軽い詠嘆の間投助詞。恐れ謹んで奏上申し上げることでございますと申し上げます。文末の「申す」は、文頭の「辞別きて申し給はく」の結びとなっている。

遷二奉大神宮一祝詞

豊受宮准レ此。

解説

標題の「遷二奉大神宮一祝詞」は、「おほかみのみやをうつしまつるのりと」と訓む。伊勢神宮では、古来二十年に一度社殿を造り替え、御神体を新宮に遷す儀式を繰り返して今日に至った。社殿を新たにするだけではなく、これに伴って、御船代（みふなしろ）（御樋代を安置するもので天磐船の形をしているという）・御樋代（みひしろ）（御神体を納める木製のいれもの）を始め御装束（衣服・装身具・調度類）・神宝等もすべて新しく造って供えることになっている。これを式年遷宮といい、伊勢神宮では非常に重要な伝統行事として奉仕し続けて来た。この遷宮の際に朝使によって読まれるのが、この祝詞である。

『皇太神宮儀式帳』の「新宮造奉時行事并用物事」の項に、

常限二廿箇年一、一度新宮遷奉。造宮使長官一人、次官一人、判官一人、主典二人、木工長上一人、番上工卌人入参来、即取二吉日一、二所太神宮拝奉。即発二役夫、伊勢・美濃・尾張・参河・遠江等五国一、国別国司一人、郡司一人、率二役夫一参向造奉。

と見える。まさに国家朝廷も参加しての大きな事業であったことが分かる。『延喜式』伊勢大神宮には、

凡大神宮、廿年一度、造二替正殿宝殿及外幣殿一。度会宮、及別宮、余社、造二神殿一之年、限准レ此。皆採二新材一構造。自外諸院新旧通用。宮地定二置二処一、至レ限更遷。

……

凡大神宮、年限満応二修造一者、遣レ使使判官、主典各一人。但使判官、任二中臣、忌部両氏一。孟冬始作之。神宮七院、社十二処。朝熊社、園相社、鴨社、田乃家社、蚊野社、湯田社、月夜見社、草名伎社、大間社、須麻漏売社、佐那社、櫛田社。……

と見える。右の割注に「宮地定二置二処一、至レ限更遷。」とあるように、宮地を二か所並べ設けて、順次遷宮を繰り返すことになっている。

この式年遷宮の制度の定められたのは、天武天皇時代であるとされている。『太神宮諸雑事記』に、

白鳳十四年乙酉九月十日、始伊勢太神宮江被レ奉レ納二神宝廿一種一。亦中外院殿舎御倉、四面重々御門鳥居等、始被二作加一。官符、二所大神宮殿舎御門垣等破損時、宮司令二修補一承前例也。自レ今以後、廿年一度、新宮造替、可レ奉二遷御一。宜二長例一者也。

と見える。白鳳十四年（乙酉）は、天武天皇十四年（六八五）に当たる。これに続いて、

朱鳥三年己丑九月廿日、依二左大臣宣一、奉レ勅、伊勢二所太神宮御神宝物等於差二勅使一被レ奉レ送畢。色目不レ記。宣旨状偁、二所太神宮之御遷宮事、廿年一度応レ奉レ令二遷御一。宜レ為二長

例一也云云。抑朱鳥三年以往之例、二所太神宮殿舎御門御垣等波、宮司相二待破損之時一、奉二修補一之前例也。而依二件宣旨一、定二遷宮之年限一。又外院殿舎御倉、四面重々御垣等、所レ被二造加一也。

朱鳥三年（己丑）は、持統天皇三年（六八九）に当たる。この記事は、前項白鳳十四年の記事の別伝と解し得る。これらは伊勢神宮内部の伝えの記録ではあるが、天武天皇（並びにその延長である持統天皇）の時期に、斎内親王の制度のみならず式年遷宮の制度も整ったことが想像され、伊勢神宮がこの時期に朝廷の支援を受けて画期的な飛躍を遂げたことは疑い得ない。『太神宮諸雑事記』には続いて、

持統女天皇

即位四年庚寅、太神宮御遷宮。

同六年壬辰、豊受太神宮御遷宮。何レモ東御宮地江始遷御也。

とあり、これが第一回の遷宮ということになる。持統天皇四年（六九〇）と六年（六九二）である。皇大神宮の遷宮と豊受大神宮の遷宮との間に、二か年の間隔があって、今日のように同年ではない。同年が普通になったのは、天正十三年（一五八五）の遷宮以後のことである。次いで、

元明女天皇

和銅二年己酉、太神宮御遷宮。

同四年辛亥、豊受宮御遷宮。

と見え、これが第二回の遷宮となる。持統天皇四年（六九〇）から数えて和銅二年（七〇九）は、二十年目である。また持統天皇六年（六九二）から数えて和銅四年（七一一）は、やはり二十年目である。今日のように二十一年目（正味二十年毎）に遷宮を行うことになったのは、江戸時代の寛永六年（一六二九）の遷宮以後である。

『皇太神宮儀式帳』の「新宮造奉時行事并用物事」の項及び『延喜式』伊勢大神宮によると、新宮造営に入って最初に執り行われる祭儀は山口祭である。これは、新宮の用材を伐る杣山の山口に坐す神を祭って、工事の平安を祈る祭である。次いで、正殿の心（しん）の御柱（みはしら）（正殿の床下中央に立てられている神聖な柱）を造り奉るための木本（このもと）祭、宮地の鎮祭、御船代を造るための杣山の木本における祭等、多くの祭儀・行事が重ねられ、その間に新宮造営の業は進んで行く。今日では最初の山口祭は遷宮の八年前に行われるが、古くは四年前という時代があり、準備期間が後の時代より短かったようである。

かくして、いよいよ新宮への遷御となるが、その儀式の模様は、『皇太神宮儀式帳』の「皇太神御形新宮遷奉時儀式次第」の項にくわしく記されているので、それによって概要を述べると、次の如くである。九月十五日巳の時（午前十時）に斎内親王が大神宮に参られ、旧宮の御門を入られて、玉垣と瑞垣の間の東方の座に就かれる。大神宮司から女孺の手を経て太玉串と蘰木綿とが斎内親王に奉られると、斎内親王は蘰木綿を着け、太玉串を捧げ持って奉拝される。終わって斎内親王は離宮へ還られる。翌十六日、朝使の王・中臣・忌部及び大神宮司が共に

参入し、禰宜・内人並びに人垣（儀式の際に人を垣のように立ち並ばせること）を仕え奉る男女に対し、戌の時（午後八時）に大宮の西の川原で大祓をして清めさせた上で、明衣を給う。亥の時（午後十時）に、御装束の物を悉く持って参入し、内院の中の御門の所で、使の中臣が告刀（のりと）（祝詞）を奏上し、新宮へ遷し奉る旨及び御装束を設け備えて奉る旨を申し上げる。奏上が終わると、使の中臣と大神宮司は御装束の物を持たせて新宮へ参入し、正殿の御階の下に伺候する。そこで大物忌が先ず参上して、正殿の戸に手を付け初め、次いで禰宜が参上して戸を開いて、正殿の内の四角に灯油をともして、御装束を具え奉る。終わって一同退出する。さて、大神宮司は人垣を仕え奉る人等を召し集めて、衣垣・衣笠・刺羽等を持たせ、また太玉串を捧げ持たせて、左右に分立し、大神宮司が先頭に参入して、正殿（旧殿）の御階のもとに伺候する。大物忌が御鎰を賜わり、先ず正殿の戸に手を付け初め、禰宜が戸を開き奉る。そして正殿の内に灯油をともし、御船代を開き奉り、御神体を禰宜が頂き、東方に坐す相殿の神を宇治の内人が頂き、西方に坐す相殿の神を大物忌の父が頂いて遷し奉る。奉遷の行幸の時、禰宜が先頭に立ち、次に宇治の内人、次に大物忌の父の順で、その後に諸内人・物忌等及び妻子等が人垣となって、衣垣を曳き蓋（きぬがさ）・刺羽等を捧げて進む。行幸の道の長さ九十五丈には調布二十七端一丈二尺を敷く。玉串御門（内玉垣御門）に留って、鶏鳴（カケカフと鶏の鳴き声をまねた声を発する）三声する。更に瑞垣御門に至り留って、鶏鳴三声する。また御階のもとに留って、鶏鳴三声する。使の中臣は玉串御門に伺候して、行幸を拝する。禰宜は正殿の内に御神体を奉入申し上げる。そして油火をともして、御装束の物を注文の如く読み申して、御床代に納め奉る。終わって退出して、一同八度拝して宮内を罷り出る。これで遷御の儀が終了し、やがて禰宜は諸内人等を率いて、湯貴の大御饌を供進する。そして翌十七日の神嘗祭へと続くことになる。

『止由気宮儀式帳』の「御形新宮遷奉時行事」の項によると、豊受大神宮の遷宮の儀式は、九月十四日正殿内装餝、十五日遷御となっている。『延喜式』伊勢大神宮には、

九月十四日粧㆓餝度会宮㆒、十五日奉㆑徙㆓御像㆒。同日粧㆓餝大神宮㆒、十六日奉㆑徙㆓御像㆒。

と見える。これらを見ると、両宮の遷宮の儀は九月十四日・十五日・十六日と引き続くと受け取るのが順当のようであるが、実際には古くは前述の通り両宮の遷宮の間に二年程度の間隔があった。規定としては両宮同年実施というのが原則であるが、実施してみると規則通りには行かず、間隔を置くのが慣例となっていたのであろう。同年実施が普通となったのは、前述のように天正十三年の遷宮以後である。

二十年一度の遷宮を式年遷宮もしくは正遷宮というのに対して、火災等の非常の事故により、式年を待たずに正殿を造営して遷宮を行うのを、臨時遷宮という。また、正殿の御屋根等の修理のため、一時仮の殿舎に遷御を行い、修理後遷御をするの

を仮殿遷宮という。仮殿遷宮はしばしば行われた。

明治二十二年以降、皇大神宮の遷宮は十月二日、豊受大神宮の遷宮は十月五日と定められた。最近の平成五年の遷宮は、第六十一回式年遷宮に当たる。第一回の遷宮以来千三百有余年、世の騒乱のためやむを得ず途切れた時期もあったが、脈々として伝統が守り続けられて来たのは、稀有のことといってよい。

この祝詞は、御神体奉遷に当たって使の中臣が神前にて奏上する祝詞である。使の中臣の奏上する祝詞は、一体に短文である。天皇の使として、天皇のお言葉を神にお伝えするのが役目であるから、余計な贅言を極力避けたのであろう。

以上で伊勢大神宮関係の祝詞は終わる。

〔訓読文〕

大神宮を遷し奉る祝詞

豊受宮も此に准へ。

皇御孫の御命を以ちて、皇大御神の大前に申し給はく、常の例に依りて、廿年に一遍、大宮新たに仕へ奉りて、雑の御装束の物五十四種、神宝廿一種を儲け備へて、祓へ清め持ち忌まはりて、預かり供へ奉る辨官某の位某の姓名を差し使はして、進り給ふ状を、申し給はくと申す。

〔口訳文〕

大神宮を遷し奉る祝詞

豊受宮を遷し奉る時も、この祝詞に準じて読め。

天皇様の御詔命によって、貴い大御神様の御前に奏上申し上げますことには、いつも変わらない先例によって、二十年に一度、御神殿を新たに造営申し上げて、種々の御装束の物五十四種と御神宝二十一種とを用意し整えて、祓い清めて清浄にして、この事に関係してお仕え申し上げる弁官（太政官事務局の役人）某位某姓名を使として派遣して、これらの品々を奉献されます有様を、奏上申し上げる次第でございますと申し上げます。

語釈

○**御装束の物五十四種**　遷宮に当たって新しく皇大神宮に奉献される装束の品々。その品目は、『皇太神宮儀式帳』の「新宮遷奉御装束用物事」の条及び『延喜式』伊勢大神宮の「大神宮装束」の条に詳細に記されている。その数は時代によって変遷があり、『延喜式』では五十四種になっている。装束といっても衣服だけではなく、装身具・調度品等をも広く含んでいる。

○**神宝廿一種**　遷宮に当たって新しく皇大神宮に奉献される神宝の品々。その品目は、『皇太神宮儀式帳』に「神財物十九種」、『延喜式』伊勢大神宮に「神宝廿一種」として掲げられている。それを見ると、金銅の椯・麻笥・加世比等の機織の道具を始めとして、弓・矢・横刀・靫・鞆・楯・戈・琴等に及んでいる。

○**儲け備へて**　設け備えて・用意し整備しての意。

○**預かり供へ奉る**　その事に関与してお仕え申し上げる。

○**辨官**　九条家本には訓が付されていないが、卜部兼永本に「オホトモヒ」と訓がある。辨官とは太政官に属する事務局で、左辨官と右辨官とに別れ、それぞれ大辨・中辨・少辨・大史・少史・史生・官掌・使部等が置かれて、諸官省や諸国からの庶務の事務処理に当たった。古くは『日本書紀』天武天皇七年十月己酉（二十六日）の条に、「法官校定、申二送大辨官一。」と見えている。『延喜式』伊勢大神宮に、遷宮の諸装束類を挙げた後に、「右装束雑物造備、訖即差二使辨大夫一人・史一人・史生二人・官掌一人・使部二人・神祇官史一人・史生一人・神部一人・卜部一人一、部領送二大神宮一。……」と記されていて、ここに辨官が差し使わされることが見える。

評

伊勢大神宮の祝詞は計九篇ある。これを二つに分類することができる。

一　朝廷の幣帛使の読む祝詞　六篇

二月祈年六月十二月月次祭
豊受宮
九月神嘗祭
豊受宮同祭
斎内親王奉入時
遷奉大神宮祝詞

二　大神宮司の読む祝詞　三篇

四月神衣祭
六月月次祭
同神嘗祭

朝廷から派遣される幣帛使が神前で読む祝詞は、すべて内容が簡単明瞭で、その形式はおおむね一定している。冒頭に「天皇が御命以ちて」または「皇御孫の御命以ちて」の辞を置き、これが天皇の勅命によるものであることを明らかにして、以下幣帛奉進の旨を簡潔に奏上する。解説の項で述べたように、

『貞観儀式』によると、神嘗祭の幣帛使は京を出発する前に大極殿の小安殿において、天皇から直接「好く申して奉れ」というお言葉を賜わって、幣帛を頂いて来ている。使者は謹んでその任務を遂行すればよいわけで、私の賛言を述べ立てるのは、却って不謹慎であったのであろう。また『江家次第』によると、斎内親王が伊勢へ下られる際には、使者の中臣は天皇から「斎内親王を奉らしむるは、此れ恒の例に依りて、三箇年の間は斎まひ清まはりて、天照大神の御杖代に定め奉る内親王ぞ。中臣宜しく吉く申して奉れと宣りたまふ。」というお言葉を頂く。これを「斎内親王奏入時」の祝詞の「今進る斎内親王は、恒の例に依りて、三年斎まひ清まはりて、御杖代と定めて進り給ふ事は、……」という文言と比較すると、祝詞は右の天皇のお言葉をほとんどそのまま受けていることが知られる。なおこの比較によって、『江家次第』に「令㆑奉㆓進斎内親王㆒者」とある「令」の字は、「今」の誤写で、「今奉進斎内親王者」とあるのが正しいように思われる。

　大神宮司の読む祝詞も、『延喜式』巻第八所収の他の祝詞に比すると短文である。「四月神衣祭」の祝詞は、神に奏上する形の文に、祢宜・内人等に宣る詞が添えられている。「六月月次祭」の祝詞と「同神嘗祭」の祝詞とは同形式であって、相違点は中心部分の少しの個所に過ぎない。両祝詞とも冒頭の序段に、「度会の宇治の五十鈴の川上に……称へ辞竟へ奉る天照らし坐す皇大神の大前に、申し進る天つ祝詞の太祝詞を、神主部・物忌等、諸聞き食へよと宣りたまふ。」とあって、天照大御神に奏上する詞を「天つ祝詞の太祝詞」と崇め、これを神主部・物忌等に宣り聞かせることを述べている。続く「天皇が御命に坐せ」に始まる本段では、初めの方は天照大御神に申し上げる詞（いわゆる「天つ祝詞の太祝詞」）の形を取っているが、末尾に至って、「朝日の豊栄登りに、(天つ祝詞の太祝詞辞を)称へ申す事を、神主部・物忌等、諸聞き食へよと宣りたまふ。」と収めていて、それまでの奏上体を最後において宣読体に転換させている。これは、祈年祭の祝詞等の場合と同様の方式ということができる。

　伊勢大神宮の祝詞は、その文字遣いなどから見ても平安時代に入って以後の比較的新しい作成であろうとされている。

遷二却崇神一

解説

「遷二却崇神一」は、「たたりがみをうつしやる」と訓む。遷却崇神祭とか遷却崇神祝詞とかいう語の下を省略した形である。この祝詞と次の「遣二唐使一時奉レ幣」と更に次の「出雲国造神賀詞」との三編は、臨時祭の祝詞である。『延喜式』巻第三は「臨時祭」の巻で、巻第一の四時祭上、巻第二の四時祭下に見える四季の定時に行われる祭とは異なり、臨時に挙行する行事や不時に勃発した事件などに対応して行う祭についての規定を定めてある。その最初に、

凡常祀之外応レ祭者、随レ事祭之。非二辨官処分一、不レ得三輙預二常祭一。

とあり、臨時に祭を行う場合には、太政官に申し出て、その処置を得た後に実施すべきことを記している。

「崇神」とは、人に崇りをなして、災いをもたらす神をいう。平安時代には、神仏や怨霊（をんりやう）やもののけが崇りをするという思想が盛んになって、人々はその崇りを極端に恐れた。（後の〔追記〕参照。）疫病や地震・火災・落雷等の災禍や諸種の異変は、何物かの崇りと考えられた。この祝詞を見ると、崇りのもとをなす神は恐ろしく、下手に手向かいできないので、上手になだめすかして、都から遠く離れた山野へ遷し遣ってしまおうと計っている。いわゆる触らぬ神に崇りなしというわけで、ここに当時の崇神に対する処理の態度を見ることができる。この祭で祭られる主体は、崇りをなす神自体である。四時祭の中にあった道饗祭は、毎年六月・十二月に、災いをなす悪ぶるものが都へ入って来ないようにと、八衢比古・八衢比売・久那斗の神々を祭って、未然の防止を計るものであったが、この遷却崇神の祭は、一旦入ってしまった崇神を、その時に臨んで、何とか都から出て行ってもらおうとするものである。両祭の間には判然とした区別を認めねばならない。

『延喜式』臨時祭には、霹靂（かむとけ）神祭・鎮二竈鳴一祭・鎮二水神一祭を始めとして多くの臨時に催す祭が掲げられているが、その中に「遷却崇神」の名称を持つ祭の名は見当たらない。それで、何とか臨時祭に掲げてある祭の中から、「遷却崇神」に相当するものを捜すことが先人によってなされた。例えば次田潤著『祝詞新講』には、鈴木重胤の『延喜式祝詞講義』の研究を受けて、「重胤の云ふ如く、此の祝詞は臨時祭式にある、霹靂祭・八衢祭・宮城四隅疫神祭・畿内堺十処疫神祭等に共通に用ゐられた祝詞であつたかと思はれる。」と述べる。金子武雄著『延喜式祝詞講』も、「此の祝詞は講義に、説かれているやうに、臨時祭式に載つてゐる霹靂神祭・八衢祭・宮城四隅疫神祭等に

共通に用ゐられたものであらう。」と言う。しかしながら、名を異にするいくつかの祭に共通する祝詞というものが予め用意されてあったとするのはいかがであろうか。また、『延喜式』臨時祭に挙げる祭の名が、臨時に行われた祭のすべてを尽くしているわけでもあるまい。臨時に行われた祭のことゆえ、実際には外にも種々のものがあったに違いない。「遷却祟神」という名は臨時祭式に見当たらなくとも、ある時都に祟神の起こす何かの重大な災いがあった際に、臨時に祭を執り行い、この祝詞を読んだのではなかったか。そしてこの祝詞が、種々の臨時祭の祝詞の中でも名文であったので、『延喜式』祝詞の中に臨時の祝詞の代表の一として入れられることになったのではないだろうか。私はこのような考えを懐くが、いかがであろうか。この祝詞は、大祓の詞によるところが多いとはいえ、大きく天孫降臨から説き起こす堂々とした長文で、措辞も丁寧であり、行文もなかなか流麗で、平安時代の祝詞の一代表として推すに足るものがあるように思われる。

〔追記〕

上代文献には「祟」（たたる・たたり）の例は比較的少ない。『古事記』には一例、中巻垂仁天皇の条に、

如レ此覚時、布斗摩邇々占相而、求二何神之心一、爾祟、出雲大神之御心。

と見える。『日本書紀』には数例見えるが、天武天皇の朱鳥元年六月戊寅（十日）に、

卜二天皇病一、祟二草薙剣一。即日、送二置于尾張国熱田社一。

とあるのが著しい。『万葉集』に例はない。祟りの思想が顕著であったのは、やはり平安時代であった。

〔訓読文〕

祟神(たたりがみ)を遷(うつ)し却(や)る

高天(たかま)の原(はら)に神留(かむづま)り坐(ま)して、事始(ことはじ)め給(たま)ひし神(かむ)漏岐(ろき)・神漏美(かむろみ)の命(みこと)以ちて、天(あめ)の高市(たけち)に八百(やほ)万(よろづ)の神等(かみたち)を神集(かむつど)へ集(つど)へ給(たま)ひ、神議(かむはか)り議(はか)り給(たま)

〔口訳文〕

祟神を遷し却る

高天の原に神としてお鎮まりになって、物事の最初を開かれた皇祖の男神様・女神様のお言葉によって、天上にある神々の集まられる高い所に沢山の神々をすっかりお集めになり、十分審議をお尽くしになって、「我が貴い神のお孫様（邇邇芸命）は、豊かな葦原の茂る瑞々

ひて、我が皇御孫の尊は豊葦原の水穂の国を安国と平らけく知ろし食せと、天の磐座放ちて、天の八重雲をいつのち別きにち別きて、天降し寄さし奉りし時に、誰の神を先づ遣はさば、水穂の国の荒振る神等を神攘ひ攘ひ平けむと、神議り議り給ひし時に、諸の神等皆量り申さく、天穂日之命を遣はして平けむと申しき。是を以ちて天降し遣はす時に、此の神は返り言申さざりき。次に遣はしし健三熊之命も、父の事に随ひて、返り言申さず。又遣はしし天若彦も、返り言申さずて、高つ鳥の殃に依りて、立ち処に身亡せき。是を以ちて天つ神の御言以ちて、更に量り給ひて、経津主命・健雷命二柱の神等を天降し給ひて、荒振る神等を神攘ひ攘ひ給ひ、神和し和し給ひ

しい稲穂に恵まれた日本の国を、安らかな国として平穏にお治めなさい」と仰せられて、天上の堅固な御座を後にして、空に幾重にもたなびく雲を神々しい威力で掻き別け掻き別けして、天上から地上へ降って統治するように御委任申し上げた際、どの神を最初に派遣したならば、日本の国の乱暴なことをする神々を払いのけ服従させることができるであろうかと、神々が審議を尽くされた時に、沢山の神たちは皆よく考慮して申し上げたことには、「天穂日之命を派遣して服従させましょう」と申し上げた。これによって天穂日之命を天上から降して派遣した時に、この神は地上に留まって、復命申し上げて来なかった。次に派遣した健三熊之命も、父（天穂日之命）の言葉に従って、復命申し上げて来なかった。又次に派遣した天若彦も、復命申し上げて来ないで、空高く飛ぶ鳥（雉）を射殺した災禍によって、即座に死んでしまった。これによって、天上の皇祖の神様のお言葉によって、重ねて御審議になって、経津主命と健雷命の二柱の神たちを天上からお降しになって、乱暴をする神々を次々と払いのけられ、次々と帰順させられて、さわがしく物を言っていた岩石や樹木や一片の草の葉までも、ものを言うことを止めさせて、皇孫邇邇芸命を天上から地上の世界へお降し申し上げた。このようにして天上から降して御委任申し上げた地上の国の真中のすぐれた所として、この太陽が空高く輝く大倭の国（大和の国）を、安らかな国として平定申し上げて、地下の大きい岩の上に宮殿の柱を太くしっかりと立て、高天の原に向かって千木を高々と聳やかして、天を覆う陰また日光を覆う陰となる立派な御殿としてお造り申し上げて、かくしてこの国を安らかな国として平穏に御統

て、語問ひし磐根・樹の立ち・草の片葉も語止めて、皇御孫の尊を天降し寄さし奉りき。かく天降し寄さし奉りし四方の国中と、大倭日高見の国を安国と定め奉りて、下つ磐根に宮柱太敷き立て、高天の原に千木高知りて、天の御蔭・日の御蔭と仕へ奉りて、安国と平らけく知ろし食さむ皇御孫の尊の天の御舎の内に坐す皇神等は、荒び給ひ健び給ふ事无くして、高天の原に始めし事を神ながらも知ろし食して、神直び・大直びに直し給ひて、此の地よりは、四方を見霽かす山川の清き地に遷り出で坐して、吾が地とうすはき坐せと、進る幣帛は、明妙・照妙・和妙・荒妙に備へ奉りて、見明かす物と鏡、翫ぶ物と玉、射放つ物と弓矢、打ち断つ物と太刀、馳せ出づる物と御馬、御

治になって行かれる天皇様の神聖な御殿の内においでになる貴い神様方（崇り神たち）は、乱暴なことをされたりたけだけしい振舞いをされたりすることがなくて、高天の原に始まったこの祭事の趣旨を、神であらせられるがままによくお知りになって、崇る神のお心をいさぎよくお直しになって、この場所よりは、遠く四方を見晴らすことのできる山や川の清らかな所に遷って行かれて、そこを自分の場所として御領有になって下さいというわけで、神様に捧げ奉ります奉献の品は、明るい色彩の織物・光沢のある織物・柔らかい織物・ごわごわした織物というように整え申し上げて、はっきり見る物として鏡、手に玩ぶ物として玉、遠くへ射放つ物として弓矢、ぷっつり断ち切る物として太刀、勢いよく走り出す物として御馬、またお神酒は大きい瓶の口に溢れる程高々と盛り上げ、瓶の腹の中にいっぱい満たして、いくつも並べて、稲は籾を取ったお米としても又穂の付いたままでも奉り、更に山に住む鳥獣類では毛の柔らかい物・毛の荒い物、大きい野原に生えている野菜類では甘い菜・辛い菜、青海原に住んでいる魚類ではひれの広い大きい魚・ひれの狭い小さい魚、それに沖の海藻・岸辺の海藻に至るまでも、まるで横に伏した山のように八枚の敷物の上にどっさりと十分に置いて、このようにして捧げ奉る立派な奉献の品を、貴い神様方の明らかなお心をもって、安泰なしかも充足した奉献の品として平穏に御受納下さって、崇られたりたけだけしい振舞いをされたりすることがなくて、山や川の広く清らかな所に遷って行かれて、神様としてお鎮まりになって下さいと、称え詞を尽くしてお祭り申し上げることでございますと申し上げます。

酒は瓺のへ高知り、瓺の腹満て双べて、米にも穎にも、山に住む物は毛の和物・毛の荒物、大野の原に生ふる物は甘菜・辛菜、青海の原に住む物は鰭の広物・鰭の狭物、奥つ海菜・辺つ海菜に至るまでに、横山の如く八物に置き足らはして、奉るうづの幣帛を、皇神等の御心も明らかに、安幣帛の足幣帛と平らけく聞こし食して、祟り給ひ健び給ふ事无くして、山川の広く清き地に遷り出で坐して、神ながら鎮まり坐せと、称へ辞竟へ奉らくと申す。

語釈

○**事始め給ひし**　世の中の諸事の最初を開かれたの意。

○**天の高市**　「たけち」は「たか（高）いち（市）」の転じた語。「市」とは古代に人々が多く集まって物品交換や歌垣などを行った所。高い所で行ったので、「高市」という。「天の高市」は高天の原の高市で、神々が集まって会議を開いた所とされる。

○**誰の神**　「誰」は九条家本の古訓に「イツレ」とある。

○**平けむ**　「平く」とは、こちらへ向かせることで、服従させる意。

○量り申さく　ここの「量る」は思いめぐらす・考慮するの意。上の「神議り議り」の「議る」は相談する・協議するの意。

○天穂日之命　天照大御神と須佐之男命の天の真名井のうけいの時生まれた神で、天照大御神の子。『古事記』では天菩比神、『日本書紀』では天穂日命と記す。天孫降臨の先駆けとして最初に遣わされたが、大国主神に附き従って帰って来なかったことは、『古事記』上巻に、「爾、思金神及八百万神、議白之、天菩比神、是可レ遣。故遣二天菩比神一者、乃媚二附大国主神一、至レ于二三年一、不二復奏一」と見える。

○返り言　返事の言葉・使者が帰って報告する言葉・復命。

○健三熊之命　天穂日之命の子。『古事記』にこの神は見えないが、『日本書紀』神代下の本文に、「即以二天穂日命一往平之。然此神佞-媚於大己貴神一、比二及三年一、尚不二報聞一。故仍遣二其子大背飯三熊之大人、（大人、此云二于志一。）亦名武三熊之大人一。此亦還順二其父一、遂不二報聞一」と見える。

○父の事に随ひて　父（天穂日之命）の言葉に従っての意。

○天若彦　『古事記』に「天津国玉神之子、天若日子」、『日本書紀』に「天国玉之子、天稚彦」とある。天上から遣わされたが、大国主神の娘下照比売と結婚して帰らず、その様子を見に遣わされた雉を射殺し、その返し矢に当たって死んだ。

○高つ鳥の殃　天若彦が天上から遣わされた雉を射殺したことにより災いを受けて死んだことをいう。この語は大祓の詞の「高つ鳥の災」によって書いたものであろうが、本来の大祓の詞の中での意味とは全く違った用い方をしている。

○立ち処に　その場で・即座に。

○経津主命　九条家本の古訓に「ツネツヌシ」とあるが、誤訓である。卜部兼永本の訓には「フツヌシ」とある。香取神宮（千葉県佐原市に鎮座）の祭神。『古事記』には見えないが、『日本書紀』に見える。春日祭の祝詞に伊波比主命とあったのと同神で、そこで説明した。

○健雷命　『古事記』に建御雷神、『日本書紀』に武甕槌神と見える。春日祭の祝詞に健御賀豆智命とあり、そこで説明した。

○神和し和し　「和す」は、やわらげる・帰順させる意。

○語問ひし磐根・樹の立ち……　以下「天の御蔭・日の御蔭と仕へ奉りて、安国と平らけく知ろし食さむ」までの文章は、大祓の詞によって書いていることは、一見して歴然としている。この祝詞の初めの方の文章も同様。

○安国と平らけく知ろし食さむ皇御孫の尊　安らかな国として無事に将来まで治めて行かれる天皇。数行前の「皇御孫の尊を天降し寄さし奉りき」の「皇御孫の尊」は皇孫邇邇芸命であるが、ここの「皇御孫の尊」は天皇のことをさす。同じ「皇御孫の尊」の語で両方の意味を持つところに、天孫降臨から現今の天皇に至るまでの間、「皇御孫の尊」は一貫して継続しているとする思想が表れている。

○天の御舎の内に坐す皇神等　「天の御舎」は、立派な神聖な御殿。その内においでになる尊い神様方というのは、崇り神のことをさしている。崇り神を怒らせないように、「皇神等」と鄭重な呼び方を用いている。

○**荒び給ひ健び給ふ**　「荒ぶ」は荒々しい粗暴な振る舞いをすること。「健ぶ」はたけだけしい過激な振る舞いをすること。

○**高天の原に始めし事を**　道饗祭の祝詞の冒頭に「高天の原に事始めて」とあったのと同様の意味と受け取れる。高天の原に始まった神聖なこの祭事の趣旨を、の意。

○**神ながらも知ろし食して**　「神ながら」の「な」は連体助詞で「の」の意、「から」は本性・性質の意で、「神ながら」とは神の本性のままに・神であられるがままに、の意となる。「も」は軽い詠嘆の間投助詞。神様でいらっしゃるがままに、この祭の趣旨をよくお知りになって、というのである。やはり崇り神をあがめ奉った言い方になっている。なお「神ながら」という語は『万葉集』に、巻一の柿本人麻呂の歌の「やすみしし　吾が大君　神長柄　神さびせすと……」（三八）等、十九例が見えている。

○**神直び・大直びに直し給ひて**　御門祭の祝詞に「神直び大直びに見直し聞直し坐して」とあって、そこで説明した。ここは、崇り神が神として崇ろうとする心を大きく直されてという意味で述べたもの。

○**見霽かす**　遥かに見渡す。

○**うすはき坐せ**　「うすはく」は、「うしはく」の転じた語。「うしはく」の「うし」は主人で、主人として領有する・統治するの意。

○**見明かす物と**　明らかに見る物として。

○**米**　籾殻を取り除いた米。

○**八物**　神前に捧げる幣帛類を置き並べる八枚の敷物。『延喜式』巻第三十八掃部寮に、「六月神今食、……酉剋、折薦帖・狭帖・短帖・折薦・葉薦・簀・山城食薦・寮造食薦各八枚、是謂八物。置於中院付神祇官。」とあるのが参考になる。

○**神ながら鎮まり坐せ**　神であられるがままにお鎮まりになって下さい、の意。最後まで崇り神をなだめすかす態度に出ている。こういう点から見ても、また大祓の詞を初め先行の祝詞の言葉を多く採り用いている点から見ても、この祝詞は比較的新しい作成であるとしてよい。

評

この祝詞が大祓の詞から受けたところが大きいことは、両者を対比して見ることによって明らかである。

〔大祓の詞〕
高天の原に神留り坐す皇親神漏岐・神漏美の命以ちて、八百万の神等を神集へ集へ賜ひ、神議り議り賜ひて、

〔遷却崇神〕
高天の原に神留り坐して、事始め給ひし神漏岐・神漏美の命以ちて、(1)天の高市に八百万の神等を神集へ集へ給ひ、神議り議り

<table>
<tr><td>我が皇御孫の命は豊葦原の水
穂の国を、安国と平らけく
知ろし食せと、事依さし奉
りき。
荒振る神等をば神問はしに問
はし賜ひ、神掃ひに掃ひ賜
ひて、
語問ひし磐根・樹の立ち・草
の垣葉をも語止めて、
天の磐座放ち、天の八重雲を
いつのち別きにち別きて、
天降し依さし奉りき。
かく依さし奉りし四方の国中
と、大倭日高見の国を安国
と定め奉りて、
下つ磐根に宮柱太敷き立て、
高天の原に千木高知りて、
皇御孫の命のみづの御舎仕
へ奉りて、
天の御蔭・日の御蔭と隠れ坐
して、
安国と平らけく知ろし食さむ
国中に、</td></tr>
<tr><td>給ひて、⑵
我が皇御孫の尊は豊葦原の水
穂の国を、安国と平らけく
知ろし食せと、⑶
荒振る神等を神攘ひ攘ひ給
ひ、神和し和し給ひて、⑸
語問ひし磐根・樹の立ち・草
の片葉も語止めて、⑹
天の磐座放ちて、天の八重雲
をいつのち別きにち別き
て、天降し寄さし奉りし時
に、⑷
かく天降し寄さし奉りし四方
の国中と、大倭日高見の国
を安国と定め奉りて、⑺
下つ磐根に宮柱太敷き立て、
高天の原に千木高知りて、
⑻
天の御蔭・日の御蔭と仕へ奉
りて、⑼
安国と平らけく知ろし食さむ
皇御孫の尊の天の御舎の内
に坐す皇神等は、⑽</td></tr>
</table>

これによって、遷却崇神の祝詞がいかに多く大祓の詞から文章を取っているかを知ることができる。但し、右の上欄の大祓の詞は、ごく一部を除きずっと一続きの文章であるが、下の遷却崇神の祝詞の方は、下に付した番号の順番になっていて、⑷⑸⑹は大祓の詞の順序とは異なる。これは、遷却崇神の祝詞が大祓の詞を見識もなくただやみくもに取って来たものでないことを示している。遷却崇神の方にある「事始め給ひし」とか「天の高市に」とかいう文句は、すっかり大祓の詞のままであることを避け、変化を持たせるためにした工夫であろう。⑷の後には、天穂日之命・健三熊之命・天若彦・経津主命・健雷命が順次天上から遣わされた神話が述べられていて、これは遷却崇神の祝詞の独自の文章である。この祝詞の作者は、大祓の詞を取りながらも、自分を見失うことなく、意味のよく通った調子のよい祝詞文を巧みに綴っている。彼は、いはば当代の換骨奪胎の名手であったと称してよいであろう。

その後は、皇居内に入り込んだ祟り神が皇居の外へ出て、「四方を見霽かす山川の清き地」に遷り出でますようにと、種々の幣帛を奉る条になるが、ここでも先行の祝詞の幣帛奉献の文章を受けながら、その中に「見明かす物と鏡、翫ぶ物と玉、射放つ物と弓矢、打ち断つ物と太刀、馳せ出づる物と御馬」といったような目新しい文句を挿入して、伝統一辺倒に陥ることを避け、変化をつけるよう努力している。これらの点にもこの祝詞の作者の作文力を偲ばせるものがあって、祟り神をなだめすかして出て行ってもらうという独自の神観と共に、この祝詞の特色をなしている。

遣二唐使一時奉レ幣

「遣二唐使一時奉レ幣」は、「もろこしにつかひをつかはすときみてぐらをたてまつる」と訓む。

解説

この祝詞の内容を読むと、これは、『延喜式』臨時祭に、

開二遣唐船居一祭（住吉社）

幣料絹四丈、五色薄絁各四尺、糸四絇、綿四屯、木綿八両、麻一斤四両。

右神祇官差レ使、向レ社祭之。

と見える祭に、神祇官から住吉神社に遣わされた使が奏上する祝詞であることが分かる。祝詞の標題の「奏幣」の幣は、すなわち右の臨時祭式の記事の「幣料絹四丈」以下に相当することは明らかである。

臨時祭には、海外に使を派遣するのに関係ある祭として、外に、

遣二蕃国使一時祭（使還之日准レ此。）

造二遣唐使船一木霊并山神祭

があるが、この祝詞に直接関係がないので、詳細は省略する。

遣唐使は、推古天皇時代の遣隋使の後を承けて、舒明天皇二年（六三〇）八月に犬上御田鍬（いぬがみのみたすき）らが派遣されたのを最初として、宇多天皇の寛平六年（八九四）に菅原道真の要請によって停止されるに至るまで続き、任命二十一回（十九回とも十八回とも）、うち十六回（十五回とも）は実際に渡航した。まさに国家的大事業として実施され、日本の政治・文化の進展の上に寄与するところの大きかったことは知られている。この遣唐使一行が難波の津を出航するに当たって、住吉の神に幣帛を奉って、航海の安全を祈るのである。

住吉神社（今、住吉大社）は、大阪市住吉区住吉二丁目に鎮座する旧官幣大社で、『延喜式』神名上の摂津国住吉郡に、

住吉坐神社四座（並名神大。月次、相嘗、新嘗。）

と見える。祭神の四座とは、表筒男命（うはつつのを）・中筒男命・底筒男命・息長足姫命（おきながたらしひめ）（神功皇后）である。航海守護の神として古来顕著である。住吉は、奈良時代まではスミノエと呼ばれた。吉はヨシであるが、その古形はエシであった。スミノエには、住吉の外に、墨江・墨之江・墨吉・清江・須美之江・須美乃延などの表記が用いられている。江・吉・延は、ヤ行のエ（ye）を表す字である。ところが、吉がヨシと訓まれるようになって、スミヨシと呼ばれるようになり、『和名類聚抄』の郡名には、「住吉（須美与之）」と見える。スミヨシという呼び方が定着するようになったのは、平安時代初期以降であるといわれる。今の大阪市の南部、住吉大社の西に接して古く入江が存在し、それがそもそ

ものスミノ江であった。このスミノエに、大和朝廷の外国貿易港が開かれたのが、墨江の津（津は港の意）である。『古事記』下巻の仁徳天皇の条に、「定二墨江之津一」と見える。この津の地に航海の主護神が祭られたのは、至当の理ということができる。後に難波の津が開発されて、墨江の津は漸次機能を失い、衰退するに至ったが、住吉の神は故地に鎮座して、その信仰は今日に継続する。

祭神の表筒男命・中筒男命・底筒男命の住吉三神は、『古事記』『日本書紀』の神代の記事に、伊耶那伎大神が筑紫の日向の橘の小門の阿波岐原で禊（みそぎ）をされた時に生まれた神として見える。『古事記』に、

次於二水底一滌時、所レ成神名、底津綿津見神。次底箇之男（そこつつのを）命。於レ中滌時、所レ成神名、中津綿津見神。次中箇之男命。於二水上一滌時、所レ成神名、上津綿津見神。（訓レ上云二宇閇一。）次上箇之男命。……其底箇之男命・中箇之男命・上箇之男命三柱神者、墨江之三前大神也。

と見え（「箇」は「筒」に通用した字）、『日本書紀』には、同じように海での禊により神々の生まれたことを記した上で、

其底筒男命・中筒男命・表筒男命、是即住吉大神矣。

と見える。航海の神を海での禊によって生まれたとしているのは、道理に叶った発想であるが、それと共に、住吉三神を伊耶那伎大神の禊という重大事にかけて物語っているのは、墨江の津を守る住吉の神の存在が、大和朝廷にとって非常に重要な意義を持っていたことを示すものとして注目しなければならない。

航海の神住吉三神は、神功皇后の新羅征伐の時その名を顕されたと伝える。『古事記』では、中巻の神功皇后の条に、仲哀天皇崩御直後のこととして、神託があり、

是天照大神之御心者。亦底箇男・中箇男・上箇男、三柱大神者也。（此時其三柱大神之御名者顕也。）今寔思レ求二其国一者、於二天神地祇、亦山神及河海之諸神一、悉奉二幣帛一、我之御魂、坐レ于二船上一而、真木灰納レ瓠、亦箸及比羅伝（此三字以レ音。）多作、皆皆散二浮大海一以可レ渡。

と教えさとされたと見える。天照大神の神名も出ているが、右の神託の中心は住吉三神であることは、その内容によって明らかである。皇后は神の教えさとしに従って海を渡り、新羅を従えて、

爾以二其御杖一、衝二立新羅国主之門一、即以二墨江大神之荒御魂一、為二国守神一而祭鎮、還渡也。

と記している。一方『日本書紀』では、仲哀天皇崩後名を明かされた神の第四番目に、

於二日向国橘小門之水底一所居、而水葉稚之出居神、名表筒男・中筒男・底筒男神之有也。

と見え、皇后が新羅へ向かわれる時には、

既而神有レ誨曰、和魂服二王身一而守二寿命一。荒魂為二先鋒一而導二師船一。（和魂、此云二珥岐瀰多摩一。荒魂、此云二阿邏瀰多摩一。）即得二神教一、而拝礼之。……

……既而則撝二荒魂一、為二軍先鋒一、請二和魂一、為二王船鎮一。

と述べる。これが住吉の神の和魂・荒魂であることは明らかである。記紀共に、神功皇后の新羅征伐に住吉の神の神助の顕著であったことを力説するのである。

『日本書紀』では更に、皇后が新羅から還られた後のこととして、

　於レ是、従レ軍神表筒男・中筒男・底筒男、三神誨二皇后一曰、我荒魂、令レ祭二於穴門山田邑一也。時穴門直之祖践立、津守連之祖田裳見宿祢、啓二于皇后一曰、神欲レ居之地、必宜レ奉レ定。則以二践立一、為下祭二荒魂一之神主上。仍祠立二於穴門山田邑一。

と記す。これによって住吉の神の荒魂が祭られたのが、『延喜式』神名下の長門国豊浦郡に見える、

　住吉坐荒御魂神社三座並名神大。

で、現在の山口県下関市一の宮町に鎮座する住吉神社がこれに当たる。

住吉の神は、更に摂津の務古水門（兵庫県武庫川河口付近）において、天照大神などと共に皇后に教えを告げられた。すなわち、

　亦表筒男・中筒男・底筒男、三神誨之曰、吾和魂宜レ居二大津渟中倉之長峡一。便因看二往来船一。於レ是、随二神教一以鎮座焉。則平得レ度レ海。

とある。この「大津渟中倉之長峡」を、本居宣長の『古事記伝』巻三十には摂津国菟原郡住吉郷（神戸市東灘区住吉）としたが、今日では現在の住吉大社の鎮座地（大阪市の住吉）とするのが通説となっている。そうすると、大津は墨江の津ということになり、理に叶う。住吉大社の神宝として伝えられて来た『住吉大社神代記』には、更に詳細に住吉大社鎮座の由来を記している。その大要を述べると、務古水門において表筒男・中筒男・底筒男の三軍神が神功皇后に教えられて、

　吾和魂宜レ居二大御栄大津渟中倉之長岡峡国一。便看二護往来船一。

と告げられたとある。地名が「大御栄大津渟中倉之長岡峡国」と、『日本書紀』の「大津渟中倉之長峡」より修飾の加わったものとなっている。神の教えによって、手搓足尼に祭らせた。この手搓足尼は、前掲の『日本書紀』の文中に「津守連之祖田裳見宿祢」とあった人と同人である。皇后が胆駒山に登られた時、大神は更に、

　吾欲二住居一地、渟名椋長岡玉出峡。

と宣られた。その地は手搓足尼の所有する土地であったが、足尼はその地を大神に寄進申し上げた。大神の住み給う所が大神の御心通りになったというので、そこを「住吉国」と改名し、そこに大社を定めた。そして皇后の命により、手搓足尼が神主となった。このようにして、「渟名椋長岡玉出峡」を改めて住吉と号するようになり、またそれ以来大神の坐す処々を住吉と称するようになった。以上が『住吉大社神代記』に記す住吉大社鎮座の伝承であり、同時に住吉を中心に広く一帯の地を管

掌し、住吉神社の社家として奉仕を続けた津守氏の祖先説話である。

なお『住吉大社神代記』に、

長柄船瀬本記

四至東限高瀬、大庭。南限大江。西限鞆淵。北限川埠。

右船瀬泊、欲二遣唐貢調使調物積船舫造一レ泊天皇念行時、

大神訓賜、我造二長柄船瀬一進矣、□（拳カ）造也。

という記事がある。これは、この祝詞の文中に、「皇神の命以ちて、船居は吾作らむと教へ悟し給ひき。教へ悟し給ひながら、船居作り給へれば、……」と述べているのと符合するものがあって、見逃すことができない。神の作られたという船居（船の碇泊する所）は、具体的には難波の長柄の船瀬（船の碇泊所で、船居に同じ）であった可能性が強い。

遣唐使の渡航は、海難を伴う大変困難な航海であった。そこで、出発に当たって航海守護の神である住吉三神に安全を祈願したのである。住吉の神に対する信仰は、『万葉集』巻第五の山上憶良の「好去好来歌一首」（八九四）に詠まれているが、巻第十九の「天平五年贈二入唐使一歌一首」（四二四五、作者未詳）には、

そらみつ　大和の国　あをによし　平城の都ゆ　押し照る
難波に下り　住吉の　御津に船乗り　直渡り　日の入る
国に　遣はさる　わが背の君を　懸けまくの　ゆゆし畏き
住吉の　わが大御神　船の舳に　領き坐し　船艫に　御
立ちいまして　さし寄らむ　磯の崎崎　漕ぎ泊てむ　泊
泊に　荒き風　波に遇はせず　平けく　率て帰りませ　本
の国家に

と、一層素朴に歌い上げられていて、今日の我々の心をも引く。

〔訓読文〕

唐に使を遣はす時幣を奉る

皇御孫の尊の御命以ちて、住吉に辞竟へ奉る皇神等の前に申し賜はく、大唐に使遣はさむと為るに、船居无きに依りて、播磨の

〔口訳文〕

唐に使を遣わす時幣を奉献する

天皇様の御詔命によって、住吉に言葉を尽くしてお祭り申し上げております貴い神様方の前に奏上申し上げますことには、大唐国に使を派遣しようとするのに、船の泊る港がないのによって、播磨の国から船に乗ることにして、使を派遣しようと、天皇様がお思いになってお

国より船乗ると為て、使は遣はさむと念ほしめす間に、皇神の命以ちて、船居は吾作らむと教へ悟し給ひき。教へ悟し給ひながら、船居作り給へれば、悦び嘉しみ、礼代の幣帛を官位姓名に捧げ賷たしめて進奉らくと申す。

られる間に、貴い神様のお言葉でもって、船の泊る港は自分が作ってやろうと教え悟されました。そして教え悟されました通りに、船の泊る港をお作りになりましたので、天皇様は喜び嬉しく思われて、儀礼のしるしの奉献の品を某官位姓名に捧げ持たせて献上される次第でございますと申し上げます。

語釈

○**申し賜はく**　奏上申し上げますことには。この語の結びは、文末の「……と申す」である。

○**大唐**　古く日本から中国をさして呼んだ名。『万葉集』巻五の山上憶良の「好去好来歌」に、「唐の　遠き境に　つかはされ　まかりいませ……」（八九四）と、「唐」の字をモロコシと訓ませている。なお、『日本霊異記』上巻第一縁に「至二于軽諸越之衢一」と見える。「もろこし」という語は、もと揚子江南部の越の諸国すなわち「諸越」を訓読して「もろこし」と言ったのに始まるという。

○**船居**　卜部兼永本の訓に「フナヰ」とある。船の居る所、船の碇泊する所。「ふなすゑ（船据）」ともいう。

○**播磨の国より船乗ると為て**　これは室津のことであろうというが、確証はない。そのような伝承が存したのであろう。

○**念ほしめす間に**　本文に「所念行間尓」とある。卜部兼永本の訓に「オホスマ」とある。鎮火祭の祝詞に、「見所行須時」を「見そなはす時」と訓んだ。それによく似た尊敬の用字法である。「所」の字は尊敬を表す。お思いになっている間にの意。

○**教へ悟し給ひながら**　教え悟されたそのままに・その通りに。

○**悦び嘉しみ**　本文に「悦已嘉志美」とある。「嘉」の字には、よい・めでたい・よみする・たのしむ等の意があるが、「よろこびよろしみ」では調子が悪いので、「嬉」に通じて使ったものと見て、「うれしみ」と訓んだ。「うれしみ」は嬉しくての意。『万葉集』巻十七の大伴家持の歌に、「宇礼之美と　吾が待ち問ふに……」（三九五七）と見える。

○**礼代**　相手への儀礼のしるしの品物。

○**官位姓名**　神祇官から遣わされた奉幣使の官位姓名であ

る。

○**捧げ賫たしめて**　「賫」は「齎」に同じで、もたらす・もつの意の字。

評　遣唐使の派遣は日本歴史の中の顕著な一事蹟であるが、それに関わる祝詞がここに存することは、貴重であるといわねばならない。この祝詞は、朝廷から派遣された使者が、住吉の神の神前で奏上する形になっている。冒頭に「皇御孫の尊の御命以ちて」とあって、伊勢大神宮の「九月神嘗祭」の祝詞や「遷奉大神宮祝詞」に「皇御孫の御命(を)以ちて」とあるのと同様の形を取っている。中に「大唐」という語が見えるのは、当時の中国に対する考え方の一端がふと現れた感じである。また、遣唐使派遣と住吉の神との関係を示す具体的な伝承の一部が、簡単ながらもここに語られていることも、決して見逃せない。

出雲国造神賀詞

解説

「出雲国造神賀詞」は「いづものくにのみやつこのかむよごと」と訓む。「神賀詞」を、賀茂真淵の『祝詞考』はカムホギノコトバと訓んだが、本居宣長の『出雲国造神寿後釈』はカムヨゴトと訓み、以後宣長の訓み方が一般に用いられて来た。「神賀詞」は、『出雲国風土記』では「神吉詞」（意宇郡忌部神戸）・「神吉事」（仁多郡三沢郷）と書かれており、『続日本紀』では「神賀事」「神賀辞」「神斎賀事」と書く外に、「神吉事」（延暦四年・延暦五年の項）と書いている。「神吉詞」「神吉事」の「吉」は、意味だけでなく読み方をも示したものと考えられるから、「かむよごと」と訓むのが、やはり妥当であろう。『延喜式』では、祝詞式の「神賀詞」の外に、「神寿詞」「神寿辞」と書くことが多い。「寿」は意味を表した字で、これらも「かむよごと」と訓むべきものと認められる。中臣寿詞は古来「なかとみのよごと」と訓まれている。「よごと」とは、ヨ（吉）コト（言）の意とする説が有力である。「よごと」とは、要するに人の幸福を寿ぎ祝う吉い言葉の意である。出雲国造神賀詞は、出雲国造が出雲の神々及び人民を代表して、天皇の御代を寿ぎ祝って奏上する言葉である。どのような時に奏上したかについては、後に述べる。

出雲国造は、古代に出雲国意宇郡に本拠を持って勢力を伸ばし、出雲大社の祭祀を代々掌った出雲の豪族である。国造とは、大和朝廷に服属した地方の豪族が、その地方の統治のために任命された地方官の名で、初め独立性が強かったが、次第に中央の統制に服して勢力を弱めた。しかし一部は残って、その地方の神の祭祀を掌り、社会的地位を保った。出雲国造はその最たるものである。出雲国造は、天照大御神と須佐之男命との天之真名井のうけひの時に出生した天菩比命（あめのほひ）（天穂日命）の後裔であるとされる。この祖先神話をもってしても、出雲国造の占める位置の高さを推察することができる。『古事記』上巻の天真名井のうけひの記事の後に、

故此後所レ生五柱子之中、天菩比命之子、建比良鳥命、〔此出雲国造、无耶志国造、……等之祖也。〕

と見え、『日本書紀』神代上では、

……濯二於天真名井一、齧然咀嚼、而吹棄気噴之狭霧所レ生神、号曰二正哉吾勝勝速日天忍穂耳尊一。次天穂日命。〔是出雲臣、土師連等祖也。〕

と見える。『先代旧事本紀』巻第十国造本紀には、

出雲国造

瑞籬朝、以二天穂日命十一世孫宇迦都久怒一、定二賜国造一。

と記している（瑞籬朝は崇神天皇時代）。

さて天孫降臨の前提をなす出雲の国譲りのための交渉の際、最初に高天原から派遣されたのは天菩比命であった。『古事記』に、

爾、思金神及八百万神、議白之、天菩比神、是可ㇾ遣。故遣二天菩比神一者、乃媚二附大国主神一、至ㇾ于二三年一、不二復奏一。

とある。天菩比命は大国主神に従って、出雲に住み着いてしまったのである。『日本書紀』にも、

於ㇾ是、俯順二衆言一、即以二天穂日命一往平之。然此神佞二媚於大己貴神一、比二及三年一、尚不二報聞一。

と見える。その後、出雲の国譲りの行われた時のこととして、『日本書紀』神代下の一書には、高皇産霊尊の勅によって大己貴神のために立派な天日隅宮が造られることとなり、大己貴神に対して、

又当主二汝祭祀一者、天穂日命是也。

と言われたと見える。ここに、天穂日命の子孫の出雲国造が出雲大社の祭祀を掌る所以が物語られている。

出雲国造は以上のように重い位置を占めるものであるから、その任命式は、太政官の曹司（ざうし）の庁（執務のための正庁）において行われた（紀伊国造の任命式も同様）。その儀式次第は、『貞観儀式』巻第十の「太政官曹司庁任二出雲国造一儀」に記されている。その概要を述べると、式の当日早朝掃部寮が座を設ける。参議以上が座に就くと、大臣が式部省の官人を喚ぶ。式部の丞が大臣の座の前に至り、大臣から国造の名簿（みやうぶ）（官位・姓名・年月日などを記した名札）を賜わる。丞はこれを受けて退出する。次いで出雲国守と任人（国造に任ぜられる人）とが参入し、太政官の辨が版位に就いて、「天皇我詔旨止良麻宣久、其位其出雲国造爾任賜天、冠位上賜比、御手物賜久止宣。」と宣命を読み上げる。国守と任人とは共に称唯し、再拝両段、拍手四段する。任人は式部省の録から位記と禄（絁十疋、糸廿絇・布廿端）とを賜わる。任人は禄の絁を持って退出し（糸と布とは蔵部が持って出る）、式は終了する。

右の任命式の後、新任の国造は神祇官庁において負幸物（おひさちのもの）を賜わる。その儀式次第については、『延喜式』臨時祭に、

賜二出雲国造一負幸物

金装横刀一口、糸廿絇、絹十疋、調布廿端、鍬廿口。

右任二国造一訖、辨一人、史一人、就二神祇官庁一。……

……

と見えて、その後に出雲国造が負幸物を賜わる式次第が記されている。その概要を述べると、神祇伯以下祐以上その他関係官人が座に就くと、出雲国司及び国造が喚ばれる。辨が「出雲之国造止今定給幣留姓名爾、賜二負幸之物一久止宣。」と宣命を読み上げると、国造は称唯し、再拝両段、拍手両段する。訖って大刀（金装横刀（こがねづくりのたち））の案の下に進んで跪き、神部から大刀を授けられる。拍手両段してこれを受ける。次いで禄の下に就き跪き、

拍手一度して糸・絹・布・鍬の順に賜わる。国造は大刀を取って退出（糸以下は後取（しどり）が持つ）、次いで他の一同も退出する。

「負幸物」は、賀茂真淵の『祝詞考』に「サチオフセの物」と訓み、山田孝雄博士の『出雲国造神賀詞義解』には「サキオホセノモノ」と訓まれた。一般には、『延喜式』臨時祭の古訓に「オヒサチ」とあるのに従って、「おひさちのもの」と訓んでいる。「おひさち」とは一体いかなる意味か。新任の出雲国造は、天皇から国造のしるしの金装横刀とその附録の糸・絹・布・鍬を賜わったわけであるが、国造はこれらの品々を身に余る有難い幸（さち）として負い持って国へ帰るということから、この名が付けられたのではないだろうか。一私案として提出したい。

負幸物を賜わって国に帰った国造は、一年間厳しい潔斎をして、熊野の大神・大穴持命（大国主神）の二神を始め出雲国中の神々を斎い祭った末、再度朝廷に参上して、出雲の神宝を献上し、神賀詞を奏上する。これについては、『延喜式』臨時祭の負幸物の項に続いて、次のように見える。

国造奏二神寿詞一

玉六十八枚、赤水精八枚、白水精十六枚、青石玉卌四枚。金銀装横刀一口、長二尺六寸五分。鏡一面、径七寸七分。倭文二端、長各一丈四尺、広二尺二寸。並置レ案。白眼鴾毛馬一疋、白鵠二翼、垂レ軒。御贄五十舁。舁別盛二十籠一。

右国造賜二負幸物一、還レ国潔斎一年、斎内不レ決二重刑一。若当二校班田一者亦停。訖即国司率二国造諸祝部并子弟等一入朝。即於二京外便処一、修二餝献物一。神祇官長自監視。預卜二吉日一、申レ官奏聞、宣二示所司一。事見二儀式一。又後斎一年更入朝、奏二神寿詞一如二初儀一。

その外、『延喜式』巻第十一太政官に、

凡出雲国造、国司依レ例銓擬言上、即於二太政官一補任、如下任二諸国郡司一儀上。……就二神祇官一給二負幸物一。還レ国一年斎。畢国司率二国造一入朝、奏二神寿詞一。初到ニ停於京外便所一修二餝献物一、申二神祇官一。預択二吉日一、申レ官奏聞、依レ例頒二充所司一。事見二神祇式及儀式一。例供進。後斎亦准レ此。其日史二人入二朝堂院一、勘二献物数一、依レ例頒二

また、『延喜式』巻第十二中務省に、

凡出雲国造応レ奏二神寿辞一者、前二日差ニ点内舎人十六人一、前一日置二版位於大極殿南庭一。事見二儀式一。

また、『延喜式』巻第十九式部省下に、

出雲国造奏二神寿詞一

銓ニ擬国造一一如二郡領一。其叙レ位賜レ禄並有二常式一。斎畢率二諸祝部一、更復入京奏二神寿詞一。聞二警蹕声一列ニ立会昌門外一。後斎亦同。其日諸司廃務。

……

などと見える。これらを併せ読むと、出雲国造神賀詞奏上の儀の大体を知ることができる。すなわち、国造は帰国後一年間の斎事の末、国司に率いられ、部下の諸祝部並びに子弟等と共に入朝し、都の外の便宜の場所において献物の神宝を飾り整え、吉日を卜定して、太政官に申し上げる。献物の供進と神賀詞の奏上の儀は、朝堂院内の大極殿の南庭で行われる。天皇が大極

殿入御の警蹕の声があると、国造等一同は朝堂院内の会昌門の外に列立する。そして国造は喚ばれて大極殿南庭の版位に就き、神賀詞を奏上したものと考えられる。式部式下に「其日諸司廃務。」とあるから、この重要な儀式のために、各役所は休務となったことが知られる。

国造は、右の儀式を終わって出雲へ帰ると、更に改めて一年間の後の斎事を行って、三度目の入朝をし、前回同様に神宝を献上し、神賀詞を奏上した。神宝の奉献と神賀詞の奏上は、出雲国造が出雲の神々及び人民を背負って、天皇の朝廷に忠誠を誓う極めて厳かな儀式である。いわば出雲の国譲りの神話を現実に表現して見せた服属儀礼ということができる。服属を二度重ねて誓言して、偽りのないことを表明するのである。古代における大和朝廷と出雲の関係を、ここに見ることができる。

出雲国造の献上する品々について略説すると、玉六十八枚のうちの赤水精（すいしやう）とは赤水晶のこと、白水精とは白水晶のこと、青石玉とは青瑪瑙のことである。金銀装横刀（こがねしろがねづくりのたち）は金・銀で装飾した大刀。鏡は言うまでもない。倭文（しつ）は、古代に織物が中国から輸入される以前にあった日本特有の織物。注の「並置レ案」は、玉から倭文までを案の上に置いて献上するというのである。白眼鴾毛馬（さめつきげのうま）は『日本国語大辞典』の説明に、「両眼の縁、あるいは虹彩が白く、毛色は月毛（灰白淡赤色）の馬」とある。白鵠（くくひ）は白鳥のことで、神賀詞の文によると生きた白鳥である。注の「垂レ軒」は、これを籠にいれて軒に吊るして献上するという意であろう。御贄（みにへ）は、出雲の土地の産物で、主として食糧となる魚鳥類であろう。十籠（かご）で一舁（かき）のものを五十舁というから、相当な分量にのぼる。神賀詞の末段には、これら奉献の品々にかけて、天皇の御代をことほぐ寿詞が懇篤丁寧に述べられている。

神賀詞奏上のことが歴史に見える最初は、『続日本紀』元正天皇の霊亀二年（七一六）二月の次の記事である。

丁巳（十日）、出雲国国造外正七位上出雲臣果安、斎竟奏二神賀事一。神祇大副中臣朝臣人足、以二其詞一奏聞。是日、百官斎焉。自二果安一至二祝部一、一百一十数人、進レ位賜レ禄各有レ差。

出雲臣果安が出雲国造に任命されたのは、国造系図によると和銅元年（七〇八）であるという（『日本古代人名辞典　第一巻』）。そうすると、国造任命から神賀詞奏上までの間に八年間の間隔がある。『延喜式』には、前掲のように「国造賜二負幸物一、還国潔斎一年、……又後斎一年……」と、斎は各一年ずつになっているが、最初は必ずしも一年とは限定されていなかったようである。『出雲国風土記』の勘造で著名な出雲臣広嶋は、『続日本紀』によると、元正天皇の神亀元年（七二四）正月「奏二神賀辞一」、聖武天皇の神亀三年（七二六）二月「斎事畢、献二神社剣鏡并白馬鵠等一」とあって、二年間の間隔がある。また次に見える出雲臣弟山は、天平十八年（七四六）三月「為二出雲国造一」、孝謙天皇の天平勝宝二年（七五〇）二月「奏二神斎賀事一」と、四年間の間隔がある。同様の例はその後にも見えるが、一一挙げるのは省略する。このように、初めは斎事の期間は一定していなかったが、漸次前斎も後斎も一年ずっというふうになって行き、結局『延喜式』の規定の通りに落ち着いたものと思われる。それはともかくとして、出雲国造の服属儀礼ともいうべき神賀詞奏上の神事を厳重に制定するに至った最初の発想は、やはり天武・持統朝にあったのではないかという気がしてならない。その具体的な実現はたとい奈良時代初期の元正朝であったとしても、その源流を天武・持統朝に溯って求めるのは、至当のことと思われる。日本神話体系の中の一つの大きな山である出雲の国譲りを、現実の儀式に具体化したのが、出雲国造神賀詞の奏上であった。そこに天武・持統朝の影を捉えることができる。

神賀詞奏上の記事は、右に挙げた後も、『続日本紀』『日本後紀』『類聚国史』に散見するが、その最後のものは、『続日本後紀』の仁明天皇天長十年(八三三)四月の次の記事である。

壬午（二十五日）、出雲国司、率二国造出雲豊持等一、奏二神寿一、并献二白馬一疋、生雉一翼、高机四前、倉代物五十荷一。天皇御二大極殿一、受二其神寿一。授二国造豊持外従五位下一。

『延喜式』には負幸物を賜わる儀式や神寿詞を奏上する儀式を詳述しているから、平安時代中期にはこれらは実際に行われていたと推測すべきであろう。いつ頃衰退するに至ったか明らかでない。

出雲国造神賀詞は、延喜式祝詞全二十七編の最後を飾る雄編である。措辞・行文は古色を存し、出雲の立場から物語る神話には、記紀とは異なった独得の特色が表れていて貴重である。

〔訓読文〕

出雲国造神賀詞（いづものくにのみやつこのかむよごと）

八十日日（やそかひ）は在（あ）れども、今日（けふ）の生日（いくひ）の足日（たるひ）に、出雲（いづも）の国（くに）の国造（くにのみやつこ）姓名（かばねな）、恐（かしこ）み恐（かしこ）みも申（まを）し賜（たま）はく、挂（か）けまくも恐（かしこ）き明（あき）つ御神（みかみ）と大八嶋国（おほやしまぐに）

〔口訳文〕

出雲国造神賀詞

数多くの日はあるけれども、今日のこの生命力に満ちた充足したよい日に、出雲の国の国造某姓名が恐れ慎んで言上申し上げますことには、言葉に出して申すのも恐れ多い明つ御神（現世に姿を現しておられる神様）として日本の国を御統治になっておられる天皇様の大御世が、いつまでも長く続きますようにと、神を祭ってお祈り申し上げる知ろし食す天皇命の、手長の大御世と斎ふと若し後の斎ひの時には、後の字を加へよ。為て、出雲の国の青垣山の内に、下つ石根に宮柱太知り立て、高天の原に千木高知り坐す伊射那伎の日まな子、かぶろき熊野の大神、櫛御気野命、国作り坐しし大穴持命、二柱の神を始めて、百八十六社に坐す皇神等を、某甲が弱肩に太襷挂けて、いつ幣の緒結び、天のみかひ冠りて、いつの真屋に麁草をいつの席と苅り敷きて、いつへ黒益し、天の瓺わに斎みこもりて、しづ宮に忌み静め仕へ奉りて、朝日の豊栄登りに、いはひの返り事の神賀の吉詞奏し賜はくと奏す。

高天の神王高御魂・神魂命の、皇御孫の命に天の下大八嶋国を事避り奉りし時、出雲臣等が遠つ神天穂比命を、国体見に遣は

というので、もし後の斎事の時には、「後」の字を加えて、「後に斎ふ」と唱えよ。出雲の国の青々した垣のように周りをとり巡らした山々の内に、地下の大きい岩の上にお宮の柱を太くしっかりと立て、高天の原に向かって千木を高く聳やかして鎮座しておいでになる、伊射那伎の大神の貴い最愛のお子様でいらっしゃる加夫呂伎熊野大神櫛御気野命、及びこの国土を御造営になった大穴持命の二柱の神様を始めとして、出雲国内百八十六社に鎮座しておられる貴い神様方を、私のか弱い肩に立派な襷を掛け、神聖な奉幣の品をくくる紐をしっかり結び、天上から伝わった神聖な火を頂戴して、神聖な御殿の中に刈り取ったままの草を神聖な敷物として敷いて、神聖なかまどをどんどん黒くなるまで焚いて神饌を作り、神聖な大きい瓶にお神酒を醸すために心身を清めて籠もって、神様を鎮め奉るお宮に神様方を潔斎してお鎮めしてお祭り申し上げて、かくして一年間の斎事が終了して、今日朝の太陽が豊かに栄え登る時に、斎事が終了した旨を御返事申し上げる神賀の吉詞（出雲の神が天皇を祝福申し上げるめでたい言葉）を言上申し上げる次第でございますと申し上げます。

高天の原においでになる神祖の高御魂命・神魂命が、貴い神のお孫様（邇邇芸命）に天の下の日本の国をお譲り申し上げた際、出雲臣らの遠い祖神の天穂比命を、国の様子を見るために派遣された時に、天穂比命は空に幾重にもたなびく雲を押し分けて、天空を飛び廻り地上

しし時に、天の八重雲を押し別けて、天翔り国翔りて、天の下を見廻りて、返り事申し給はく、豊葦原の水穂の国は、昼は五月蠅なす水沸き、夜は火瓮なす光る神在り、石根・木の立ち・青水沫も事問ひて、荒ぶる国なりけり。然れども鎮め平けて、皇御孫の命に安国と平らけく知ろし坐さしめむと申して、己れ命の児天夷鳥命に、布都怒志命を副へて、天降し遣はして、荒ぶる神等を撥ひ平け、国作らしし大神をも媚び鎮めて、大八嶋国の現し事・顕は事事避らしめき。乃ち大穴持命の申し給はく、皇御孫の命の静まり坐さむ大倭の国と申して、己れ命の和魂を八咫の鏡に取り託けて、倭大物主櫛𤭖玉命と名を称へて、大御和の神奈備に坐せ、己れ命の御子阿遅須伎高孫

を駆け巡って、あまねく天下を巡視して、復命申し上げたことには、「豊かな葦原の茂る瑞々しい稲穂に恵まれた日本の国は、昼は五月田植えの頃に出る蠅のように魔物がいっぱい騒がしく沸き返り、夜は瓶の中で燃やす火のように不気味に光る邪神があり、大きい岩石や樹木や青い水の泡までもさわがしく物を言って、荒れすさんだ国でございました。しかしながら、これらを鎮定し服従させて、皇御孫の命様に安らかな国として平穏に統治できるようにしてさし上げましょう」と申し上げて、御自身の子である天夷鳥命に、布都怒志命を添えて、天上から降し派遣して、乱暴なことをする神々を払いのけ服従させ、国土を造営された大穴持の大神をもうまく和め鎮めて、日本の国の現実に目に見える政事を譲らせた。その時即座に大穴持命が申し上げられたことには、「皇御孫の命様が鎮まられるべき所は大倭の国（大和の国）でございます」と申し上げて、御自身の温和な面の御神霊を大きな鏡に依り着かせて、倭大物主櫛𤭖玉命というふうに立派な御神名を付けて、大三輪の神の御山に鎮座申させ、御自身のお子様の阿遅須伎高孫根の命の御神霊を葛木の鴨の神の森に鎮座申させ、事代主命の御神霊を宇奈提に鎮座申させ、賀夜奈流美命の御神霊を飛鳥の神の森に鎮座申させて、それぞれ皇御孫の命様のお身近の守護の神として献上して置いて、御自身は出雲の杵築の宮にお鎮まりになった。ここにおいて、睦まじい神祖の男神様・女神様が仰せられたことには、「貴方天穂比命は、天皇様のいつまでも長く続く大御世を、堅固な永遠に変化しない岩のようにお守り申し上げ、繁栄した御世として幸いをお与え申し上げよ」と仰せられた、その貴い祖先の伝統に従って、一年間

根の命の御魂を葛木の鴨の神奈備に坐せ、事代主命の御魂を宇奈提に坐せ、賀夜奈流美命の御魂を飛鳥の神奈備に坐せて、皇孫の命の近き守り神と貢り置きて、八百丹杵築宮に静まり坐しき。是に親神魯伎・神魯美の命宣りたまはく、汝天穂比命は、天皇命の手長の大御世を、堅石に常石にいはひ奉り、いかしの御世にさきはへ奉れと、仰せ賜ひし次の随に、供斎若し後の斎ひの時には、後の字を加へよ。仕へ奉りて、朝日の豊栄登りに、神の礼白・臣の礼白と、御祷の神宝献らくと奏す。

白玉の大御白髪坐し、赤玉の御あからび坐し、青玉の水江の玉の行き相ひに、明つ御神と大八嶋国知ろし食す天皇命の手長の大御世を、御横刀広らに誅ち堅め、白御馬の

の斎事もし後の斎事の時には、「後」の字を加えて、「後の供斎」と唱えよ。にお仕え申して、今日朝の太陽が豊かに栄え登る時に、出雲の神の儀礼のしるしの品物、又出雲の臣の儀礼のしるしの品物として、大御世を祝福申し上げる御神宝を、ここに奉献申し上げる次第でございますと申し上げます。

この奉献いたします白玉（白水晶）のように白いお白髪になられるまで、天皇様が御長寿でおいでになり、この赤玉（赤水晶）の赤い色のように、天皇様のお顔色が赤々と御健康でおいでになり、この青玉（青瑪瑙）のように青く瑞々しい若枝のような括り連ねた玉が、うまく一つに統べ括られているように、明つ御神として日本の国をうまく統べ治めて行かれる天皇様の、いつまでも長く続く大御世を、この御横刀（腰に佩く太刀）の刃が広く打ち堅めてあるように、広く堅固な

前足の爪・後足の爪踏み立つる事は、大宮の内外の御門の柱を、上つ石根に踏み堅め、下つ石根に踏み凝らし、振り立つる耳の弥高に、天の下を知ろし食さむ事の志のため、白鵠の生御調の玩び物と、倭文の大御心もたしに、彼方の石川の度り・此方の石川の度りに生ひ立てる若水沼間の、弥若えに御若え坐し、すすき振るをとみの水の、弥をちに御をち坐し、まそびの大御鏡の面をおしはるかして見そなはす事のごとく、明つ御神の大八嶋国を、天地日月と共に、安らけく平らけく知ろしめさむ事の志のためと、御祷の神宝を擎げ持ちて、神の礼白・臣の礼白と、恐み恐みも天つ次の神賀の吉詞白し賜はくと奏す。

ものとして行かれますようお祈り申し上げます。又この奉献いたします白御馬が前足の爪・後足の爪をしっかりと大地に踏み立てることは、天皇様の宮殿の内外の御門の柱を、地下の各所の大きい岩の上にしっかりと立てて、動かぬように踏み固め踏み凝らすことのしるしのためであり、又その御馬が耳を高く振り立てることは、天皇様がいよいよ高く隆盛に天下を統治して行かれることのしるしのためでございます。又、この白鳥の生きたままの献り物は、天皇様の御愛玩用として奉献申し上げます。又、この献上いたします倭文（日本固有の古い織物）がしっかりと精密に織られているように、天皇様の大御心もしっかりとして確かでいらっしゃることでございます。そして、国造が朝廷へ参向いたします前に禊ぎをして来ました出雲国三沢郷のあちらこちらの石の多い川の渡り場に湧き出している若々しい水を湛えた沼の水が若々しいように、天皇様がいよいよ若々しくお若返りになり、又同じく国造が禊ぎをして来ました出雲国忌部神部の若返りの水に身を振りすすぎ心を洗い清めて、いきいきと若返るように、天皇様がますますお若く若返られまして、この献ります真澄の大御鏡の面を明るく押し拭って御覧になりますように、明つ御神でいらっしゃる天皇様が、この日本の国を天や地や日や月と共にいつまでも永遠に、安泰に平穏にお治めになって行かれます、そのしるしのために、御世を祝賀申し上げます神宝の品々を捧げ持って、これを出雲の神の儀礼のしるしの品物、出雲の臣の儀礼のしるしの品物として、恐れ慎んで、天上から伝わった伝統通りの出雲の神が天皇様を祝福申し上げますめでたい言葉を言上申し上げる次第でございますと申し上げます。

語釈

○**八十日日**　九条家本の古訓に「ヤソカヒ」とある。沢山の日。「日」は、「二日」「三日」の「日」で、「日」の意である。
○**生日の足日**　生命力に満ちた充足したよい日。
○**出雲の国の国造姓名**　「出雲の国の国造」については解説の項参照。下の「姓名」の所に、実際の国造の姓名を入れる。
○**恐み恐みも申し賜はく**　恐れ謹んで奏上申し上げますことには。「も」は軽い詠嘆の間投助詞。伊勢大神宮の斎内親王奉入時の祝詞に、「恐み恐みも申し給はくと申す」とあった。
○**挂けまくも恐き**　「挂」の字は、かける意で、「掛」に同じ。「挂けまく」は「挂けむ」のク語法で、挂けむことの意。掛けるとは、言葉に出して言うこと。言葉に出して申すことも恐れ多いの意。
○**明つ御神**　現世に姿を現しておられる神の意で、天皇を敬っていった語。「明つ御神と」の「と」は、としての意。
○**天皇命の**　この下に賀茂真淵の『延喜式祝詞解』及び『祝詞考』は「大御世乎」を補い、その後の研究者はこれを襲っているが、九条家本・卜部兼永本等には見えない。祈年祭の祝詞には、「皇御孫の命の御世を、手長の御世と、堅磐に常磐に斎ひ奉り、……」とあった。あればよく分かるが、なくとも意味が通じないわけではないので、古い写本にないままにしておいた。

○**手長の大御世**　いつまでも長く続く大御世。「手」は接頭語。
○**斎ふ**　ここでは、神を祭って幸せを祈る意。出雲国造の一年間の斎事をさす。
○**若し後の斎ひの時には、後の字を加へよ**　この注は、出雲国造が一回目の神賀詞奏上を終わって出雲へ帰り、二回目の斎事を行った場合の奏上には、「後」の字を加えて、「後に斎ふ」と唱えよという注意書きである。
○**青垣山**　青々した垣のように周りをとり巡らしている山々。『古事記』中巻の倭建命の歌謡に、「倭は　国のまほろば　たたなづく　阿袁加岐　夜麻ごもれる　倭しうるはし」と見える。
○**伊射那伎の日まな子**　伊射那伎の大神の尊い最愛の子。「日」は霊の意味で上に冠した尊称。これは熊野の大神のことをさす。「伊射那伎」の神は、『古事記』に「伊耶那岐神」、『日本書紀』に「伊奘諾尊」と書く。
○**かぶろき**　本文に「加夫呂伎」と書く。「かむろき（神漏伎）」のむがぶに変化した語。「ろ」は連体助詞で「の」の意、「き」は男性を表す。男性の祖神の意。出雲国造にとって祖神と崇める熊野の大神というのである。
○**熊野の大神**　『出雲国風土記』意宇郡に、「伊奘奈枳の麻奈古に坐す熊野加武呂の命」と見え、その社は「熊野の大社」とある。『出雲国風土記』で「大社」とあるのは、熊野の大社と杵築の大社（出雲大社）の二社だけである。『延喜式』神名下の出雲国意宇郡には、「熊野坐神社名神大」と見える。『令義解』神祇令の「天神地祇」の注に、「謂、天神者、伊勢・山城鴨・住吉・出雲国造斎神等類是也。地祇者、大神・大倭・葛木鴨・出雲大汝神等類是也。」と述べているが、「出雲国造斎神」とは熊野の大神に外ならない。熊野の大神は出雲国造が自分らの祖神として斎き祭った神である。これに対して出雲大社の大汝神（大国主神）は、出雲国造が神職として奉仕して来た神である。出雲国造にとって両神の間に立場の相違のあることに注意する必要がある。

○**櫛御気野命**　熊野の大神の神名。「櫛」は「奇し」、「御気」は「御食」の意で、霊妙な御食を産する野の神という意味であろう。そうすると、現地の人々の農耕生活に密着した神名となる。熊野の地を本拠とした出雲国造は、自らの祖神を「櫛御気野命」としてその地に祭り、周辺を統治して固い地位を保持して来たのであろう。「かぶろき熊野の大神」の「かぶろき」（祖神）を大国主神の祖神と解して、熊野の大神を須佐之男命に当てる説（本居宣長の『出雲国造神寿後釈』その他）が有力であったが、その根拠は薄弱であるように私には思われる。

○**国作り坐しし大穴持命**　『出雲国風土記』には、「天の下造らしし大神大穴持命」と表現している。天下国家を造営された神として著名である。いわゆる大国主神である。「大穴持」の意味は必ずしも明らかでない。その神社は、『出雲国風土記』出雲郡に「杵築大社」とある。『延喜式』神名下の出雲国出雲郡に、「杵築大社名神大」と見える。いわゆる出雲大社である。出雲国造は、祖先の天穂比命以来ずっと長く大国主神に仕え、出雲大社の祭事に従事して来た。

○**百八十六社**　この神賀詞が書かれた当時の出雲国内の総神社数。『出雲国風土記』には、

　合　神社　参佰玖拾玖所。
　壱佰捌拾肆所　在二神祇官一。
　弐佰壱拾伍所　不レ在二神祇官一。

と見える。『延喜式』神名下には、「出雲国一百八十七座大二座 小百八十五座」とある。一八四→一八六→一八七と時代により変遷があることが分かる。神賀詞にある神社数はその中間である。

○**皇神等を**　この句は、下文の「しづ宮に忌み静め仕へ奉りて」にかかる。

○**某甲**　この神賀詞を読む出雲国造自身をさしている。「甲」は国造の名に代えて入れた字である。

○**いつ幣の緒結び**　「幣」は九条家本及び卜部兼永本の訓に「ミテクラ」とある。「いつ」は忌み清めた神聖な意。「幣」は神に奉る幣帛。神聖な幣帛をしばる緒をしっかりと結びというのである。

○**天のみかひ冠りて**　「みかひ」の本文には「美賀秘」とある。九条家本及び卜部兼永本の訓には「ミカシヒ」とある。このままでは容易に解し難い難語である。そこで、本居宣長（『出雲国造神寿後釈』）は「美賀秘」を「美賀気」の誤りとして、「天之御蔭登冠理弖」と訓み、木綿を天の御蔭（天空に対

して覆うもの）として頭にかぶることと解した。山田孝雄博士（『出雲国造神賀詞義解』）は「秘」を「祁」の誤りとして、「美賀祁」を御蔭（日蔭の蔓のこと）とし、日蔭の蔓を頭につけることと解された。しかしながら、「祁」は上代特殊仮名遣いで甲類のケの字であるのに対して、「蔭」のゲは乙類の字（気など）でなければならない。そこで私は発想を転換して、「美賀秘」のままにして置き、これを「厳火」すなわち神聖な火と解し、「冠り」は蒙る・いただく・頂戴する意に取って、天上伝来の神聖な浄火を頂戴しての意と解する一試案を提出した（拙著『祝詞古伝承の研究』所収「出雲国造神賀詞初段の難語」）。出雲国造家には古来その代替り毎に神聖な火を承け継ぐ重要な火継ぎの神事が存する。国造の代替りに当たって朝廷に奏上する神賀詞の中に、この火継ぎの神事が盛り込まれて然るべきだと考えたからである。この頂いた神火をもって、かまどを真黒に焚いて（下文の「いつへ黒益し」）、神饌を調理するのである。

○**いつの真屋**　忌み清めた神聖な御殿。「真屋」の「真」は美称。

○**麁草**　「麁」は「麤」の俗字で、粗い意。ここはむしろ「新草」に当てたもので、刈り取ったままの清浄な草。

○**いつの席**　忌み清めた神聖な席（敷物）。「いつの真屋」の中に「あら草」を刈って来て「いつの席」として敷いて、その御殿で、と続く。

○**いつへ黒益し**　「いつへ」は「厳竈」で、神聖なかまど。「黒益し」は薪で焚いてどんどん黒くする意。

○**天の瓱わに斎みこもりて**　「天の瓱わ」（本文は「天能瓱和」）も難語である。「瓱」は酒をかもす大きなかめ。「わ」が未詳の語である。古来諸説があるが、説き尽くされているとは思えない。私は、古く神酒をミワといった（「神酒」は九条家本の古訓にもミワとある）から、「瓱わ」には瓱に入れた神酒の意味があったのかも知れないと考え、「天の瓱わに斎みこもりて」とは、神聖な瓱に神酒をかもすために潔斎して籠もっての意かとする一試案を懐いた（『祝詞古伝承の研究』所収「出雲国造神賀詞初段の難語」）。そうすると、「いつへ黒益し」は神饌を炊くことになり、「天の瓱わに……」は神酒をかもすことになって、文章は整うが、なお語義に釈然としないものが残る。「わ」についての明解を期待したい。

○**しづ宮**　神を鎮め奉る宮。

○**忌み静め仕へ奉りて**　心身を忌み清めて、出雲の神々をお鎮めして、お仕え申し上げての意。ここまでは、出雲国造が一年間出雲の神々を祭り斎事を厳修した状況を述べたものである。これが終了して上京し、神賀詞の奏上となるわけであるが、そのことはすべて省略して、文章は一挙に神賀詞奏上の当日へと移る。

○**朝日の豊栄登りに**　朝の太陽が豊かに栄え登る時に。これは神賀詞奏上の当日朝のことである。

○**いはひの返り事**　「いはひ」は一年間の斎事をさす。一年間神々を祭って天皇の大御世の長久をお祈り申して来たことについての返事の言葉・御報告の意。
○神賀の吉詞　出雲の神々が天皇を祝福申し上げるめでたい言葉。
○奏し賜はくと奏す　奏上申し上げることでございますと申し上げます。下の「奏す」は、文初の「出雲の国の国造姓名、恐み恐みも申し賜はく」の第一段目の結びとなっている。
○高天の神王　「神王」は九条家本の古訓に「ーノミオヤ」とある。高天の原においでになる神祖、いわゆる神漏伎・神漏美の神をさす。
○高御魂・神魂命　九条家本の本文には「神魂」の二字がない。記紀の神話によると、神魂の命は天孫降臨のことに関わっていないから、ここにないのは当然といえるかも知れない。しかしながら、神祖神漏伎・神漏美という意識で並べたのならば、神魂の命はあって然るべきであるし、特に出雲の神話には「神産巣日御祖命」(『古事記』上巻)の活躍する場面が多い(『出雲国風土記』にも多く見える)から、むしろ「神魂」がある方がよいという考えに傾く。よってここでは、卜部兼永本に従い「神魂」を残すことにした。
○事避り奉りし時　「避る」は譲る意。『古事記』上巻に、八十神が「皆国者避二於大国主神一」と見える。皇孫に国を治めることをお譲り申し上げた時にの意。
○遠つ神　遠い祖先の神。

○天穂比命　「遷却祟神」の祝詞に「天穂日之命」とあって、そこで説明した。この神を出雲国造の祖とすることは、『古事記』上巻に「天菩比命之子、建比良鳥命、此出雲国造・无耶志国造……等之祖也。」と見え、『日本書紀』神代上に「天穂日命、是出雲臣・土師連等祖也。」と見えている。先に熊野の大神櫛御気野命を出雲国造のかぶろき(男性の祖神)であると述べたが、それは国造を頂点とする出雲社会の人々が、熊野の大神を自分らの集団の尊い祖神と仰いで社会生活を営んだことを意味するもので、これが出雲の現地の生活信仰である。これに対して、ここに天穂比命を祖神とすることは、大和朝廷の大きな系譜体系の中で、出雲国造の祖先が天照大御神の子の天穂比命に位置づけられていることを意味するもので、出雲社会の実際信仰とは別の次元の問題である。この両者の立場を識別して理解する必要がある。ここは朝廷に出て奏上する神賀詞であるから、天穂比命が正面に出て述べ上げられるのは当然である。
○国体　国の形・国の様子・国状の意。
○天翔り国翔りて　天空を飛び廻り、地上を駆け巡って。
○返り事申し給はく　復命の言葉を言上したことには。神賀詞では、記紀の記事とは違って、天穂比命が復命したことになっているのは、出雲側の立場を主張したものである。
○五月蠅なす水沸き　「五月蠅」は陰暦五月田植えの頃に出て来る蠅。「さ」は、「さ月」「さ苗」「さみだれ」「さをとめ」等の「さ」に同じで、田植えに関する語。「なす」は、……のようにの意。「水沸き」の「水」はミナ（皆）の音を表すための当て字で、全部・ことごとくの意である。五月田植えの頃蠅がすっかり沸き出して来るように、悪い魔物がすっかり沸き出して来てというのである。『古事記』上巻に、「悪神之音、如二狭蠅一皆満、万物之妖悉発。」また、「万神之声者、狭蠅那須此二字以レ音。満、万妖悉発。」と見える。

○**火瓮なす光る神**　「火瓮」の「へ」はかめ（瓶）のこと。「火瓮」とは、火を焚いている瓮で、その瓮の火が夜不気味に光るのである。ここは、瓮の中で焚く火のように不気味に光る邪神。

○**青水沫も事問ひて**　青い水の泡までもがものを言って。「事」は言の意。

○**荒ぶる国なりけり**　卜部兼永本には「荒国在祁利」とある。九条家本は「荒国在利」。荒れすさんだ国であるのだった。「けり」という助動詞は、…であることに初めて気がついて驚嘆したという気持を表す。

○**天夷鳥命**　「己れ命の児」とあって、天穂比命の子。『古事記』上巻に「天菩比命之子、建比良鳥命」とあり、『日本書紀』崇神天皇六十年七月己酉（十四日）の条に、「武日照命一云、武夷鳥。又云、天夷鳥。従レ天将来神宝、蔵二于出雲大神宮一。……」と見える。記紀にはこの神が布都怒志命と共に天降し遣わされたことは見えない。遷却崇神の祝詞には、天穂日命の子で天上から遣わされたのは、健三熊之命とあった。

○**布都怒志命**　遷却崇神の祝詞には経津主命とあった。香取神宮の祭神。記紀に見える建御雷神（武甕槌神）はここには出て来ない。

○**国作らしし大神**　大穴持命。すなわち大国主神。

○**媚び鎮めて**　「媚ぶ」（上二段活用）は相手に気にいられるように振舞う・へつらう意であるが、ここでは大国主神にうまく言って、その心をやわらげて、平和裏に国譲りのことを行わせたことをいう。記紀の表現とは異なり、出雲国造の祖先の天穂比命及びその子天夷鳥命の功績を述べ上げている。

○**現し事・顕は事**　現実のこの世の事・目に見える現世の事。現実の世の中の政治の事をさす。目に見えない神事に対していう。『日本書紀』神代下一書に、「夫汝所レ治顕露之事、宜二是吾孫治一之。汝則可三以治二神事一。」また、「吾所レ治顕露事者、皇孫当レ治。吾将三退治二幽事一。」と見える。

○**事避らしめき**　「避る」は譲る意で、現世の政治を譲らせた。

○**大倭の国**　ここは大和の国（奈良県）をさす。

○**和魂**　神霊を和魂と荒魂とに分け、静的温和な面を和魂、動的勇猛な面を荒魂としたもの。

○**八咫の鏡**　「やた」は「や（八・彌）あた（咫）」の約。「あた」は長さの単位で、親指と中指とを開いた長さをいう。大きい鏡の意で、鏡の美称。

○**取り託けて**　「託」の字につける意がある。神霊を八咫の鏡に依り着かせて。

○倭大物主櫛𤭖玉命　大神神社の祭神名。大神神社は『延喜式』神名上の大和国城上郡に「大神大物主神社名神大。月次、相嘗、新嘗。」と見える。「大物主」は、『古事記』中巻に「美和之大物主神」とあり、物は精霊を意味するといわれる。「櫛𤭖玉命」の「櫛」は奇、「𤭖」は厳、「玉」は霊の意で、霊妙で威厳のある神霊を意味する語をもって神名としたものである。これは大神神社の鎮座説話であるが、記紀それぞれに見えるものとは異なっていて、特色がある。（後の〔追記〕参照。）

○名を称へて　ほめたたえた名をお付けして。

○大御和　大三輪・大美和・大神などとも書かれる。奈良県桜井市三輪の地。三輪山があり、大神神社が鎮座し、古代の雄族三輪氏の本拠であった。

○神奈備　神霊の天降る山や森。「な」は連体助詞で「の」に同じ。「び」は辺の意かといわれる。三輪山は古来、山そのものが御神体として尊崇されて来た。

○坐せ　「坐す」（下二段活用の他動詞）の連用形で、いらっしゃるようにさせる・鎮座させ申し上げる意。

○阿遅須伎高孫根の命　『古事記』上巻に「阿遅鉏高日子根神・阿遅志貴高日子根神」と見える。大国主神と胸形の奥津宮の神多紀理毗売命との間の子。

○葛木の鴨の神奈備　『延喜式』神名上の大和国葛上郡に「高鴨阿治須岐託彦根命神社四座並名神大。月次、相嘗、新嘗。」と見える神社。今、高鴨神社という。

○事代主命　『古事記』上巻には、大国主神と神屋楯比売命との間の子とある。

○宇奈提　『延喜式』神名上の大和国高市郡に「高市御県坐鴨事代主神社大。月次、新嘗。」とある神社に当たる。現在の奈良県橿原市雲梯町にその旧跡があるという。

○賀夜奈流美命　記紀にこの神名は見えない。『延喜式』神名上の大和国高市郡に「加夜奈留美命神社」が見え、明日香村栢森（飛鳥川の上流）にあるという。

○飛鳥の神奈備　右の加夜奈留美命神社をさすとするのが順当であろう。『延喜式』神名上の大和国高市郡に「飛鳥坐神社四座並名神大。月次、相嘗、新嘗。」があるが、この神社は事代主命を主神とするというから、相当しないように思われる。この点については、なお疑問が残る。

○皇孫の命の近き守り神　三輪の大物主神を初めとして、葛木の鴨・宇奈提・飛鳥の地に一族の神々を配置して、「皇孫の命の近き守り神」として貢ったと述べているところを見ると、この神賀詞はもと明日香・藤原に都のあった時期に書かれたものであることを暗示しているようである。出雲国造の神賀詞奏上の初見は、『続日本紀』元正天皇の霊亀二年二月丁巳（十日）の記事で、平城京に入って以後の時期であるが、右のことから察知すると、淵源はその以前に溯るとしなければならない。

○八百丹杵築宮　「八百丹」は沢山の赤土の意。沢山の赤土を杵で築き固めて作るということから、「八百丹」を「杵築」

にかかる枕詞として使ったのである。『出雲国風土記』の出雲郡杵築郷に、「所レ造二天下一大神之宮、将二造奉一而、諸皇神等、参二集宮処一、杵築。故云二寸付一。神亀三年改二字杵築一。」と見える。「杵築宮」は出雲大社のことで、『出雲国風土記』に「杵築大社」とあり、『延喜式』神名下の出雲国出雲郡にも「杵築大社名神大」と見えることとは、前に記した通りである。

○**親神魯伎・神魯美の命**　親愛なる神祖の男神・女神。これは、この段の初頭の「高天の神王高御魂・神魂命」に相当すると見ることができる。

○**汝**　相手を尊敬して呼んだ語。広瀬大忌祭・大殿祭の祝詞に見えた。

○**いはひ奉り**　神を祭って幸せをお祈り申し上げ。

○**いかしの御世**　繁栄した御世（既出）。

○**次の随に**　「次」は順序・次第。「随に」は、……のままに・……に従って。順序のままに・次第に従ってというのは、出雲国造の遠祖の天穂比命が神魯伎・神魯美の命から天皇の大御世を斎い奉るようにと尊い命令を受けた、その順序・次第に従って、すなわち祖先伝来の大切な使命のままに、子孫である新しい国造が、これまで一年間の斎事に奉仕して来たことを述べたものである。

○**供斎**　九条家本の古訓に「イミ」とある。文初で、「手長の大御世と斎ふと為て」と訓んだのに合わせて、ここの「供斎」を「いはひ」と訓む。「供」は斎に仕える意味で上に付けたのであろう。一年間の斎事をさす。下の注は、二度目の斎事の場合には「後」の字を加えて、「後のいはひ」と読むように指示したものである。

○**神の礼白・臣の礼白と**　九条家本の本文に「神乃礼白臣乃礼白止」、卜部兼永本の本文に「神乃礼自臣能礼自登」とある。これは「神乃礼白臣能礼白登」の誤りとして正した。「礼白」は、遣唐使時奉幣の祝詞に「礼代」とあったのと同語で、「白」はシロの音を表しただけの当て字、代りの物の意である。「神の礼白」は出雲の神々から天皇への儀礼のしるしの品物、「臣の礼白」は出雲の臣（出雲国造）から天皇への儀礼のしるしの品物。下の「と」は、としての意。

○**御祷の神宝**　天皇を祝福申し上げる神宝。神宝は出雲の神の宝物で、これを奉献することによって、出雲の大和朝廷に対する服属・忠誠を具体的に表明するのである。なお解説の項を参照されたい。

○**献らくと奏す**　献上申し上げることでございますと申し上げます。下の「奏す」は、文初にあった「出雲の国の国造姓名、恐み恐みも申し賜はく」の第二段目の結びとなっている。

○**白玉の大御白髪坐し**　以下、献上する神宝の一つ一つの品物にかけて天皇を祝福する言葉が続いて行く。ここに一つ一つの神宝にこめられた出雲の祝意が巧みに述べられていて、日本古代の寿詞の物と心を結び着けて表現する絶妙な修辞を見ることができる。最初は神宝の「玉六十八枚」のうちの「白水精十六枚」にかけて述べた言葉である。水精とは水晶のことで、『出雲国風土記』の意宇郡に「長江山　郡家東南五十里〈有水精〉」と見える。「白玉の」は白玉のようにの意で、この献上します白玉（白水晶）のように白い白髪になられるまで、天皇様が長寿でおいでになり、という意を表している。

○**赤玉の御あからび坐し**　これは玉のうちの「赤水精八枚」にかけて述べた言葉である。この献上します赤玉（赤水晶）の赤い色のように、天皇様のお顔色が赤く血色がよくて、健康でおいでになりの意。

○**青玉の水江の玉の行き相ひに**　これは玉のうちの「青石玉四十四枚」にかけて述べた言葉である。青石玉は青瑪瑙のことで、今も出雲の名産となっている。「水江」は瑞枝の意で、青玉（青瑪瑙）の瑞々しい若枝のような括り連ねた玉が、うまく一つに統べ括られていることを、「行き相ひ」と表現したものと考える。そのように、天皇様が日本の国をうまく一つに統べ括って治めて行かれるというのである。

○**御横刀広らに誅ち堅め**　これは神宝の「金銀装横刀一口」にかけて述べた言葉である。「みはかし」は「御佩かし」で、貴人の腰にお佩きになる大刀の意。この奉ります御横刀の刃が広く打ち堅めてあるように、天皇様が御世を広く堅固なものとして行かれるというのである。「誅」は討つの意の字であるが、「打ち」の意味で使用している。

○**白御馬の前足の爪・後足の爪踏み立つる事は、**……　これは神宝の「白眼鴾毛馬一疋」にかけて述べた言葉である。白眼鴾毛馬とは、両眼の縁、あるいは虹彩が白く、毛色は月毛（灰白淡赤色）の馬であるという（『日本国語大辞典』）。それをここには「白御馬」といっている。この奉ります白御馬が、前足の爪・後足の爪をしっかりと大地に踏み立てることは、皇居の内外の御門の柱を、地下の各所の大きな岩の上にしっかりと立て、踏んで堅く凝り固まらせる、すなわち宮廷の基礎をいよいよ堅固なものとして行かれるしるしのために奉るのでございますというのである。

○**振り立つる耳の弥高に、**……　これも同じく「白御馬」にかけた言葉である。その白御馬がいよいよ高く耳を振り立てることは、天皇様がいよいよ高く隆盛に天下を治めて行かれるしるしのために、この白御馬を奉るのでございますというのである。

○**志のため**　九条家本の本文は「志太米」、卜部兼永本の本文は「志太米」である。この語は古来の難語の一つである。賀茂真淵（『延喜式祝詞解』及び『祝詞考』）が「シルシノタメ」と訓んで以来、これに従う人が多い。私も種々苦慮を重ねたが、結局名案は出ず、真淵説を襲う結果となった。「志」の字にしるす・しるしの意味があることは確かである。ここのしるしは、具体的表象といった意味に解すれば分かる。献上する白御馬は、天皇様の御治世の隆盛を具体的に表象するための物として奉るのでございますということになって、神宝奉献の精神に合致することになる。しかしまた、「志太米」で仮名書き三字の一語ではないかという考えも棄て難いし、「しるしのため」という言葉も何となくぎこちない感じがするので、問題はなお残っていると言わねばならない。

○白鵠の生御調　「白鵠」の九条家本の訓に「シラトリ」とある。これは神宝の「白鵠二翼」をいったもの。「鵠」は『古事記』中巻垂仁天皇の条に「高往鵠之音」と見え、「ククヒ」と訓んでいる。今の白鳥である。『出雲国風土記』の秋鹿郡の「南入海」（宍道湖に当たる）に、「秋則在二白鵠・鴻鴈・鳧・鴨等鳥一。」と見えるから、宍道湖に飛来した白鳥としてよいであろう。「生御調」は生きたままの貢ぎ物。

○玩び物と　天皇様の愛玩用として献上申し上げます、の意。

○倭文の大御心もたしに　「倭文」は九条家本及び卜部兼永本の訓に「シツ」とある。倭文は日本固有の古い織物で、後に至るまで神事に用いられた。シツと清音でいうのが古く、後シヅと濁るようになった。これは神宝の「倭文二端」にかけて述べたものである。この奉ります倭文の織物の織り目がしっかりと精密に織ってあるように、天皇様の大御心もしっかりとして確かでいらっしゃって、というのである。この「たしに」の本文は「多親尓」で、九条家本に訓は見えないが、卜部兼永本には「タシ」とある。一般にこれを「確に」と解して、確かにの意として来た。「確に」という古語は、『古事記』下巻の歌謡に「たしみ竹　多斯には率寝ず」・「笹葉に　打つや霰の　多志陀志に　率寝てむ後は」と見えて問題ないとしても、「親」をシの仮名に用いることは外に見かけないので、「多親尓」をタシニと訓んでよいかどうかは疑問が起こる。私は一試案としてタシミニと訓んでみたが、顧みて名案ともいい難い。よって今は通説に従い、「確に」として解釈しておいた。

○彼方の石川の度り・此方の石川の度りに生ひ立てる若水沼間の　ここから次の「すすき振るをとみの水の、弥をちに御をち坐し」までは、出雲国造が神賀詞奏上のために朝廷へ参上するに当たって、出雲国内でみそぎをする二つの場所にかけて寿詞を述べたものである。前半は、出雲国仁多郡三沢郷の神聖な水場である。『出雲国風土記』の仁多郡三沢郷の条に、次のように見える。

大神大穴持命御子、阿遅須枳高日子命、御須髪八握于レ生、昼夜哭坐之、辞不レ通。……則寤問給、爾時、御沢申。爾時、何処然云問給、即御祖前立去出坐而、石川度坂上至留、申二是処也一。爾時、其沢水沼出而、御身沐浴坐。故国造神吉事奏、参二向朝廷一時、其水沼出而、用初也。

右の『風土記』の文中の「水沼」（水をたたえた沼）は、神賀詞の「若水沼間」（若々しい水をたたえた沼）に外ならない。右の風土記の記事は、国造が神吉事（神賀詞）奏上のために朝廷へ参向するに際し、この水沼に出てみそぎをする例になっていることの縁起を、阿遅須枳高日子命がこの水沼に出て御身の沐浴（みそぎ）をされたという伝承に結び付けて説いたものである。「神賀詞」の文章と『風土記』の記事との間に密接な関係があることを見逃すことはできない。「神賀詞」のこの個所の本文は、九条家本に「彼方古川席此方乃古川席尓生立若水沼間乃」とあり、卜部兼永本に「彼方古川席此方能古川席尓生立若水沼間能」とある。文中の二つの「古川席」が古来の難問である。賀茂真淵の『祝詞考』は「古川席」の「席」を「原」の誤りとして、「古川原」に改めた。本居宣長の『出雲国造神寿後釈』は「席」を「岸」の誤りと考えて、「古川岸」と推定した。その後は宣長の「古川岸」説が有力に支持されている。しかし私は、古川原にも古川岸にもはっきりした映像を浮かべることができない。そこで頭に浮かんで来るのが、右の『風土記』の「石川度坂上至留」という句である。これを「石川の度りの坂上に至り留まり」と訓む。「石川の度り」とは、石の多い川の渡り場（川を渡る場所）のことである。仁多郡水沢郷は斐伊川の上流の地であるから、その川は文字通り「石川」であったに違いない。『風土記』の右の記事は、国造のみそぎの場所を言っているのであるから、神賀詞の誤りを正すに最も有効な資料であるといい得る。神賀詞の「古川席」は、『風土記』の「石川度」によって正すことができるのではあるまいか。「古」は「石」の誤り、「席」は「度」の誤りではないか。共に字体がよく似ている。かくして私は、神賀詞のこの個所を、「彼方の石川の度り・此方の石川の度りに生ひ立てる若水沼間の」と訓み、意味は、国造がみそぎをして来た三沢郷のあちらの石川の渡り場、こちらの石川の渡り場に湧き出している若々しい水をたたえた沼の水が若々しいように、（天皇様がいよいよ若々しくお若返りになり、）の意と解することにした。

○**弥若えに御若え坐し**　「若え」は「若ゆ」（ヤ行下二段活用）の連用形で、若返る意。天皇様がいよいよ若々しくお若返りになり。

○**すすき振るをとみの水の**　ここの句は、出雲国意宇郡忌部神戸の神聖なみそぎの場にかけて寿詞を述べたものである。『出雲国風土記』の意宇郡忌部神戸の条に、次のように見える。

忌部神戸。……国造神吉詞奏、参二向朝廷一時、御沐之忌里。故云二忌部一。即川辺出レ湯。出湯所レ在、兼二海陸一。……一濯則形容端正、再沐則万病悉除。自レ古至レ今、無レ不レ得レ験。故俗人曰二神湯一也。

この「神湯」は今の玉造温泉である。国造は神吉詞（神賀詞）奏上のため朝廷へ参向する時に、ここの神湯でみそぎをして、心身を洗い清めた。神賀詞に「すすき振るをとみの水」とあるのは、ここの水（湯）のことをさす。「すすく」（古くはススクと清音でいった）は、水で穢れを落とすことをいう。「をとみ」を宣長の『出雲国造神寿後釈』は「遠止美」と訓み、「淀み」の意とした。以来これが通説のようになって来たが、これは、『岩波古語辞典』に「若返り水」としているのに従うべきである。「をとみ」の「をと」は、若返る意の「をつ」（上二段活用）と同根の語で、「み」は水である。すなわち「をとみ」とは「をち水」－若返りの水－である。「をち水」は『万葉集』巻十三に、「月よみの　持てる越水（をちみづ）　い取り来て　君に奉りて　をち得てしかも」（三二四五）と見える。『風土記』の記事に、「一濯則形容端正、再沐則万病悉除。……」とあるのは、まさに若返りの水の実体を示したものである。かくてここは、忌部神戸の若返りの水に穢れを振りすすいで、身心が若返るように、（天皇様がいよいよお若く若返られて、）という意味になる。

○**弥をちに御をち坐し**　「をち」は、若返る意の動詞「をつ」の連用形。天皇様がいよいよお若く若返られの意。この辺りの個所は、九条家本の本文に、

　須々伎振遠止美乃水乃弥乎知尓御表知坐

とあり、卜部兼永本の本文に、

　須須伎振遠止美乃水乃弥乎知尓御表知坐

とあって、全く何のこととも解し難い。賀茂真淵は読解に苦心した様子が見える（『延喜式祝詞解』『祝詞考』）が、成功しなかった。この本文を快刀乱麻を断つように改訂したのは、本居宣長の『出雲国造神寿後釈』である。宣長は次のように整定した。

　須々伎振遠止美乃水乃、弥乎知尓御袁知坐、

　これでこの難所の意味が通るようになり、後代の研究者に大きな恩恵を及ぼしたことは、忘れることができない。

○**まそびの大御鏡**　これは、神宝の「鏡一面」にかけて寿詞を述べたものである。「まそび」は「ますみ（真澄）」の音の変化した形。

○**おしはるかして**　押し拭って晴れるようにして・明るくしての意。

○**見そなはす**　本文に「見行」とあり、卜部兼永本の訓に「ミスナハス」とある。鎮火祭の祝詞に「見所行須時」（見そなはす時）とあった。見し行はす→見そこなはす→見そなはす、と変化した語で、御覧になる意。

○**志のためと**　前出の「志のため」と同じ。天皇様がいついつまでも国を平安に治めて行かれることのしるし（具体的表象）のための物としての意。

○**天つ次の神賀の吉詞**　高天の原から伝わった次第通りの、天上伝来のままの、出雲の神々が天皇を祝福申し上げるめでたい言葉。

○**白し賜はくと奏す**　奏上申し上げることでございますと申し上げます。末尾の「奏す」は、文初の「出雲の国の国造姓名、恐み恐みも申し賜はく」の第三段目（最終段）の結びとなっている。（なお最終段に見える難語については、拙著『祝詞古伝承の研究』所収「神賀詞末段の難語」に私見を述べた。）

〔追記〕

　三輪山鎮座説話については、『古事記』上巻では、大国主神の協力者であった少名毗古那神が常世の国に去り、大国主神が孤独になった時の話として、次のように述べている。

於レ是、大国主神愁而告、「吾独何能得三作此国一。孰神与レ吾能相二作此国一耶。」是時有二光レ海依来之神一。其神言、「能治二我前一者、吾能共与相作成。若不レ然者、国難レ成。」爾、大国主神、曰二「然者治奉之状奈何一。」答四言「吾者伊三都一岐一奉于二倭之青垣東山上一。」此者坐二御諸山上一神也。

「倭の青垣の東の山の上」また「御諸山の上」（御諸山は神の降臨する山の意）とあるのは、三輪山のことである。この話では、大国主神が国を更によく作り成すために三輪山の上に斎き祭った神は、海を光らして依り来る神秘な神霊であって、それが大国主神自身の分魂であるとは一言もいっていない。強いて言うならば「大物主」である。この形が話としては素朴で、いわば第一次の伝承であったと思われる。

次に『日本書紀』神代上の一書では、大己貴神（大国主神）が、自分の国作りの業を自負して、「今此の国を理むるは、唯吾一身のみなり。其れ吾と共に天の下を理むべき者、蓋し有りや。」と興言した時のこととして、次のように述べている。

于レ時、神光照レ海、忽然有二浮来者一。曰、「如吾不レ在者、汝何能平二此国一乎。由二吾在一故、汝得レ建二其大造之績一矣。」是時、大己貴神問曰、「然則汝是誰耶。」対曰、「吾是汝之幸魂・奇魂也。」大己貴神曰、「唯然。廼知汝是吾之幸魂・奇魂。今欲二何処住一耶。」対曰、「吾欲レ住二於日本国之三諸山一。」故即営二宮彼処一、使二就而居一。此大三輪之神也。

この話は、海を照らして依り来る神秘な神霊を三諸山に祭ったことを主題としている点では、『古事記』と同様である。しかしながら、話全体の内容は、『古事記』よりは一段と思想的に進展した形になっている。大己貴神が自分の国作りの功業に慢心した時、自分の分魂である「幸魂・奇魂」が現れて、吾が存在を忘れてはならぬと訓誡し、反省を促したという倫理性の濃い話になっている。「幸魂」とは人に幸福を与える神霊、「奇魂」とは霊妙な能力を持った神霊の意である。不安定な世を安定させるためには、勇武の霊（荒魂）が主力となって活動するが、一旦安定した社会の経営には、「幸魂・奇魂」という面の霊が活動しなければならないことを暗示している。

同じく三輪山鎮座の話にしても、「出雲国造神賀詞」においては、「乃ち大穴持命の申し給はく、皇御孫の命の静まり坐さむ大倭の国と申して、己れ命の和魂を八咫の鏡に取り託けて、倭大物主櫛𤭖玉命と名を称へて、大御和の神奈備に坐せ、」とあって、御自身の「和魂」（平和の霊）を大三輪の神山に鎮めて、一族の御子神たちと共に、「皇孫の命の近き守り神と貢り置」かれたと述べている。三輪山鎮座の時点を、国作りの時から出雲の国譲りの時に変更した上で、更に出雲国造の立場から、三輪山に鎮まったのは天皇の朝廷の近き守り神となるためであるという要素を特に付加して、大和朝廷に対する出雲の忠誠を一層強く表示しようとしたのである。ここに神賀詞独自の特色が見える。

評

賀茂真淵はその著『祝詞考』の序の中で、「出雲の国造か神賀の詞は、飛鳥岡本の御代の言なるへし。こと葉まさしくして、みやひ心たくみにしてゆたか也。巧みのこまやけきは、いと後によれゝと、しらへのゆたなるそ、上つ代の残れるなる。」と評している。また『祝詞考』の「出雲国造神賀詞」の解説の項では、「此詞式に載たる祝詞どもの中にて、たぐひなく、古き文なるをおもふに、舒明天皇の、飛鳥岡本宮の頃の、文にやあらん。清見原の宮までは下らじ。」と述べている。大化以前の舒明天皇時代という程古い時代に溯り得る証拠はないが、『延喜式』の祝詞の中では最も古いものの一つであることは、何人も認めるところであろう。古代における大和朝廷と出雲との関係を、出雲側から示した文献として、貴重な価値を有すると共に、古代寿詞（よごと）の実体を保存する文例として、日本文章史上頗る重要である。

「出雲国造神賀詞」は、次の三段に別れる。

第一段　「八十日日は在れども、今日の生日の足日に、出雲の国の国造姓名、恐み恐みも申し賜はく、」――「朝日の豊栄登りに、いはひの返り事の神賀の吉詞奏し賜はくと奏す。」

第二段　「高天の神王高御魂・神魂命の、皇御孫の命に天の下大八嶋国を事避り奉りし時、」――「朝日の豊栄登りに、神の礼白・臣の礼白と、御禱の神宝献らくと奏す。」

第三段　「白玉の大御白髪坐し、赤玉の御あからび坐し、」――「神の礼白・臣の礼白と、恐み恐みも天つ次の神賀の吉詞白し賜はくと奏す。」

右の三段が、序段・本段・後段という形ではなく、各段毎に充実した内容を持っており、一段一段と盛り上がって行って、最後の第三段で、神宝の一つ一つに祝寿の真心を結び着けて述べる神賀詞の本体に到達しているところに特色がある。

第一段においては、出雲国造が天皇の大御世の長久をお祈りするため、熊野の大神及び大穴持命の二柱を始めとして出雲国内の百八十六社の神々をお祭りして、一年間の斎事を厳修し、それが終わって本日その報告のため朝廷に参上して来たことを奏上する。斎事の意義とその厳粛な状況が、重々しい格調で述べられている。

第二段においては、出雲国造の祖先の天穂比命が天孫降臨の先駆けとして国状視察に派遣され、その復命によって、その子天夷鳥命が布都怒志命と共に次いで遣わされ、荒ぶる神等を平定した結果、大穴持命は皇孫に国譲りをすることになった。そして、大穴持命の和魂は倭の大御和の神奈備に鎮まられ、その御子たちの御魂は、葛木の鴨の神奈備・宇奈提・飛鳥の神奈備にそれぞれ鎮まられて、皇孫の近き守り神として置かれ、大穴持命自身は杵築宮に鎮まられた。かくして天穂比命は、神祖の神から「汝は天皇の御世の長久をお祈り申し上げ、繁栄した御世にお守り申し上げよ。」との御命令を受けた。この尊い伝統に従って、子孫の出雲国造が、御世の長久をお祈りするため一年間の斎事を厳修して、本日朝廷に参上し、出雲の神及び臣からの儀礼のしるしの品物として神宝を奉献申し上げる旨を奏上する。ここには、出雲国造の祖先の大和朝廷に対する忠誠の歴史とその輝かしい伝統とが表明されている。

第三段においては、その献上する神宝の多くの品々の一つ一つ、また国造が出雲を出発する当たってみそぎを行った神聖な水場に掛けて、天皇の御世の長久を祝寿する言葉を、懇篤丁寧に畳みかけるような調子で繰り広げて行く。この神賀詞の中の最も盛り上がった最後の緊張の場面である。そこには、神宝の具体的な品々やみそぎの水場の水の様子が、巧みな修辞によって、出雲側の祝寿の心と固く結び着けて描かれていて、物と心と詞とを一体とした日本古代の寿詞の代表的名文をここに見ることができる。

出雲国造は大和朝廷に神宝を奉献し、神賀詞を奏上することによって、その忠誠の証（あかし）としたのである。これによって出雲国造の祖先の天穂比命が、天照大御神の御子の一柱であるという系譜上の高い地位は保障されたということができよう。この儀礼が国造の代替り毎に丁寧に二度繰り返して実施されて行って、平安時代中期の『延喜式』後まで継続したことは、大和朝廷と出雲との関係の奥深さを示唆しているように思われる。

（附）中臣寿詞

「中臣寿詞」は、「なかとみのよごと」と訓む。

中臣寿詞は、天皇の践祚の日または践祚大嘗祭の儀式に、中臣氏が新しい天皇の御代の栄えを寿ぎ祝って奏上した儀礼の詞である。故に上に中臣を冠して、「中臣寿詞」と呼ばれるようになった。「よごと」とは、ヨ（吉）コト（言）の意とする説が有力で、人の幸福を寿ぎ祝う吉い言葉の意である。（「出雲国造神賀詞」の解説参照。）

解説

『養老令』の神祇令（『令義解』）に、

凡践祚之日、（謂、天皇即位、謂二之践祚一。祚位也。福也。）中臣奏二天神之寿詞一。（謂、以二神代之古事一、為二万寿之宝詞一也。）忌部上二神璽之鏡剣一。（謂、璽信也。猶レ云二神明之徴信一。此即以二鏡剣一称レ璽。）

と見えて、「天神之寿詞」（あまつかみのよごと）というのが、古い正式の名称である。天つ神の寿詞とは、天つ神が天皇の即位を寿ぎ祝って天皇に奉呈することばの意で、それを神と天皇との中を執り持つ役目の中臣氏が、天つ神に代って奏上するという形と理解することができる。この点につき『令義解』の「以二神代之古事一、為二万寿之宝詞一也。」という説明は、いささか的外れの憾みが残る。なお、忌部氏の奉る「神璽之鏡剣」は、『延喜式祝詞』の「大殿祭」に「天津璽乃剱鏡」（あまつしるしのつるぎかがみ）と見え、「璽」はしるしと訓まれる。この点、『令義解』の説明は納得できる。

天つ神の寿詞という語の初見は、『日本書紀』の持統天皇即位の記事である。

四年春正月戊寅朔、物部麻呂朝臣樹二大盾一。神祇伯中臣大嶋朝臣読二天神寿詞一。畢忌部宿祢色夫知奉二上神璽剣鏡於皇后一。皇后即二天皇位一。公卿百寮、羅列匝拝、而拍レ手焉。

これは、前掲の神祇令の規定に合致している。持統天皇即位の前年（持統三年）六月に班布された令一部二十二巻（いわゆる浄御原令）においても、同様の規定が存し、即位に当たりその規定に則って実施されたものと考えられる。いわゆる浄御原令制定の基礎は天武朝にあるから、天皇践祚（即位）の日に中臣が「天神之寿詞」を奏し、忌部が「神璽之鏡剣」を奉るという儀礼の発想は、当然天武朝においてなされたと見るのが順当であろう。この重々しい儀礼は、天武天皇の理想とする政治・祭祀の体制の一環として位置づけられたものであることはいうまでもない。

ところが、持統天皇五年十一月に、次の記事が見える。

十一月戊辰、大嘗。神祇伯中臣朝臣大嶋読二天神寿詞一。壬辰（二十五日）、賜二公卿食衾一。乙未（二十八日）、饗二公卿以下至二主典一、并賜二絹等一、各有レ差。丁酉（三十日）、饗下神祇官長上以下、至二神部等一、及供奉播磨因幡国郡司以下、至㆗百姓男女㆖、并賜㆓絹等㆒、各有㆑差。

これは、持統天皇の大嘗祭の記事である。ここに、「神祇伯中臣朝臣大嶋読㆓天神寿詞㆒。」という文句が、四年正月の即位の記事（前掲）に重ねて再度出て来る。天神寿詞を即位の時と大嘗祭の時と二度読んだことになり、どうも変である。その上、「十一月戊辰、大嘗。」という干支の出し方にも疑問がある（「…朔…」とあるべきところ）。持統紀のこの個所には、伝写の間に誤りが生じたのではないだろうか。私の勝手な推測ではあるが、「神祇伯中臣朝臣大嶋読㆓天神寿詞㆒。」という文句は、天神の寿詞を大嘗祭に読むようになった時代以後に、誤って挿入された衍文ではないだろうか。持統天皇時代には、令に則って即位の日に天神の寿詞が読まれ、神璽の鏡剣が奉られたのであって、大嘗にはそれらはなかったと考えるが、いかがであろうか。

次の文武天皇の即位の際には、『続日本紀』文武天皇元年に、

八月甲子朔、受㆑禅即㆑位。

と記すだけであるが、実際には前代同様令に則って、即位の日に中臣が天神の寿詞を奏上し忌部が神璽の鏡剣を奉献したものと推測される。

『続日本紀』でも、光仁天皇になると、即位は、

宝亀元年冬十月己丑朔、即㆓天皇位於大極殿㆒。

と記すだけであるが、翌宝亀二年十一月には大嘗祭のくわしい記事が見える。

癸卯（二十一日）、御㆓太政官院㆒、行㆓大嘗之事㆒。参河国為㆓由機㆒、因幡国為㆓須岐㆒。参議従三位式部卿石上朝臣宅嗣、……散位従七位上榎井朝臣種人立㆓神楯桙㆒……右大臣大中臣朝臣清麻呂奏㆓神寿詞㆒。辨官史奏㆓両国献物㆒。賜㆓右大臣絁六十疋㆒、賜㆓五位已上衾各一領㆒。

ここでは、大嘗祭において神寿詞（天神の寿詞のこと）を奏上している。神璽の鏡剣奉献の記事は見えないが、恐らく神寿詞奏上に続いて行われたものと想像する。このように見て来ると、初めは令制（浄御原令―大宝令―養老令）に則って、天皇践祚（即位）の日に天神の寿詞の奏上と神璽の鏡剣の奉献とが行われたものが、奈良時代を経過する間に、大嘗祭の儀礼が漸次盛大化して行き、その儀礼の一環として天神の寿詞の奏上と神璽の鏡剣の奉献とが組み込まれるように移行したものと考えられる。そして平安時代に入ると、践祚大嘗祭は天皇一世一度の大祭儀としてますます華麗なものとなり、『貞観儀式』や『延喜式』に見られるような詳細な儀式次第が制定されるに至ったものと見られる。

大嘗祭については、『養老令』の神祇令に、

仲冬　下卯大嘗祭（謂、若有㆓三卯㆒者、以㆓中卯㆒為㆓祭日㆒。不㆔更待㆓下卯㆒也。）

とあって、早くから祭日は十一月下の卯の日と決まっている。ここにいう大嘗祭は、天皇即位後の践祚大嘗祭と毎年秋の新嘗祭と両者を兼ね含んでいる。従って、

凡大嘗者、毎㆑世一年、国司行事。以外毎㆑年所司行㆑事。

謂、所司者、在京諸司預二祭事一者是也。

と述べてある。前半は践祚大嘗祭のことであり（国司とは悠紀・主基の国司のこと）、後半は毎年の新嘗祭のことである。践祚大嘗祭は毎年の新嘗祭の規模を大きくしたもので、両祭の根本の趣旨に変わりはない。古くは共に大嘗と言ったり新嘗と言ったりしたが（「嘗」とは新穀を神に奉る秋の祭の意）、後に大嘗祭と新嘗祭と名称を区別するようになった。『日本書紀』清寧天皇二年に「大嘗供奉之料」と見えるものと、顕宗天皇前紀に「新嘗供物」と見えるものとは、同一の事柄を指している。用明天皇二年四月に「御二新嘗於磐余河上一。」とあるものや、皇極天皇元年十一月に「天皇御二新嘗一。」とあるものは、後の践祚大嘗祭に当たると見られる。天武天皇二年十二月丙戌（五日）に、

侍二奉大嘗一中臣忌部及神官人等、并播磨丹波二国郡司、亦以下人夫等、悉賜レ禄。因以郡司等、各賜二爵一級一。

とあるのは、記事こそ見えないが、前月の十一月に大嘗祭が行われて、十二月五日にその後始末の賜禄・叙爵が行われたことを示している。祭に奉仕した中臣・忌部や悠紀（播磨）・主基（丹波）の国名が見え、この時期に大嘗祭の制度が以前より整備されたことを想像させるに十分である。次の持統天皇の五年十一月の大嘗祭の記事は前に掲げた通りで、大嘗祭に伴う行事が次第に盛大になって行く傾向を窺うことができる。

『貞観儀式』は、巻第二践祚大嘗祭儀上、巻第三践祚大嘗祭儀中、巻第四践祚大嘗祭儀下と、全十巻のうちの三巻を践祚大嘗祭の儀式の記事にあてている。『延喜式』は巻第七が践祚大嘗祭である。これらの記事に、当時の践祚大嘗祭の盛儀の典型的な姿を見ることができる。両書の間には時代の進展に伴う若干の異同があるので、ここでは『延喜式』に記すところに従って、その概要を述べて行く。

先ず『延喜式』四時祭上の冒頭に、

凡践祚大嘗祭為二大祀一。

とある。諸祭祀の中で大祀はこの一つだけであって、祈年祭・月次祭・神嘗祭・新嘗祭等の重要な祭祀も中祀に属する。践祚大嘗祭が古代祭祀の中に占める位置の高さを知ることができる。これは『養老令』の神祇令（割注は『令義解』の文）に、

凡天皇即位、惣祭二天神地祇一。謂、即位之後仲冬乃祭。下条所レ謂大嘗者、毎レ世一年、国司行レ事、是也。散斎一月、謂、仲冬之月、自レ朔至レ晦。致斎三日。謂、自レ丑至レ卯。其辰日以後、為二散斎一。故下条云、致斎前後、兼為二散斎一也。

とある記事とも対応するものであって、新しく位に即いた天皇は、あまねく天神地祇を祭り、神々に新穀を捧げると共に、自らもこれを食して、神に繋がる天皇としての霊性を獲得するのであった。これは農耕を根幹とした古代国家の最も重要な祭儀であると共に、この盛儀を天下に示すことが、天皇政治の必須の要件とされた。

『延喜式』巻第七践祚大嘗祭の冒頭の条に、

凡践祚大嘗、七月以前即位者、当年行レ事。八月以後者、明年行レ事。此拠二受譲即位一、非レ謂二諒闇登極一。其年預令三所司卜二定悠紀・主基

国郡一。奏可訖即下知、依レ例准擬。又定二検校行事一。

とある。七月以前に即位の場合は、その年の十一月に大嘗祭を行い、八月以後に即位の場合は、翌年の十一月に大嘗祭を行うのである。大嘗祭を行う年には、あらかじめ悠紀の国郡及び主基の国郡が卜定される。悠紀とは忌み清めた聖域の意で、大嘗祭の時に使われる新穀・酒料を奉る国郡をいい、悠紀はその第一の国郡である。主基は次（すき）の意で、悠紀に次ぐ第二の国郡である。悠紀・主基の国郡は、全国の代表として重大な名誉と責任とを負うことになる。

八月上旬には、大祓の使が卜定され、左右京・五畿内・七道へ一人ずつ派遣されて、大祓が行われる。在京の諸司も同月晦日に大祓を行った。大祓使発遣後、奉幣使が派遣され、伊勢大神宮を始め五畿内・七道の天神地祇に大幣が供進される。十月下旬には、天皇が川上へ臨幸になって、御禊（ごけい）の行事が行われる。禊とはみそぎである。

十一月朔日から晦日まで一か月を散斎とし、丑の日から卯の日まで三日間を致斎（最も厳重な斎戒）とする。斎月には、仏事にあずかることはできない。言葉も穢れを避けるため忌詞を用いて、死を「直る」、病を「息み」、哭くを「塩垂る」、打つを「撫づ」、血を「汗」、宍を「菌」、墓を「壌」と言う。

悠紀・主基の国には、国毎に六段の抜穂田が定められる。八月上旬に神祇官人が派遣されて、大祓を行い、抜穂田及び斎場・雑色の人等を卜定する。雑色の人とは、造酒児（当郡の大少領の女子で未婚の者を充てる、重要な役）・御酒波・篩粉・共作・多明酒波（以上女）・稲実公・焼灰・採薪等である。造酒児・稲実公等によって抜かれた抜穂田の稲は、九月下旬に京に運ばれ、京の悠紀・主基両斎場に収められる。

大嘗祭に用いられる供え物を入れる甕の類（由加物という）は、河内・和泉・尾張・参河・備前の五国で造られる。またこれらの器に供える贄の類も由加物といい、紀伊・淡路・阿波の三国から供進される。黒木・白木の御酒の料の米は、造酒児等によって舂かれ、酒に醸される。

かくして、祭の前七日に大嘗宮を造り始める。先ず神祇官の中臣・忌部が悠紀・主基二国の国司等を率いて朝堂院に入り、大極殿の南庭の龍尾道の壇下の宮地に至って、その地を鎮祭し、二国の造酒児が木綿を著けた賢木を院の四角及び門の処に立て、斎鍬を入れた後に工事に着工する。大嘗宮は東西二十一丈四尺、南北十五丈で、中央より東が悠紀院、西が主基院である。それぞれの中に、長さ四丈、広さ一丈六尺の正殿（悠紀殿・主基殿）が建てられる。黒木で構え、青草を葺き、桧竿で天井を造る等、最も古朴である。外に膳屋・臼屋等が造られる。これらは五日間で造り終えられる。また、大嘗宮の北には、やはり黒木造りの廻立殿が造られる。これは、天皇が沐浴され、また祭服に着替えられる御殿である。

十一月中の寅の日までには万端の諸事が整う。いよいよ卯の日の夜明けに、神祇官において諸神（祈年祭に案上の幣を受ける神々三百四座）に幣帛が班たれる。また中臣は卜部を率いて、宮内省において大嘗祭に奉仕する諸司の小斎人を卜定する。卜定された人は各自の私宅に還って沐浴し、斎服を着けて参集する。石上・榎井の二氏が内物部四十人を率いて、大嘗宮の南北の門に神楯・戟を立て、楯の下の胡床に就く。伴・佐伯は南門の左右の外掖の胡床に就く。近衛・兵衛・衛門等はそれぞれ所定の部署を衛る。隼人司は隼人を率いて左右の朝集堂の前に立ち、門の開くのを待って声（犬の吠声）を発する。巳の時（午前十時）、主殿寮が天皇の大斎の御湯に奉仕する。同時刻、悠紀・主基両国の供物が斎場を出発して、大嘗宮へ向かう。供物が大嘗宮にもたらされると、造酒児・酒波等によって御飯の稲が舂かれ、伴造が火を燧って御飯を炊き、安曇宿祢が火を吹く。内膳司は諸氏の伴造を率いて御膳を料理する。出来たものは列立して運ばれ、大嘗宮の御殿の案上に奉奠される。酉の時（午後六時）に、主殿寮が悠紀・主基両殿に灯燎をともし、伴・佐伯は門部を率いて、南門の外に通夜庭燎を焚く。戌の時（午後八時）、天皇が廻立殿に臨まれ、主殿寮が御湯に奉仕する。天皇は祭服を着けて、大嘗宮に入られる。先ず悠紀殿に入られ、小斎の群官が座に就くと、伴・佐伯が大嘗宮の南門を開き、衛門府が朝堂院の南門を開く。すると、宮内の官人が吉野の国栖十二人・楢（奈良）の笛工十二人を率いて朝堂院に入り、古風を奏する。悠紀の国司は歌人を率いて入り、国風（地方の風俗歌）を奏する。伴・佐伯が語部各十五人を率いて入り、古詞を奏する。次いで皇太子・諸親王・大臣以下五位以上及び六位以下が順次入場する。群官が入り始めると、隼人が声（犬の吠声）を発し、立ち定まると止めて、楯の前に進んで手を拍って歌舞する。皇太子以下五位以上の人々は中庭の版位に就いて、跪いて手を拍つこと四度、一度毎に八遍ずつ拍つ（いわゆる八開手）。六位以下もこれを承けて手を拍つ。亥の一尅（午後九時）から四尅（午後十時半）の間に、悠紀の御膳が薦められる。これには一定の行立の次第がある。御膳は天皇が親しく神に供されると共に、自身も食されること、神今食及び新嘗祭の祭儀と同様で、その間に重要な秘儀が執り行われる。子の時（午前零時）に、神祇官は内膳・膳部等を率いて主基殿に還り、神御膳を料理する。天皇は廻立殿に還られ、御湯を召され、御服を替えられて、主基殿に遷られる。そして、悠紀殿におけると同様の儀式が重ねて執り行われる。寅の一尅（午前三時）に主基の御膳が薦められる。これも悠紀の御膳の儀と同じである。

辰の日の卯の一点（午前五時）、天皇は廻立殿に還られ、御服を替えられて、常の宮殿に還られる。これで祭事は終わり百官退出して、伴・佐伯の氏人は門を閉ざす。大嘗宮は鎮祭の後、悠紀・主基両国の民によって壊たれる。卯の四点（午前六時半）、宮殿の大殿祭が行われる。辰の二点（午前七時半）、天皇は豊楽院に臨まれ、豊楽殿に設けられた悠紀の御帳に着かれる。皇太子以下五位以上及び六位以下の人々が相続いて参入し、立ち定まると、神祇官の中臣が賢木を執り笏に副えて、南門から入って版位に就き、跪いて「天神之寿詞」を奏する。次いで忌部が「神璽之鏡剣」を奉る。終わって退出すると、辨官が版位に就き、跪いて悠紀・主基両国から献上した供御の品及び多明(ためつ)物(もの)（大嘗祭の時臣下に賜る酒や食物類）の色目を奏上する。終わって皇太子以下順次手を拍って退出する。改めて人々は喚ばれて順次参入し、巳の一点（午前九時）悠紀の国が御膳を薦め、五位以上に饗を賜る。両国の多明物が辨官によって諸司に班たれる。悠紀の国は時節の鮮味を献じ、国司は歌人を率い入って国風を奏する。未の二点（午後一時半）、天皇は主基の御帳（悠紀の御帳の西側に設けてある）に遷られる。皇太子以下も主基の座に就き、そこで御膳が薦められ、国風が奏される等、先の悠紀の場合と同様である。事が終わって悠紀の国は禄を賜る。

巳の日の辰の二点（午前七時半）、天皇は悠紀の帳に出御になり、三点（午前八時）御膳を薦め、次いで和舞が奏される。五位以上を召して饗を給うこと、また六位以下も参入し、風俗楽が奏されること等、辰の日と同様である。未の二点（午後一時半）、天皇は主基の帳に遷られ、御膳を供した後に、田舞が奏される。事が終わって主基の国が禄を賜る。

午の日の卯の一点（午前五時）、悠紀・主基の帳を撤去し、尋常の御帳を設置する。辰の二点（午前七時半）、天皇は御帳に出御になり、五位以上及び六位以下を召され、豊明の節会が行われる。辰の四点（午前八時半）、悠紀・主基両国司及び氏々の人等に叙位が行われる。巳の二点（午前九時半）、御膳が薦められ、久米(くめ)舞（伴・佐伯両氏により）・吉志(きし)舞（安倍氏により）が奏される。申の一点（午後三時）、大歌并びに五節の舞が奏される。申の三点（午後四時）解斎の舞が奏され、酉の二点（午後五時半）皇太子以下に禄を賜る。すべてが終了し、人々は斎服を脱いで常に復する。

『延喜式』践祚大嘗祭に記す祭儀の次第の大要は以上の通りである。大嘗祭はまたしばしば大嘗会(だいじやうゑ)とも称された。これは祭祀よりも節会を中心とした呼び名である。大嘗祭の祭祀としての根底は、もとより農耕儀礼にあることはいうまでもないが、その上に朝廷の威儀を示す節会の様相が強くなったのである。それと共に、大嘗祭には服属儀礼の要素も多分に加味されていることも見逃すことはできない。

践祚大嘗祭の辰の日の儀で中臣氏が奏上した「天神之寿詞」が、すなわちこの「中臣寿詞」である。この詞は延喜式祝詞の中に収められておらず、また中臣氏の内部で非公開扱いにされたためか、古い文献が残っていない。わずかに平安末期に読まれた二種の文献が現存するに過ぎないが（「祝詞概説」参照）、それも伝写の間に本文に乱れが生じているため、正確な理解に困難を覚える個所が少なくない。種々の点で重要な意義を持つ文献であるから、今後の研究者の努力に待つところが大きい。

〔訓読文〕

（附）中臣寿詞

現つ御神と大八嶋国知ろし食す大倭根子天皇が大前に、天つ神の寿詞を称へ辞定め奉らくと申す。

高天の原に神留り坐す皇親神漏岐・神漏美の命を持ちて、八百万の神等を集へ賜ひて、皇孫の尊は高天の原に事始めて、豊葦原の瑞穂の国を安国と平らけく知ろし食して、天つ日嗣の天つ高御座に御坐して、天つ御膳の長御膳の遠御膳と、千秋の五百秋に瑞穂を平らけく安らけくゆ庭に知ろし食せと事依さし奉りて、天降り坐しし後に、中臣の遠つ祖天児屋根命、皇御孫の尊の御前に仕へ奉りて、天忍雲根神を天の二上に上せ

〔口訳文〕

（附）中臣寿詞

現世に姿を現しておられる神様として日本の国を統治しておられる大倭の国（日本の国）の主君でいらっしゃる天皇様の御前に、天つ神からの天皇様に対する祝福の言葉を、賛辞を尽くして奏上申し上げることでございますと申し上げます。

高天の原に神として鎮まっておられる貴く又むつまじい皇祖の男神様・女神様のお言葉によって、数多くの神々をお集めになって、「貴い神のお孫様（皇孫邇邇芸命）は、高天の原に発祥のある政事に則り、豊かな葦原の茂る瑞々しい稲穂に恵まれた日本の国を、安らかな国として平穏にお治めになって、天上の霊的な御位を継いで行かれる高く貴い御座にお着きになって、天上から授けられた貴いお食事でしかもいつまでも長く永遠に続くお食事として、千年万年の末まで瑞々しい稲穂を平穏に安泰に、忌み清めた神聖な祭場においてお召し上がりなさい」と御委任申し上げたのによって、皇孫が天上からお降りになった後に、中臣氏の遠い祖神である天児屋根命が、皇孫の御前にお仕え申し上げて、「天忍雲根神を天上の二上の峰に上らせ申して、皇祖の男神様・女神様の前においてお許しを頂戴して、皇御孫尊様の召し上がられる御食膳の水には、現実のこの国の水部（宮中の飲料水をつかさどる職の者）が、天上の神聖な水を献上申し上げるようにいたしま

奉りて、神漏岐・神漏美の命の前に受け給はり申して、皇御孫の尊の御膳つ水は、うつし国の水部、天つ水を立奉らむと申ししをり、事教へ給ひしに依りて、天忍雲根神天の浮雲に乗りて、天の二上に上り坐して、神漏岐・神漏美の命の前に申せば、天の玉櫛を事依さし奉りて、此の玉櫛を刺し立てて、夕日より朝日の照るに至るまで、天つ詔戸の太詔刀言を以ちて告れ。かく告らば、まちは弱韮にゆつ五百篁生ひ出でむ。其の下より天の八井出でむ。此を持ちて天つ水と聞こし食せと事依さし奉りき。かく依さし奉りし任任に、聞こし食すゆ庭の瑞穂を、四国の卜部等、太兆に卜事を持ちて、仕へ奉る悠紀に近江の国の野洲の郡、主基に丹波の国の氷上の郡を斎ひ定めて、物部

しょう」と申し上げた時に、皇孫がそのようにするがよいと教えられたのによって、天忍雲根神は空に浮かぶ雲に乗って、天上の二上の峰に上られて、皇祖の男神様・女神様の前に、そのことを申し上げると、皇祖の神様は天上の神聖な玉串をお授け申されて、「この玉串を地上に刺し立てて、夕日の沈む時刻から朝日の照る時刻に至るまで、天上の神聖で荘厳な祝詞の言葉を唱えよ。このように唱えるならば、そこに立派な葉がいっぱいに繁った若々しい韮が生え、更に神聖な沢山の竹の群が生え出るであろう。そしてその下から、神聖な泉が滾々と湧き出るであろう。この水をもって、天上の神聖な水として召し上がられよ」とおっしゃって、お授け申し上げられた。このようにお授け申し上げられた神代以来の貴い伝統に従って、今天皇様が召し上がられる大嘗祭の神聖な祭場の瑞々しい稲穂を作るために、四国（伊豆・壱岐・対馬上つ県・対馬下つ県）の卜部らが太占（鹿の肩の骨を焼いて占う日本の古い占法）によって占いをして、大嘗祭にお仕え申し上げる悠紀の国（ユキは忌み清めた聖域の意）として近江国野洲郡を、主基の国（スキは次の意）として丹波国氷上郡を斎み清めて卜定して、祭事に奉仕する人々として、酒造児（大嘗祭の黒木・白木の御酒を作るのに従事する少女）・酒波（酒造児の助手の女性）・粉走（粉をふるう役の女性）・灰焼（黒木・白木の御酒にまぜる灰を作る役の男性）・薪採（神饌を炊ぐためのたきぎを伐り出す役の男性）・相作（酒波に属する助手の女性）・稲実の公（神穀の穂を運ぶのに奉仕する男性）等が、大嘗祭の忌み清めた祭場に十分心身を潔斎して参上して来て、今年の十一月の中の卯の日に、これらの人々が十分に心身を

の人等、酒造児・酒波・粉走・灰焼・薪採・相作・稲実の公等、大嘗会の斎場に持ち斎まはり参来て、今年の十一月の中つ卯の日に、ゆしりいつしり持ち、恐み恐みも清まはりに仕へ奉り、月の内に日時を撰び定めて献れる悠紀・主基の黒木・白木の大御酒を、大倭根子天皇が天つ御膳の長御膳の遠御膳と、汁にも実にも赤丹の穂にも聞こし食して、豊の明りに明り御坐して、天つ社・国つ社と称へ辞定め奉る皇神等も、千秋・五百秋の相嘗に、相ひうづのひ奉り、堅磐に常磐に斎ひ奉りて、いかし御世に栄えしめ奉り、康治 元 年より始めて、天地日月と共に照らし明らし御坐す事に、本末傾かず茂し槍の中執り持ちて仕へ奉る中臣の祭主、正四 位 上 行 神祇 大副、大

忌み清め神聖を保ち、恐れ慎んで潔斎してお仕え申し上げて、この月の内に日時を選定して献上申し上げてある悠紀・主基の国の黒木・白木の大御酒を、大倭の国（日本の国）の主君でいらっしゃる天皇様が、天上から授けられた神聖なお食事でしかもいつまでも長く永遠に続くお食事として、お酒としても御飯としても、お顔が赤々と照り輝かれる程十分にお召し上がりになり、御機嫌豊かに麗しくおいでになって、天つ神の社・国つ神の社として賛辞を尽くしてお祭り申し上げております貴い神様方も、千年・万年の末まで続く大嘗祭の御食膳のお相伴に、共に御嘉納申し上げ、天皇様を堅固な永久に変化しない岩のようにお守り申し上げて、盛大な御世として繁栄されますようにし奉り、今年康治元年から始めて、天皇様が天や地や日や月と共に永遠に世の中を明るく照らしておいでになりますようにと、立派な矛の本の方や先端が傾かないようにうまく真中を取り持つように、天皇様と神様との中を取り持ってお仕え申し上げております中臣の祭主、正四位上行神祇大副大中臣朝臣清親が、天皇様を祝福申し上げる言葉を、賛辞を尽くして奏上申し上げる次第でございますと申し上げます。

中臣朝臣清親、寿詞を称へ辞定め奉らくと申す。

又申さく、天皇が朝廷に仕へ奉る親王・諸王・諸臣・百の官の人等・天の下四方の国の百姓、諸諸集はり侍りて、見食へ、尊び食へ、歓び食へ、聞き食へ、天皇が朝庭に茂し世に、八桑枝の如く立ち栄え仕へ奉るべき祷事を、恐み恐みも申し給はくと申す。

又申し上げますことには、天皇様の朝廷にお仕え申し上げる親王・諸王・諸臣・数多くの役所の役人ども及び天下四方の国々の人民ら、皆の人々が、ここに集まり控えて、この盛儀を慎んで拝見し、尊崇申し上げ、歓喜申し上げ、又拝聴させて頂いて、天皇様の朝廷に、この繁栄した御治世に、まるでよく茂った桑の枝のように勢いよく立ち栄えて、お仕え申し上げますようにという祝賀の言葉を、恐れ慎んで奏上申し上げる次第でございますと申し上げます。

語釈

○**現つ御神**　現世に姿を現している神。天皇を尊崇していった語。

○**大八嶋国**　日本国の古称。立派な沢山の島から成った国の意。

○**大倭根子天皇**　日本の国の天皇。「根子」は尊称であろうが語義未詳。『続日本紀宣命』に、「現御神止大八嶋国所知倭根子天皇命（第一詔）」と、同様の表現が多く見える。

○**天つ神の寿詞**　天つ神が天皇を祝福申し上げる言葉。

○**称へ辞定め奉らく**　『延喜式祝詞』には「称へ辞竟へ奉る」が慣用句となっているが、平安時代末期の祝詞では「称へ辞定め奉る」という表現が一般的になっている。いつ頃いかなる理由で「竟へ奉る」が「定め奉る」に変化したか明らかでないが、「称へ辞竟へ奉る」の古義が忘れられるようになって、この表現が衰微し、「定め奉る」に取って変わられるようになったのであろう。称え言葉をはっきり確定して申し上げるといったような意識で使用したのであろう。ここは奏上申し上げる意味で用いている。
○**高天の原に事始めて**　道饗祭の祝詞にも「高天の原に事始めて」と見えた。皇孫が豊葦原の瑞穂の国を治められることは、高天の原にその淵源があることを表明したもの。
○**天つ日嗣の天つ高御座**　高天の原の霊的な地位を受け継いで行かれる（皇位を継承される）天上の高い御座。日（ヒ）は霊の意。
○**天つ御膳の長御膳の遠御膳**　天上の尊いお食料で長く遠い将来まで続くお食料。
○**千秋の五百秋**　いついつまでも長い間の意。大殿祭の祝詞に「万千秋の長秋」、大嘗祭の祝詞に「千秋・五百秋」とあった。
○**ゆ庭**　忌み清めた神聖な祭場。
○**天児屋根命**　春日祭の祝詞に「天之子八根命」と見えた。中臣氏の祖神。
○**天忍雲根神**　記紀に見えない神名。天児屋根命の子とされる。
○**天の二上**　高天の原にあるという二上の峰。二上の峰は男峰と女峰と二つの峰が並立する山で、神のいます神聖な山として尊崇された。
○**上せ奉りて**　天上の神漏岐・神漏美の命のもとへ上らせるのであるから、敬語の「奉り」をつけてある。
○**御膳つ水**　御食膳に用いる水。
○**うつし国の水部**……　このあたりの本文は乱れが大きく解し難い。壺井義知校訂本に、「宇都志国乃水部天都水遠主奉牟止申遠里」とあるのに従った。但し「主奉」は、史料大観本・荒木田守晨本の「立奉」によった。玉かつま本に「宇都志国乃水了」とある「了」は、もと「部」の旁の「阝」であったのではないかと推測する。「水部」は、宮中の飲料水をつかさどった職の者。ここは、神漏岐・神漏美の命のお許しを頂いて、皇孫の召し上がられる御膳の水には、現実の国の水部が、天上の神聖な水を献上申し上げるようにいたしましょうの意になると考える。
○**事教へ給ひしに依りて**　皇御孫の尊が天児屋根命に対して、そのようにするがよいと教えられたのによっての意。
○**天の玉櫛**　高天の原の神聖な玉櫛。「玉櫛」は玉串に同じで、神事に用いられる榊の枝に木綿をつけたもの。
○**天つ詔戸の太詔刀言**　高天の原の神聖な祝詞の言葉。『延喜式祝詞』の中にも、大祓の詞の外数か所に見えた。ここでは、何か別に唱える神秘的な言葉があったような表現になっているが、実際には存在したわけではないと思われる。
○**まちば弱韮に**　本文に「麻知波弱韮」とある。「韮」はニラの古名・従来はこの「麻知」を卜占に関する語として説いて来たが、どうも納得いかない。これは「真千葉弱韮」で、下の「ゆつ五百篁」に対する語と考えられる。真（立派な）―由都（神聖な）、千葉―五百、弱韮（若い韮）―篁（竹の群れ）という形になっている。「弱」には若い意がある。天つ詔戸の太詔刀言を告るならば、玉櫛を刺した所に、立派な葉のいっぱい繁った若い韮が生え、更に……となるのである。「まちば弱韮に」の「に」は、更にと加重を意味する語であろう。（なお詳細については、拙著『祝詞古伝承の研究』所収「中臣寿詞の麻知波弱韮」を参照して頂きたい。）

○**ゆつ五百篁**　「ゆつ」は神聖なの意。神聖な沢山の竹の群れ。韮も竹も成長の盛んな植物で、その下から天つ水を供給する天の八井が湧き出すのにまことにふさわしい場所となる。

○**天の八井**　神聖な沢山の水を湧き出す泉。

○**天つ水と聞こし食せ**　高天の原の神聖な水として召し上がられよ。

○**事依さし奉りき**　神漏岐・神漏美の命が皇御孫の尊に天つ水をお授け申し上げられた。

○**依さし奉りし任任に**　お授け申し上げられたその通りに、その神代以来の尊い伝統に従っての意。

○**聞こし食すゆ庭の瑞穂**　天皇が召し上がられる神聖な祭場の瑞々しい稲穂。この「ゆ庭」は、今回の大嘗祭の祭場をさしている。

○**四国の卜部等**　大祓の詞の末尾に「四国の卜部等」とあった。四国は、伊豆・壱岐・対馬上つ県・対馬下つ県。卜部は神祇官の職員で、卜占を業とした者。

○**太兆**　鹿の肩の骨をははかの木で焼き、骨のひび割れの形を見て吉凶を占った日本古代の占い。「太兆に」の「に」は、によっての意。

○**卜事**　うらないごと・うらない。

○**仕へ奉る**　今回の大嘗祭にお仕へ申し上げる。

○**悠紀**　大嘗祭の時、神事に用いる新穀・酒料を奉るようにト定された国郡のうちの第一のもの。「悠紀」とは忌み清めた聖域の意である。

○**近江の国の野洲の郡**　現在の滋賀県野洲郡。

○**主基**　「主基」とは「次」の意。第一の悠紀の国に次いで新穀・酒料を奉る第二番目の国郡。

○**丹波の国の氷上の郡**　現在の兵庫県氷上郡。

○**斎ひ定めて**　忌み清めて定めて。

○**物部**　朝廷に仕えた文武の百官を意味する語であるが、ここでは大嘗祭の斎田の耕作・造酒等に奉仕する人々をさす。すなわち以下に挙げる人々がこれに該当する。

○**酒造児**　大嘗祭の時、神に供える御酒を斎場で醸す少女。『延喜式』践祚大嘗祭に、「造酒児一人（神語曰佐可都古。以当郡大少領女未嫁卜食者充之。）」と見える。最も重い役である。

○**酒波**　大嘗祭で酒造児に従って下働きをする女性。践祚大嘗祭式に「御酒波一人」「多明酒波一人」と見える。

○**粉走**　大嘗祭で粉をふるう役の女性。践祚大嘗祭式に「篩粉一人」と見える。

○**灰焼**　大嘗祭の白木・黒木の御酒にまぜる灰をつくる役の男性。践祚大嘗祭式に「焼灰一人」と見える。

○薪採 神饌を炊ぐためのたきぎを伐り出す役の男性。践祚大嘗祭式に「採薪四人」と見える。

○相作 手伝って一緒に作る者の義で、酒波の助手の女性。践祚大嘗祭式に「共作四人」と見える。

○稲実の公 神穀の穂を運ぶのに奉仕する男性。践祚大嘗祭式に「稲実公一人」とある。

○大嘗会の斎場 大嘗祭の忌み清めた祭場。

○持ち斎まはり 「持ち」は接頭語。十分に潔斎して。「斎」は忌み清める意で、「斎まはる」は心身の汚れを避けて慎む。

○ゆしりいつしり持ち 「ゆ」は「斎」で忌み清める意、「いつ」は「厳」で神聖である意。「しり」は「知る・領る」の意と考えられる。「持ち」は心身を保持する意か。心身を十分に忌み清め、神聖を保ってといったような意味であろう。

○清まはりに仕へ奉り 「清まはる」は心身を清浄に保つこと・潔斎すること。十分清らかになってお仕え申し上げ。

○日時を撰び定めて献れる 「献れる」は献ってあるの意。黒木・白木の大御酒は、既にこの日より先に献上してある。

○黒木・白木の大御酒 大嘗祭（新嘗祭）に用いられた御酒。くさぎという植物の焼灰を入れて黒くしたのを黒木の御酒といい、くさぎの焼灰を入れないのを白木の御酒という。『延喜式』巻第四十の造酒司に「熟後以二久佐木灰三升一（採二御生気方木一）和二合一甕一。是称二黒貴一。其一甕不レ和。是称二白貴一。」と見える。『続日本紀宣命』第三十八詔・第三十九詔に「黒紀・白紀能（乃）御酒」、第四十六詔に「黒記・白記乃御酒」と出ている。木・貴・紀・記等は上代特殊仮名遣いでは乙類の字である。これに対して「御酒」のキは、『古事記』中巻の歌謡に「美岐」と表記してあるところをみると、甲類の字である。よって、「黒木（貴・紀・記）・白木（貴・紀・記）」と表記してあるのは、「黒酒・白酒」とは語が異なるのである。「黒木・白木」は、くさぎという木を用いることによる名と認められる。従って、「黒木・白木の大御酒」とか「黒紀・白紀の御酒」とかいうのである。但し、『万葉集』巻十九の歌に、「天地と　久しきまでに　万代に　仕へ奉らむ　黒酒白酒を」（四二七五）と見えて、古くから「黒酒・白酒」という語が存したことも確かである。これは、「黒木の御酒・白木の御酒」をつづめて「黒酒・白酒」といった形である。

○汁にも実にも 「汁」は御酒、「実」は御飯をさす。

○赤丹の穂 酒を飲んで顔色にぽっと赤く現れるさま。祈年祭の祝詞に「赤丹の穂に聞こし食すが故に」とあった。

○豊の明りに明り御坐して 大嘗祭の祝詞に「豊の明りに明り坐さむ皇御孫の命の」とあった。これは、天皇が群臣と共に酒を飲まれて、お顔色も豊かに赤く照り輝かれることをいう。「豊の明り」の語は、午の日の「豊明の節会」のことを頭に置いて述べたものである。

○称へ辞定め奉る この寿詞の文初にも見えた。称え言葉をはっきり確定して申し述べる意。

○**千秋・五百秋の相嘗に**　「相嘗」は大嘗の祭のお相伴にあずかること。いついつまでも末長く続く大嘗の祭の御食膳のお相伴に、の意。

○**相ひうづのひ奉り**　「うづのふ」は「うづなふ」の転じた語。神がよしとする・承諾する・嘉納する意。大嘗祭の祝詞に、「皇神等相ひうづのひ奉りて」とあった。

○**康治元年**　近衛天皇即位の翌年(一一四二)。この年十一月に近衛天皇の践祚大嘗祭が行われた。

○**照らし明らし御坐す**　天皇が世の中を照らし明るくして行かれるの意。

○**本末傾かず**　矛の本の方と先端の方とが傾くことなく。矛がまっすぐに傾かず立っていることをいう。

○**茂し槍の中執り持ちて仕へ奉る**　伊勢大神宮の斎内親王奉入時の祝詞にも、「大中臣茂し桙の中取り持ちて」とあった。立派な矛の中をしっかり取り持つという言葉のように、神と天皇との中をしっかり取り持ってお仕え申し上げる中臣と続く。

○**祭主**　祭事をつかさどる長の者。

○**行**　官職と位階とが相当せず、位階が官職より高過ぎる場合、位階と官職との間に挿入する語。その反対の場合は「守」を入れる。神祇大副は従五位下が相当しているのに、大中臣清親は正四位上であったから、「行」を入れた。

○**神祇大副**　神祇官には、伯・大副・少副・大祐・少祐・大史・少史の職員があった。その次官に当たるのが「大副」。

○**大中臣朝臣清親**　この人は伊勢神宮の第三十九代祭主になっている。神宮文庫所蔵の『祭主補任』(『神道大系・神宮編・太神宮補任集（上）』による）の「祭主次第」の中に、この人の経歴が記されているので、ここに必要な部分を引用しておく。

　（卅九代）祭主正三位行神祇大副大中臣朝臣清親卿（在任廿ケ年。）

　件卿者、……神祇大副輔清朝臣一男也。天承元年八月十七日、補二神祇少副一。……同年（保延四年）十二月廿九日、蒙二祭主宣旨一。（年五十四。）……同（保延五年正月）廿四日補二大副一。……永治二年正月五日、叙二正四位上一。（造二伊勢太神宮麻続機殿一院一功也。）康治元年十一月十四日、近衛院御即位依二大嘗会寿詞奏之賞一、叙二従三位一。又法住寺院（後白川院）御代依二御即位一、久寿二年十一月廿六日、叙二正三位一。（依二寿詞賞一也。）……保元二年八月七日薨去。（歳七十三。）

これによると、清親が近衛天皇の践祚大嘗祭に寿詞を奏上した康治元年には五十八歳であった。また、次の後白河天皇の践祚大嘗祭にも寿詞を奏上したことが分かる。

○**見食へ、尊び食へ、歓び食へ、聞き食へ**　四つの「食へ」は、謙譲の意味の「たまふ」（下二段活用）の連用形で、祈年祭の祝詞や大祓の詞などにあった「聞き食へよと宣りたまふ」の「食へよ」と同じである。「見食へ」は見せて頂く・拝見する、「尊び食へ」は尊崇させて頂く、「歓び食へ」は喜ばせて頂く、「聞き食へ」は聞かせて頂く・拝聴するの意となる。大嘗祭の盛儀を拝見させて頂き、尊崇申し上げ、歓喜申し上げ、拝聴させて頂いて、というのである。

○茂し世に、八桑枝の如く　春日祭・平野祭・久度古開の各祝詞に「いかしやくはえの如く」と見えた。ここも恐らくもとは「茂し八桑枝の如く」とあったものが、「茂し御世」という祝詞に多く出て来る慣用句に引かれて、「茂し世に」となったものであろう。「やくはえ」はここの文字通りに「八桑枝」、すなわちよく繁茂した桑の枝のようにの意に解するのが妥当であると考える。

○祷事　天皇を祝福申し上げる言葉。

○恐み恐みも申し給はくと申す　恐れ謹んで奏上申し上げることでございますと申し上げます。文末の「申す」は、この段の初めの「又申さく」を受けた結びとなっている。

評

「中臣寿詞」は四段から成っている。順次見て行こう。

第一段（前文）

「現つ御神と大八嶋国知ろし食す大倭根子天皇が大前に、天つ神の寿詞を称へ辞定め奉らくと申す。」とある。天皇の御前に天つ神の寿詞を奏上する旨を先ず申し上げるわけで、いわば開式の辞のようなものである。

第二段（本文の前半）

「高天の原に神留り坐す皇親神漏岐・神漏美の命を持ちて、」から「此を持ちて天つ水と聞こし食せと事依さし奉りき。」までである。神祖の命によって皇孫が日本の国を統治するため天降られた後に、中臣の祖神の天児屋根命が皇孫の神聖な御膳の水は、天つ水を神祖から頂いて奉るべきことを取り計らって、天忍雲根神を天上に上らせたところ、神祖の命は天の玉櫛を授けられて、「この玉櫛を刺し立てて、一晩中神聖な詔戸をのれば、韮と篁とが生え出て、その下から天の八井が湧き出るから、その水を天つ水として皇孫の御膳の水にするように。」と教えられた。この天つ水の伝承は、記紀に見えない独自の神話で、貴重な意味を含む。天皇が神々と共に御膳を召し上がられることは、践祚大嘗祭（また新嘗祭・神今食）における神聖な重儀となっていて、これによって天皇は永遠の神性を獲得（また更新）されるのであるが、それは御膳だけではなく、その御膳のための水がただの現世の水ではなく、神祖から授けられた天つ水でなければならないとする思想がここに現れている。右の伝承は、この思想の根源を支えるものである。

第三段（本文の後半）

「かく依さし奉りし任々に、聞こし食すゆ庭の瑞穂を、」から「大中臣清親、寿詞を称へ辞定め奉らくと申す。」までである。前段に述べられた伝承の尊い伝統に基づいて、この度行われる大嘗祭のために、悠紀・主基の国郡が卜定され、またそれぞれの役をもって奉仕する人々も斎場に参上して、今年十一月の中の卯の日に、天皇が御膳・御酒を召し上がられ、またそのお相伴にあずかる天つ社・国つ社の神々も、その趣を御嘉納になって、いよいよ堅固に天皇をお守り申し上げ、今年より始めて永遠にわたって、天皇がいよいよお栄えになって行かれるようにと、中臣が神と君との中を執り持って寿詞を奏上申し上げる旨を述べる。この段は、今回の大嘗祭の趣旨と現況とを述べて、御世の長久をことほぐ寿詞としている。本文の前半では天つ水の伝承を述べて淵源を物語ったのに対し、後半では現在の大嘗祭のことを述べて、前半に相応ずる形になっている。

第四段（後文）

「又申さく、」から、最後の「恐み恐みも申し給はくと申す。」までである。以上に付け足して、朝廷に仕える親王・諸王以下の人々が、大嘗祭の盛儀に接して、いよいよ元気を振り起こして朝廷にお仕えすべき祝いの言葉を添えて、寿詞の最後を結んでいる。

第二段において神漏岐・神漏美の命の「天つ水」の事依さしがあり、第三段において天つ社・国つ社の神々の御膳の相嘗の「相ひうづのひ」があって、新しく位に即かれた天皇の御世の栄えは確固たるものとなる。この寿詞が「天つ神の寿詞」（天上の神が天皇の即位を祝福申し上げる詞）と呼ばれる所以はここにある。中臣は神と君との中を執り持って奏上する任務を果たすのである。

中臣寿詞の文章は、長い間神秘の覆いに包まれて伝えられて来たため、本文の乱れが少なくないが、壺井義知や本居宣長の校訂の功績や西田長男博士の荒木田守晨本の紹介などによって、漸次明らかになろうとしているのは幸いである。今後の研究者の着実な努力と果敢な意見発表が期待される。

『祝詞』の語法覚え書き

中村幸弘

1　活用を異にする動詞

現代語の隠レルや垂レルは、古典語では、「隠る」「垂る」が言い切りの形でした。ともに、下二段活用と呼ばれる活用で、語尾は〈れ・れ・る・るる・るれ・れよ〉と変化しました。しかし、それは、中古以降の古典語の場合で、上代には〈ら・り・る・る・れ・れ〉と変化する四段活用でした。そこで、次の傍線部については、「隠り」「垂り」とする訓み方もあるわけです。

○……天の御蔭・日の御蔭と隠れ坐して……。（祈年祭）

○……手肱に水沫画き垂れ、向股に泥画き寄せて……。（祈年祭）

「隠」は、六月月次・六月晦大祓・鎮火祭・伊勢大神宮（六月月次祭・同神嘗祭）にも現れます。「垂」は、広瀬大忌祭にも出てきます。

上代には四段活用であったところから、複合語化したものには、その古形を残したくなります。また、訓仮名として用いられているものについては、そうしか訓めない場合もあります。とにかく、次の各例は、「隠り」「垂り」であって、「隠れ」「垂れ」ではありません。

○……みほと焼かれて、石隠り坐して……。（鎮火祭）

○……天の血垂　飛ぶ鳥の禍　無く……。（大殿祭）

＊　＊　＊

生キル・足リルも、上代語では、〈か・き・く・く・け・け〉〈ら・り・る・る・れ・れ〉と変化する四段活用でした。〈き・き・く・くる・くれ・きよ〉〈り・り・る・るる・るれ・りよ〉となるのは、後世のことです。そこで、「生魂」「生国」「生井」（以上、祈年祭など）「生日」（出雲国造神賀詞）や、「足魂」「足国」（以上、祈年祭など）「足幣帛」（春日祭など）「足日」（出雲国造神賀詞）などという例を見るのです。前者の「いく」は、カ行四段活用の連体形、後者の「たる」は、ラ行四段活用の連体形というわけです。

2　自動詞か他動詞か

次の「生剝ぎ」には、二つの訓み方が考えられます。

○……串刺し・生剝ぎ・逆剝ぎ……。（六月晦大祓）

その一つは、「生き剝ぎ」です。いま一つは、「生け剝ぎ」です。「生き剝ぎ」は、〈（家畜の皮を）生きたまま剝ぐ罪〉ということになりましょう。では、「生け剝ぎ」と訓むとどういうことかというと、〈生かしたまま剝ぐ罪〉ということになります。

「生く」には、1でも紹介した四段活用のほかに、後世は上二段に活用する、やはり同じ自動詞があって、それが、現代語の生キルとなります。それに対して、下二段に活用する他動詞の「生く」もあったのです。〈生かす〉という意味です。

「生け捕り」「生け垣」、そして、いまでは「活造り」と書く「いけづくり」も、実はその同じ「生け」なのです。「生き」にも、「生き肝」「生き地獄」「生き恥」「生き仏」などがあります。

＊　＊　＊

「坐す」は、サ行四段に活用する尊敬動詞です。〈いらっしゃる〉という現代語が当たります。ところが、その「坐す」が下二段に活用すると、他動詞となって、〈いらっしゃらせる〉意味となってしまいます。

○……大御和の神奈備に坐せ、葛木の鴨の神奈備に坐せ、宇奈提に坐せ、飛鳥の神奈備に坐せて……。（出雲国造神賀詞）

右の「坐せ」は、その下二段に活用する「坐す」の連用形という形のものです。〈せ・せ・す・する・すれ・せよ〉の、その「坐せ」で、〈鎮座なさるようにさせ〉、つまり〈鎮座おさせ申し上げ〉ぐらいに訳すところです。

○……皇御孫の命を天つ高御座に坐せて……。（大殿祭）

○……皇我がうづの御子皇御孫の命、此の天つ高御座に坐して……。（大殿祭）

右の二例は、その自動詞・他動詞の関係のよくわかるところです。もちろん、前者が他動詞、後者が自動詞です。自動詞の例はたくさん現れますが、他動詞の「坐す」は、ここに引いたものに限られます。

3　独立動詞と補助動詞

○……恐き鹿嶋に坐す健御賀豆智命・香取に坐す伊波比主命……。（春日祭）

右の「坐す」は、そこに〈いらっしゃる〉意を表す本来の用法のものです。ところが、次の各例に見る「坐す」は、いずれも他の動詞の連用形の下に付いています。

○……山川の広く清き地に遷り出で坐して、神ながら鎮まり坐せと、称へ辞竟へ奉らくと申す。（遷却祟神）

このように他の動詞の連用形の下に付いて、もっぱら敬意（この場合は尊敬）を添えるだけに用いられているものを、補助動詞と呼びます。「遷り出で」や「鎮まり」を補助する関係にあるからです。それに対して、本来の用法のものを、独立動詞と呼びます。

○……今年の六月の晦の日の夕日の降ちの大祓に、祓へ給ひ清め給ふ事を、諸聞き食へよと宣りたまふ。（六月晦大祓）

右の傍線部の「たまふ」のうち、「食へよ」を除いたものは、すべて四段活用の「たまふ」です。「食へよ」も終止形は「たまふ」ですが、下二段活用です。

それら、二種類の「たまふ」は、他の動詞の連用形の下に付いているという点で共通しています。つまり、ともに補助動詞です。同じ補助動詞ですが、四段活用のほうが尊敬の意味を添えるために用いられているのに対して、下二段活用のほうは、謙譲の意味を添えるために用いられています。

「奉る」も、「仕へ奉る」「竟へ奉る」など、補助動詞として用いられています。「奉る」は、祝詞では、その多くが独立動詞用法ですが、補助動詞としても用いられます。いずれも、客体を高める謙譲の補助動詞です。

さきの下二段活用の「たまふ」は、それら客体を高める謙譲の表現に対して、自らを低めていう謙譲の表現を構成します。

4　形容詞連体形の古形

○……狭き国は広く、峻しき国は平らけく……。（祈年祭）

右の「狭き」は「さし」というク活用形容詞の連体形です。中古には、「所狭し」などの「せし」となる形容詞です。「峻しき」は、「さがし」というシク活用形容詞の連体形です。〈けわしい〉意を表し、中古には〈危ない〉意をも表すようになる形容詞です。

そのように、形容詞連体形は、「…き」「…しき」となるのですが、次例は、そうではありません。

○……八束穂のいかし穂に寄さし奉らば……。（祈年祭）

○……足らし御世の茂し御世に斎ひ奉り……。（春日祭）

○……いかし御世の足らし御世に、た永の御世と福はへ奉るに依りて……。（大殿祭）

右の「いかし」は、「茂し」「厳し」「重し」などの漢字を当てることのできるシク活用形容詞です。春日祭には、その「茂」という正訓字が採用されていますが、祈年祭には「伊加志」とあり、大殿祭にも「五十橿」とあります。いわゆる万葉仮名で書かれているわけで、発音をはっきり示したかったからでしょうか。「伊」がイ、「加」がカ、「志」がシの音を表す、借音仮名です。「五十橿」は、「五十」でイを表し、「橿」でカシを表すという、戯訓性の表記です。

その「いかし」は、シク活用ですから、連体形は「いかしき」となるはずです。しかし、このように「いかし」で直ちに名詞に連なってしまっています。これは、古い時代の名残といえるのです。「賢し女」「麗し女」（古事記・上）などと同じであるといえます。そこで、次例なども、その一つであると見えてきましょう。その「奇し」は、後世なら、「くすしき」となるところです。

○……天つ奇し護言を以ちて言寿き鎮め白さく……。（大殿祭）

その原文「天津奇護言乎」には、「古語云久須志伊波比許登。」（＝古語に「くすしいはひごと」と云ふ）という注が付いていました。誤って読まれないよう、そうしたのでしょう。

○……櫛磐牖・豊磐牖命と御名を申す事は……。（御門祭）

右の「櫛」は、お名まえの一部ですが、その「櫛」は当て字で、「奇し」と考えられます。「くし」も「くすし」と同じ〈神秘だ〉を意味するシク活用形容詞です。ともに、このように、古い連体形で用いられていたのです。

＊　＊　＊

「茂し御世」と対になっている「足らし御世」について、併せて触れておきたいと思います。その「足らし」を立項する辞書は見当たりませんで、辛うじて、『日本国語大辞典』が「たらしみよ」で立項しているだけでした。

たらしみよ【足御世】［名］《「たらし」は「たらす（足）」の連用形から》何事も満ち足りて不足のない御世。天皇の威力が行きわたっている御世。たるみよ。

その「たるみよ」を引いてみますと、その春日祭の九条家本の訓であるとしています。既に、この「足」の取り扱いに窮していたようにも思えてしまいます。「茂し」と対の関係にあるのですから、そして、「足らし」であるとする訓みが大殿祭に「足良志」というように残っているのですから、それに従うようにしたいと思います。

そして、『日本国語大辞典』の《「たらす（足）」の連用形から》も、よろしくないと思います。その「す」は、追って9に述べる尊敬の助動詞ということでしょうが、敬語の必要性はどこにもありません。そうではなくて、「足る」から「足らし」へという形容詞化の過程にある、これも連体形の古形で、そう見てこそ、「茂し」との対の関係が、いっそう確かなものとなるといえましょう。

「行く」という、四段活用動詞の未然形相当形「ゆか」に、形容詞化する接尾語「し」が付いて、「ゆかし」という形容詞が生まれました。高校生でも知っている知識で、拙編『ベネッセ古語辞典』には、「動詞の形容詞化の一類型」として、「忙し」

「慎まし」「懐かし」「優し」などを、例として引いておきました。現代語でも、「輝く」から形容詞化した「輝かしい」を用いています。「足らし」は、四段活用時代の「足る」から形容詞化した「足らし」だったのです。

5　形容動詞連用形の用例

おおまかにいって、ナリ活用形容動詞は、中古に入って急激に現れるといえましょう。したがって、上代語のなかにそれを見ることは、原則としてないといってもいいぐらいです。もちろん、その原初は、「盛りに」「久に」など「に」という連用形相当形です。そういう例を、『祝詞』の中にも僅かに見ることができます。

○……作り食(たま)ふる五つの穀(たなつもの)をも豊かに栄えしめ給ひ……。（伊勢大神宮〈六月月次祭〉）

○……御横刀(みはかし)広(ひろ)らに誅(う)ち堅(かた)め、白御馬(しろみま)の前足の爪・後足(しりあし)の爪踏み立つる事は……。（出雲国造神賀詞）

次例は、接頭語「いや」に形容詞の語幹が付き、それに「に」が付いて、形容動詞連用形相当になっているものと見ることができましょう。

○……天皇(すめら)が朝庭(みかど)にいや高にいや広に、いかしやくはえの如く立ち栄えしめ……。（平野祭）

その接頭語部分に名詞が位置する〈名詞＋形容詞語幹＋に〉形は、「足高に」「声高に」など、中古には流行した形容動詞連用形です。その成立の背景をうかがわせてくれる「いや―に」である、ということができましょう。

＊　＊　＊

後世、形容動詞となることがはっきり見える形容詞があります。次の各例に見るように、「―けし」となる形容詞です。

○……豊葦原の水穂の国を安国と平らけく知ろし食せと……。（遷却祟神）

○……千秋の五百秋に瑞穂を平らけく安らけくゆ庭に知ろし食せと事依さし奉りて……。（中臣寿詞）

その「平らけし」は、後世「平らかなり」に、「安らけし」は、「安らかなり」になっていきます。ところで、その原文を見たとき、「平気久」とあったり、「平介久　安介久」とあったりします。『万葉集』など、確かな上代文献を見たとき、その「け」は「気」など、乙類といわれる仮名です。乙類は母音の交替が安易なので、「か」に転じえたのでしょう。

なお、中臣寿詞は、そこに「介」を用いていて、これは、上代語の原則に外れます。「介」は甲類仮名だからです。したがって、上代文献をまねて書いているが、その点では、そっくりまねることができなかったということになります。

6　連体助詞「つ」「な」

一般には格助詞に入れて取り扱われる「の」について、〈格〉の意味に照らして、連体修飾語をつくる「の」を連体助詞と呼んだりすることがあります。「君の本」「九州の人」「麻のハンカチ」といった、その「の」です。

そのような「の」にあたる部分に、古くは、「つ」や「な」を用いていました。『祝詞』の中には、そのような「つ」や「な」が用いられています。

○……天つ社・国つ社と称へ辞竟へ奉る皇神等の前に白さく。（祈年祭）

○……奥つ藻葉・辺つ藻葉に至るまでに……。（祈年祭）

○……手肱（たなひぢ）に水沫（みなわ）画き垂れ……。（祈年祭）

「つ」については、直ちに〈の〉の意と理解できましょう。「上つ瀬」「下つ瀬」（記・上）「遠つ神祖」（万葉集四〇九四）などが、その上代の例で、下っても、「沖つ白波」（伊勢物語）など、次々と浮かんできましょう。

「な」は、その例を見てもわかるように、早くも一語の一部に残っているという感じです、「たなひぢ」の「た」は「手」の母音が交替したものです。〈手の肱〉ということです。「みなわ」は、「みなあわ」の「あ」の音が消えたものです。「み」は〈水〉の意で、〈水の泡〉ということです。

「つ」は、現代語にも、「まつげ（睫）」の「つ」として残っています。「な」もまた、「まなこ（眼）」の「な」、「たなごころ（掌）」の「な」として残っています。

7 同格の格助詞「の」

一文の中で、ある語や語句と、他の語や語句とが、文を構成するうえで、同じ資格をもっていることを、同格と呼びます。その関係を構成するのに、「の」という格助詞が用いられ、その「の」を、同格の格助詞の「の」であると説明します。

○……足らし御世の茂し御世に斎ひ奉り……。（春日祭）

○……皇御孫の命の長御膳の遠御膳と聞こし食すが故に……。（祈年祭）

○……天つ祝詞の太祝詞事を宣れ。（六月晦大祓）

○……焼鎌の敏鎌以ちて打ち掃ふ事の如く……。（六月晦大祓）

右の第一例では、「足らし」と「茂し」とが名詞「御世」を修飾しています。その「御世」がどんな御世であるかを、異なった視点から捉えて、それを「の」によって結び付けているともいえましょう。「茂し」については、4において述べたところです。そして、「足らし」もまた、シク活用形容詞の古い連体形と見てよいかについて、同じく4に述べました。同格の構文の原則は、このような表現形式であったと見てよいようです。

第二例「長御膳の遠御膳」や第四例の「焼鎌の敏鎌」は、その修飾語部分が、それぞれ一語の中に組み込まれてしまっているものであるといえましょう。第三例の「天つ祝詞の太祝詞事」は、前項には、なお「天つ」という修飾語の存在がうかがえますが、後項は「太祝詞事」という一語性のものとなってしまっています。「天つ」の「つ」については、6において確かめたところです。

同格の格助詞「の」は、現代語としては、〈で〉が当たります。断定の助動詞「だ」の連用形の「で」です。

8 断定の助動詞連用形の「に」

『宣命』には相応に現れる断定の助動詞「なり」ですが、『祝詞』の中には、ここに取り立てる連用形「に」を除いて、他の活用形例を見ることができません。しかも『祝詞』の語法について述べた唯一の書物、岩井良雄氏の『祝詞宣命語法考』を見ても、以下に述べる「に」について、触れてくれてありません。関係助詞とする「に」、一般にいう格助詞の「に」のなかにも入っていません。以下に紹介する「に」の取り扱いについては、とりわけてご注目いただきたいと思います。

○……天皇が大命に坐せ、恐き鹿嶋に坐す健御賀豆智命・香取に坐す伊波比主命・枚岡に坐す天之子八根命・比売神、四柱の皇神等の広前に申さく……。（春日祭）

○……天皇が御命に坐せ……。（平野祭）

○……天皇が御命に坐せ……。（久度古開）

右の三例とも、結局は同一例といっていいでしょう。「大命」も「御命」も、「おほみこと」と訓んでいくところで、表記が違うだけということです。この「…に坐せ」の「坐す」は、春日祭の中に続いて出てくる「…に坐す」の「坐す」とは、用法が違います。後者の多くの「坐す」は、3において述べた独立動詞の「坐す」です。前者、つまり「…に坐せ」の「坐す」は、3において述べた補助動詞とは別の、しかし、これもまた補助動詞と呼ばれる一つです。その点を、以下述べていきます。

「天皇が大命」「天皇が御命」は、〈天皇のご詔命〉というような意味です。「…に坐せ」の「ませ」は、已然形という形で、後世なら「…にませば」となるところです。ところが、上代にあっては、「ば」を伴わなくても、「…にませば」と同じ順接確定条件という条件を表すことができたのです。「恋ふれこそ」(万葉集六三九)で、「恋ふればこそ」の意を表しえたのです。ここも、そういうところと見てよいようです。

そこで、敬語表現の必要がなければ、「…にあれ」でよいわけです。その「あり」は、「なり」の一部を担っている補助動詞の「あり」です。それを尊敬語「坐す」に差し換えて、尊敬表現化したものと見ることができます。人間以外のものである「大命」「御命」に敬語を用いるのは、現代人にはちょっとためらいがありましょうが、とにかく、「…にあれば」の意の尊敬表現「…に坐せ」であると見ることができるのです。

この部分、他に、次のような形で現れてきます。

○……天皇が御命以ちて……。(伊勢大神宮〈二月祈年、六月・十二月月次祭〉)

「以ちて」は、〈によって〉ということで、右の「天皇が御命以ちて」で始まるものは、豊受祭・九月神嘗祭・豊受宮同祭など、いくつもあります。

○……皇御孫の御命を以ちて……。(遷奉大神宮祝詞)

右は「以ちて」の上に、格助詞「を」が表出されている例です。もちろん、その上接語句は同じでも、「を」のない「皇御孫の命の御命以ちて」(遣唐使時奉幣)もあります。その「以ちて」や「を以ちて」と同じような意味で、尊敬の気持ちを入れたのが、「に坐せ」であったと見てよいでしょう。

＊　＊　＊

「なり」が、「にあり」から成る、その「に」と「あり」との理解を助けてくれる、よい例がありました。

○……一年二年(ひとととせふたとせ)に在らず、歳まねく傷(やぶ)るが故に……。(龍田風神祭)

この例ですと、「在ら」、つまり「あり」が、断定の助動詞「なり」の一部であると、よく見えてきましょう。

＊　＊　＊

「…に坐せ」と直ちに結びつくのは、『万葉集』に見られる、次の表現です。

○……王(おほきみ)は神にし坐せば天雲の五百重(いほへ)が下に隠り給ひぬ　(二〇五)

○……皇(おほきみ)は神にし坐せば真木の立つ荒山中に海を成すかも　(二四一)

その「神にしませば」は、慣用的類句表現といってよく、右のほかにも、まだまだたくさん見られます。〈神でいらっしゃるので〉ということで、強めの副助詞「し」がきまって入っていますが、また、接続助詞「ば」をはっきり伴っていますが、結局は、その「…に坐せ」と同じことです。「神なれば」を強めて「神にしあれば」といい、その補助動詞「あれ」を尊敬語「ませ」に転換させた表現ということになります。

9　尊敬の助動詞「す」

四段活用型に活用する尊敬の助動詞「す」は、原則として、四段活用動詞の未然形に付きました。

○……志貴嶋に大八嶋国知らしし皇御孫の……。（龍田風神祭）

○……称へ辞竟へ奉ると思ほし行はすを……。（龍田風神祭）

右の「知らしし」の上の「し」が、その尊敬の助動詞「す」の連用形です。下の「し」は過去の助動詞「き」の連体形で、その部分、〈お治めになった〉という意味です。第二例の「行はす」の「す」も、尊敬の助動詞「す」の連体形で、その「行はすを」部分は、〈執行なさるのに〉という意味になります。四段活用動詞「知る」「行ふ」の未然形に付いています。

ところが、第二例にある「思ほし」は、これで一語と見なければなりません。もともとは、「思ふ」の未然形「思は」に付いた「思はす」が、いつか、「思ほす」となってしまっていたのです。その「思ほす」は、時代がさらに下ると、「思す」という語形となってしまいます。

尊敬の助動詞「す」は、そのように一語の中に組み入れてしまっている例を多く見ます。「知ろし食す」（祈年祭など）や「聞こし食す」（春日祭など）の「し」は、いずれも、その例です。「知らす」がいつか「知ろす」に、「聞かす」がいつか「聞こす」に転じたのです。ここでは、それに、さらに尊敬の補助動詞「めす」が付いているものといえます。その「めす」も、もとは、「見る」の「見」に、この「す」が付いたものです。そのようにずっと古くには、四段活用以外の動詞にも付いたようです。上一段活用動詞「見る」の未然形「見」に「す」が付いた「みす」は、いつか「めす」へと変化していきます。意味も、〈お招きになる〉〈任命なさる〉〈お取り寄せになる〉〈召し上がる〉〈お召しになる〉などと広がっていき、この例のように尊敬の意を添える補助動詞ともなっていたのです。

○……大神等の乞はし賜ひの任に……。（春日祭）

右の例は、尊敬の助動詞「す」に加えて、さらに、尊敬の補助動詞「たまふ」が付いた例です。

10　接尾語「じもの」

○……うじ物頸根衝き抜きて……。（祈年祭）

○……うじ物頸根築き抜きて……。（広瀬大忌祭）

右二例の「うじ物」は、仮名まじり文としては、「鵜じもの」と書いたほうが、わかりやすいところです。原文には、ともに「宇事物」とあります。しかし、意味のうえからは〈鵜のように〉となるところで、「鵜」という水鳥を例に引いているのです。

「う」が、「鵜」であると確認されたところで、残る「じもの」について考えてみます。上代に限って見られるもので、「犬じもの」（万葉集八八六）「鹿じもの」（万葉集一九九・二三九・三七九・一〇一九）などというように現れます。「犬」や「鹿」に代わって、ここでは、「鵜」が採用されているのです。

もちろん、その「じ」は、動物名に付くだけではありません。「男じもの」（万葉集四八一・二五八〇）「雪じもの」（万葉集二六一）といったような例も見られます。

そして、それだけでなく、「じく」「じき」のように、その「じ」は、形容詞と同じ活用を見せるのです。「時じく」（万葉集二六）「我じく」（万葉集四二八〇）や「母じき」（宣命二五詔）などです。つまり、「じ」は〈らしい〉〈のようだ〉の意を添えてシク活用形容詞化させる接尾語だったのです。

その「じ」は、「じき」とならなくても、そのままでも、連体機能を持ちえました。4において述べたところです。シク活用の古い連体形は、終止形と同じでした。それを語幹と認めることもできる、「奇し護言」（大殿祭）の「奇し」の類です。「じ」もまた、それらと同じように、名詞「もの」に直ちに付いて、しかも固定化してしまったのでしょう。

接尾語「じもの」は、そのようにして成立したものです。そのようにして、〈…のように〉という比喩表現を構成しているのです。

11 接尾語「く」と、その構文

漢文の訓読に現れる「曰はく」の「く」は、〈こと〉という意味を担っている名詞化する接尾語です。「言ふ」という八行四段活用動詞の未然形「言は」に付いて、〈言うことには〉というように、会話文の予告をし、その会話文末に引用の格助詞「と」を添えて訓んでいきます。

『祝詞』には、「白さく」「白し給はく」がしばしば現れます。

○御年の皇神等の前に白さく、……と宣りたまふ。（祈年祭）
○大御巫の辞竟へ奉る皇神等の前に白さく、……と宣りたまふ。（祈年祭）
○……四柱の皇神等の広前に白さく……と白す。（春日祭）
○……今木より仕へ奉り来れる皇大御神の広前に白し給はく、……と申す。（平野祭）

祈年祭には、さらに、この形が続いて現れます。ただ、この形は、原則からは離れたものとなっているといえましょう。「白さく」を受けて会話文が始まり、それが終わったら、「と白す」とあって、はじめて応じたことになります。その意味では、春日祭の形式がよいことになります。平野祭の例は、「白し給はく」とあるのですから、「と白し給ふ」とあってほしいようにも思えてきましょう。

では、祈年祭はどうしてそうなったのかというと、「と宣りたまふ」の中に、「と白すことを宣りたまふ」の意が含まれているからということで、その「白すことを」が省略されてしまったのだというように解せます。

＊　＊　＊

「称へ辞竟へ奉らく」というように慣用化した語句が、その会話文部分の末尾に現れます。

○……称へ辞竟へ奉らくと宣りたまふ。（祈年祭）
○……称へ辞竟へ奉らくと白す。（春日祭）
○……称へ辞竟へ奉らくと申す。（平野祭）

右の「く」以下には、何らかの省略が考えられます。「く」もまた、事情とかいきさつとかを意味するものと見えてきます。訳語としては〈次第〉などが当たりましょうか。とにかく、そこで会話文末となっていて、一種の断定をしているものと見られます。あるいは、省略ではなく、表出されなかった、と見たほうがよいのでしょうか。

○……斎ひ鎮め奉らくと申す。（鎮御魂斎戸祭）
○……申し給はくと申す。（伊勢大神宮〈二月祈年、六月・十二月月次祭〉）

右の二例は、「称へ辞竟へ奉らく」ではありませんが、その末尾の「く」の理解については、さきの「称へ辞竟へ奉らく」と同じように見てよいでしょう。

12　「依さし奉る」の敬意の方向

○高天の原に神留り坐す皇親神漏岐・神漏美の命以ちて、八百万の神等を神集へに集へ賜ひ、神議りに議り賜ひて、我が皇御孫の命は豊葦原の水穂の国を、安国と平らけく知ろし食せと、事依さし奉りき。（六月晦大祓）

皇祖の男神と女神とが、神々をお集めになり、ご審議をお尽くしになって、皇御孫の命（皇孫邇邇芸命）に向かって、日本の国を平穏にお治めくださいとご委任申し上げなさった、というのです。その〈ご委任申し上げなさった〉を「依さし奉りき」といっているのです。「依さし」の「し」は、9で説いた尊敬の助動詞「す」の連用形です。その下に「奉る」という謙譲の補助動詞が付いているのです。その謙譲とは、客体を尊敬するはたらきを、そう呼びならわしてきているのです。「依さす」の「す」は、皇祖の男神と女神への敬意を表しています。「奉る」は、その〈委任する〉動作を受ける客体の、皇御孫の命（皇孫邇邇芸命）への敬意を表しています。いわゆる二方向への敬意を表す敬語表現というわけです。

ここで注意したいのは、中古における、あるいはそれ以降の二方向への敬語と、敬語の並び方が違うということです。謙譲語が上で、尊敬語が下というのが一般ですが、この敬語表現は、尊敬語が上で、謙譲語が下という並び方となっています。現代語訳の際は、どうしても、逆にして言い換えるよりほかないでしょう。

13　「称へ辞竟へ奉る」の「称へ」の部分

○……御服は明妙・照妙・和妙・荒妙に称へ辞竟へ奉らむ。

（祈年祭）
○……瓱の⌒高知り、瓱の腹満て双べて、称へ辞竟へ奉りて…
…。（祈年祭）
○……さかえしめ賜へと、称へ辞竟へ奉らくと白す。（春日祭）

右の三例についていうと、「称へ辞」は、それで一語の複合名詞になっているものと認められましょう。そして、あえていえば、「称へ辞」の下に表出されていない格助詞ヲを補って解していくところということになりましょう。〈賛辞を尽くしてお祭り申し上げる〉ぐらいに訳すことになります。

ところで、以下に紹介するように「称へ辞」ではなく、「辞」だけでも、この表現は慣用化しています。

○……と御名は白して、辞竟へ奉らくは……。（祈年祭）
○……と御名は白して、此の皇神の前に辞竟へ奉らく……。
（広瀬大忌祭）

右の前例は、その原文が「辞竟奉者」とあるところから、一般には、「辞竟へ奉らば」と訓まれるところです。それは、ともかく、「称へ」がなくても、こうして用いられています。〈表現を尽くしてお祭り申し上げる〉ぐらいに言い換えればよく、〈賛辞を尽くしてお祭り申し上げる〉の「賛」の字義を落として受け止めていったらよいでしょう。

そこで、さらに「称へ辞竟へ奉る」のいくつかを見てみることにします。

○……皇御孫の命のうづの幣帛を称へ辞［ヲ］竟へ奉らくと宣りたまふ。（祈年祭）

右の同じ表現は、祈年祭の中だけでも、他に七例数えることができます。既に確かめてきたように、「竟へ奉る」の上には、非表出のヲが想定されます。そして、さらに、その上に、「幣帛を」とあるのですから、対象を示す格助詞の「を」が二つあることになって、構文のうえから、文脈が整いません。慣用表現「称へ辞竟へ奉る」は、それほどに固定化してしまっていたということでしょうか。あるいは、「称へ」は、「…幣帛を」を直ちに受ける「称へ」で、つまり動詞「称ふ」の連用形で、そこで中止される構造というようにも見えてきます。少なくとも、二つの格助詞「を」の問題については、そう理解することで解決できそうです。

14 「聞き食へよ」という訓み方

祈年祭や六月月次、また六月晦大祓、さらには大嘗祭等の冒頭に現れる、次の原文を、まず見てみたいと思います。

○集侍神主・祝部等、諸聞食登宣。（祈年祭ほか）

その傍点部「聞食」については、「聞き食へ」と訓んだとしても、二つの立場があることになります。その「たまふ」を尊敬の補助動詞と見るのか、謙譲の補助動詞と見るのか、という立場の違いです。尊敬の補助動詞は四段動詞ですから、直ちに命令形と理解できて、〈お聞きください〉の意と訳せましょう。謙譲の補助動詞は下二段活用ですから、これは何形かといわれそうですが、古くは命令形に「よ」が付きませんでしたので、「たまへよ」と同じ意味の古い形とでもいったらいいことになりましょう。〈聞かせていただけ〉とでも訳したらいいでしょうか。それにしても、ここは、どう訓むかが、祝詞を読み上げる人がどういう人であり、だれに向かってどういう立場でいっているのかに、大きく関わってくるところです。まず、相手に尊敬語で命令するのはきわめて当然ですが、謙譲語で命令するのは、一般的ではないと感じられましょう。しかし、それは、現代人の人間関係に基づいた感覚が、そう感じさせるのです。

著者の青木氏は、九条家本の、その部分に「キ、タマヘヨ」とあるのに従って、その立場をとっていらっしゃるのであろうかと思います。「聞きたまへ」でも、謙譲の命令表現は可能だったのですが、その後の語形を採用なさったというわけです。

中古の和散文、とりわけて『源氏物語』の中などには、その会話文に、かしこまった気持ちを表す敬語として、この下二段活用の「たまふ」がしばしば現れます。「思ひ（実際にはウ音便化した「思う」が多い）」「見」「聞き」に付いて、〈思わせていただく〉〈見せていただく〉〈聞かせていただく〉といった意味を表します。しかし、命令形の用例は、一例もありません。

ただ、祝詞の宣読者は「集侍神主・祝部等」に向かって、尊大な態度でそう命じることが、立場上、必要だったのでしょう。有坂秀世氏の『国語音韻史の研究』のなかには、「ききたまへ」と訓んで、「承れ」「拝聴せよ」といった意味であるとの主張が見られます。

＊　＊　＊

下二段活用の、謙譲の「たまふ」は、客体を尊敬するというのではなく、自卑の姿勢を表すもの、と考えられています。したがって、上接する動詞も、おのずから限られて、『源氏物語』では、あんなに長い小説ですのに、さきの三語に付く例のほかには、「知り」に付く例を僅かに見せるだけなのです。

ところが、『祝詞』では、もう少し幅の広い付き方をして現れるのです。具体例を紹介しておきます。

○……作り食ふる五つの穀（たなつもの）をも……。（伊勢大神宮〈六月月次祭〉）

○……見食へ、尊び食へ、歓び食へ、聞き食へ、……。（中臣寿詞）

15　「宣」は「のる」か「のりたまふ」か

14の「聞き食へよ」という訓み方と関係するところです。もう一度、原文を引いておきます。

○集侍神主・祝部等、諸聞食登宣。（祈年祭ほか）

右の傍線部「宣」についても、「のる」と訓む立場と、「のりたまふ」と訓む立場とあって、たいへん問題のあるところです。その部分、九条家本の古訓には、「ノタマフ」とあります。青木氏がそれを尊重されること、いうまでもありません。

この問題について、田辺正男氏は、宣命が読まれる場面を想定されて、また祝詞にも同趣の情況が想定できるとして、しかも、それを語学的な立場から考察されて、「のりたまふ」と訓むことを主張されました。「続日本紀宣命の敬語について」と「延喜式祝詞の敬語について」（ともに『上代語中古語の研究』所収）にうかがうことができます。「のる」だけでなく、尊敬の補助動詞を添えて、「宣」という字を「のりたまふ」と訓むという点では、ある共通認識が、いまではできていると見てよいでしょう。

古く、本居宣長の『大祓詞後釈』は、「キコシメセトノル」でした。ついさきごろまで、いや現在でも、例えば武田祐吉氏の『祝詞』（日本古典文学大系）に従って、同じく「きこしめせとのる」と訓もうとなさる方もいらっしゃいましょう。

いま、ようやく「ききたまへよとのりたまふ」と訓む方が多くなってきたとはいいましても、その「宣りたまふ」をどう解するかには、少なくとも、二つの立場があるように思えます。

『宣命』の本文に見られる「宣」の字の訓みから一つの立場をお示しになった田辺正男氏は、宣命を読む伝達者の天皇への敬意と見ていらっしゃるように思えます。そして、祝詞の「聞食登宣」の「宣」についても、それに類する用法と見ていらっしゃいます。それに対して、著者青木氏は、〈よく拝聴せよと宣り聞かせる〉とお訳しになって、祝詞を宣読する人の自敬表現と見ていらっしゃるように思えます。

その〈宣り聞かせる〉という訳語は、青木氏の苦心の作と思われます。現代語「言い聞かせる」に尊敬の意を加えて、かつ重みをつけたものといえましょう。「おっしゃって理解させる」「理解させるようにおっしゃる」では出せない雰囲気があります。『祝詞』の訳出に限って認められる現代語ということになりましょうか。

「のりたまふ」は、その後、その「り」の部分が促音化し、ノッタマフを経て「のたまふ」となります。『新撰字鏡』という中古の初めの古辞書に、「諗」「使下」を「乃太万不」（＝のたまふ）と訓んでいる例が見られるぐらいですから、相当古くからあったと見てよいでしょう。

語釈索引

凡例

○この語釈索引は、本書の「各篇研究」の中の語釈欄において解釈を施した各祝詞の語句を五十音順に排列して、祝詞特有の古い語句の存在箇所及びその意義を、容易に検索し得るように配慮したものである。同じ語句でも複数ある場合には重複して掲出してある。

○各欄の掲出語句の下の（　）中に、その語句が使用されている祝詞の略称を示した。本索引に用いた略称は、次の通りである。

（祈）…祈年祭　（春）…春日祭　（広）…広瀬大忌祭
（龍）…龍田風神祭　（平）…平野祭　（久）…久度古開
（殿）…大殿祭　（門）…御門祭　（祓）…六月晦大祓
（呪）…東文忌寸部献横刀時呪　（火）…鎮火祭　（道）…道饗祭
（嘗）…大嘗祭　（斎）…鎮御魂斎戸祭　（伊）…伊勢大神宮の諸祭
（祟）…遷却祟神　（唐）…遣唐使時奉幣　（出）…出雲国造神賀詞
（寿）…中臣寿詞

○各欄の下底部に記した漢数字は、本書の語釈欄における頁数を示したものである。

あ

い

う

か

き

く

け

こ

さ

し

す

せ

そ

た

ち

つ

は

ひ

ふ

へ

ほ

ま

み

む

も

や

あとがき

平成十二年二月十五日午後一時に、右文書院社長の三武義彦氏が訪ねて来られた。本書の「序」に書いたように、最初に来訪されたのは平成三年二月六日であったから、あれから丸九年の月日が経過したわけである。今回は、私の書いた『祝詞全評釈』の原稿について最後の打ち合わせのために来られたのである。本書の校正は既に昨年の十一月から始まっていたが、当時心臓に不整脈の出る症状のあった私は、医師の指導により午前・午後二時間ずつ校正の仕事に起き出した。同郷の学友粕谷興紀氏の親切な応援を得ることが出来たのは幸いであった。そして平成十二年の仕事始めには初校のゲラ刷は右文書院に届き、三武社長さん御自身からお目通しを頂く段取りとなった。社長さんは正月に肺炎に罹られたが、病を克服して私の書いた原稿やゲラを精読し、その中から幾多の未解決の問題を拾い出して行かれた。それは微細な点までゆるがせにすることはなかった。この日の会合は、これから二人の質疑応答の討議によって、一つ一つの問題の解決を図って行こうとするものであった。

挨拶もそこそこに問題は矢継ぎ早に提出され、老人の私は弱みを見せてはならないと頑張った。一つの疑問が処理されると、直ちに次の問題へと移った。時間の経過を忘れているうちに、いつしか夜になり、最後の章の「中臣寿詞」に入った時には、午後七時を過ぎていた。「中臣寿詞」では、私の原稿に、

また、大嘗院には、やはり黒木造りの廻立殿(くわいりふでん)が造られる。

と書いた、その「大嘗院」が問題となった。このあたりの記事は、天皇の践祚大嘗祭の儀式を執り行う大嘗宮の造営について説明した条であるが、右の一箇所にだけ「大嘗院」とあって、他の箇所はすべて「大嘗宮」とあるのは問題ではない

かと指摘されたのである。私はこの時、ここの「解説」を、原資料として『延喜式 巻七 践祚大嘗祭』によって書いたことをすっかり忘れてしまっていた。『延喜式』なら、その時参考に持って来て、手元に置いていたのである。『延喜式』さえ開けば、問題は一挙に解決が着く。しかしこの時、私は老齢による耄碌の上に長時間の討議のための疲労が加わって、頭がすっかり働かなくなっていた。私どもは結局、この「大嘗院」は「大嘗宮」のことに他ならないのだから、分かり易くするためにも、ここも「大嘗宮」に改めることにしようということになって、その場を収めた。やがてその日の討議は終了となったが、「大嘗院」の一語は私の頭の中に一つの靄となってその夜は漂った。

翌二月十六日は朝早く起きて、千葉県印旛郡にある日本医科大学付属千葉北総病院の眼科へ白内障の治療のために出かけた。やがて手術を受けるために、月に一回程度診察してもらうのである。印旛沼のほとりは広々として、いつ行っても心が晴れ晴れとする。この日は病院独得の雰囲気に取り紛れて、昨夜の「大嘗院」の靄は頭に浮かんで来なかった。

その翌二月十七日は私の誕生日である。私は満八十六歳を迎えた。起きるとすぐ「大嘗院」のことを思い出した。書斎へ行って『延喜式』を取り出し、問題の箇所を開くと、次のようにあった。

凡木工寮（もくれう）大嘗院以北、造㆓廻立宮正殿一宇㆒。（注省略）構以㆓黒木㆒、以㆑苫葺之。

（『新訂増補 国史大系 延喜式 前篇』一四九頁）

『延喜式』にはまさしく「大嘗院」と書いてある。私が「解説」に「大嘗院」と書いたのは、この原典によったものである。『延喜式』のこのあたりの記事をよく読んでも、「大嘗院」とあるのは、この一箇所だけしか見当たらない。これには何か理由があるのだろうか。私の八十六歳の頭に最初の疑問が湧いて来た。右の『延喜式』の記事では、木工寮（もくれう）が大嘗院の北側に廻立宮正殿（廻立殿）を建造するとある。（『国史大辞典』の付図等を見ても、大嘗宮の北側に廻立殿の建物が見える。）木工寮というのは宮内省所管の官司で、宮中の造営および木材の準備を司る役所である。大嘗宮は国家の最も重大な祭儀の宮殿であるから、神祇官の関係の人々が造営に従事するが、廻立殿は天皇が沐浴されたり祭服に着替えられたりする御殿で、大嘗宮の付属の建物であるとは言え、直接の祭儀の御殿ではないから、神祇祭祀に直接関係のない木工寮の人々がその造営に当たることになっていたのに違いない。木工寮の人々は、一歩謙遜して、敢えて「大嘗宮」という詞は使わず、仲間内で「大嘗院」と言い慣らわしていたのではないだろうか。それを忠実な記録者であった『延喜式』の記録官が、そのまま正直に記録にのぼせて、「大嘗院」と書くことになったのではないか。これがその時私の頭に浮かんだ解答である。勿論正否の程は識者の教示に俟たねばならないが、八十六歳の老人の解答としてはこの程度で許して頂けるのではないだろうか。そう思うと、一昨日以来の頭の靄はすっとどこかへ消え去って行くようであった。

老人の誕生日のことなどは誰の心にも留らない世の平凡事に過ぎないが、今年の私の誕生日は、私自身にとっていつまでも忘れることのできない日となるように思う。私はいつまでも病人のような生活を続けているわけには行かない。「大嘗院」問題で拙いながらも一案を得たことは、元気回復の兆しとなるだろう。そして、あの十五日の真摯熱烈な質疑応答の会があったればこそ、十七日の私の一案湧出の椿事に繋がって行ったのである。私は三武社長さんに対する満腔の感謝の思いを込めて、この一文を本書の「あとがき」に書き記すことにした。

平成十二年二月

青木紀元

〔追記〕中村幸弘先生の御寄稿文について

三武さんの、再度の来訪から一か月半程経った三月末に、書信があって、『祝詞全評釈』もいよいよ最終段階に迫って来たが、この本のことを国学院大学の中村幸弘教授にお話ししたところ、先生は大変関心を示されて、「お役に立つならば、なんなりと御協力申し上げたい」という御意向を見せておられたとの旨のことが記されてあった。私は三武さんへの返書に、「自分は拙著のどこかに中村先生に何か文章を御寄稿頂きたいと念願する。もしそれが許されるなら、先生のお得意の祝詞の語法・文法の方面の御意見をお聞かせ頂けるならば、拙著のためにどんなに有難く、また光栄であるか分からない。この企画を書院としても御一考願いたい」という旨を書き記した。これに対して数日後、三武さんからは、新しい企画として考慮してみたいという返事があった。

その後しばらくは連絡がなかったので、私の無理な要望は立ち消えになったのであろうと思っていたところ、四月末になって再校のゲラ刷りがどっさりと届いて、その中に中村先生の御論稿「『祝詞』の語法覚え書き」が間違いなく入っていた。私は欣喜雀躍した。論稿の題目も、私の願っていた通りに祝詞の語法になっていた。古い祝詞の主要な多くの具体例が、簡潔に十五項目に別けられ、深く分析した古語の論理が、初心者にもよく理解されるように、親しく語りかけるような優しい文体で説かれていた。読者は祝詞の語法についての正しい理解が必ず進むに違いないと思った。私は先生に対して感謝の念でいっぱいである。

私は既に八十六歳の老朽者で、樹木でいえば、まさに老い木である。いつ倒れてもおかしくない日々の有様である。しかしながら、今回の『祝詞全評釈』は老木のままで倒れてしまうことなく、中村先生が御恵与下さった滋味豊かな若水のお蔭で長く生き続けて、世の中のお役に立って行かねばならない。それが先生への御恩返しともなるであろう。

以上、中村先生から御寄稿頂いた御論稿について、簡単に事のいきさつを記して、「あとがき」の追記とした。

平成十二年五月五日

青木紀元

著者略歴

青木紀元（あおき・きげん）

大正三年二月十七日、福井県敦賀にて出生。昭和十年三月、神宮皇學館本科卒業。二十年十月、神宮皇學館大学卒業。二十三年四月、福井師範学校教官。二十四年六月、福井大学学芸学部講師、二十五年四月、同助教授、四十一年一月、同教授（同年四月学芸学部は教育学部と改称）。昭和四十四年八月から四十六年七月まで、福井大学評議員。昭和四十七年九月から五十一年三月まで、国文学研究資料館文献資料調査員。昭和五十二年から平成元年まで、神社本庁中央研修所神職研修会講師（延喜式祝詞担当）。昭和五十四年四月一日、福井大学定年退職（同大学名誉教授）。昭和五十五年四月、群馬県立女子大学教授（国文学科主任）、五十九年三月、同大学退職（同名誉教授）。昭和六十年から平成六年まで、江戸川女子短期大学非常勤講師。昭和六十二年四月二十九日、勲三等旭日中綬章を授与される。

〔著書・編著〕

『日本神話の基礎的研究』（昭和四十五年三月、風間書房）、『祝詞』（昭和五十年十一月、桜楓社）、『神道大系 古典註釈編六 祝詞・宣命註釈』（昭和五十三年八月、神道大系編纂会）、『賀茂真淵全集 第七巻（延喜式祝詞解・祝詞考）』（昭和五十九年九月、続群書類従完成会）、『祝詞古伝承の研究』（昭和六十年七月、国書刊行会）

祝詞全評釈 延喜式祝詞 中臣寿詞

平成十二年六月十五日 発行
平成二十八年七月一日 四刷

著者 青木紀元
発行者 三武義彦
印刷者 高名昭夫
製版者 株式会社さつき書院
製本者 渡辺製本

発行所 株式会社右文書院
〒101-0062 東京都千代田区神田駿河台一ノ五ノ六
振替 〇〇一二〇―六―一〇九八三八
電話 〇三(三二九二)〇四六〇
FAX 〇三(三二九二)〇四二四

（本文用紙）千代田洋紙〈ラフ書籍用紙46kg〉
（表紙クロス）新日本の色DNC細目ポプリン33

定価：本体16,000円+税

ISBN978-4-8421-0781-3 C3091 ¥16000E